重慶调查年鉴

2019

国家统计局重庆调查总队　重庆市统计局　编

NBS SURVEY OFFICE IN CHONGQING

CHONGQING MUNICIPAL BUREAU OF STATISTICS

中国统计出版社

China Statistics Press

图书在版编目（CIP）数据

重庆调查年鉴. 2019 : 汉英对照 / 国家统计局重庆调查总队, 重庆市统计局编. -- 北京 : 中国统计出版社, 2019.9
ISBN 978-7-5037-8906-9

Ⅰ. ①重… Ⅱ. ①国… ②重… Ⅲ. ①统计资料-重庆-2019-年鉴-汉、英 Ⅳ. ①C832.719-54

中国版本图书馆 CIP 数据核字(2019)第 172944 号

重庆调查年鉴　2019

作　　者 / 国家统计局重庆调查总队　重庆市统计局
责任编辑 / 李　冲　张　洁
封面设计 / 肖冬梅
出版发行 / 中国统计出版社
通信地址 / 北京市西城区月坛南街 57 号　邮政编码 /100826
办公地址 / 北京市丰台区西三环南路甲 6 号　邮政编码 /100073
电　　话 / 邮购 (010) 63376909　书店 (010) 68783171
网　　址 / http://www.zgtjcbs.com
印　　刷 / 重庆市圣立印刷有限公司
经　　销 / 新华书店
开　　本 / 890mm×1240mm　1/16
字　　数 / 780 千字
印　　张 / 18.875
版　　别 / 2019 年 10 月第 1 版
版　　次 / 2019 年 10 月第 1 次印刷
定　　价 / 220.00 元

如有印装差错，由本社发行部调换。

《重庆调查年鉴2019》

编辑委员会

CHONGQING SURVEY YEARBOOK 2019

EDITORIAL BOARD

编 辑 说 明

一、《重庆调查年鉴》是真实地反映重庆城乡居民生活、消费和生产价格变动、农业生产和农村经济发展、农民工基本情况等方面的权威性工具书。《重庆调查年鉴》是《重庆统计年鉴》相关部分内容的深化和补充。

二、《重庆调查年鉴 2019》一书分为六章，即：一、年度报告；二、综合；三、人民生活；四、市场物价；五、农业农村；六、农民工。为方便读者使用，主要章节末附有《主要统计指标解释》。

三、本年鉴调查数据篇第五章中有关农业方面 2007 年以后的数据为第三次农业普查衔接数据，读者在使用资料时，如与以往年份有出入，均以本年鉴为准。

四、本年鉴所使用的计量单位，除部分面积单位使用亩或万亩外，其他均为国际统一标准计量单位。

五、本年鉴统计表中，“#”表示其中的主要项，“空格”表示统计指标无数据。

六、在本年鉴的编辑过程中得到了有关单位和部门的大力支持与协助，在此我们深表谢意！由于我们的水平有限，书中难免有欠缺与不当，敬请广大读者批评指正，以促进我们不断提高编辑水平。

EDITOR'S NOTES

I. *Chongqing Survey Yearbook* is an authoritative reference book that truly reflects the urban and rural people´s living conditions, price changes of consumer and Producer, agricultural production and development of rural economy, basic situation of migrant workers. *Chongqing Survey Yearbook* is related contents' deepening and supplementary of Chongqing Statistical Yearbook.

II. *Chongqing Survey Yearbook 2019* contains six chapters, including 1.Annual Report, 2.Comprehensive Statistics, 3.People´s Livelihood, 4.Market Prices, 5.Agriculture and Rural Areas, 6. Migrant workers. For ease of use, Explanatory Notes on Main Statistical Indicators are provided at the end of main chapters.

III. In Chapter 5, survey data part of the yearbook, Part of the data about agriculture form 2007 to 2017 are Convergence data to the Third Agricultural Census. If readers find differences to previous yearbooks, please take this yearbook as final.

IV. The units of measurement used in this yearbook are international standard measurement units except that unit of area is partly used mu or 10 000 mu.

V. In this yearbook, "#" indicates that the major items of total, "(blank)" indicates that the date is not available.

VI. We are particularly grateful to vigorous assistances of various circles during edition. Due to our limited level and hasty time, faults and shortage are unavoidable. Any criticism or suggestion is appreciated in order to improve editing capability.

CONTENTS

一　年度报告

Annual Report

二　综　合

Comprehensive Statistics

三　人民生活

People's Livelihood

四 市场物价

Market Prices

五 农业农村

Agriculture and Rural Areas

六 农民工

Migrant Workers

一 年度报告

Annual Report

2018年重庆市国民经济和社会发展统计公报

2018年，全市全面贯彻习近平新时代中国特色社会主义思想和党的十九大精神，全面落实习近平总书记对重庆提出的“两点”定位、“两地”“两高”目标和营造良好政治生态、做到“四个扎实”的重要指示要求，坚持稳中求进工作总基调，聚焦高质量、供给侧、智能化，坚决打好“三大攻坚战”，谋划实施“八项行动计划”，统筹推进稳增长、促改革、调结构、惠民生、防风险工作，保持了经济持续健康发展和社会大局稳定。

一、综合

初步核算，全年实现地区生产总值20363.19亿元，比上年增长6.0%。按产业分，第一产业增加值1378.27亿元，增长4.4%；第二产业增加值8328.79亿元，增长3.0%；第三产业增加值10656.13亿元，增长9.1%。三次产业结构比为6.8:40.9:52.3。非公有制经济实现增加值12516.37亿元，增长6.1%，占全市经济的61.5%。其中，民营经济实现增加值10334.67亿元，增长6.1%，占全市经济的50.8%。按常住人口计算，全市人均地区生产总值达到65933元，比上年增长5.1%。全员劳动生产率为118647元/人，比上年增长6.6%。

单位：亿元、%

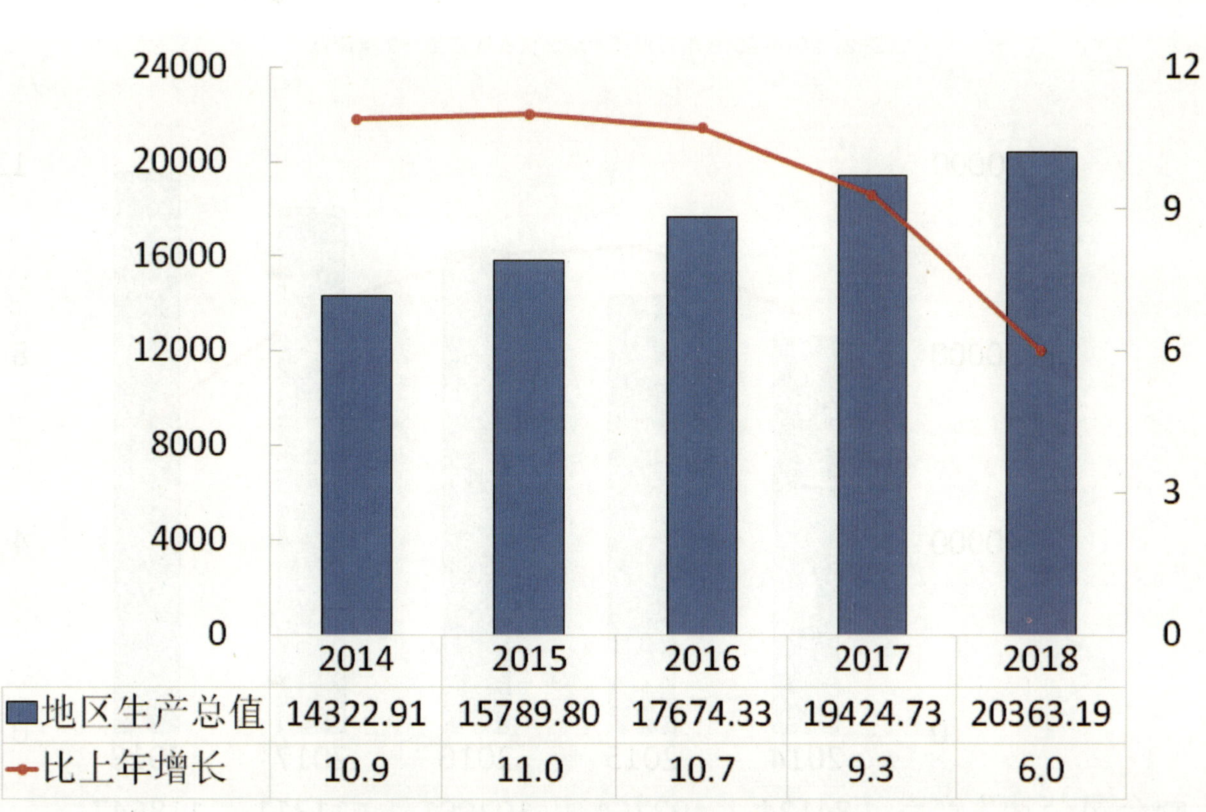

	2014	2015	2016	2017	2018
地区生产总值	14322.91	15789.80	17674.33	19424.73	20363.19
比上年增长	10.9	11.0	10.7	9.3	6.0

图1：2014–2018年地区生产总值及其增长速度

单位：%

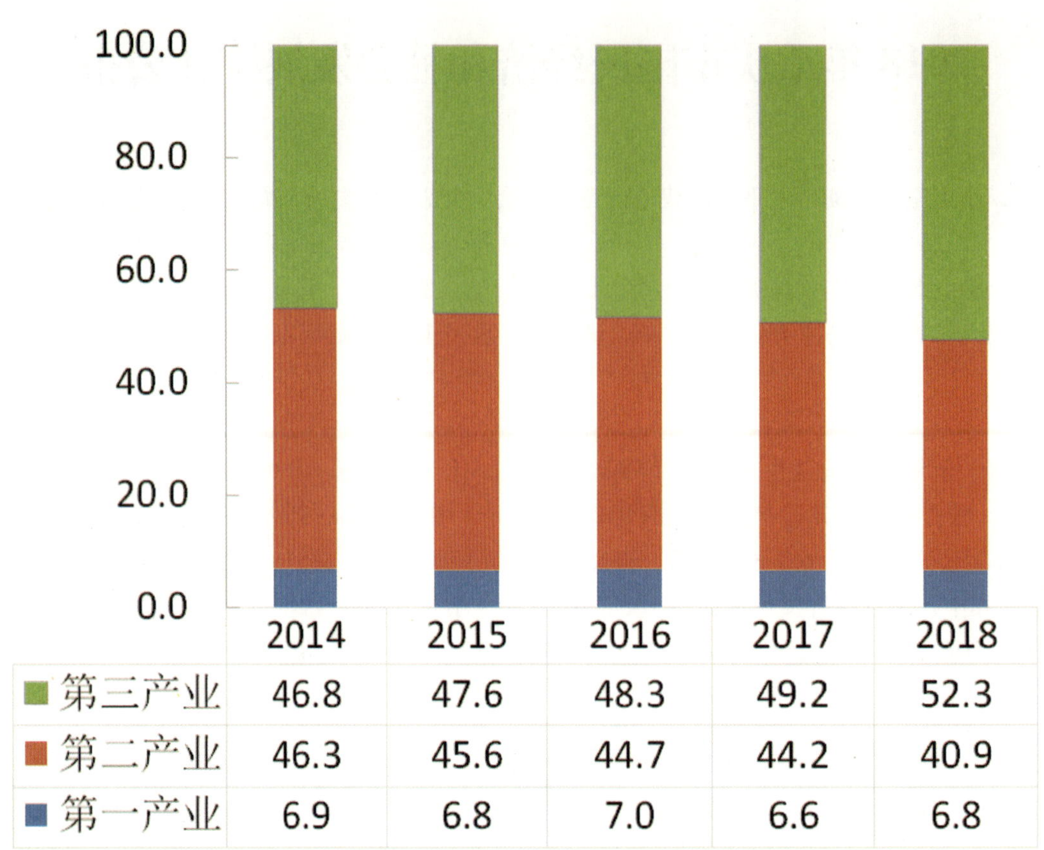

	2014	2015	2016	2017	2018
第三产业	46.8	47.6	48.3	49.2	52.3
第二产业	46.3	45.6	44.7	44.2	40.9
第一产业	6.9	6.8	7.0	6.6	6.8

图 2：2014-2018 年三次产业增加值占地区生产总值比重

单位：元/人、%

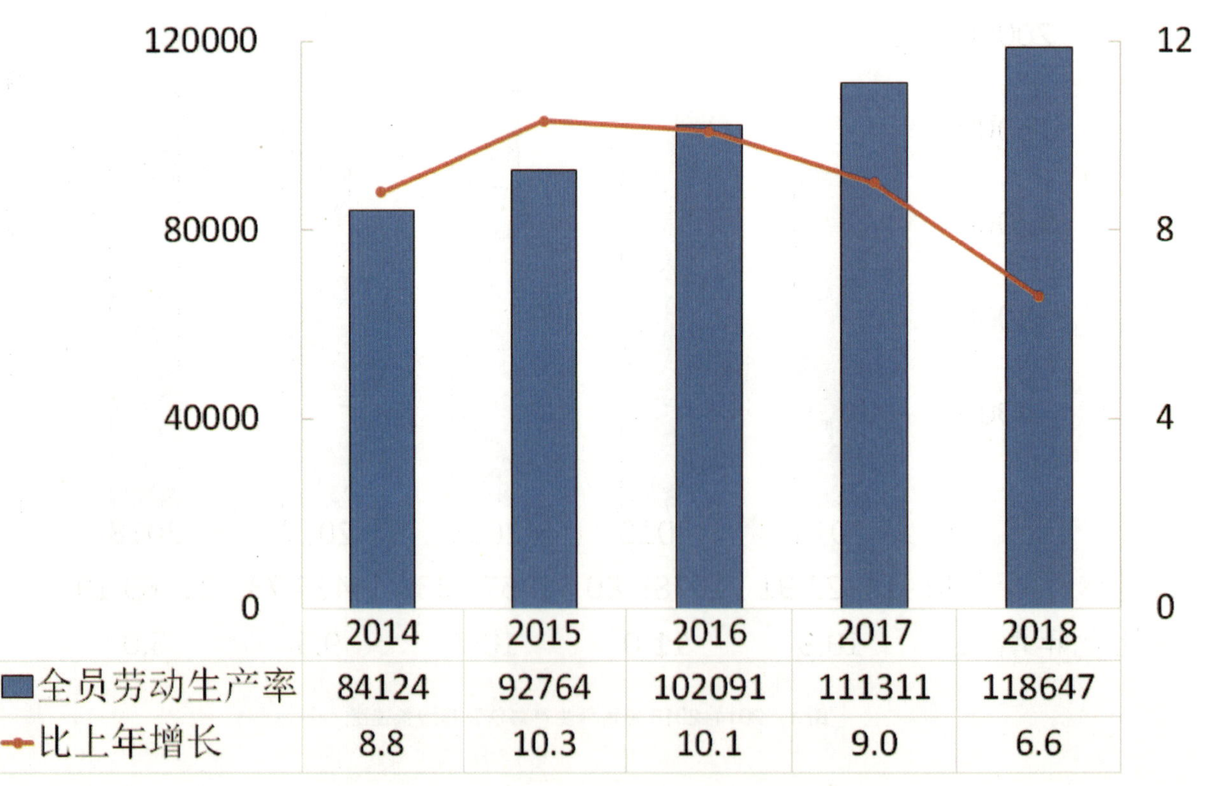

	2014	2015	2016	2017	2018
全员劳动生产率	84124	92764	102091	111311	118647
比上年增长	8.8	10.3	10.1	9.0	6.6

图 3：2014-2018 年全员劳动生产率及其增长速度

全市常住人口3101.79万人，比上年增加26.63万人，其中城镇人口2031.59万人，占常住人口比重（常住人口城镇化率）为65.50%，比上年提高1.42个百分点。全年外出市外人口479.29万人，市外外来人口177.44万人。

全年人口出生率为11.02‰，死亡率为7.54‰，人口自然增长率为3.48‰。全市常住人口性别比（以女性为100，男性对女性的比例）为101.63，出生婴儿性别比为107.55。

表1：2018年年末常住人口数及其构成

指数	年末数（万人）	比重（%）
全市常住人口	3101.79	100.0
按城乡分		
城镇	2031.59	65.5
乡村	1070.20	34.5
按性别分		
男性	1563.43	50.4
女性	1538.36	49.6
按年龄段分		
0–15岁（含不满16周岁）	562.29	18.1
16–59岁（含不满60周岁）	1901.12	61.3
60周岁及以上	638.38	20.6
#65周岁及以上	437.35	14.1

城镇新增就业人员75.30万人，比上年增长1.4%。全年累计农村劳动力非农就业823.00万人。年末城镇登记失业率3.3%,比上年末下降0.1个百分点；全年城镇调查失业率稳定在4.7%左右的较低水平。高校应届毕业生年底就业率94.4%。

全市农民工总量766.03万人，比上年增长2.8%。其中，外出农民工553.95万人，下降2.8%；本地农民工212.08万人，增长21.1%。

全年居民消费价格比上年上涨2.0%，其中食品价格上涨1.4%。工业生产者出厂价格上涨2.1%。工业生产者购进价格上涨2.5%。固定资产投资价格上涨5.0%。农产品生产者价格下降0.3%。

单位：%

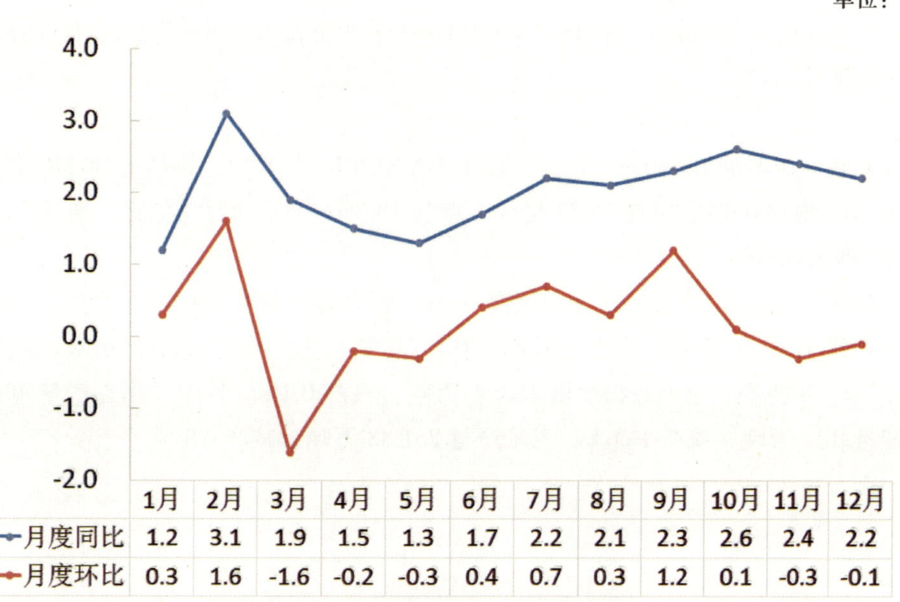

图4：2018年居民消费价格月度涨跌幅度

表 2：2018 年居民消费价格比上年涨跌幅度

指标	比上年增长（%）
居民消费价格	2.0
食品烟酒	1.4
衣着	1.5
居住	2.8
生活用品及服务	1.7
交通和通信	0.1
教育文化及娱乐	3.0
医疗保健	5.7
其他用品和服务	0.9

截至 2018 年，全市共有各类市场主体 252.65 万户，比上年增长 7.8%。其中，内资企业 79.87 万户，外资企业 0.66 万户，个体工商户 168.62 万户，农民专业合作社 3.50 万户。

供给侧结构性改革深入推进。全年规模以上工业产能利用率为 72.4%。其中，煤炭开采和洗选业产能利用率为 73.4%，比上年提高 8.0 个百分点；黑色金属冶炼和压延加工业产能利用率为 72.0%，提高 2.4 个百分点。年末商品房待售面积 1750.74 万平方米，比上年末减少 300.95 万平方米。其中，商品住宅待售面积 383.63 万平方米，减少 194.45 万平方米。年末规模以上工业企业资产负债率为 57.7%，比上年末下降 1.5 个百分点。全年生态保护和环境治理业、公共设施管理业投资分别比上年增长 121.6%和 13.8%。

新动能持续发展壮大。全年规模以上工业战略性新兴产业增加值比上年增长 13.1%，高技术产业增加值增长 13.7%，占规模以上工业增加值的比重分别为 22.9%和 18.0%。新一代信息技术产业、生物产业、新材料产业、高端装备制造产业分别增长 22.2%、10.0%、6.5%和 13.4%。全年高技术产业投资比上年增长 0.9%，占固定资产投资（不含农户）的比重为 6.1%；工业技术改造投资增长 20.7%，占工业投资的比重为 39.7%。新产品产量实现较快增长，其中新能源汽车增长 33.0%，智能手机增长 59.4%，液晶显示屏增长 56.2%，工业机器人增长 68.8%，风力发电机组增长 45.2%，医疗仪器设备及器械增长 74.1%。全市限额以上批发和零售企业实现网上商品零售额比上年增长 28.6%，高出非网上商品零售额增速 22.4 个百分点。

脱贫攻坚成效显著。2018 年末全市农村贫困人口 13 万人，比上年末减少 8 万人；贫困发生率 0.6%，比上年下降 0.3 个百分点。全年全市贫困地区农村居民人均可支配收入 12470 元，比上年增长 10.6%，扣除价格因素，实际增长 8.4%。

二、农业

全年实现农林牧渔业增加值 1405.03 亿元，比上年增长 4.5%。其中，种植业 963.81 亿元，增长 4.8%；畜牧业 263.65 亿元，增长 0.8%；林业 73.33 亿元，增长 13.5%；渔业 77.49 亿元，增长 5.5%；农林牧渔服务业 26.76 亿元，增长 8.3%。

全年粮食播种面积 3026.77 万亩，比上年下降 0.6%。粮食综合单产 356.60 公斤/亩，增长 0.6%。

全年粮食总产量 1079.34 万吨，比上年减产 0.1%。其中，夏粮产量 122.10 万吨，减产 0.6%；秋粮产量 957.24 万吨，与上年持平。全年谷物产量 753.59 万吨，减产 0.4%。其中，稻谷产量 486.92 万吨，与上年持平；小麦产量 8.15 万吨，减产 16.6%；玉米产量 251.33 万吨，减产 0.5 %。

表 3：2018 年主要农产品产量

产品名称	产量	比上年增长（%）
粮食（万吨）	1079.34	–0.1
禽蛋（万吨）	41.46	2.9
牛奶（万吨）	4.89	–3.3
出栏生猪（万头）	1758.22	0.4
出栏牛（万只）	54.49	–2.2
出栏羊（万只）	447.04	–0.4
出栏家禽（万只）	21349.17	0.2
猪肉（万吨）	132.16	1.7
水产品（万吨）	52.96	2.8

三、工业和建筑业

全年实现工业增加值 5997.70 亿元，比上年增长 1.1%。规模以上工业增加值比上年增长 0.5%。分经济类型看，国有控股企业增加值下降 7.7%，股份制企业增长 3.3%，外商及港澳台商投资企业下降 10.7%，私营企业增长 2.8%。分门类看，采矿业下降 13.1%，制造业增长 0.4%，电力、热力、燃气及水生产和供应业增长 8.0%。

全年规模以上工业中，分产业看，汽车产业增加值比上年下降 17.3%，摩托车产业下降 0.3%，电子产业增长 13.6%，装备产业增长 4.8%，化工产业增长 1.5%，医药产业增长 9.3%，材料产业增长 11.0%，消费品产业增长 1.9%，能源工业增长 1.7%。分行业看，农副食品加工业增加值比上年下降 0.8%，化学原料和化学制品制造业增长 2.0%，非金属矿物制品业增长 9.3%，黑色金属冶炼和压延加工业增长 43.0%，有色金属冶炼和压延加工业增长 6.8%，通用设备制造业增长 5.0%，铁路、船舶、航空航天和其他运输设备制造业增长 1.4%，电气机械和器材制造业增长 0.5%，计算机、通信和其他电子设备制造业增长 15.6%，电力、热力生产和供应业增长 7.5%。

表 4：2018 年规模以上工业主要产品产量

产品名称	产量	同比增长（%）
汽车（万辆）	205.04	–27.5
#新能源汽车	2.43	33.0
工业机器人（套）	2917	68.8
笔记本计算机（万台）	5730.23	–3.8
打印机（万台）	1589.48	9.5
集成电路（万块）	54062.26	16.7
液晶显示屏（万片）	14261.06	56.2

全年规模以上工业企业利润总额比上年下降 7.7%。分经济类型看，国有控股企业利润下降 54.1%，集体企业下降 21.3%，股份制企业增长 9.1%，外商及港澳台商投资企业下降 58.7%，私营企业增长 16.7%。分门类看，采矿业利润比上年增长 6.9%，制造业下降 9.2%，电力、热力、燃气及水生产和供应业增长 17.2%。

全年实现建筑业增加值 2331.09 亿元，比上年增长 9.8%。建筑业总产值 7819.42 亿元，增长 2.8%。

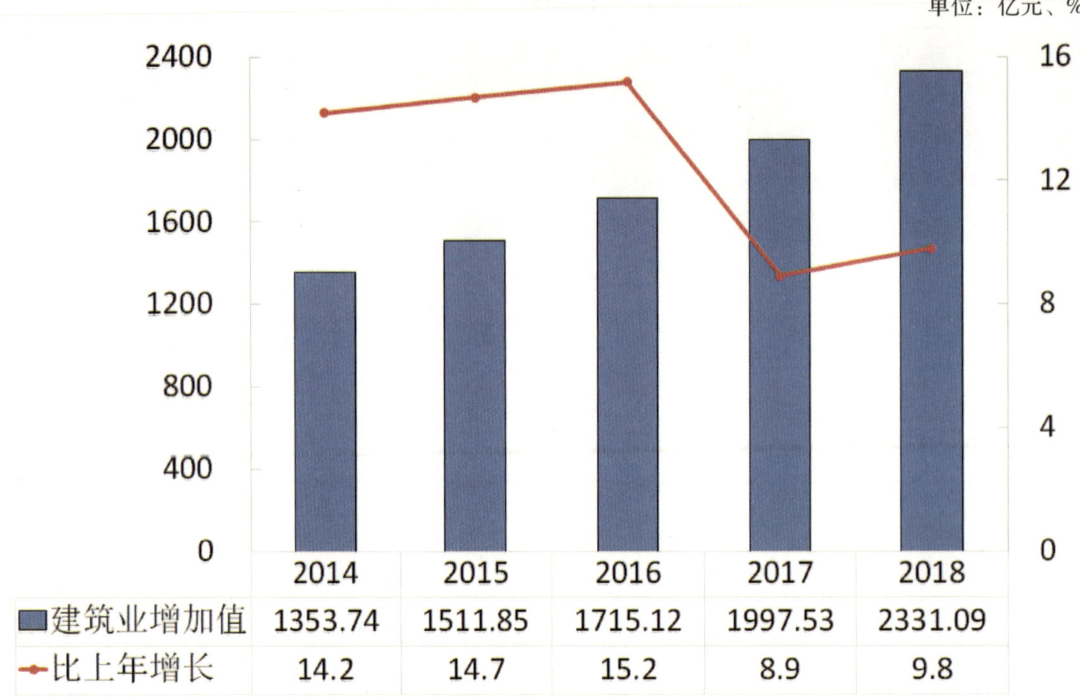

	2014	2015	2016	2017	2018
建筑业增加值	1353.74	1511.85	1715.12	1997.53	2331.09
比上年增长	14.2	14.7	15.2	8.9	9.8

图 5：2014–2018 年建筑业增加值及其增长速度

四、服务业

全年批发和零售业增加值 1710.00 亿元，比上年增长 5.9%；交通运输、仓储和邮政业增加值 995.48 亿元，增长 6.5%；住宿和餐饮业增加值 457.17 亿元，增长 5.3%；金融业增加值 1942.33 亿元，增长 6.9%；房地产业增加值 1134.72 亿元，增长 0.6%；其他服务业增加值 4416.43 亿元，增长 14.8%。全年规模以上服务业企业实现营业收入 3514.15 亿元，比上年增长 14.7%。

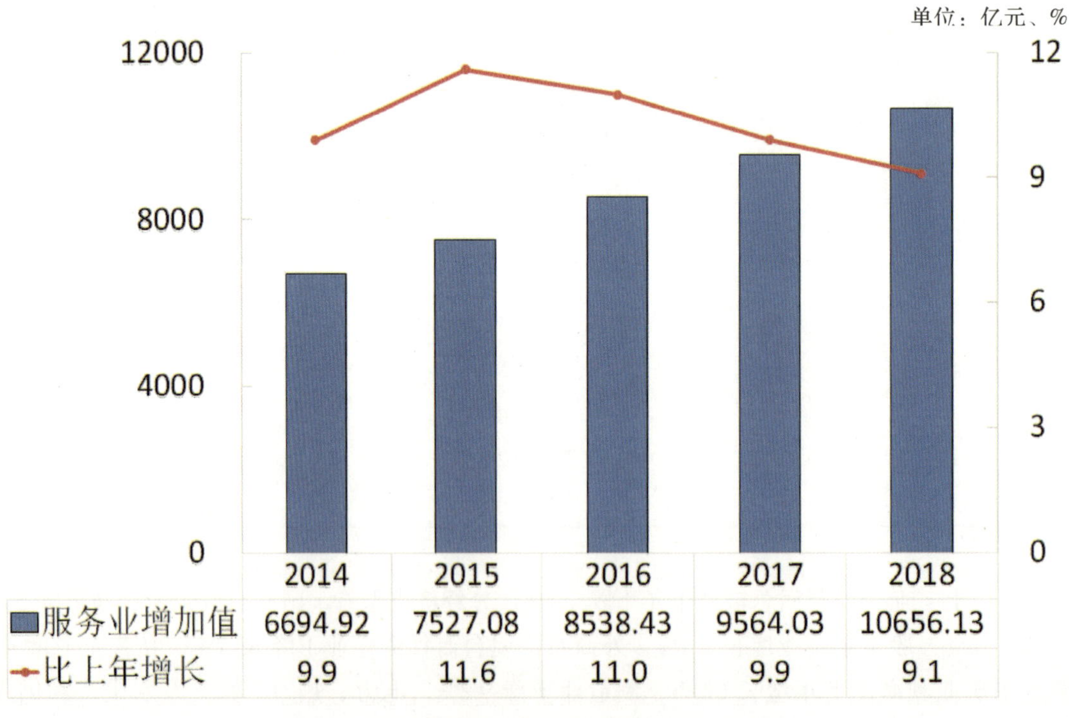

	2014	2015	2016	2017	2018
服务业增加值	6694.92	7527.08	8538.43	9564.03	10656.13
比上年增长	9.9	11.6	11.0	9.9	9.1

图 6：2014—2018 年服务业增加值及其增长速度

全市高速公路通车总里程 3096 公里。公路路网密度 191 公里/百平方公里。铁路营运里程 2371 公里。轨道交通营运里程 313 公里，日均客运量 235 万人次。

全年货物运输总量 12.82 亿吨，比上年增长 11.2%。货物运输周转量 3593.64 亿吨公里，增长 6.6%。全年内河港口完成货物吞吐量 20376.47 万吨，增长 3.3%。空港完成货物吞吐量 38.44 万吨，增长 4.2%。国际标准集装箱吞吐量 138.02 万标准箱，其中铁路吞吐量 20.99 万标准箱，增长 62.6%。

表 5：2018 年各种运输方式完成货物运输量及其增长速度

指标	绝对量	比上年增长（%）
货物运输量（万吨）	128234.41	11.2
铁路	1705.26	-5.7
公路	107064.00	12.7
水运	19451.95	5.1
航空	13.21	-0.3
货物周转量（亿吨公里）	3593.64	6.6
铁路	201.08	15.5
公路	1152.75	7.8
水运	2237.85	5.3
航空	1.95	0.1

全年旅客运输总量 6.36 亿人次，比上年增长 0.5%。旅客运输周转量 905.50 亿人公里，增长 4.1%。空港完成旅客吞吐量 4287.58 万人次，增长 8.1%。

表 6：2018 年各种运输方式完成旅客运输量及其增长速度

指标	绝对量	比上年增长（%）
旅客运输量（万人次）	63634.48	0.5
铁路	7706.79	21.4
公路	52150.00	-2.2
水运	730.64	-15.6
航空	3047.05	9.8
旅客周转量（亿人公里）	905.50	4.1
铁路	223.79	13.6
公路	260.43	-10.1
水运	5.59	-1.7
航空	415.69	10.0

年末全市民用车辆拥有量 630.21 万辆，比上年末增长 11.4%。其中私人汽车拥有量 363.16 万辆，增长 13.2%。民用轿车拥有量 212.37 万辆，增长 13.1%。其中私人轿车 194.59 万辆，增长 12.6%。

全年完成邮政业务总量 134.77 亿元，比上年增长 34.8%。邮政业全年完成邮政函件业务 1492.18 万件，包裹业务 25.55 万件，快递业务 4.57 亿件，快递业务收入 58.04 亿元。全年完成电信业务总量 1541.31 亿元，增长 152.18%。电信业移动电话交换机容量 4099.00 万户。全市电话用户 4239.69 万户，其中移动电话用户 3650.73 万户。移动电话普及率为 118.7 部/百人。互联网用户 4317.82 万户，其中移动互联网用户（不含 WiFi 用户）3043.98 万户，固定互联网宽带接入用户 1273.84 万户；手机上网用户 2851.55 万户，增长 7.9%。

五、国内贸易

全年社会消费品零售总额比上年增长 8.7%，扣除价格因素实际增长 6.5%。按经营地统计，城镇消费品零售额增长 8.5%；乡村消费品零售额增长 11.2%。按消费类型统计，商品零售额增长 8.1%；餐饮收入额增长 11.6%。

在限额以上法人企业商品零售额中，粮油、食品类比上年增长 7.4%，饮料类增长 8.5%，烟酒类增长 8.7%，服装、鞋帽、针纺织品类增长 6.1%，化妆品类增长 7.6%，金银珠宝类增长 8.6%，日用品类增长 8.7%，体育、娱乐用品类增长 5.8%，家用电器和音像器材类增长 6.3%，中西药品类增长 5.3%，文化办公用品类增长 6.2%，家具类增长 7.2%，通讯器材类增长 25.2%，建筑及装潢材料类增长 0.9%，石油及制品类增长 18.4%，汽车类增长 2.2%。

从零售业态看，全年无店铺零售实现零售额比上年增长 15.1%。其中，网上商店增长 23.0%、邮购增长 29.3%、电话购物增长 21.0%；在有店铺零售企业中，百货店增长 4.7%，超市和大型超市增长 6.2%，购物中心、仓储会员店和厂家直销中心增长 10.8%。

六、固定资产投资

全年固定资产投资总额比上年增长 7.0%。其中，基础设施建设投资增长 11.5%；民间投资增长 12.8%。

表 7：2018 年按产业分固定资产投资

指标	比上年增长（%）
全市固定资产投资总额	7.0
第一产业	−9.5
第二产业	7.3
#工业	7.3
汽车产业	6.3
摩托车产业	0.9
电子产业	4.5
装备产业	12.0
化工产业	14.6
医药产业	29.7
材料产业	28.1
消费品产业	3.0
能源工业	−3.4
第三产业	7.4
#房地产开发	6.8

全年房地产开发投资 4248.76 亿元，比上年增长 6.8%。其中，住宅投资 3012.65 亿元，增长 14.4%；办公楼投资 104.81 亿元，下降 33.4%；商业营业用房投资 564.66 亿元，下降 15.9%。

全年全市建成公租房 54.16 万套，完成城市棚户区改造 5.43 万户，完成农村危旧房改造 4.68 万户。

表 8：2018 年商品房建设与销售

指标	绝对量	比上年增长（%）
施工面积（万平方米）	27226.56	4.9
#住宅	17859.42	6.6
办公楼	809.16	-10.9
商业营业用房	3836.44	-3.8
新开工面积（万平方米）	7386.16	30.0
#住宅	5145.20	36.9
办公楼	132.72	39.9
商业营业用房	725.19	-5.6
竣工面积（万平方米）	4083.45	-19.2
#住宅	2784.64	-16.0
办公楼	129.04	-9.1
商业营业用房	509.48	-29.7
销售面积（万平方米）	6536.25	-2.6
#住宅	5424.76	-0.5
办公楼	127.37	-24.4
商业营业用房	513.97	-19.0
销售额（亿元）	5272.70	15.7
#住宅	4442.87	23.4
办公楼	138.98	-14.3
商业营业用房	536.02	-14.9

七、对外经济

全年货物进出口总额 5222.62 亿元，比上年增长 15.9%。其中，出口 3395.28 亿元，增长 17.7%；进口 1827.34 亿元，增长 12.5%。按美元计算，货物进出口 790.40 亿美元，比上年增长 18.7%。其中，出口 513.77 亿美元，增长 20.6%；进口 276.63 亿美元，增长 15.2%。全市货物出口前三位国家（地区）是美国、韩国和德国，分别出口 1063.64 亿元、488.21 亿元和 450.40 亿元，比上年分别增长 23.2%、34.0%和 7.5%。货物进口前三位国家（地区）为韩国、台湾和马来西亚，分别进口 311.43 亿元、212.41 亿元和 145.24 亿元，分别比上年增长 37.2%、增长 27.3 %、下降 9.0%。

单位：亿元

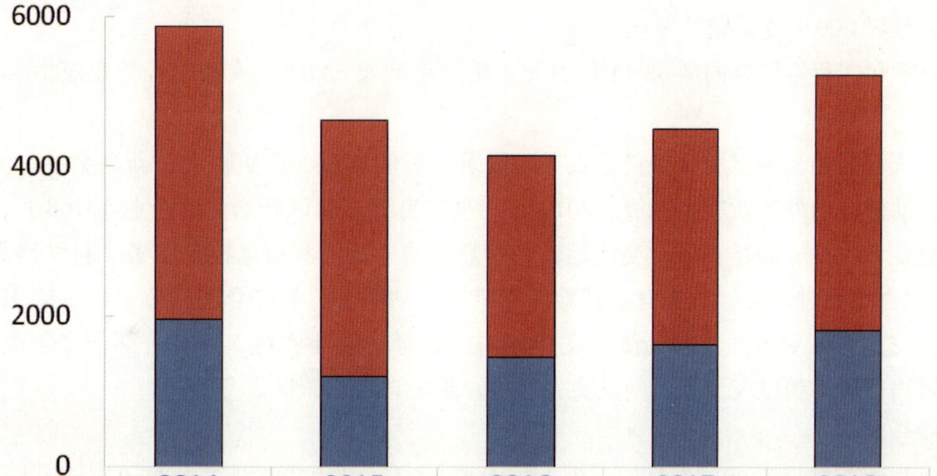

	2014	2015	2016	2017	2018
出口额	3894.77	3417.03	2677.96	2883.71	3395.28
进口额	1968.46	1198.46	1462.43	1624.54	1827.34

图 7：2014–2018 年货物进出口总额

表 9：2018 年货物进出口总额

指标	绝对量（亿元）	比上年增长（%）
进出口总额	5222.62	15.9
出口额	3395.28	17.7
#国有企业	109.38	-4.0
外资企业	2131.21	13.5
私营企业	1125.99	30.3
#一般贸易	1060.50	7.5
加工贸易	2258.47	24.5
#机电产品	2993.49	18.2
#高新技术产品	2314.92	21.4
#笔记本电脑	1337.73	4.1
进口额	1827.34	12.5
#国有企业	481.58	-6.4
外资企业	818.51	9.1
私营企业	527.09	46.8
#一般贸易	871.40	3.2
加工贸易	373.93	43.8
#机电产品	1241.22	13.8
#高新技术产品	1025.35	18.5

全市服务外包离岸执行额 21.32 亿美元，比上年增长 13.1%。其中，知识流程外包 16.53 亿美元，增长 27.7%。全年我市 16 个国际服务外包示范区累计执行额 20.82 亿美元，增长 11.8%。

全市新签订外资项目 232 个，比上年下降 2.5%。合同外资额 90.75 亿美元，增长 136.8%。全年实际使用外资金额 102.73 亿美元，增长 0.9%。其中，外商直接投资 32.50 亿美元，增长 43.8%。截至 2018 年底，累计有 287 家世界 500 强企业落户重庆。

全年对外承包工程签订合同额 32.44 亿美元，比上年增长 53.6%；实现工程营业额 10.26 亿美元，下降 39.7%。

中国（重庆）自由贸易试验区经济建设成效显著，智能制造、商贸物流、新兴金融、医疗健康等产业集群化发展，助推区内外产业转型升级。2018 年，重庆自贸试验区新增注册企业 12768 户，其中外商及港澳台商投资企业 221 户。新增商贸、交通运输、信息传输、软件和信息技术服务、科学研究和技术服务业企业 7731 户，占比超过六成。重庆自贸试验区引进项目 983 个，签订合同（协议）总额 2129.25 亿元，覆盖大数据、大交通、大健康、总部经济、文化旅游、教育、农业农村、扶贫、环保等领域。截至 2018 年底，百度、阿里巴巴、腾讯三大互联网巨头先后落户重庆自贸试验区。

八、财政金融

全年一般公共预算收入 2265.5 亿元，比上年增长 0.6%。其中税收收入 1603.0 亿元，增长 8.6%。

金融机构资产规模 5.54 万亿元，比上年增长 4.4%。年末全市金融机构本外币存款余额 36887.34 亿元，同比增长 5.8%。其中，人民币存款余额 35651.57 亿元，增长 5.7%。金融机构本外币贷款余额 32247.75 亿元，同比增长 13.5%。其中，人民币贷款余额 31425.87 亿元，增长 12.8%。

表 10：2018 年年末金融机构存贷款余额及其增长速度

指标	年末数（亿元）	同比增长（%）
本外币存款余额	36887.34	5.8
#人民币存款余额	35651.57	5.7
#住户存款	15907.23	10.7
非金融企业存款	10129.85	–5.6
政府存款	6651.16	11.0
非银行业金额机构存款	2938.52	12.8
本外币存款余额	32247.75	13.5
#人民币存款余额	31425.87	12.8
#短期贷款	5371.10	–2.7
中长期贷款	23949.57	15.3
#个人贷款及透支	11606.06	17.6

全市共有证券公司总部 1 家，证券营业部 207 家，证券分公司 39 家。境内上市公司 50 家，总股本702 亿股，股票总市值 4700 亿元。全年全市通过境内证券市场累计融资 2368 亿元。

全市共有保险法人机构 5 家，营业性保险分公司 52 家。保费总收入 806.24 亿元。其中，财产保险收入 202.48 亿元；人寿保险收入 449.99 亿元；健康和意外伤害保险收入 153.77 亿元。全年赔付各类保险金 277.37 亿元。其中，财产保险赔付 108.62 亿元；人寿保险赔付 101.12 亿元；健康和意外伤害保险赔付 67.63 亿元。

九、居民收入消费和社会保障

全市居民人均可支配收入 26386 元，比上年增长 9.2%。按常住地分，城镇居民人均可支配收入 34889 元，增长 8.4%；农村居民人均可支配收入 13781 元，增长 9.0%。按全体常住居民五等份收入分组，低收入组人均可支配收入 8243 元，中等偏下收入组人均可支配收入 14935 元，中等收入组人均可支配收入 21943 元，中等偏上收入组人均可支配收入 33195 元，高收入组人均可支配收入 60883 元。

全市居民人均消费支出 19248 元，比上年增长 7.5%。按常住地分，城镇居民人均消费支出 24154 元，增长 6.1%；农村居民人均消费支出 11977 元，增长 9.5%。全市居民恩格尔系数为 32.3%，比上年下降 0.9 个百分点。其中城镇为 31.5%，农村为 34.9%。

表 11：2018 年居民人均可支配收入

指标	全市居民		城镇常住居民		农村常住居民	
	绝对量（元）	比上年增长（%）	绝对量（元）	比上年增长（%）	绝对量（元）	比上年增长（%）
人均可支配收入	26386	9.2	34889	8.4	13781	9.0
工资性收入	13928	10.5	20054	9.4	4848	10.3
经营净收入	4311	7.3	3973	7.8	4813	7.2
财产净收入	1649	8.1	2536	6.8	335	8.7
转移净收入	6497	8.2	8326	6.8	3786	9.9

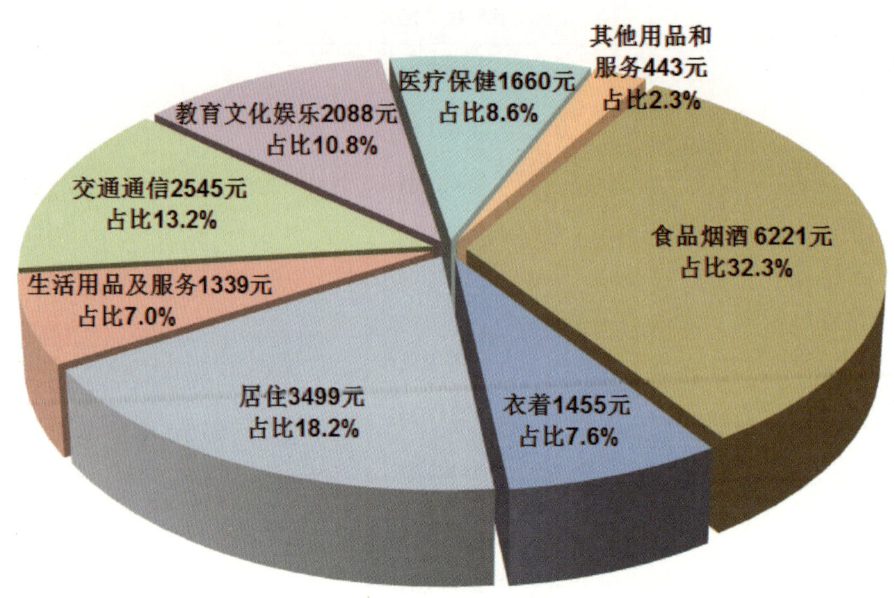

图 8：2018 年全市居民人均消费支出及构成

全市城镇企业职工基本养老保险参保人数 945.81 万人，比上年增长 6.7%。城乡居民社会养老保险参保人数 1119.63 万人，增长 1.0%。城镇职工基本医疗保险参保人数 678.31 万人，增长 5.9%。城乡居民基本医疗保险参保人数 2587.00 万人，下降 0.8%。工伤保险参保人数 577.12 万人，增长 14.4%。生育保险参保人数 439.49 万人，增长 6.9%；26.91 万人次享受生育保险待遇，增长 1.3%。失业保险参保人数 497.44 万人，增长 5.0%。

年末全市共有 31.14 万人享受城市居民最低生活保障，58.09 万人享受农村居民最低生活保障。城市特困人员救助供养人数 8.83 万人。农村特困人员救助供养人数 9.71 万人。全年资助 176.59 万困难群众参加医疗保险。

城市居民最低生活保障标准为 546 元/月，农村居民最低生活保障标准为 410 元/月，特困人员救助供养标准为 710 元/月，集中供养孤儿补助标准 1360 元/月，社会散居孤儿补助标准 1160 元/月。

十、科学技术和教育

全年研究与试验发展（R&D）经费支出占全市地区生产总值的比重约为 1.95%。截至年底，市级及以上重点实验室 180 个，其中国家重点实验室 8 个。市级及以上工程技术研究中心 538 个，其中国家级中心 10 个。新型研发机构 75 个，其中高端研发机构 26 个。全年共受理专利申请 7.21 万件，其中发明专利申请 2.27 万件。获得专利授权 4.57 万件，其中发明专利授权 6570 件。截至年底，有效期内高新技术企业 2504 家，有效发明专利 2.79 万件。全年技术市场签订成交合同 2952 项，成交金额 266.10 亿元。

年末全市共有产品检验检测机构 586 个，其中国家检测中心 16 个。现有产品质量、体系认证机构 4 个。法定计量技术机构 7 个，全年强制检定计量器具 356.96 万台（件）。全年修订、制定地方标准 58 项。

全市共有注册商标 37.57 万件，比上年增长 29.2%。驰名商标 156 件，地理标志 246 件。

全市共有普通高等教育学校 65 所，成人高校 4 所，中等职业学校 183 所，普通中学 1122 所，普通小学 2893 所，幼儿园 5607 所，特殊教育学校 38 所。高等教育毛入学率为 47.00%，高中阶段教育毛入学率 96.60%，初中入学率为 99.76%，小学入学率为 99.99%，学前教育三年毛入园率 87.05%。在园幼儿普惠率 80.23%。九年义务教育巩固率 84.50%。

表 12：2018 年全市各类教育情况

指标	招生数（万人）	在校学生数（万人）	毕业生数（万人）
研究生教育	2.41	6.51	1.65
普通高校本专科教育	22.80	76.28	19.97
成人本专科教育	4.02	10.51	5.03
中等职业学校教育	13.92	39.69	12.43
普通高中教育	20.14	60.77	20.41
普通初中教育	36.89	104.56	31.14
普通小学教育	34.12	209.54	35.71
特殊教育	0.39	2.14	0.25
指标	入园人数（万人）	在园幼儿数（万人）	离园人数（万人）
学前教育	40.99	96.31	37.13

十一、文化旅游、卫生健康和体育

全市共有博物馆 100 个，文化馆 41 个，公共图书馆 43 个，艺术表演团体 13 个。广播综合人口覆盖率 99.04%；电视综合人口覆盖率 99.27%。全年生产电视剧 3 部、故事影片 19 部、电视动画片 702 分钟。出版各类报纸 26737 万份，各类期刊 4466 万册，图书 15270 万册（张）。公共图书馆人均图书拥有量 0.58 册（张）。全市共有国家级综合档案馆 40 个、市级专业档案馆 1 个、市级部门档案馆 4 个。

全年旅行社组织出境旅游人数 201.66 万人次，比上年下降 2.3%。全年接待入境旅游人数 388.02 万人次，旅游外汇收入 21.90 亿美元，分别增长 8.3% 和 12.4%。年末全市拥有国家 A 级景区 239 个，其中 5A 级景区 8 个，4A 级景区 92 个。

年末全市共有各级各类医疗卫生机构 20524 个。其中，医院 800 个，社区卫生服务中心（站）201 个，乡镇卫生院 872 个，村卫生室 10847 个。共有医疗卫生机构床位数 22.04 万张。其中，医院床位 16.24 万张，乡镇卫生院床位 4.20 万张。全市共有卫生技术人员 20.92 万人。其中，执业医师和执业助理医师 7.63 万人，注册护士 9.51 万人。

单位：万人

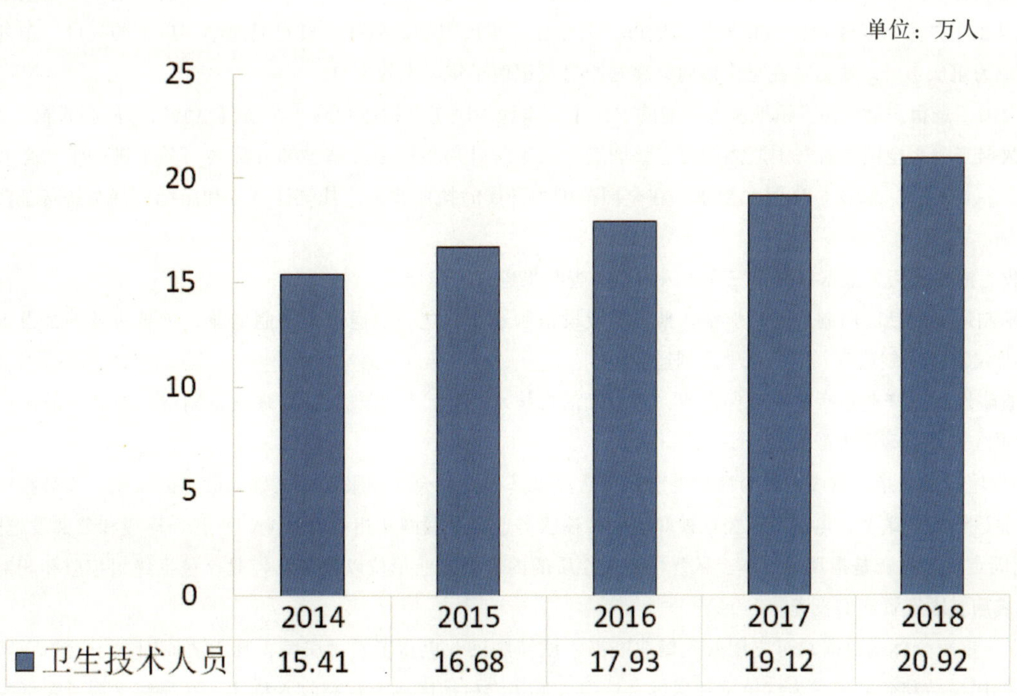

图 9：2014-2018 年卫生技术人员人数

我市获世界三大赛奖牌 13 枚，其中金牌 4 枚。获全国最高水平比赛奖牌 54 枚，其中金牌 13 枚。

十二、资源、环境和应急管理

初步核算，全年能源消费总量比上年增长 3.4%。其中，成品油消费量增长 3.1%，天然气消费量增长 4.5%，电力消费量增长 11.8%。万元地区生产总值能耗下降 2.5%。

全年水资源总量 524.24 亿立方米。年平均降水量 1134.8 毫米。全年总用水量 77.18 亿立方米。治理水土流失面积 1866.6 平方公里。

全市自然保护区 58 个，其中国家级自然保护区 7 个。完成营造林面积 42.67 万公顷。全市森林覆盖率 48.3%。

全市 211 个监测断面水质Ⅰ—Ⅲ类水质比例为 82.5%，水质满足水域功能要求的断面比例为 87.7%。全市 64 个城区集中式饮用水水源地达标率为 100%。

全市区域声环境噪音平均等效声级为 54.4 分贝，比上年上升 0.9 分贝。全市环境空气质量满足优良天数 316 天，比上年增加 13 天。主城区环境空气细颗粒物（PM2.5）平均浓度为 40 微克/立方米，下降 11.1%。

全年生产安全事故死亡人数 893 人，比上年下降 7.7%。较大生产安全事故 16 起，下降 11.1%。亿元地区生产总值生产安全事故死亡人数 0.044 人，下降 12.0%。工矿商贸企业就业人员每 10 万人生产安全事故死亡人数 2.374 人，上升 6.3%。道路交通万车死亡人数 1.89 人，下降 5.0%。煤矿百万吨死亡人数 1.229 人，上升 329.7%。

全年共发生地质灾害 210 起，直接经济损失 5900 万元。

注：

1.本公报中 2018 年数据均为初步统计数，部分数据因四舍五入的原因，存在与分项合计不等的情况。

2.地区生产总值、各产业增加值绝对量按现价计算，增长速度按可比价计算。根据第三次全国农业普查结果，对地区生产总值、三次产业增加值比重、全员劳动生产率等历史数据进行了修订。

3.全员劳动生产率为地区生产总值（以 2015 年价格计算）与全部就业人员的比率。

4.常住人口是指在本乡镇（街道）居住半年以上的人口，或虽居住不满半年，但离开户口登记地半年以上人口以及户口待定人口。外出市外人口是指户口所在地为重庆市，现居住在重庆市外，离开户口登记地半年以上的人口。市外外来人口是指户口所在地为重庆市外，现居住在重庆市内，离开户口登记地半年以上的人口。

5.外出农民工是指户籍所在乡镇地域外从业的农民工；本地农民工是指在户籍所在乡镇地域以内从业的农民工。

6.脱贫数据来源于全国农村贫困监测调查。该调查为国家统计局根据中央精神和五部委《关于进一步加强农村贫困监测工作的通知》（国统字〔2012〕21 号）要求，在全国范围内开展的抽样调查，其统计口径和指标内涵与扶贫部门建档立卡数据有一定差别。

7.农、牧、渔业等历史数据根据第三次全国农业普查结果进行了修订。

8.高技术制造业包括医药制造业，航空、航天器及设备制造业，电子及通信设备制造业，计算机及办公设备制造业，医疗仪器设备及仪器仪表制造业，信息化学品制造业。

9.工业战略性新兴产业包括节能环保产业，新一代信息技术产业，生物产业，高端设备制造产业，新能源产业，新材料产业，新能源汽车产业等七大产业。

10.基础设施投资是指建造或购置为社会生产和生活提供基础性、大众性服务的工程和设施的支出。本公报中的基础设施投资包括交通运输、邮政业，电信、广播电视和卫星传输服务业，互联网和相关服务业，水利、环境和公共设施管理业投资。

11.民间固定资产投资是指具有集体、私营、个人性质的内资企事业单位以及由其控股（包括绝对控股和相对控股）的企业单位建造或购置固定资产的投资。

12.2018 年重庆全体居民人均可支配收入增速既高于城镇居民，也高于农村居民，其主要原因在于近年来城镇化进程推进，部分农村居民转移到城镇成为城镇常住居民。这类人群在农村地区属于较高收入群体，在城镇又属于较低收入群体，伴随着由农村到城镇的流动，其收入及变化会同时拉低城镇居民和农村居民收入增长水平，但对全体居民收入水平有拉高作用。

13.居民五等份收入分组是指将所有调查户按人均收入水平从低到高顺序排列，平均分为五个等份，处于最高 20%的收入群体为高收入组，依此类推依次为中等偏上收入组、中等收入组、中等偏下收入组、低收入组。

14.万元地区生产总值能耗按 2015 年价格计算。

15.天然气消费量包含页岩气消费量。

16.2018 年固定宽带接入用户含电信增值企业、广电企业发展用户。

17.行业统计标准：

规模以上工业：年主营业务收入 2000 万元及以上的工业法人单位。

有资质的建筑业：有总承包、专业承包和劳务分包资质的建筑业法人单位。

限额以上批发和零售业：年主营业务收入 2000 万元及以上的批发业、年主营业务收入 500 万元及以上的零售业法人单位。

限额以上住宿和餐饮业：年主营业务收入 200 万元及以上的住宿和餐饮业法人单位。

房地产开发经营业：全部房地产开发经营业法人单位。

规模以上服务业：年营业收入 1000 万元及以上，或年末从业人员 50 人及以上的交通运输、仓储和邮政业，信息传输、软件和信息技术服务业，房地产业（不含房地产开发经营），租赁和商务服务业，科学研究和技术服务业，水利、环境和公共设施管理业，教育，卫生和社会工作；年营业收入 500 万元及以上，或年末从业人员 50 人及以上的居民服务、修理和其他服务业，文化、体育和娱乐业法人单位。

工业生产者价格统计调查：工业样本法人单位。

资料来源（以文中数据为序）：

本公报中城镇新增就业、登记失业、毕业生就业率、社会保障数据来自市人力社保局；各类市场主体、质量检测数据来自市市场监督局；交通数据来自市交通局；民用汽车数据来自市公安局；邮政数据来自市邮政管理局；通信数据来自市通信管理局；公租房、城市棚户区和农村危旧房改造数据来自市住房城乡建委；货物进出口数据来自重庆海关；对外经济数据来自市商务委；财政数据来自市财政局；部分金融数据来自市金融监管局和人行重庆营管部；证券数据来自重庆证监局；保险数据来自市银行保险监督局；医疗保险数据来自市医疗保障局；城乡低保、城乡特困人员救助数据来自市民政局；专利、科技数据来自市科技局；商标、地理标志量数据来自市知识产权局；教育数据来自市教委；文化、旅游数据来自市文化旅游委；电影、报纸、期刊数据来自市委宣传部；档案数据来自市档案馆；医疗卫生数据来自市卫生健康委；体育数据来自市体育局；水资源数据来自市水利局；自然保护区、林业、森林、地质灾害数据来自市规划自然资源局；水质、噪音、空气监测数据来自市生态环境局；生产安全事故来自市应急管理局。其他数据来自市统计局、国家统计局重庆调查总队。

2018 年重庆居民收支与生活状况报告

2018 年，重庆全市上下深入贯彻落实习近平新时代中国特色社会主义思想和党的十九大精神，坚持稳中求进工作总基调，全面贯彻新发展理念，扎实做好稳增长、促改革、调结构、惠民生、防风险各项工作，坚决打好“三大攻坚战”，实施好“八项行动计划”，推动城乡居民收支持续较快增长，消费水平保持稳步提升，生产生活条件得到不断改善。

一、重庆城乡收入增长保持良好态势

（一）城乡居民收入总量继续扩大，与全国相对差距缩小

据统计，2018 年重庆全体居民人均可支配收入突破 25000 元，达 26386 元，位居全国第 11 位，西部第 2 位，已达全国平均水平的 93.5%，比上年提高 0.5 个百分点。其中，城镇常住居民人均可支配收入达 34889 元，位居全国 12 位，西部第 2 位，已达全国平均水平的 88.9%，比上年提高 0.4 个百分点；农村常住居民人均可支配收入（以下简称人均收入）达 13781 元，位居全国第 18 位，西部第 2 位，已达全国平均水平的 94.3%，比上年提高 0.2 个百分点。但值得注意的是，在相对差距缩小的同时，重庆与全国城乡居民人均收入的绝对差距却在拉大，分别比 2017 年扩大了 21、159 和 41 元，达 1842、4362 和 836 元。

表 1：2017–2018 年全国和重庆常住居民人均可支配收入

单位：元、%

年份	人均可支配收入											
	全体居民				城镇常住居民				农村常住居民			
	全国	重庆	绝对差距	相对差距	全国	重庆	绝对差距	相对差距	全国	重庆	绝对差距	相对差距
2017 年	25974	24153	1821	93.0	36396	32193	4203	88.5	13432	12638	795	94.1
2018 年	28228	26386	1842	93.5	39251	34889	4362	88.9	14617	13781	836	94.3

注：绝对差距=全国水平–重庆水平；相对差距=重庆水平/全国水平 *100%

（二）城乡居民收入增长较快，但增速有所回落

据统计，2018 年重庆全体、城镇、农村常住居民人均收入分别同比增长 9.2%、8.4%和 9.0%，分别比全国平均水平高 0.5、0.6、0.2 个百分点。增速在全国各省市区中分别位居第 7、6 和 13 位，在西部省市区中分别位居第 4、3 和 8 位。从结构看，2018 年重庆全体居民工资性收入、经营净收入、财产净收入和转移净收入分别同比增长 10.5%、7.3%、8.1%和 8.2%；城镇常住居民工资性收入、经营净收入、财产净收入和转移净收入分别增长 9.4%、7.8%、6.8%和 6.8%；农村常住居民工资性收入、经营净收入、财产净收入和转移净收入分别增长 10.3%、7.2%、8.7%和 9.9%。

但从纵向对比来看，2018 年重庆全体、城镇、农村常住居民人均收入增长速度继续呈现回落态势，三者增速分别比上年下降了 0.4、0.3、0.4 个百分点，其中农村常住居民收入增速自 2013 年以来已连续下行了 5 年。

（三）城乡居民收入相对差距继续缩小，但绝对差距有所扩大

数据显示，2018 年重庆城乡居民收入倍差为 2.53，同比下降了 0.02，比全国城乡居民收入倍差低 0.16。但同样值得注意的是，在相对差距逐步缩小的同时，绝对差距依然较大，2018 年重庆城镇常住居民人均收入比农村高 20018 元，差距同比扩大了 1553 元。

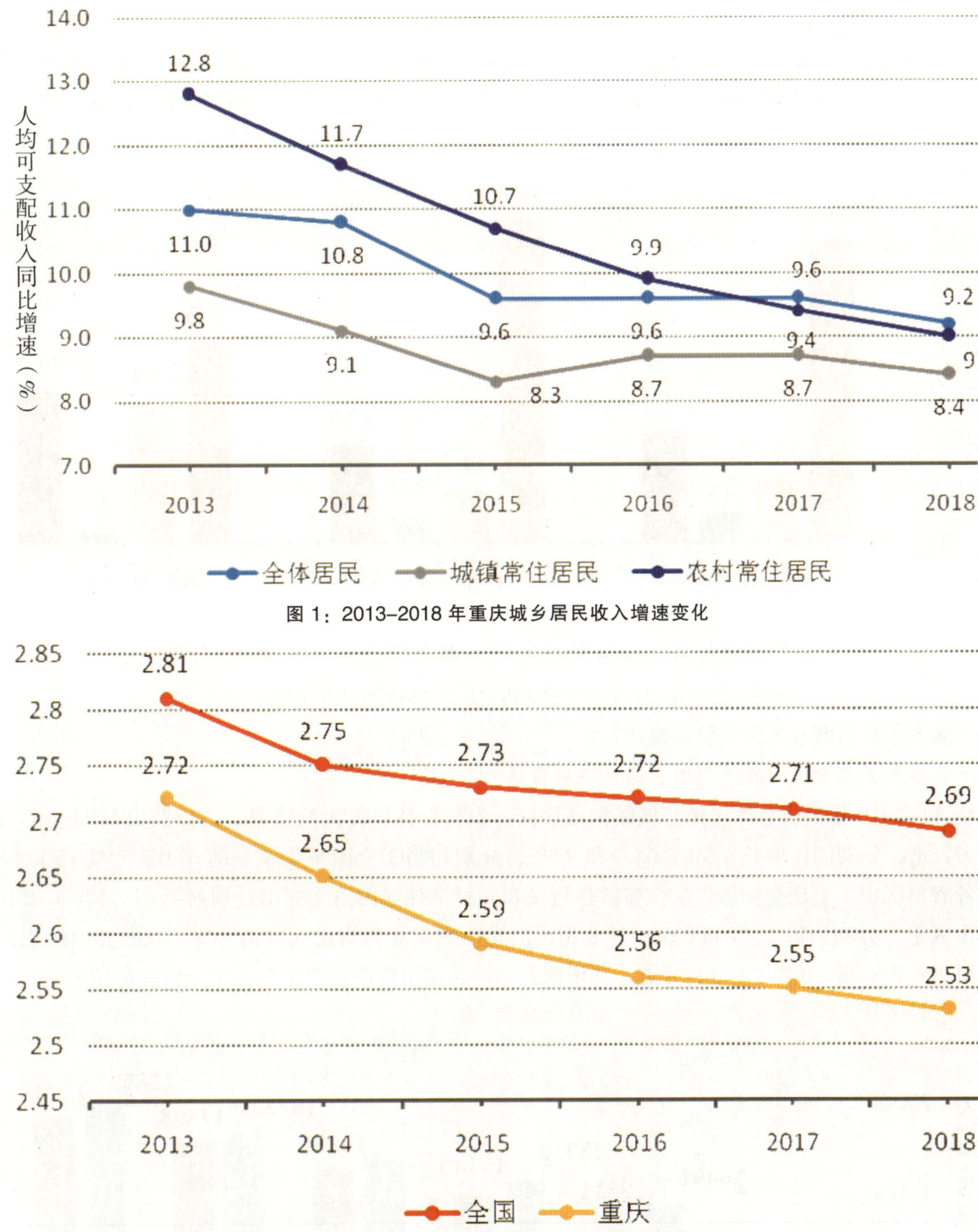

图 1：2013–2018 年重庆城乡居民收入增速变化

图 2：2013–2018 年重庆与全国城乡居民收入倍差变化

（四）城乡居民收入结构总体稳定，工资性收入比重有所上升

据统计，2018 年重庆全体居民人均工资性收入、经营净收入、财产净收入、转移净收入占人均可支配收入的比重分别为 52.8%、16.3%、6.3%和 24.6%，分别比去年提高 0.6 和降低 0.3、0.1、0.2 个百分点；城镇常住居民的比重分别为 57.5%、11.4%、7.3%和 23.8%，分别比去年提高 0.5 和降低 0.1、0.1、0.3 个百分点；农村常住居民的比重分别为 35.2%、34.9%、2.4%和 27.5%，分别比去年提高 0.4、降低 0.6、与去年持平和上升 0.2 个百分点。由此可见，三者收入结构总体保持稳定，但城乡居民工资性收入比重均呈上升态势，经营净收入比重均呈下降态势，反映出重庆城乡居民收入来源与结构发生的变化。

（五）城乡居民各类收入增收贡献差异较大

据统计，2018 年重庆全体居民人均工资性收入、经营净收入、财产净收入和转移净收入对收入增长的贡献率分别达 59.3%、13.2%、5.6%和 21.9%，分别拉动收入增长了 5.5、1.2、0.5 和 2.0 个百分点；城镇常住居民的贡献率分别达 63.7%、10.7%、6.0%和 19.6%，分别拉动收入增长了 5.3、0.9、0.5 和 1.7 个百分点；农村常住居民的贡献率分别达 39.6%、28.1%、2.4%和 29.9%，分别拉动收入增长了 3.6、2.5、0.2 和 2.7 个百分点。可见，工资性收入增长是带动城乡居民收入增长的主要动力，财产净收入的贡献则偏小。

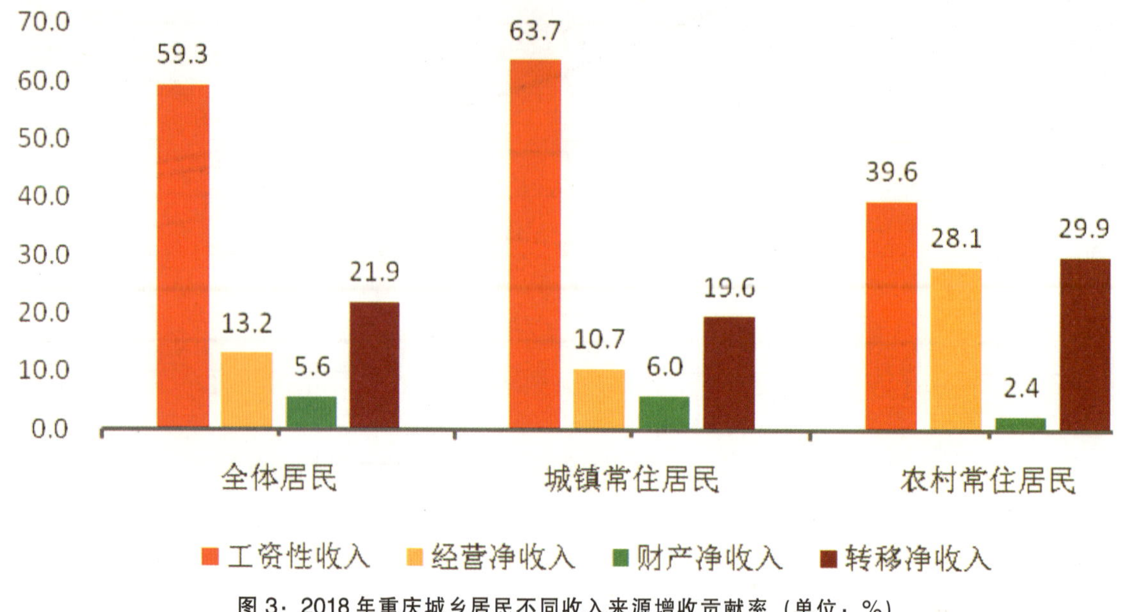

图 3：2018 年重庆城乡居民不同收入来源增收贡献率（单位：%）

二、城乡居民消费水平保持稳步提升

(一) 城乡居民消费支出较快增长，总量不断提高

据统计，2018 年重庆全体居民、城镇常住居民、农村常住居民人均消费支出分别为 19248 元、24154 元、11977 元，分别同比增长 7.5%、6.1%和 9.5%，分别相当于全国平均水平的 97.0%、92.5%和 98.9%。在全国各省市区中，重庆全体居民、城镇常住居民和农村常住居民消费支出分别列第 11、13 和 12 位；在西部省市区中，分别列第 2、3 和 3 位。需要指出的是，重庆农村居民人均消费支出增长相对突出，比全体、城镇居民分别高 2.0 和 3.4 个百分点，其增速在全国各省市区的排名明显高于全体和城镇居民。

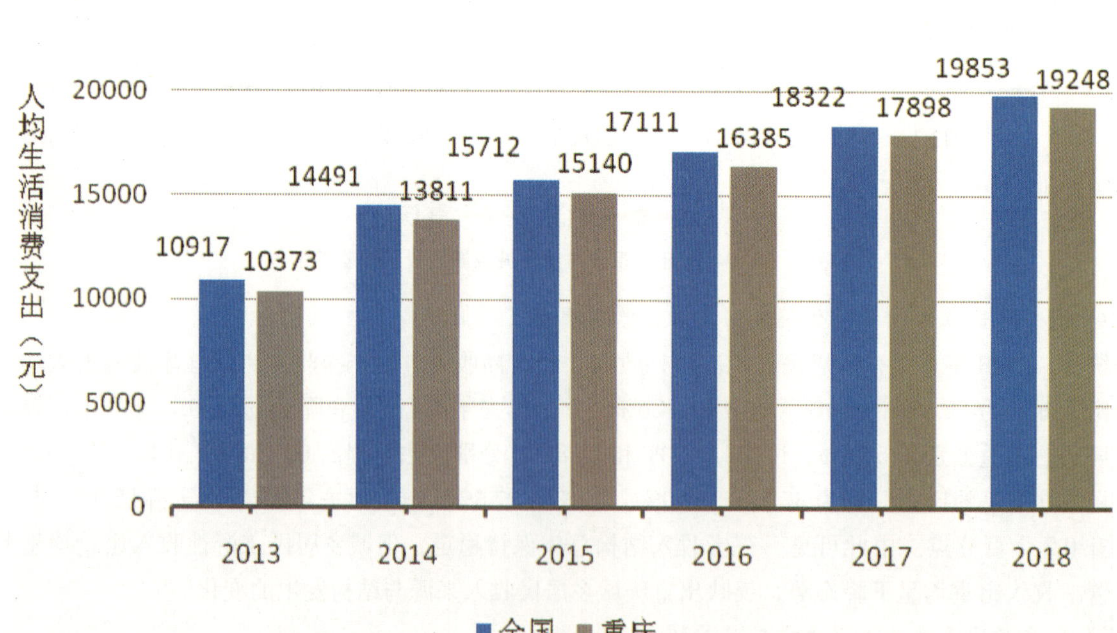

图 4：2013–2018 年重庆与全国居民人均生活消费支出情况

（二）居住、医疗保健、交通通信消费增长突出，贡献率较大

据统计，在八大类消费支出中，2018 年重庆城乡居民医疗保健、居住、其他用品和服务、交通通信消费增长相对更快。其中，全体居民医疗保健、居住、其他用品和服务、交通通信消费同比增长 12.8%、11.4%、11.2%和 10.2%，城镇常住居民其他用品和服务、居住、医疗保健消费增长 12.7%、9.2%和 9.1%，农村常住居民医疗保健、居住、交通通信消费增长 21.6%、15.6%和 12.6%。

从八大类消费对总消费增长的贡献来看，城乡居民消费增长的支撑因素又略有不同。其中，全体居民消费增长主要得益于居住、食品烟酒、交通通信和医疗保健的支撑，贡献率分别为 26.5%、20.5%、17.4%和 13.9%，各拉动增长 2.0、1.5、1.3 和 1.0 个百分点；城镇常住居民消费增长主要得益于居住、食品烟酒、交通通信的支撑，三者贡献率分别为 26.2%、20.9%和 18.4%，各拉动增长 1.9、1.5 和 1.3 个百分点。农村常住居民消费增长主要得益于居住、医疗保健、食品烟酒和交通通信的支撑，贡献率分别为 29.4%、18.4%、18.0%和 16.2%，各拉动增长 2.8、1.8、1.7、1.6 个百分点。

（三）城乡居民消费升级态势突出

1.从生存型消费向发展型消费的升级。数据显示，重庆城乡居民生存型消费比重下降，发展型消费比重提高。据统计，2018 年重庆全体居民人均吃、穿、住等生存型消费支出［①］11174 元，占生活消费支出的比重为 58.1%,同比下降 0.5 个百分点；教育、交通通信、医疗保健等发展型生活消费支出 5528 元，占生活消费支出的比重为 28.7%，同比提高 0.7 个百分点。分城乡来看，上述趋势同样明显。2018 年重庆城镇常住居民生存型消费支出 13933 元，占生活消费支出的比重为 57.7%，同比下降 0.4 个百分点；发展型生活消费支出 6758 元，占生活消费支出的比重为 28.0%，同比提高 0.5 个百分点。农村常住居民生存型消费支出 7085 元，占生活消费支出的比重为 59.2%，同比下降 0.8 个百分点；发展型生活消费支出 3706 元，占生活消费支出的比重为 30.9%，同比提高 1.4 个百分点。

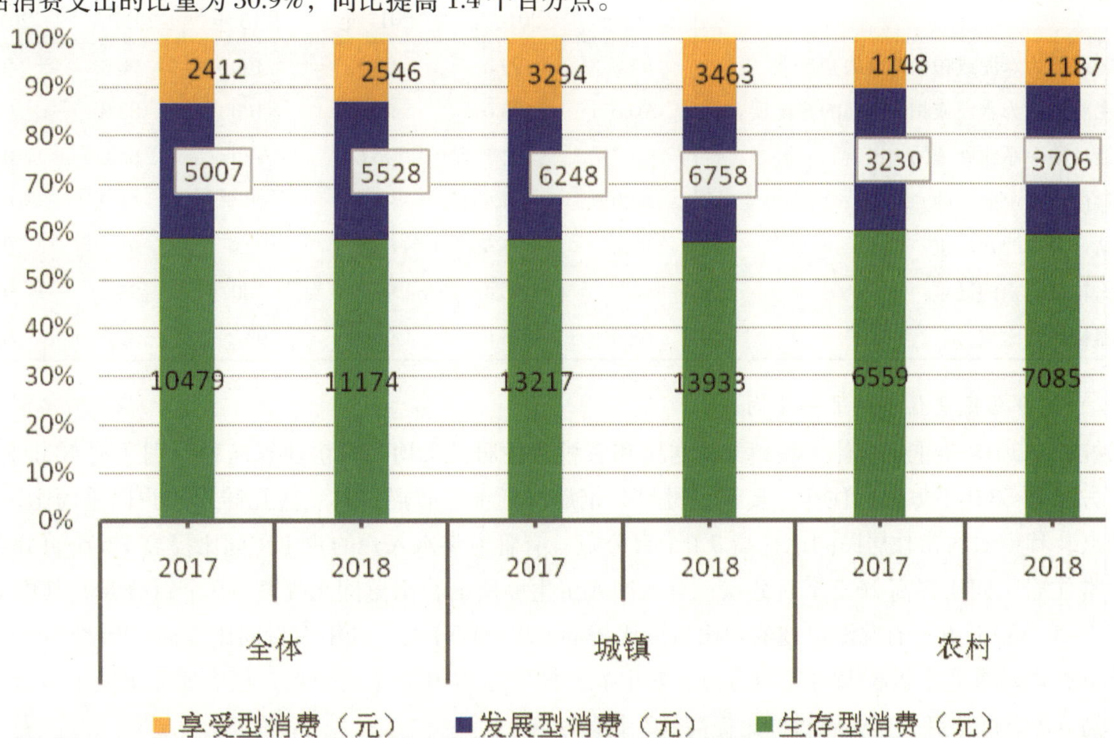

图 5：2018 年重庆城乡居民生存、发展、享受型生活消费支出

2.从物质型消费向服务型消费的升级。一方面，在经过了改革开放 40 年的消费扩张后，城乡居民物质性消费基本得到满足。2018 年，重庆全体、城镇常住和农村常住居民人均食品烟酒支出占人均消费支出的比重（即恩格尔系数）分别为 32.3%、31.5%和 34.9%，分别比上年下降了 0.9、0.6 和 1.6 个百分点。城镇居民家庭的“大件”基本普及，农村居民家庭“大件”普及度也明显提高。数据显示，2018 年重庆城镇居

民每百户家用汽车、洗衣机、电冰箱（柜）、彩色电视机、空调、移动电话拥有量分别为 31.0 辆、98.4 台、103.0 台、128.3 台、209.4 台、259.6 部，农村居民也分别达到了 13.2 辆、82.2 台、100.6 台、114.4 台、65.5 台、264.0 部。另一方面，在物质性消费得到基本满足后，居民服务性消费需求快速增长。据统计，2018 年重庆全体、城镇常住和农村常住居民人均服务性消费支出［②］分别为 5603 元、7296 元和 3093 元，分别增长 10.0%、8.8%、11.1%，分别比人均消费支出增速高 2.5、2.7、1.6 个百分点。

三、城乡居民生产生活条件得到不断改善

（一）城乡社区各类基础设施更加完善

近年来，在社区通公路、通电、通电话、接受有线电视信号基本全面实现的基础上，重庆全体、城镇和农村常住居民所在社区进入社区道路为水泥或柏油路面的户比重分别同比提高 4.5、1.9 和 8.1 个百分点；全体、城镇和农村社区内主要道路为水泥或柏油路面的户比重分别同比提高 8.0、3.4、14.2 个百分点；全体、城镇和农村社区饮用水经过集中净化处理的户比重分别同比提高 9.4、2.5、18.4 个百分点；全体、城镇和农村社区垃圾能够做到集中处理的户比重分别比上年提高 12.6、1.7 和 27.3 个百分点。

此外，社区医疗、教育、健身等条件持续改善。据统计，2018 年重庆全体、城镇和农村常住居民所在社区有卫生站（室）的户比重分别同比提高 7.3、6.8 和 8.2 个百分点；全体、城镇和农村社区上小学比较便利户的比重分别同比提高 4.7、0.2 和 10.9 个百分点；全体、城镇和农村社区内有健身器材的户比重分别同比提高 8.6、2.8 和 15.7 个百分点。

表 2：2017–2018 年重庆全体、城镇、农村常住居民所在社区基础设施建设情况

单位：%

指标项目	全体		城镇		农村	
	2017 年	2018 年	2017 年	2018 年	2017 年	2018 年
进入社区道路为水泥或柏油路面的户比重	94.8	99.3	98.1	100	90.3	98.4
社区内主要道路为水泥或柏油路面的户比重	90.6	98.6	96.6	100	82.8	97.0
饮用水经过集中净化处理的户比重	83.7	93.1	96.6	99.1	66.2	84.6
垃圾能够做到集中处理的户比重	82.0	94.6	96.7	98.4	61.9	89.2
有卫生站（室）的户比重	88.2	95.5	85.8	92.6	91.5	99.7
上小学比较便利户的比重	93.7	98.4	99.8	100	85.2	96.1
有健身器材的户比重	68.0	76.6	90.4	93.2	37.3	53.0

（二）城乡居民居住条件进一步向好

据统计，2018 年重庆全体、城镇常住居民和农村常住居民人均现住房建筑面积分别达到 43.5 平方米、36.5 平方米和 53.9 平方米。住房主要建筑材料为钢筋混凝土、砖混材料、砖瓦砖木的户比重同比提高 1.5 个百分点，其中农村常住居民同比提高 3.1 个百分点；有管道供水入户的户比重同比提高 7.6 个百分点，其中农村常住居民同比提高 16.7 个百分点；有水冲式卫生厕所的户比重同比提高 8.6 个百分点，其中农村同比提高 16.4 个百分点；有洗澡设施的户比重同比提高 6.0 个百分点，其中农村同比提高 11.6 个百分点；有取暖设备的户比重同比提高 12.9 个百分点，其中农村同比提高 18.5 个百分点；住宅地面比较干净的户比重同比提高 5.2 个百分点，其中农村同比提高 8.2 个百分点。

表 3：2017–2018 年重庆全体、城镇、农村常住居民居住情况

单位：%

指标项目	全体		城镇		农村	
	2017 年	2018 年	2017 年	2018 年	2017 年	2018 年
住房主要建筑材料为钢筋混凝土、砖混材料、砖瓦砖木的户比重	97.8	99.3	99.6	100	95.2	98.3
有管道供水入户的户比重	83.9	91.5	97.5	98.2	65.3	82.0
有水冲式卫生厕所的户比重	69.5	78.1	92.8	95.1	37.6	54.0
有洗澡设施的户比重	85.4	91.4	96.7	98.3	70.0	81.6
有取暖设备的户比重	48.4	61.3	55.1	63.8	39.2	57.7
住宅地面比较干净的户比重	93.6	98.8	96.9	99.9	89.1	97.3

注：

1、通常将吃、穿、住等方面的消费定义为生存型消费，将教育、交通通讯、医疗保健的定义为发展型消费，将娱乐文化服务、家庭设备用品、耐用消费品支出、其他商品和服务定义为享受型消费。

2、不含自有住房折算租金

2018 年重庆居民消费价格运行特征分析及 2019 年走势展望

2018 年，重庆市认真贯彻落实中央决策部署，紧紧围绕" 两点" 定位和" 两地"" 两高" 目标，深化供给侧结构性改革，经济保持了平稳发展的基本态势，经济发展的稳定性增强，市场供给更加丰富，消费结构优化升级，居民消费价格呈现温和上涨态势。

一、2018 年居民消费价格总体运行特征

（一）价格总体温和上涨。

2018 年，重庆居民消费价格总水平较上年上涨 2.0%，涨幅较上年扩大 1.0 个百分点。扣除食品和能源价格的核心 CPI 上涨 2.0%，涨幅较上年扩大 0.1 个百分点，总体呈温和上涨态势。

图 1：2009 年-2018 年重庆居民消费价格总指数

（二）各月价格大致呈“M”型走势。

从环比看，价格波动季节性特征明显。1-2 月，受元旦、春节节日效应拉动和全国大范围低温雨雪影响，肉菜等鲜活食品和服务价格上涨明显，2 月 1.6%的涨幅为近 24 个月以来最高水平；春节过后，食品和服务价格逐步回落，3-5 月 CPI 由涨转降，持续低位运行；6-8 月，在猪肉价格持续回暖、高温天气影响鲜活食品价格上涨以及暑假出行的带动下，CPI 重回上涨通道；进入 9 月，受开学季教育相关服务以及房租价格上涨、中秋国庆双节的影响，9 月 CPI 上涨 1.2%达到今年的第二个高峰，随着节日效应的消除，价格逐步回落，10-12 月，价格总水平在 99.7-100.1 之间波动。

从同比看，价格波动整体呈“冲高--回落--震荡上行--稳中略降”的态势。除 2 月份受春节错月及全国大范围低温雨雪天气影响，同比突破“3”，创下近 63 个月以来最高涨幅，其余月份涨幅相对稳定，在 1.2%-2.6%之间波动。

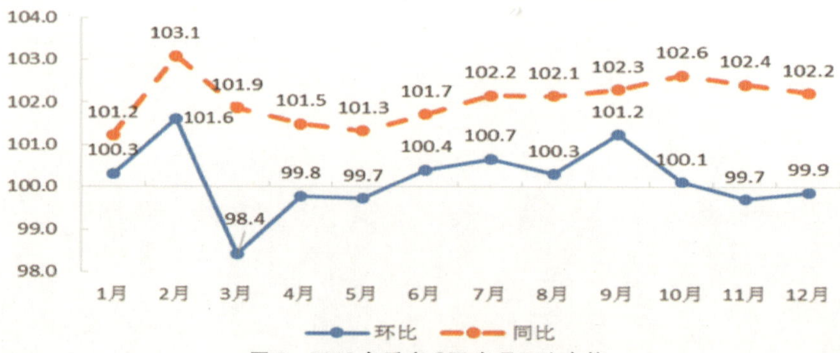

图 2：2018 年重庆 CPI 各月环比走势

（三）新涨价对 CPI 影响超过翘尾因素

在 2018 年 CPI2.0%涨幅中，上年翘尾因素影响为 0.8 个百分点，今年新涨价因素影响为 1.2 个百分点，较上年分别扩大 0.6 和 0.4 个百分点，新涨价对 CPI 的影响超过翘尾因素。

（四）涨幅与全国水平基本一致

重庆居民消费价格总水平较上年上涨 2.0%，仅较全国平均水平低 0.1 个百分点，与全国水平基本同步。在全国 31 个省、自治区（市）中排位居中，位列第十六位，在西部 12 个省、自治区（市）中列第五位。

二、2018 年居民消费价格结构变化特点

2018 年，构成居民消费的八大类商品和服务价格全面上涨，居住、生活用品及服务、医疗保健、其他用品和服务价格上涨幅度均高于去年同期，其中，食品烟酒、衣着、居住、生活用品及服务、交通和通信、教育文化和娱乐、医疗保健、其他用品和服务类价格分别上涨 1.4%、1.5%、2.8%、1.7%、0.1%、3.0%、5.7%和 0.9%；服务价格上涨 3.1%，食品价格上涨 1.4%，工业品价格上涨 1.6%。

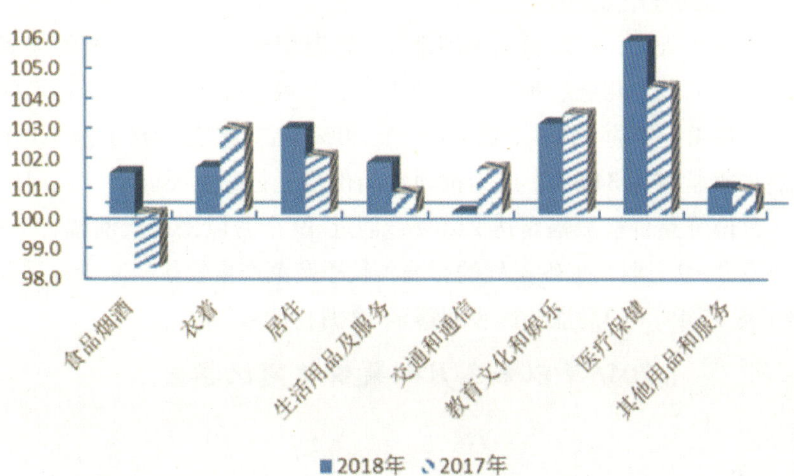

图 3：2017-2018 年八大类商品和服务价格同比指数

（一）服务价格持续主推 CPI 上行

2018 年，重庆城乡居民收入稳步增长，服务消费需求提档升级，质量逐步提升，形式愈加丰富，服务价格在上年上涨 2.7%的基础上再上涨 3.1%，为 2011 年以来最大涨幅，对 CPI 上涨的贡献率达 54.6%，连续两年成为拉动 CPI 上行的主因，一改往年食品主推 CPI 上涨的局面。从监测的 65 个服务项目看，有 38 个项目不同程度上涨，上涨面为 58.5%。涨幅排前十位的依次是一般医疗服务、护理、临床手术治疗、一般治疗操作、旅行社收费、洗浴、其他文娱服务、家庭维修服务、课外教育、学前教育。

（二）食品价格重回上升通道

2018 年，食品价格由上年的下降 3.0%转为上涨 1.4%，拉动 CPI 上行 0.3 个百分点，对 CPI 上涨的贡献率为 15.0%。所监测的 14 类主要食品价格 10 涨 4 降，上涨面达 71.4%。其中，薯类、豆类、菜、禽肉类、水产品、蛋类、奶类、干鲜瓜果类、调味品、其他食品类价格分别上涨 4.3%、0.8%、6.4%、5.8%、1.1%、15.8%、0.3%、1.2%、1.1%、0.9%，粮食、食用油、畜肉类、糖果糕点类价格分别下降 1.8%、1.4%、3.5%、0.1%。

图 4：2011–2018 年食品价格指数

1.鲜菜价格上涨成为食品价格上行主因

今年年初全国大范围雨雪天气，以及暑期全国部分地区高温天气、台风、洪涝灾害频发，不利于蔬菜的生产、采摘和运输，加之农药、化肥、种子、农业生产服务等农业生产资料价格不同程度上涨，蔬菜种植成本增加，使得鲜菜价格由上年的下降 7.7%转为上涨 7.0%，带动食品价格上涨 1.1 个百分点，在上涨类别中影响食品价格上行的贡献率达 34.5%，成为推动食品价格上行的主要因素。从同比价格看，受低温天气和春节错月影响，2 月份鲜菜价格涨幅高达 21.5%，创近 39 个月以来最大涨幅，3–8 月价格震荡回落，受 7 月高温伏旱灾害以及 8、9 月阴雨连绵天气的影响，秋季蔬菜产量较往年减少，进入 9 月后价格再次大幅冲高，10 月份价格上涨 15.4%，随后涨幅逐步回落至 12 月份的 4.5%。

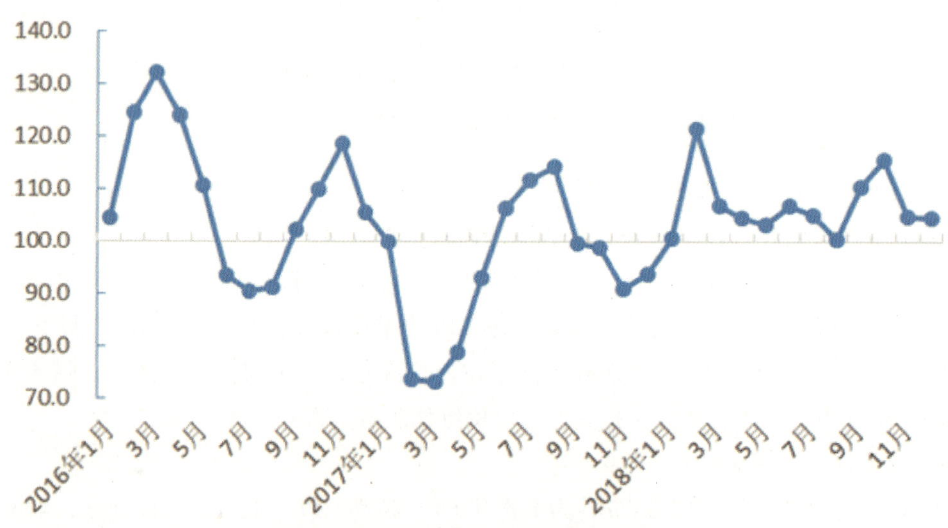

图 5：2016 年以来各月鲜菜价格同比指数

2.鸡蛋价格创近七年新高

2018 年，鸡蛋价格较上年上涨 18.5%，为近七年来的最大涨幅，拉动食品价格上行 0.6 个百分点，是推动食品价格上涨的第二大因素。从同比看，各月价格指数在 105.9–131.0 之间波动，其中 5 月份 31.0%的涨幅为近 138 个月以来最高涨幅。鸡蛋价格大幅上涨主要有两方面因素：一是受前期禽流感的影响，部分养殖户退出养殖，在产蛋鸡存栏量与近年同期相比处于低位，鸡蛋产能减少，市场供应略紧；二是环保标准的提高使得部分养殖户改造圈舍，以及饲料、幼禽、人工的上涨共同推动价格走高。

图 6：2016 年以来各月鸡蛋价格同比指数

3.猪肉价格延续跌势

2018 年，猪肉价格持续低迷，较上年下降 7.0%，降幅较上年缩小 6.2 个百分点，为 2011 年以来的第二大降幅，带动食品价格下行 1.0 个百分点，成为抑制食品价格上涨的首要因素。其中，去骨后腿肉、三线肉、背脊瘦肉、夹子肉和肋排较上年分别下降 7.2%、7.9%、7.9%、8.2%和 4.5%。

从同比看，自 2017 年 2 月以来，猪肉价格处于猪周期的下行通道，进入 2018 年 5 月，猪肉价格降幅逐步收窄，10 月份开始由降转涨，11 月份上涨 8.3%，成为近 28 个月以来最高涨幅。

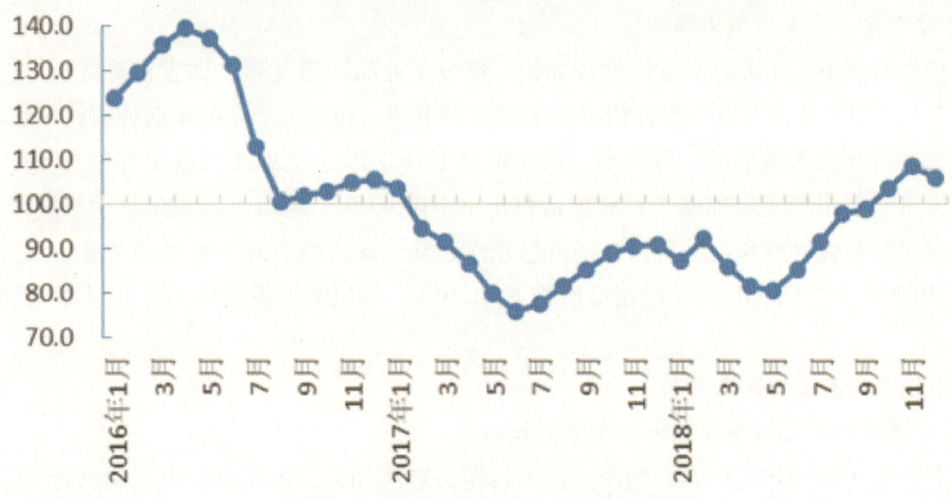

图 7：2016 年以来各月猪肉价格同比指数

猪肉价格走弱的原因主要有：一是受前期规模化养殖产能释放的影响，前三季度全市生猪出栏 1131.2 万头，同比增长 0.8%，猪肉产量 82.8 万吨，同比增长 0.7%，猪肉市场供应相对充足；二是自 8 月份以来受非洲猪瘟影响，生猪调运受限，我市猪肉价格一度回升，但随着我市出现疫情，影响市民对猪肉的消费信心，猪肉消费疲软，阻碍猪肉价格回弹；三是随着居民膳食结构优化，对猪肉的消费需求趋降，对猪肉价格提振乏力。

（三）居住价格影响位居八大类之首

今年以来，居住价格较上年上涨 2.8%，涨幅较上年扩大 0.9 个百分点，创近五年来新高，带动 CPI 上涨 0.6 个百分点，在上涨类别中贡献率达 28.9%，对 CPI 上涨的影响位居八大类之首。一是随着房地产市场的升温，带动房租价格上涨，其中，私房房租价格上涨 4.3%，自有住房价格上涨 3.5%；二是从 2018 年 1 月 1 日起开征环保税，环保督查力度进一步加大，对装修材料质量要求提高，加之原材料价格上涨、劳动力成本和物流费用增加，使得住房装潢材料价格大范围上涨，其中，木地板、瓷砖、水泥、涂料、板材、管材、门窗、其他住房装潢材料价格分别上涨 1.5%、1.2%、27.5%、1.5%、13.4%、1.0%、2.5%、3.1%；三是政府上调居民用天然气价格，管道燃气价格上涨 4.8%。

（四）医疗保健价格涨幅继续扩大

2018 年，医疗保健价格在上年上涨 4.2%的基础上再上涨 5.7%，在八大构成类别中涨幅居首，推动 CPI 上行 0.4 个百分点，是影响 CPI 上涨的第二大因素。一方面，2017 年 9 月份全面推行医疗服务项目价格改革，体现医务工作者劳动价值的有关项目价格不同程度上涨，受其滞后影响，医疗服务价格累计上涨 6.7%，其中，综合医疗类、治疗类、康复类、中医医疗服务类价格分别上涨 21.4%、5.3%、5.8%、4.1%。另一方面，药品价格改革实施以来，取消大部分药品的最高零售限价，部分价格低、临床使用普遍、用量大的药品价格大幅上涨，使得西药价格上涨 4.9%；而《中华人民共和国中医药法》的颁布实施，加大了对中药材质量的严控力度，一定程度上推动中药材价格上涨，其中，中药价格上涨 4.9%、滋补保健品价格上涨 4.8%。

（五）教育文化和娱乐价格全面上涨

随着物质生活水平的提高，人们对教育和娱乐的消费需求日益增长，加之原材料、人工成本、地租的价格呈逐年上涨态势，推动教育文化和娱乐价格上涨 3.0%，涨幅较上年缩小 0.3 个百分点。其中，教育用品价格上涨 2.7%、教育服务价格上涨 3.3%、其他文娱用品价格上涨 1.3%、文化娱乐服务价格上涨 1.0%。尤为突出的是旅游价格上涨 6.9%，近年来，重庆成为旅游热门城市，上半年重庆接待境内外游客超过 2.6 亿人次，实现旅游总收入超过 1900 亿元，游客接待量、旅游总收入均呈两位数增长，增幅排名全国前列，加之今年重庆夏季遭遇高温酷暑天气，外出避暑游备受青睐，带动旅行社收费价格大幅上涨。

（六）汽车等部分工业品价格小幅回落

随着生产技术的进步，工业产品升级换代加快，部分工业品产能过剩、供应相对宽松，价格呈现下降态势。一是从 7 月 1 日开始汽车和零部件的进口关税大幅下调，加之国产车的崛起使得汽车市场竞争加剧，且消费者购买汽车的步伐有所放缓，导致小型汽车价格下降 3.2%、交通工具零配件价格下降 0.9%；二是因近年产品技术升级和市场竞争加剧，移动电话机价格下降 4.0%、通信工具零配件价格下降 1.6%；三是今年以来，电视机的面板材料和电脑的内存条价格止涨回跌，加之线上线下平台销售竞争激烈，小家电价格下降 3.9%、电视机价格下降 6.7%、照相机价格下降 2.9%、笔记本平板价格下降 3.1%、大型家用器具价格下降 0.1%。

三、影响价格变动的主要因素分析

（一）宏观经济平稳运行为物价温和上涨奠定基础

2018 年，虽然国际环境错综复杂，国内经济下行压力有所加大，但在党中央正确领导下，我国经济始终坚持稳中求进工作总基调，经济发展基本平稳，延续健康发展态势，供给侧结构性改革成效显现,经济结构不断优化，市场供给逐步改善，新兴业态和新商业模式快速发展，消费持续增长，为物价温和上涨奠定坚实基础。

（二）稳健中性的货币政策利于物价平稳

今年以来，我国仍然坚持" 稳健中性、松紧适度" 的货币政策，前瞻性预调微调，维护流动性基本稳定，11 月末，广义货币 (M2) 同比增长 8%，狭义货币 (M1) 同比增长 1.5%，增速较上年分别低 1.1 和 11.2 个百分点，有助于物价平稳运行。

（三）消费升级提速是物价上涨的动力

1-11 月，全市社会消费品零售总额同比名义增长 8.9%,消费品市场规模进一步扩大，商品结构持续优化，产品质量不断提升，而居民消费也由生存型消费向享受型消费转变，中高端服务消费需求日益扩大，在一定程度上推升部分商品和服务价格。

（四）成本持续上涨支撑价格上行

一方面随着环保标准的提高，落后产能加速淘汰，部分企业为达标，对设备进行改造升级，加之大宗商品需求逐步回暖，重庆 PPI 同比持续上涨，原油、煤炭、有色金属、钢铁、化工等原材料价格上涨；另一方面，随着劳动立法和社保制度的不断完善，人工成本呈刚性上涨态势，房屋租金、仓储物流、包装运输成本也逐年上升，两方面因素叠加使得衣着、住房装潢材料、家具、家用纺织品、个人护理用品等工业品价格上涨。

（五）市场供给充足和消费模式转变抑制物价上涨

当前，一方面新模式、新业态不断涌现，社会消费品市场供给充裕，中高档工业和服务产品的供给能力也在逐步提升，部分行业供大于求的格局仍然存在。另一方面" 互联网+" 的迅速发展带来消费模式的巨大变革，网络消费增长迅速，1-11 月份，全市限额以上法人企业网上零售额同比增长 30.7%，比限额以上法人企业非网上商品零售额增速高 23.9 个百分点，对线下实体经济形成强烈冲击，两方面因素叠加对抑制物价上涨过快起到了重要作用。

四、2019 年物价走势预判

2019 年，中央经济政策将继续保持稳中求进总基调，实施积极的财政政策和稳健的货币政策，坚持深化供给侧结构性改革，统筹推进稳增长、促改革、调结构、惠民生、防风险工作，保持经济运行在合理区间，进一步稳就业、稳金融、稳外贸、稳外资、稳投资、稳预期，为物价平稳运行奠定基础。影响物价波动的因素主要有：一是 2019 年将扎实推进乡村振兴战略，巩固发展" 三农" 持续向好形势，合理调整" 粮经饲" 结构，在不发生特殊的突发情况下，农产品生产形势稳定，价格不会出现大幅波动。二是劳动力成本的刚性上涨，以及生产成本、流通费用、土地租金的持续上涨使得物价存在一定上行空间。三是随着中美贸易摩擦的时间拉长，我国对从美进口商品征收关税涉及消费品的类型增多，最终将传导到消费终端，或将对物价带来一定的提升效应。四是环保限产政策调整、供给侧结构性改革逐渐以补短板为主，产能有所释放，或将抑制工业品价格上涨。五是明年翘尾因素影响增强，将在二季度达到峰值，影响物价走高。

综合以上分析，初步判断 2019 年重庆居民消费价格总水平将呈现温和上涨态势，但上行压力较 2018 年有所增强。

PPI 温和上涨　涨幅震荡回落

2018 年受大宗商品市场价格震荡回落和汽车、计算机两大支柱性产业价格下跌等因素共同影响，重庆工业生产者价格涨幅有所回落。2018 年，重庆工业生产者出厂价格和购进价格同比分别上涨 2.1%、2.5%，涨幅分别比上年回落 2.0、1.9 个百分点。

一、2018 年重庆工业生产者价格总体运行情况

（一）从环比看，重庆工业生产者价格指数在临界值附近震荡运行

2018 年 1 月重庆工业生产者出厂价格上涨 0.2%，2 月受有色金属价格下跌和汇率波动影响，环比下跌 0.1%，3 月、4 月在化学原料和化学制品制造业及非金属矿物制品业出厂价格上涨的拉动下，出厂价格环比止跌持平，5 月、6 月受大宗商品市场钢铁、煤炭价格回暖影响，出厂价格分别上涨 0.2%和 0.1%，7–9 月，受大宗商品市场钢材价格上涨等因素影响，出厂价格连续 3 个月上涨 0.3%，10–12 月，受钢材、铜、铝价格持续走低影响，涨幅回落至 0.1%，12 月下跌 0.1%。同期，工业生产者购进价格指数均在正区间运行，1 月上涨 0.4%，为 2018 年以来的最高涨幅，2–5 月涨幅均为 0.1%，6 月、7 月价格指数持平，8–12 月涨幅均在 0.2%以内。

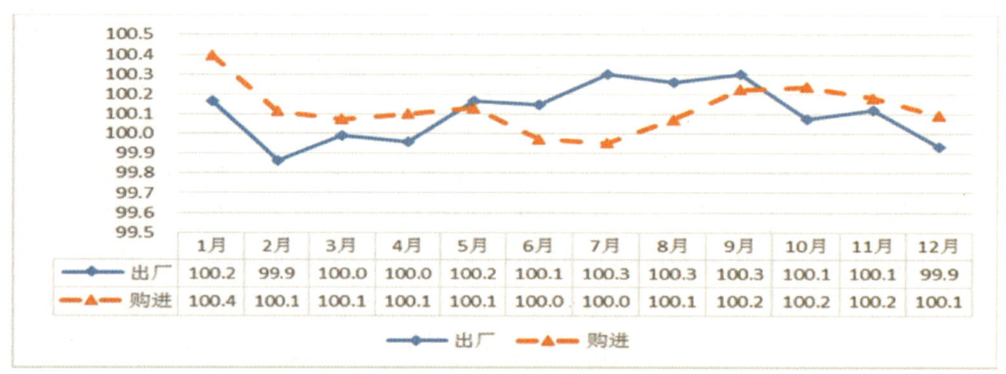

	1月	2月	3月	4月	5月	6月	7月	8月	9月	10月	11月	12月
出厂	100.2	99.9	100.0	100.0	100.2	100.1	100.3	100.3	100.3	100.1	100.1	99.9
购进	100.4	100.1	100.1	100.1	100.1	100.0	100.0	100.1	100.2	100.2	100.2	100.1

图 1：2018 年重庆工业生产者价格环比指数走势

（二）从同比看，重庆工业生产者出厂价格涨幅震荡回落

2018 年，重庆工业生产者出厂价格同比保持上涨态势，涨幅震荡回落。1–4 月，指数高开低走，涨幅逐渐回落，由 3.0%回落至 1.6%，5–7 月涨幅有所反弹，由 2.0%扩大至 2.4%，8–12 月涨幅再次回落，由 2.3%回落至 1.3%。同期，购进价格同比走势较为相似，1–3 月涨幅由 3.2%回落至 2.3%，4–6 月涨幅由 2.4%扩大至 2.9%，7–12 月涨幅逐步回落至 1.5%。

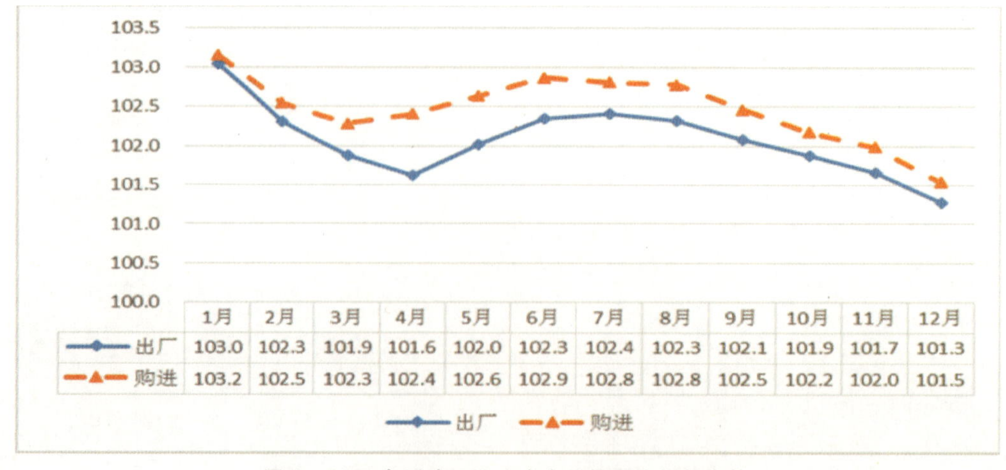

	1月	2月	3月	4月	5月	6月	7月	8月	9月	10月	11月	12月
出厂	103.0	102.3	101.9	101.6	102.0	102.3	102.4	102.3	102.1	101.9	101.7	101.3
购进	103.2	102.5	102.3	102.4	102.6	102.9	102.8	102.8	102.5	102.2	102.0	101.5

图 2：2018 年重庆工业生产者价格同比指数走势

（三）重庆 PPI 在全国及西部地区排位靠后

2018 年重庆 PPI 涨幅为 2.1%，低于全国 1.4 个百分点，在全国 31 个省（市、区）中居第 26 位，比新疆低 9.1 个百分点，比北京高 2.1 个百分点；在西部 12 个省（市、区）中居 10 位。IPI 涨幅为 2.5%，低于全国 1.6 个百分点，在全国 30 个省（市、区）（除西藏外）中居第 27 位；在西部 11 个省（市、区）（除西藏外）中居第 10 位。

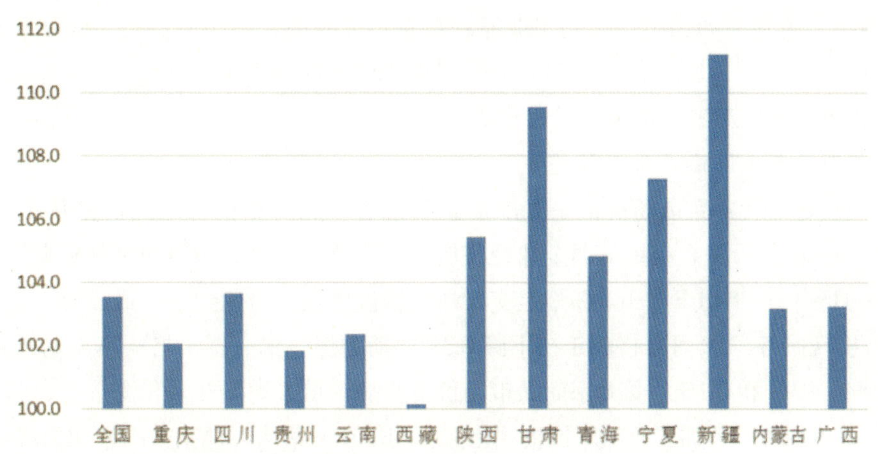

图 3：2018 年重庆与全国及西部地区 PPI 同比指数

二、2018 年重庆工业生产者价格运行特点

（一）生产资料出厂价格涨幅震荡回落，生活资料出厂价格平稳

2018 年，重庆生产资料出厂价格累计同比上涨 3.0%，涨幅比上年回落 2.6 个百分点，是影响 PPI 上涨的主导因素。其中采掘类、原料类、加工类出厂价格同比分别上涨 5.2%、5.1%和 2.5%。

同期，生活资料出厂价格走势平稳，累计同比价格持平，涨幅比上年回落 0.9 个百分点。其中食品类价格上涨 0.7%，衣着类价格持平，一般日用品类、耐用消费品类价格分别下跌 0.2%和 0.3%。

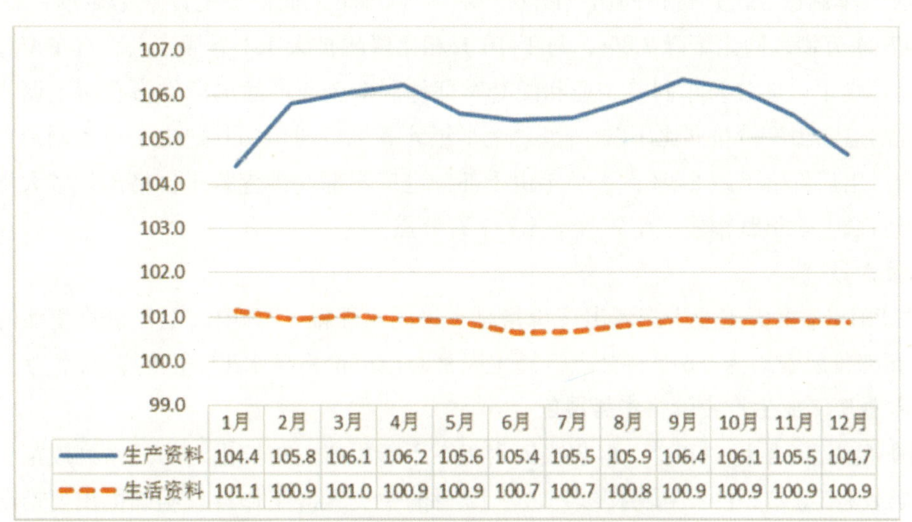

	1月	2月	3月	4月	5月	6月	7月	8月	9月	10月	11月	12月
生产资料	104.4	105.8	106.1	106.2	105.6	105.4	105.5	105.9	106.4	106.1	105.5	104.7
生活资料	101.1	100.9	101.0	100.9	100.9	100.7	100.7	100.8	100.9	100.9	100.9	100.9

图 4：2018 年重庆两大部类出厂价格同比指数

（二）超八成大类行业出厂价格同比上涨，重点行业价格主导 PPI 走势

2018 年，在全市调查的 39 个工业行业大类中，产品出厂价格“33 升 1 平 5 降”，行业上涨面为 84.6%，比上年缩小 5.1 个百分点。全市重点工业行业中除汽车制造业和计算机、通信和其他电子设备制造业出厂价格下跌外，其余行业出厂价格均保持上涨态势。其中，非金属矿物制品业，造纸和纸制品业，黑色金属冶炼和压延加工业，化学原料和化学制品制造业，煤炭开采和洗选业，有色金属冶炼和压延加工业，铁路、船舶、航空航天和其他运输设备制造业七个行业出厂价格同比分别上涨 13.8%、8.6%、8.1%、

6.0%、4.0%、1.7%和 1.4%，共拉动总指数上升 1.8 个百分点，拉动率为 85.7%；计算机、通信和其他电子设备制造业和汽车制造业出厂价格同比分别下跌 1.1%和 0.3%，影响总指数下降 0.2 个百分点。

（三）九大类原材料购进价格同比全面上涨

2018 年，九大类原材料购进价格同比呈全面上涨态势。其中，建筑材料及非金属类、化工原料类价格分别上涨 13.2%和 3.5%，涨幅分别比上年扩大 8.6 和 0.3 个百分点；木材及纸浆类，黑色金属材料类，有色金属材料及电线类，燃料、动力类，其它工业原材料及半成品类，纺织原料类，农副产品类价格分别上涨 5.4%、3.8%、2.4%、1.7%、1.6%、1.3%和 0.5%，涨幅较上年均有所回落。

三、2018 年重庆工业生产者价格走势成因分析

（一）主要大宗商品市场价格震荡回落

2018 年以来，主要大宗商品市场价格呈先涨后跌的态势。北海布伦特原油价格从 1 月震荡上涨至 10 月的最高峰，随后受国际货币基金组织下调全球经济增长预测及美国宣布对伊朗制裁延期等因素影响，原油价格迅速回落，12 月价格较年初下降 16.0%。上交所螺纹钢价格在 9 月达到全年最高峰，四季度由于下游市场需求减弱，价格出现回落，12 月价格较年初下降 8.3%。动力煤、铜、铝价格一路震荡回落，12 月价格分别较年初下降 13.9%、9.9%和 8.1%。受大宗商品市场价格影响，重庆煤炭开采和洗选业、黑色金属冶炼和压延加工业、有色金属冶炼和压延加工业出厂价格同比涨幅均出现回落，对总指数的拉动力逐渐减弱。

（二）国际、国内经济持续复苏，但年末趋势有所放缓

2018 年，全球制造业整体保持复苏趋势，但复苏强度呈现减弱走势。伴随着中美贸易摩擦影响的逐步显现，四季度全球经济增速出现较为明显的放缓。12 月美国制造业采购经理指数（PMI）为 54.1%，较上月回落 5.2 个百分点，一定程度上反映出美国经济强劲复苏的势头出现了减弱迹象。从国内来看，2018 年前 11 个月中国制造业采购经理指数（PMI）均保持在荣枯线 50.0%以上，制造业保持稳中有进发展态势，12 月指数降至 49.4%，制造业景气度有所减弱。

（三）支柱性产业汽车制造业、计算机制造业出厂价格下跌

2018 年重庆汽车制造业出厂价格同比下跌 0.3%。中国汽车工业协会统计数据显示，1–11 月，全国乘用车共销售 2147.84 万辆，同比下降 2.8%，与 1–10 月相比降幅扩大 1.8 个百分点，汽车产业面临一定的放缓压力。在此大环境下，部分整车制造企业和配套零部件制造企业产品出厂价格有所下调。计算机、通信和其他电子设备制造业出厂价格同比下跌 1.1%。上半年计算机、通信和其他电子设备制造业受人民币对美元持续升值影响，出厂价格下跌 2.8%；下半年由于部分进口零部件供应紧张价格出现较大涨幅，产品出厂价格也相应有所回调，全年跌幅较上半年收窄 1.7 个百分点。

（四）翘尾因素影响

据测算，在 2018 年重庆工业生产者出厂价格总水平同比涨幅 2.1%中，上年价格变动的翘尾因素约为 1.5 个百分点，新涨价因素约为 0.6 个百分点，翘尾因素对出厂价格总水平上涨的影响率为 71.4%。

四、2019 年重庆工业生产者价格走势展望

2018 年中国经济运行虽稳中有变，但积极因素仍在不断积累。前期出台的一系列政策，如“六稳”工作、供给侧结构性改革等带来的红利将持续释放。12 月的中央经济工作会议明确提出要推动制造业高质量发展，要推动先进制造业和现代服务业深度融合，要发挥投资关键作用，要促进形成强大国内市场，同时还落实了个人所得税改革，这些政策的实施将为 2019 年经济发展注入新的动力。预计 2019 年经济将保持适度增速，经济结构继续优化，创新驱动加强。12 月国家发展和改革委员会密集批复了包括重庆在内的城市轨道交通建设规划和城际铁路建设规划，项目投资总金额多达数千亿，这些基础设施建设会对未来大宗商品市场的需求形成支撑。

总的来看，2019 年经济仍具有趋稳运行的基础。结合当前经济形势和价格走势，预期 2019 年重庆工业生产者价格或将保持温和震荡上行态势。

乡村振兴战略开局良好　农业农村发展稳中有进

2018 年，重庆市坚持以习近平新时代中国特色社会主义思想为指引，以实施乡村振兴战略为总抓手，围绕农业供给侧结构性改革主线，持续调整优化产业结构，大力推进山地特色高效农业发展，有效促进了农业综合生产能力提高，农业高质量发展成效初显，为乡村振兴奠定了良好的产业基础。全市农村经济和农业生产稳中有进、进中向好,农业经济继续保持平稳健康发展势头。

一、农业农村经济运行稳中有进

2018 年，全市农林牧渔业总产值达 2052.4 亿元，按可比价计算（下同）同比增长 4.8%；实现农林牧渔业现价增加值 1405.0 亿元，同比增长 4.5%。分行业看，农、林、牧、渔业及农林牧渔服务业均实现不同程度的增长。其中，农业产值 1292.7 亿元，增长 5.3%；林业产值 101.1 亿元，增长 14.2%；畜牧业产值 520.1 亿元，增长 1.6%；渔业产值 100.4 亿元，增长 6.3%；农林牧渔服务业产值 38.1 亿元，增长 9.0%。乡村振兴战略开局良好。

（一）粮食生产保持平稳

全市粮食播种面积 3026.8 万亩，同比减少 0.6%。粮食单产每亩 356.6 公斤，提高 0.6%；粮食产量达到 1079.3 万吨，与去年基本持平。

（二）经济作物较快增长

油菜籽种植面积 375.2 万亩，产量 48.6 万吨，同比分别增长 2.4%、2.5%。

（三）畜禽生产总体平稳

全年出栏生猪 1758.2 万头，同比增长 0.4%；年末生猪存栏 1167.2 万头，同比下降 2.0%。牛出栏 54.5 万头，同比下降 2.2%；羊出栏 447.0 万只，同比下降 0.4%；家禽出栏 21349.2 万只，同比增长 0.2%；禽蛋产量 41.5 万吨，同比增长 2.9%。

（四）农产品价格指数逐季回升

2018 年全市农产品价格综合指数为 99.7。分季度看呈" 低开高走" 运行态势，四个季度价格指数逐季回升，分别为 93.5、99.0、104.4、106.0。一季度价格指数受活猪和蔬菜价格下滑影响跌入近五年来的谷底；二季度，受禽流感疫情消退的影响，家禽类产品价格快速回升，加之蔬菜价格也出现反弹，农产品生产者价格跌幅收窄；三季度，蔬菜价格的持续上涨，渔业产品涨势强劲，家禽类产品价格逐步回暖，农产品生产者价格由跌转涨；四季度，种植业、林业、畜牧业产品价格均呈小幅上涨态势，带动农产品生产者价格平缓上扬。

二、现代农业发展亮点突出

近年来，全市加快聚集农业发展新动能，以农业增效、农民增收、农村增绿为引领，推进" 互联网+"、乡村旅游、生态循环与农业深度融合，加快农业结构调整步伐，有力促进了农业综合效益和竞争力提升。

（一）结构调整纵深推进

一是种植结构不断优化。2018 年，重庆市不断优化调整农作物种植结构，加快构建起与市场需求相适应、产业升级相匹配、资源环境相协调的优质高效作物种植结构。全市在确保口粮安全的基础上，继续调减影响水土流失的 25 度以上陡坡地和病害重、产量低、品质差的低效粮食作物。粮食种植面积调减 19.3 万亩，减少 0.6%，其中小麦种植减少 8.0 万亩，较上年下降 17.7%；玉米种植减少 7.5 万亩，较上年下降 1.1%；薯类种植面积较上年减少 1.8 万亩，下降 0.2%。经济作物种植面积相应增加，柑橘（柠檬）、榨菜、生态畜牧、生态渔业、茶叶、中药材、调味品、特色水果、特色粮油、特色经济林等 10 大山地特色高效产业加快发展。

二是作物品质结构改善。普通籽粒玉米、劣质小麦、饲用甘薯等低效作物面积持续减少，受市民喜爱的甜糯玉米，保健杂粮杂豆等高效粮油作物和高山蔬菜、优质水果等经济作物快速扩张。全市已发展甜糯玉米面积 47 万亩,高淀粉甘薯和鲜食甘薯种植面积大量增加。同时，全市还重点推广了 100 个优质良种、100 项适用技术，主要农作物良种覆盖率达 97.5%，粮油优质率提高到 38.0%，品质结构改善明显。

（二）休闲农业稳步发展

2018 年，全市共创建全国休闲农业与乡村旅游示范县 12 个，全国特色景观旅游名镇 14 个、名村 7 个。全市休闲农业与乡村旅游从业人员达到 130 万人，吸纳农民就业 100 万人，带动 33 万贫困人口脱贫增收。据市农业农村委预计，2018 年全市休闲农业和乡村旅游接待游客将突破 2 亿人次，综合旅游收入将突破 600 亿元。

（三）农村“三变”改革稳步推进

2018 年重庆推动改革“扩面”“提速”“集成”。开展农村“三变”改革试点，在全市 38 个涉农区县各选择 1 个村启动改革试点工作，38 个试点村入股耕地 3.8 万亩、盘活闲置农房 535 套，引入培育主体 476 个，撬动社会资本 5.2 亿元，7 万多农民成为股东，新增就业岗位 8000 余个。

（四）农业绿色发展扎实推进

2018 年，重庆紧扣建设山清水秀美丽之地目标，守住发展和生态两条底线，在 6 个区县开展有机肥替代化肥试点，由点及面推进高毒农药禁止使用。主要农作物化肥利用率提高到 38.5%，农药利用率提高到 38.8%，绿色防控覆盖率提高到 29.8%。

（五）品牌建设成效显著，农产品质量不断提升

提高农产品质量是满足人民日益增长的美好生活需要、提高农业效益的有效途径。随着特色效益农业快速发展，“三品一标”农产品快速增长，优质农产品占比提高明显。2018 年，重庆整体打造" 巴味渝珍" 区域公用品牌，汇聚了 32 个区县 832 个企业品牌、1786 款产品，整合做强巫山脆李、奉节脐橙、涪陵龙眼荔枝等特色品牌，有效期内市级名牌农产品达到 437 个、“三品一标”达到 3662 个。2018 年，奉节脐橙、涪陵榨菜、荣昌猪还入选了全国“100 个农产品品牌名单”。

三、存在问题值得关注

（一）农业产业链延伸还需强化推进

近年来重庆市在农业特色产业方面发展虽快，面积和产量也已达到一定规模，但后期生产发展依然面临农产品市场与生产衔接不够紧密，营销队伍建设相对滞后等问题；农业的产业链短，龙头企业带动力不强，产业附加值低依然是制约重庆农业特色产业进一步发展的重要因素。

（二）非洲猪瘟疫情点状发生

受非洲猪瘟疫情影响，重庆生猪生产出现存栏减少、出栏提前、补栏不积极的现象。目前，疫情当期影响有限，总体可控，但如果上述影响持续下去，可能会影响后期生猪生产。

四、对策建议

（一）加快推进农业全产业链条建设

要按照特色化、规模化、集约化、品牌化、产业化要求，整合现有资源，提升综合效益，推动传统农业向现代农业转型。扩大农业龙头企业规模，带动小农户生产与现代农业有机衔接，鼓励农产品加工销售为主体的龙头企业围绕农产品加工增值，不断提高农产品加工深度，提升加工产品质量水平，进一步延长农业产业链条，形成" 生产+加工+销售+科技+服务+乡村旅游" 的全链条，提升农村经济质量效益。

（二）加强非洲猪瘟疫情防控措施，进一步加强责任落实、疫情堵截，切实消除疫情隐患

一是强化组织领导，及时部署防控工作，建立严格的追责问责制度；二是加强关口检验检疫，防止走私活猪流入；三是加强对餐饮企业和生猪养殖场户等单位的监管，切断餐厨剩余物传播途径；四是严查养殖户、屠宰场、集贸市场等环节，确保未受病毒感染；五是落实保障性补贴价格，一旦发生非洲猪瘟，能

够尽可能减少养殖户的损失，降低养殖风险。

五、农业农村经济走势预判

（一）秋冬播种植结构持续调整

全市秋冬播总体进展顺利，油菜籽大部分已完成移栽，小麦种植面积的继续减少。由于油菜籽种植经济效益相对较高，农户选择油菜籽和蔬菜替代小麦种植，预计秋冬播粮食种植面积下降3.0%，油菜籽种植面积增长2.5%。从气候来看，2018年冬季总体日照不足，不利于冬季作物根系生长，气温较往年整体偏低，油菜籽苗情长势较往年晚一周时间左右。但是当前降水量稳中略减，气温回升，有利于油菜籽等冬季作物生长。

（二）青菜头生产稳中向好

从调研情况看，今年青菜头种植面积保持稳定，长势较为良好。在全市供给侧结构性改革和稳产能调结构等相关政策的推进下，农户种植青菜头热情不减，种植面积稳中有升。在青菜头主产地涪陵区，今年青菜头种植面积与上年相比基本持平，收购保护价达0.8元/公斤，较上年同期有较大提升，青菜头丰产不丰收的状况有望改善。

（三）农产品生产价格有望扭转下跌趋势

综合市场情况来看，由于供给和需求的影响因素较多，容易出现农产品供给的阶段性过剩或短缺，导致农产品价格波动。预计2019年粮油价格将继续保持稳定运行，蔬菜、水果价格受天气和结构调整的影响会加大波动幅度；畜禽类产品中的生猪价格可能会有一定程度的反弹，牛、羊生产价格可能继续小幅恢复性上涨。

2018 年重庆畜牧业绿色发展呈现五大特点

2018 年，重庆市继续深化畜牧业供给侧结构性改革，加快转变畜牧业发展方式，稳步提升畜牧业综合生产能力和核心竞争力，加快构建种养循环的可持续发展新格局，推动重庆畜牧业绿色生态健康安全发展。

一、畜禽粪污整治持续推进，助推畜牧业转型升级

根据《重庆市畜禽养殖废弃物资源化利用方案》，计划 2019 年大型畜禽规模养殖场粪污处理设施装备配套率达到 100%。继 2017 年内禁养区内养殖户全部关闭后，2018 年调整禁限养区的划定范围，部分区县禁限养范围内养殖场继续关停，优化调整畜禽养殖布局，推动重庆畜牧业绿色生态健康安全发展。2018 年末，重庆猪、牛、羊、兔存栏不同幅度下降，家禽存栏小幅增长。其中，全市生猪存栏 1167.2 万头，同比下降 2.1%；能繁母猪存栏 113.8 万头，同比下降 2.8%；家禽存栏 11678.5 万只，同比增长 1.1%。

二、深化供给侧结构性改革，畜禽出栏总体平稳

以市场为导向深化畜牧业供给侧结构性改革，重庆畜禽出栏总体平稳。2018 年，重庆生猪、家禽出栏略增，牛、羊、兔出栏下降。其中，全市生猪出栏 1758.2 万头，同比增长 0.4%；家禽出栏 21349.2 万只，同比增长 0.2%。

三、紧抓市场供给保障民生，生产消费基本平衡

重庆肉蛋产量小幅增长，满足居民消费基本需求。2018 年，重庆肉类总产量 182.25 万吨，同比增长 0.9%；禽蛋总产量 41.46 万吨，同比增长 2.9%。从肉类品种看，生猪、家禽肉产量略增，牛、羊、兔肉产量不同程度下降。其中，猪肉产量 132.16 万吨，同比增长 1.7%；禽肉产量 32.34 万吨，同比增长 0.4%。畜禽肉蛋市场价格小幅上涨，生产消费基本平衡。2018 年，主要畜产品除活猪价格同比下跌 10.9%外，牛、羊、禽、蛋价格同比分别上涨 2.7%、26.2%、3.6%、4.4%。

四、构建可持续发展新格局，结构调整任重道远

重庆畜禽产品结构基本稳定，可持续发展新格局稳步构建。从肉类结构看，近年来肉类产品多元化的格局逐渐清晰，猪肉比重呈下降趋势。2018 年，猪、禽、牛、羊、兔、其他肉产量占肉类总产量的比重为 72.5%、17.7%、4.0%、3.7%、1.9%、0.2%。猪肉作为重庆最主要的肉类产品，近年来其所占比重以稳为主、稳中有降，从 2015 年的 73.6%降至 2018 年的 72.5%，仅下降 1.1 个百分点。

五、加强畜禽养殖精细化管理，疫病综合防控措施得力

重庆加强畜禽规模养殖场精细化管理，落实畜禽疫病综合防控措施，提升畜禽繁殖性能，降低发病率和死亡率，提高综合生产能力。自 2017 年秋季以来，家禽生产没有大的疫情发生，整体处于恢复性发展。自 2018 年 8 月辽宁发生非洲猪瘟疫情，疫情防控形势严峻，虽然仔猪、肥猪、种猪的跨省调动较困难对养殖户补栏、出售以及更新母猪造成一定影响，但对重庆生猪生产的直接影响不大。

2018年重庆农民工总量增加，就业情况良好

据国家统计局重庆调查总队农民工监测调查数据，2018年重庆农民工总量稳定增加，群体结构出现可喜变化，农民工回流趋势明显，第三产业就业人数大量增加，就业状况趋好，工资水平稳步提高。

一、农民工总量保持稳定增加趋势

根据调查数据推算，2018年末，全市在市内市外从事非农活动6个月以上的农村劳动力达到766.0万人，比上年增加21.2万人，增长2.8%。2015–2018年重庆农民工总量呈稳定增加态势。见下图。

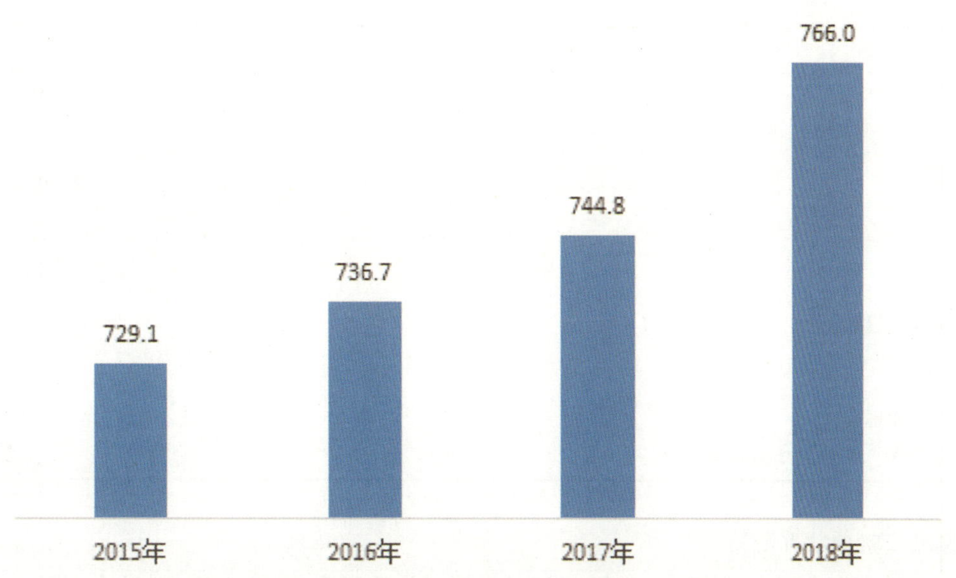

图1：2015–2018年重庆农民工总量变化情况（万人）

二、农民工群体结构出现可喜变化

女性就业增加，性别比改善。2018年男性和女性农民工的性别比例为64.3：35.7，女性占比比去年上升了1.5个百分点。

农民工文化水平提高，素质结构改善。全部农民工中，未上过学的占0.8%，小学文化的占17.0%，初中文化的占55.5%，高中文化的占17.2%，大专文化及以上的占9.5%；高中及以上文化的农民工占比达到了26.7%，较上年提高0.9个百分点。

新生代农民工逐年增加，年龄结构基本稳定。全部农民工中，29岁以下的农民工占比为21.5%，比上年下降2.9个百分点；30–39岁的农民工占比为24.9%，比上年上升1.9个百分点；41–49岁的农民工占比为33.7%，与上年持平；50岁以上的农民工占比为19.9%，比上年上升1.0个百分点。

三、农民工回流趋势明显

近年来，随着东部沿海地区产业转移和中西部地区经济发展加快，重庆新型城镇化进程加快，农民工回流趋势渐显。从农民工的就业区域看，本地农民工（在户籍所在乡镇内从业的农民工）212.1万人，比上年增加36.9万人，增长21.1%；占比为27.7%，比上年提高4.2个百分点。外出农民工（在户籍所在乡镇以外从业的农民工）553.9万人，比上年减少15.7万人，下降2.8%；占比为72.3%，比上年下降4.2个百分点。

外出农民工中，在市外就业的农民工占50.3%，比上年下降0.7个百分点；在市内就业的农民工占49.7%，上升0.7个百分点。市内就业的农民工中，在县内乡外就业的农民工占50.2%，在市内县外就业的农民工占49.8%。市外就业的农民工中，在东部地区就业的占70.3%。吸纳农民工就业的前四个地区是广

东、福建、浙江和贵州，分别吸纳了31.3%、15.0%、10.8%和6.7%的市外农民工。

四、工业和建筑业仍是农民工就业的主要行业，但第三产业就业人数大量增加、从业结构明显改善

随着供给侧结构性改革纵深推进，产业结构调整持续优化升级，服务业加快发展，对就业的需求增加，从事第三产业的农民工比重进一步扩大。2018年，全市农民工中从事第二产业的占55.5%，比上年下降2.4个百分点；制造业和建筑业仍是农民工从业人数最多的两个行业，分别占农民工总量的20.5%和32.2%。从事第三产业的占44.1%，比上年提高2.4个百分点。其中，从事住宿和餐饮业的农民工占8.0%，提高1.0个百分点；从事居民服务、修理和其他服务业的农民工占11.0%，提高0.2百分点。

表1：农民工就业行业分布情况

单位：%

	2018年	2017年
第一产业	0.4	0.2
第二产业	55.5	57.9
其中：制造业	20.5	24.2
建筑业	32.2	30.7
第三产业	44.1	41.9
其中：批发和零售业	5.2	6.1
交通运输、仓储和邮政业	4.1	6.0
住宿和餐饮业	8.0	7.0
居民服务、修理和其他服务业	11.0	10.8

五、农民工就业状况趋好

工作时间长度向合理水平回归。农民工每月平均工作的天数为23.9天，比上年减少0.6天；每天平均工作的小时数为8.6个小时，与上年持平。

签订劳动合同的比例上升。在务工的农民工中，与雇主或单位签订劳动合同的比重为32.3%，比上年上升1.8个百分点。

社会保障程度显著提高。在务工的农民工中，由用工单位缴纳养老保险、工伤保险、医疗保险、失业保险、生育保险、住房公积金的占比分别占18.7%、26.5%、18.1%、13.9%、12.2%、5.7%，分别比上年上升4.2、6.3、5.6、4.9、4.7和2.3个百分点。

六、农民工工资水平稳步提高

随着国内经济持续健康发展，政府对农民工工作非常重视，先后多次出台提高最低工资标准、改善农民工工资待遇、保障农民工合法权益等各项政策措施，农民工工资水平不断提高。全年农民工当前工作平均月收入为4055元，同比增加82.6元，增长2.1%。

二 综合

Comprehensive Statistics

2-1 行政区划（2018 年）
Divisions of Administrative Areas（2018）

单位：个（unit）

地　区	Region	乡 Townships	镇 Towns	街道办事处 Street Communities	居委会 Neighborhood Committees	村委会 Village Committees
全市总计	**Total**	**177**	**627**	**226**	**3128**	**8031**
万州区	Wanzhou District	12	29	11	196	439
黔江区	Qianjiang District	12	12	6	81	138
涪陵区	Fuling District	6	12	9	117	303
渝中区	Yuzhong District			11	77	
大渡口区	Dadukou District		3	5	62	32
江北区	Jiangbei District		3	9	98	16
沙坪坝区	Shapingba District		8	20	129	66
九龙坡区	Jiulongpo District		11	8	119	100
南岸区	Nan' an District		7	8	96	48
北碚区	Beibei District		8	9	74	107
渝北区	Yubei District		11	19	220	181
巴南区	Ba' nan District		14	8	102	198
长寿区	Changshou District		12	7	44	221
江津区	Jiangjin District		25	5	109	173
合川区	Hechuan District		23	7	95	322
永川区	Yongchuan District		16	7	55	206
南川区	Nanchuan District	2	29	3	60	184
綦江区	Qijiang District		25	5	121	359
綦江区（不含万盛）	Qijiang District (excluding Wansheng)		17	3	79	302
大足区	Dazu District		21	6	102	207
璧山区	Bishan District		9	6	52	135
铜梁区	Tongliang District		23	5	67	266
潼南区	Tongnan District		20	2	96	208
荣昌区	Rongchang District		15	6	71	92
开州区	Kaixian District	7	26	7	107	427
梁平区	Liangping District	2	29	2	74	269
武隆区	Wulong District	13	12	2	24	186
城口县	Chengkou County	13	10	2	31	173
丰都县	Fengdu County	5	23	2	63	267
垫江县	Dianjiang County	2	22	2	79	222
忠　县	Zhongxian County	6	19	4	88	284
云阳县	Yunyang County	7	31	4	98	380
奉节县	Fengjie County	11	18	3	76	314
巫山县	Wushan County	13	11	2	34	305
巫溪县	Wuxi County	11	19	2	41	289
石柱土家族自治县	Shizhu County	13	17	3	37	205
秀山土家族苗族自治县	Xiushan County	6	17	4	66	202
酉阳土家族苗族自治县	Youyang County	18	19	2	8	270
彭水苗族土家族自治县	Pengshui County	18	18	3	59	237

2–2 户籍人口与常住人口（1978–2018 年）
Household Registered Population and Resident Population（1978–2018）

单位：万人、%（10000persons、%）

年份 Year	户籍总人口 Household Registered Population	农 业 Agriculture	非 农 业 Non–agriculture	常住人口 Resident Population	城 镇 Urban	乡 村 Rural	城镇化率 Rate of Urban Population
1978	2635.56	2304.66	330.90				
1980	2664.79	2291.51	373.28				
1985	2768.26	2310.89	457.37				
1987	2845.14	2370.06	475.08				
1988	2873.34	2390.36	482.98				
1989	2897.01	2405.25	491.76				
1990	2920.90	2427.92	492.98				
1991	2938.99	2439.61	499.38				
1992	2950.78	2438.94	511.84				
1993	2964.92	2438.27	526.65				
1994	2985.59	2440.41	545.18				
1995	3001.77	2442.33	559.44				
1996	3022.77	2445.65	577.12	2875.30	848.21	2027.09	29.5
1997	3042.92	2448.34	594.58	2873.36	890.74	1982.62	31.0
1998	3059.69	2445.66	614.03	2870.75	935.86	1934.89	32.6
1999	3072.34	2437.18	635.16	2860.37	981.11	1879.26	34.3
2000	3091.09	2430.20	660.89	2848.82	1013.88	1834.94	35.6
2001	3097.91	2408.39	689.52	2829.21	1058.12	1771.09	37.4
2002	3113.83	2392.38	721.45	2814.83	1123.12	1691.71	39.9
2003	3130.10	2376.18	753.92	2803.19	1174.55	1628.64	41.9
2004	3144.23	2358.40	785.83	2793.32	1215.42	1577.90	43.5
2005	3169.16	2351.88	817.28	2798.00	1265.95	1532.05	45.2
2006	3198.87	2353.44	845.43	2808.00	1311.29	1496.71	46.7
2007	3235.32	2358.35	876.97	2816.00	1361.35	1454.65	48.3
2008	3257.05	2349.67	907.38	2839.00	1419.09	1419.91	50.0
2009	3275.61	2326.92	948.69	2859.00	1474.92	1384.08	51.6
2010	3303.45	2196.45	1107.00	2884.62	1529.55	1355.07	53.0
2011	3329.81	2052.17	1277.64	2919.00	1605.96	1313.04	55.0
2012	3343.44	2026.19	1317.25	2945.00	1678.11	1266.89	57.0
2013	3358.42	2014.37	1344.05	2970.00	1732.76	1237.24	58.3
2014	3375.20	2003.08	1372.12	2991.40	1783.01	1208.39	59.6
2015	3371.84	1980.82	1391.02	3016.55	1838.41	1178.14	60.9
2016	3392.11	1776.60	1615.51	3048.43	1908.45	1139.98	62.6
2017	3389.82	1753.01	1636.81	3075.16	1970.68	1104.48	64.1
2018	3403.64	1747.92	1655.72	3101.79	2031.59	1070.20	65.5

注：2016 年户籍人口取消农业与非农业划分，改用乡村与城镇进行划分。

Note: The agriculture and non–agriculture population of household registration in 2016 adopted the classification of urban and rural population

2-3 各区县户籍人口与常住人口（2018 年）
Household Registered Population and Resident Population by Region of Chongqing（2018）

单位：万人、%（10000persons、%）

地 区	Region	户籍总人口 Household Registered Population	城镇人口 Urban Population	乡村人口 Rural Population	常住人口 Resident Population	城镇人口 Urban Population	乡村人口 Rural Population	城镇化率 Rate of Urban Population
全 市	Total	3403.64	1655.72	1747.92	3101.79	2031.59	1070.20	65.50
主城片区	Metropolitan Developed Economic Area	687.49	564.63	122.86	875.00	791.96	83.04	90.51
渝西片区	West Area of Chongqing	1245.96	584.17	661.79	1134.89	723.32	411.57	63.73
渝东北片区	Northeast Area of Chongqing	1096.15	387.25	708.90	818.76	402.33	416.43	49.14
渝东南片区	Southeast Area of Chongqing	374.04	119.67	254.37	273.14	113.98	159.16	41.73
万州区	Wanzhou District	173.90	73.01	100.89	164.75	110.18	54.57	66.88
黔江区	Qianjiang District	55.66	23.47	32.19	48.39	24.52	23.87	50.67
涪陵区	Fuling District	115.13	51.38	63.75	116.80	80.26	36.54	68.72
渝中区	Yuzhong District	50.44	50.44		66.00	66.00		100.00
大渡口区	Dadukou District	26.91	26.91		35.70	34.83	0.87	97.56
江北区	Jiangbei District	62.28	58.70	3.58	88.51	85.15	3.36	96.20
沙坪坝区	Shapingba District	85.82	76.24	9.58	115.20	110.10	5.10	95.57
九龙坡区	Jiulongpo District	95.02	80.11	14.91	122.50	114.55	7.95	93.51
南岸区	Nan' an District	73.68	68.54	5.14	91.00	87.09	3.91	95.70
北碚区	Beibei District	63.57	43.71	19.86	81.10	67.78	13.32	83.58
渝北区	Yubei District	136.75	103.12	33.63	166.17	137.59	28.58	82.80
巴南区	Ba' nan District	93.02	56.86	36.16	108.82	88.87	19.95	81.67
长寿区	Changshou District	89.26	38.81	50.45	85.50	56.49	29.01	66.07
江津区	Jiangjin District	149.27	72.22	77.05	138.70	94.91	43.79	68.43
合川区	Hechuan District	152.59	73.81	78.78	140.72	96.86	43.86	68.83
永川区	Yongchuan District	114.09	51.52	62.57	114.20	79.67	34.53	69.76
南川区	Nanchuan District	68.68	29.13	39.55	59.11	35.97	23.14	60.85
綦江区	Qijiang District	119.69	60.70	58.99	109.98	68.77	41.21	62.53
綦江区（不含万盛）	Qijiang District (excluding Wansheng)	93.01	42.43	50.58	82.66	46.40	36.26	56.13
大足区	Dazu District	107.16	50.91	56.25	78.86	46.42	32.44	58.86
璧山区	Bishan District	64.77	33.98	30.79	74.80	43.56	31.24	58.24
铜梁区	Tongliang District	85.11	39.77	45.34	72.60	41.07	31.53	56.57
潼南区	Tongnan District	95.20	39.78	55.42	72.06	38.85	33.21	53.91
荣昌区	Rongchang District	85.01	42.16	42.85	71.56	40.49	31.07	56.58
开州区	Kaizhou District	168.53	63.40	105.13	118.11	56.66	61.45	47.97
梁平区	Liangping District	92.80	37.43	55.37	65.41	30.31	35.10	46.34
武隆区	Wulong District	41.15	11.59	29.56	34.82	15.38	19.44	44.17
城口县	Chengkou County	25.15	7.02	18.13	18.44	6.68	11.76	36.23
丰都县	Fengdu County	82.01	24.63	57.38	58.52	27.20	31.32	46.48
垫江县	Dianjiang County	97.09	40.78	56.31	70.18	32.53	37.65	46.35
忠 县	Zhongxian County	99.02	32.02	67.00	73.88	33.09	40.79	44.79
云阳县	Yunyang County	134.12	45.63	88.49	93.14	40.84	52.30	43.85
奉节县	Fengjie County	105.82	28.00	77.82	73.33	32.28	41.05	44.02
巫山县	Wushan County	63.49	16.42	47.07	44.68	18.50	26.18	41.41
巫溪县	Wuxi County	54.22	18.91	35.31	38.32	14.06	24.26	36.69
石柱县	Shizhu County	54.86	16.17	38.69	37.80	16.61	21.19	43.94
秀山县	Xiushan County	66.78	20.37	46.41	48.57	20.33	28.24	41.86
酉阳县	Youyang County	85.44	27.50	57.94	54.71	19.15	35.56	35.00
彭水县	Pengshui County	70.15	20.57	49.58	48.85	17.99	30.86	36.83

2-4 从业人员及就业结构（1985–2018 年）
Number of Employed Persons and Its Composition（1985–2018）

单位：万人（10000persons）

年份 Year	从业人员总计 Total Employed Persons	按产业分 By Industry			按城乡分 By Urban and Rural Areas	
		第一产业 Primary Industry	第二产业 Secondary Industry	第三产业 Tertiary Industry	城镇 Urban Areas	乡村 Rural Areas
1985	1432.03	1042.22	223.37	166.44	269.37	1162.66
1986	1469.13	1048.32	241.66	179.15	275.35	1193.78
1987	1507.33	1064.06	258.93	184.34	282.39	1224.94
1988	1512.49	1056.49	262.83	193.17	288.70	1223.79
1989	1540.03	1082.41	263.81	193.81	291.29	1248.74
1990	1569.34	1103.04	263.86	202.44	296.92	1272.42
1991	1620.67	1130.47	275.72	214.48	307.87	1312.80
1992	1662.58	1118.59	277.77	266.22	313.51	1349.07
1993	1658.95	1088.70	287.88	282.37	310.05	1348.90
1994	1729.55	1062.90	301.13	365.52	326.75	1402.80
1995	1709.26	1018.30	310.88	380.08	347.06	1362.20
1996	1719.43	1001.89	320.31	397.23	463.98	1255.45
1997	1715.40	989.07	313.77	412.56	483.74	1231.66
1998	1710.97	979.48	303.18	428.31	505.22	1205.75
1999	1699.06	959.71	296.12	443.23	518.40	1180.66
2000	1661.16	920.92	290.23	450.01	528.97	1132.19
2001	1616.08	870.52	287.31	458.25	539.80	1076.28
2002	1551.77	801.04	285.09	465.64	549.17	1002.60
2003	1499.99	742.90	280.83	476.26	560.28	939.71
2004	1471.34	704.22	280.73	486.39	573.97	897.37
2005	1456.30	678.32	283.08	494.90	589.27	867.03
2006	1454.77	664.35	286.46	503.96	602.99	851.78
2007	1468.87	658.52	294.43	515.92	631.65	837.22
2008	1492.43	652.19	307.66	532.58	665.74	826.69
2009	1513.00	638.08	326.04	548.88	696.82	816.18
2010	1539.95	621.29	351.86	566.80	733.70	806.25
2011	1585.16	604.38	390.80	589.98	790.70	794.46
2012	1633.14	592.59	422.73	617.82	856.17	776.97
2013	1683.51	580.92	452.21	650.38	923.28	760.23
2014	1696.94	555.59	464.48	676.87	954.34	742.60
2015	1707.37	526.46	473.70	707.21	986.87	720.50
2016	1717.52	496.01	476.66	744.85	1021.76	695.76
2017	1714.55	474.88	461.68	777.99	1045.29	669.26
2018	1709.51	464.79	442.56	802.16	1056.46	653.05

2-5 地区生产总值及构成（1978-2018 年）
Gross Domestic Product and Its Composition（1978-2018）

单位：亿元、%、元（100 million yuan、%、yuan）

年份 Year	本市生产总值 Gross Domestic Product	按产业分 By Industry			分产业比重 Proportion by Industry			本市人均生产总值 Per Capita GDP
		第一产业 Primary Industry	第二产业 Secondary Industry	第三产业 Tertiary Industry	第一产业 Primary Industry	第二产业 Secondary Industry	第三产业 Tertiary Industry	
1978	71.70	24.81	34.46	12.43	34.6	48.1	17.3	287
1979	80.98	28.79	38.21	13.98	35.6	47.2	17.2	321
1980	90.68	32.57	42.42	15.69	35.9	46.8	17.3	357
1981	97.20	36.32	43.69	17.19	37.4	44.9	17.7	379
1982	108.08	40.62	47.14	20.32	37.6	43.6	18.8	419
1983	120.01	45.44	50.56	24.01	37.9	42.1	20.0	461
1984	141.64	50.66	60.63	30.35	35.8	42.8	21.4	542
1985	164.32	53.73	73.49	37.10	32.7	44.7	22.6	624
1986	184.60	60.06	81.38	43.16	32.5	44.1	23.4	694
1987	206.73	62.69	90.77	53.27	30.3	43.9	25.8	766
1988	261.27	75.00	117.61	68.66	28.7	45.0	26.3	958
1989	303.75	81.99	135.84	85.92	27.0	44.7	28.3	1103
1990	327.75	100.40	135.62	91.73	30.6	41.4	28.0	1181
1991	374.18	109.49	154.00	110.69	29.3	41.2	29.5	1338
1992	461.32	117.28	194.40	149.64	25.4	42.1	32.5	1641
1993	608.53	141.99	272.17	194.37	23.3	44.7	32.0	2156
1994	833.60	196.19	376.75	260.66	23.5	45.2	31.3	2935
1995	1123.06	264.19	492.67	366.20	23.5	43.9	32.6	3931
1996	1315.12	287.56	568.99	458.57	21.9	43.3	34.8	4574
1997	1509.75	307.21	650.40	552.14	20.3	43.1	36.6	5253
1998	1602.38	300.89	675.64	625.85	18.8	42.2	39.0	5579
1999	1663.20	286.16	697.81	679.23	17.2	42.0	40.8	5804
2000	1791.00	284.87	760.03	746.10	15.9	42.4	41.7	6274
2001	1976.86	294.90	841.95	840.01	14.9	42.6	42.5	6963
2002	2232.86	317.87	958.87	956.12	14.2	42.9	42.9	7912
2003	2555.72	339.06	1135.31	1081.35	13.3	44.4	42.3	9098
2004	3048.03	428.05	1386.84	1233.14	14.0	45.5	40.5	10893
2005	3486.22	463.40	1577.66	1445.16	13.3	45.3	41.4	12470
2006	3929.67	386.38	1888.21	1655.08	9.8	48.1	42.1	14020
2007	4698.25	476.63	2202.40	2019.22	10.1	46.9	43.0	16708
2008	5817.55	563.09	2613.30	2641.16	9.7	44.9	45.4	20575
2009	6559.99	589.83	2973.33	2996.83	9.0	45.3	45.7	23026
2010	7957.49	659.10	3574.06	3724.33	8.3	44.9	46.8	27709
2011	10048.07	805.25	4518.89	4723.93	8.0	45.0	47.0	34627
2012	11456.26	892.26	5244.21	5319.79	7.8	45.8	46.4	39073
2013	12832.82	941.24	5900.06	5991.52	7.3	46.0	46.7	43391
2014	14322.91	990.75	6637.24	6694.92	6.9	46.3	46.8	48052
2015	15789.80	1067.72	7195.00	7527.08	6.8	45.6	47.6	52563
2016	17674.33	1236.98	7898.92	8538.43	7.0	44.7	48.3	58283
2017	19424.73	1276.09	8584.61	9564.03	6.6	44.2	49.2	63442
2018	20363.19	1378.27	8328.79	10656.13	6.8	40.9	52.3	65933

注：1.本表人均地区生产总值按常住人口计算。

2.2007-2017 年 GDP 数据根据全国第三次农业普查结果修订。

Note: 1.The per capita GDP hereof is calculated by registered population.

2.The data of 2007-2017 has been adjusted according to the result of the 3rd National Agriculture Census.

2-6 各区县生产总值指数（2018 年）
Indices of Gross Domestic Product by Region of Chongqing（2018）

单位：%（%）

区县	Region	地区生产总值指数（可比价） Indices of GDP (constant prices)	第一产业 Primary Industry	第二产业 Secondary Industry	#工业 Industry	第三产业 Tertiary Industry	人均地区生产总值指数 Indices of Per Capita GDP
全 市	Total	106.0	104.4	103.0	101.1	109.1	105.1
万州区	Wanzhou District	100.1	104.9	87.5	74.5	105.3	99.3
黔江区	Qianjiang District	107.4	105.1	108.1	108.0	107.3	105.4
涪陵区	Fuling District	107.1	104.7	107.7	108.1	106.7	106.2
渝中区	Yuzhong District	100.9		113.0	102.5	100.5	100.6
大渡口区	Dadukou District	102.7	99.0	96.6	92.0	106.2	100.2
江北区	Jiangbei District	109.0	98.4	107.7	107.8	109.4	107.5
沙坪坝区	Shapingba District	103.2	99.5	107.7	107.0	100.4	102.4
九龙坡区	Jiulongpo District	103.6	99.8	101.4	100.1	105.0	102.6
南岸区	Nan´an District	102.9	98.0	99.3	95.9	105.3	100.8
北碚区	Beibei District	105.7	97.9	102.4	100.6	110.7	104.7
渝北区	Yubei District	97.2	100.6	80.9	76.2	114.8	95.5
巴南区	Ba´nan District	107.1	100.7	104.4	102.9	109.8	105.3
长寿区	Changshou District	106.2	101.9	106.5	106.2	106.5	104.3
江津区	Jiangjin District	110.0	104.7	110.3	109.6	111.0	108.6
合川区	Hechuan District	106.5	104.8	104.5	103.5	109.0	105.2
永川区	Yongchuan District	109.9	104.6	109.6	108.4	111.3	108.4
南川区	Nanchuan District	107.2	105.0	109.1	108.0	106.7	105.5
綦江区	Qijiang District	106.7	104.2	107.3	106.9	106.6	105.9
#綦江区（不含万盛）	Qijiang District (excluding Wansheng)	106.9	104.5	108.2	107.2	106.3	106.2
大足区	Dazu District	107.3	104.4	108.4	107.9	106.4	106.6
璧山区	Bishan District	110.0	104.2	110.3	109.4	110.4	108.7
铜梁区	Tongliang District	109.6	103.3	110.8	109.1	109.5	109.1
潼南区	Tongnan District	109.5	104.7	112.2	108.1	107.5	108.3
荣昌区	Rongchang District	109.5	103.8	108.6	109.1	112.9	108.6
开州区	Kaizhou District	107.6	104.6	108.4	107.7	107.6	107.3
梁平区	Liangping District	109.6	105.1	109.1	106.9	111.8	109.5
武隆区	Wulong District	106.2	104.7	106.0	105.0	106.7	105.9
城口县	Chengkou County	104.8	104.4	97.6	91.8	112.4	105.0
丰都县	Fengdu County	109.8	104.7	110.7	106.7	110.7	110.0
垫江县	Dianjiang County	104.5	105.2	101.7	101.4	107.3	103.4
忠 县	Zhongxian County	109.8	105.4	112.0	111.2	109.0	108.1
云阳县	Yunyang County	110.1	104.5	111.4	108.4	111.2	109.0
奉节县	Fengjie County	108.3	105.4	107.0	104.9	110.0	108.8
巫山县	Wushan County	110.0	105.1	110.8	107.5	111.3	111.1
巫溪县	Wuxi County	108.2	105.0	105.7	95.3	111.2	109.0
石柱县	Shizhu County	104.7	105.2	102.1	101.8	107.2	105.4
秀山县	Xiushan County	109.2	105.1	109.3	109.0	110.5	109.3
酉阳县	Youyang County	105.3	105.0	100.9	97.3	108.9	105.7
彭水县	Pengshui County	107.5	105.2	109.8	104.9	106.4	108.6

2-7 财政收入及支出（1994-2018 年）
Government Revenue and Expenditure（1994-2018）

单位：万元（10000yuan）

年 份 Year	财政收入 Government Revenue	# 地方财政一般预算收入 General Budgetary Revenue of Local Government	基金预算收入 Budgetary Revenue from Funds	# 中央两税（四税）收入 Revenue from the 2（4）Taxes of Central Government	# 地方财政一般预算支出 General Budgetary Expenditure of Local Government	基金预算支出 Budgetary Expenditure for Funds
1994	716172	366325		349847	560818	
1995	837748	460052		377696	662235	
1996	942682	549412		393270	794216	
1997	1180555	593060	152236	435259	1010110	141517
1998	1338867	711287	146759	480821	1257608	101866
1999	1402935	767341	131571	504023	1502365	121320
2000	1632353	872442	172128	587783	1876433	148173
2001	1961761	1061243	202847	697671	2375486	180044
2002	2694610	1260674	317977	991425	3058591	392083
2003	3412781	1615618	453697	1205457	3415775	497789
2004	4629591	2006241	1018198	1435206	3957233	893988
2005	5811921	2568072	1381552	1656599	4873543	1379973
2006	7421702	3177165	2117414	1944772	5942543	2259393
2007	10572948	4427000	3458604	2491920	7683886	3339659
2008	12901828	5775738	3857654	3023634	10160112	4325469
2009	15353975	6818189	4838943	3403122	13180913	4879759
2010	29751187	10182938	9722944	4687841	17691065	9776826
2011	35236522	14883336	14205767	5607771	25702404	13896341

2–7 财政收入及支出（1994–2018 年）
Government Revenue and Expenditure（1994–2018）

续表（continued） 单位：万元（10000yuan）

年 份 Year	财政收入 Government Revenue	# 地方公共财政预算收入 Public Budgetary Revenue of Local Government	政府性基金预算收入 Budgetary Revenue from Governmental Funds	国有资本经营预算收入 State–owned Capital Operational Budgetary Revenue	# 中央两税（四税）收入 Revenue from the 2（4）Taxes of Central Government	# 地方公共财政预算支出 Public Budgetary Expenditure of Local Government	政府性基金预算支出 Budgetary Expenditure from Governmental Funds	国有资本经营预算支出 State–owned Capital Operational Budgetary Expenditure
2012	37268412	14658509	14808929	1911999	5888975	27177878	15114916	1131344
2013	41055563	16932438	16698044	659489	6765592	30622848	17353191	646773

注：财政收入 2002 年前为地方财政收入与中央两税（增值税和消费税）之和，2002 年起为地方财政收入、中央四税收入和其他中央收入之和。其中其他中央收入不含关税，自 2003 年起包含车辆购置税（以下各表同）。2012 年同期数已按公共财政预算口径作相应调整。

Note: Government revenue before 2002 is the sum of revenue of local government and revenue from the 2 taxes of Central Government (value–added tax and consumption tax), whereas it has been the sum of revenue of local government, revenue from the 4 taxes of Central Government and other revenue of Central Government since 2002. Other revenue of Central Government does not include tariff, while vehicle purchasing tax has been included since 2003 (the same applies to the following tables). The data of 2012 has been adjusted in accordance with the statistic scope of public financial budget.

年 份 Year	地方一般公共预算收入 General Public Budgetary Revenue of Local Government	基金预算收入 Budgetary Revenue from Funds	国有资本经营预算收入 State–owned Capital Operational Budgetary Revenue	# 中央四税收入 Revenue from the 4 Taxes of Central Government	地方一般公共预算支出 General Public Budgetary Expenditure of Local Government	政府性基金预算支出 Budgetary Expenditure from Governmental Funds	国有资本经营预算支出 State–owned Capital Operational Budgetary Expenditure
2013	16868717	16726787	659489	6765586	30589372	17353191	646772
2014	19220159	18412843	680138	7767125	33043884	18600130	663118
2015	21548276	16642130	905730	8759172	37919973	17531573	748848

年 份 Year	地方一般公共预算收入 General Public Budgetary Revenue of Local Government	基金预算收入 Budgetary Revenue from Funds	国有资本经营预算收入 State–owned Capital Operational Budgetary Revenue	地方一般公共预算支出 General Public Budgetary Expenditure of Local Government	政府性基金预算支出 Budgetary Expenditure from Governmental Funds	国有资本经营预算支出 State–owned Capital Operational Budgetary Expenditure
2015	20806250	16443229	905730	38138156	17313390	748848
2016	22279117	14973130	904940	40018090	17381158	727387
2017	22523788	22511136	1267342	43362800	21822878	988242
2018	22655421	23162545	1052203	45409487	26777294	521548

注：2017 年起按营改增试点后新的收入划分办法及新增建设用地土地有偿使用收入等基金列转公共预算，与往年不可比。

Note:Due to the change of replacing business tax with VAT under the new revenue division system, and the funds like the revenue from paid use of newly–added construction land have included in public budget since 2017, the data are incomparable with the previous year.

2-8 金融机构（含外资）存贷款年末余额（1980–2018 年）
Year–end Deposit and Loan Balances of Financial Institutions（Including Foreign–funded）（1980–2018）

单位：亿元 (100 million yuan)

年份 Year	本外币存款余额 Total Deposit Balance of RMB and Foreign Currencies	人民币存款余额 Total Deposit Balance of RMB	# 企业存款 Enterprise Deposit	# 储蓄存款 Urban and Rural Saving Deposit	本外币贷款余额 Total Loan Balance of RMB and Foreign Currencies	人民币贷款余额 Total Loan Balance of RMB	短期贷款 Short–term Loans	中长期贷款 Medium & Long–term Loans
1980		29.15	11.32	6.22		42.19	40.96	1.23
1981		33.98	11.86	8.35		50.29	47.69	2.21
1982		38.66	12.44	10.56		55.30	51.50	3.05
1983		45.22	15.29	13.34		63.25	58.14	4.32
1984		70.86	25.40	18.39		84.53	70.42	11.76
1985		62.38	22.87	25.41		101.56	84.85	14.89
1986		84.57	27.94	34.79		131.70	110.61	18.86
1987		110.37	31.84	44.46		163.63	125.85	22.99
1988		123.47	38.22	50.50		183.32	141.01	25.90
1989		146.71	39.27	68.17		214.41	167.66	29.65
1990		198.00	48.51	92.17		268.40	205.63	38.30
1991		253.57	63.76	121.95		336.85	249.51	58.82
1992		315.70	83.75	154.45		408.64	294.63	78.75
1993		386.86	89.57	198.05		495.71	357.59	98.88
1994		518.27	143.26	285.40		596.96	409.16	136.46
1995		676.70	193.38	401.45		755.39	501.66	185.89
1996	885.91	846.43	266.42	500.71	968.71	913.93	601.10	219.05
1997	1147.92	1098.67	429.42	580.67	1224.01	1156.13	873.14	248.06
1998	1359.52	1306.04	483.80	724.54	1443.65	1358.61	978.51	299.59
1999	1638.21	1580.80	544.00	909.10	1693.64	1611.68	1093.09	398.22
2000	1982.21	1904.71	645.54	1085.36	1966.40	1881.29	1246.81	470.70
2001	2377.99	2294.05	750.81	1317.17	1969.97	1871.98	1043.84	631.26
2002	2903.42	2821.04	909.43	1595.01	2338.17	2244.72	1191.70	754.57
2003	3512.82	3438.61	1098.15	1896.56	2976.67	2774.81	1378.85	1010.69
2004	4105.09	4039.61	1230.85	2189.73	3309.13	3246.28	1362.75	1346.91
2005	4784.76	4727.72	1337.05	2545.85	3779.28	3719.52	1471.86	1810.83
2006	5587.50	5519.75	1551.98	2949.05	4443.84	4388.28	1510.73	2392.26
2007	6662.36	6576.68	1997.71	3228.15	5197.08	5131.69	1597.12	3220.70
2008	8102.00	8021.95	2377.48	3988.96	6384.03	6320.81	1617.52	4093.50
2009	11084.82	10933.00	3770.43	4908.68	8856.56	8766.06	1499.85	6563.63
2010	13613.97	13454.98	4666.88	5839.66	10999.87	10888.15	1686.11	8705.32
2011	16128.87	15832.81	8254.56	6990.25	13195.16	13001.39	2529.81	9968.14
2012	19423.90	18934.83	9851.06	8361.64	15594.18	15131.22	3626.89	10919.76
2013	22789.17	22202.10	11697.54	9622.31	18005.69	17381.55	4613.86	12105.13
2014	25160.11	24501.54	12788.24	10774.12	20630.69	20011.50	5404.51	13615.01

注：2011 年起“企业存款”更名为“单位存款”。

Note: The index of “enterprise deposit” is replaced by “corporate deposit” since 2011.

年份 Year	本外币存款余额 Total Deposit Balance of RMB and Foreign Currencies	人民币存款余额 Total Deposit Balance of RMB	# 住户存款 Deposits of Households	政府存款 Deposits of Governments	本外币贷款余额 Total Loan Balance of RMB and Foreign Currencies	人民币贷款余额 Total Loan Balance of RMB	短期贷款 Short–term Loans	中长期贷款 Medium & Long–term Loans
2015	28778.80	28094.37	12207.28	4235.04	22955.21	22393.93	5539.43	15394.18
2016	32160.09	31216.45	13399.44	4743.21	25524.17	24785.19	5383.08	17657.00
2017	34853.53	33718.98	14367.38	5994.81	28417.46	27871.89	5517.30	20764.52
2018	36887.34	35651.57	15907.23	6651.16	32247.75	31425.87	5371.10	23949.57

主要指标解释

行政区划 指国家对行政区域的划分。根据宪法规定，我国的行政区划分如下：（1）全国分为省、自治区、直辖市；（2）省、自治区分为自治州、县、自治县、市；（3）自治州分为县、自治县、市；（4）县、自治县分为乡、民族乡、镇；（5）直辖市和较大的市分为区、县；（6）国家在必要时设立的特别行政区。

国内（地区）生产总值（GDP） 是按市场价格计算的一个国家（或地区）所有常住单位在一定时期内生产活动的最终成果。国内（地区）生产总值有三种表现形态，即价值形态、收入形态和产品形态。从价值形态看，它是所有常住单位在一定时期内所生产的全部货物和服务价值超过同期中间投入的全部非固定资产货物和服务价值的差额，即所有常住单位的增加值之和；从收入形态看，它是所有常住单位在一定时期内所创造并分配给常住单位和非常住单位的初次分配收入之和；从产品形态看，它是所有常住单位在一定时期内最终使用的货物和服务价值与货物和服务净出口价值之和。在实际核算中，国内（地区）生产总值的三种表现形态表现为三种计算方法，即生产法、收入法和支出法。三种方法分别从不同的方面反映国内（地区）生产总值及其构成。

三次产业 三产业的划分是世界上较为常用的产业结构分类，但各国的划分不尽一致。我国的三次产业划分是：

第一产业是指农业、林业、畜牧业、渔业和农林牧渔服务业。

第二产业是指采矿业，制造业，电力、煤气及水的生产和供应业，建筑业。

第三产业是指除第一、二产业以外的其他行业。

三 人民生活

People's Livelihood

3–1 居民人均收入与消费（1978–2018 年）
Per Capita residents Income and Expenditure （1978–2018）

单位：元（yuan）

年份 Year	全体居民 Total residents		城镇常住居民 Permanent Urban Residents		农村常住居民 Permanent Rural Residents	
	人均可支配收入（元） Per Capita Annual Disposable Income (yuan)	人均消费支出（元） Per Capita Annual Living Expenditure (yuan)	人均可支配收入（元） Per Capita Annual Disposable Income (yuan)	人均消费支出（元） Per Capita Annual Living Expenditure (yuan)	人均可支配收入（元） Per Capita Annual Disposable Income (yuan)	人均消费支出（元） Per Capita Annual Living Expenditure (yuan)
1978					126	117
1979			355	324	150	139
1980			412	452	163	149
1981			481	445	229	207
1982			505	471	237	214
1983			536	493	278	234
1984			616	552	311	245
1985			762	771	325	276
1986			984	894	359	312
1987			1109	1013	386	346
1988			1278	1278	458	427
1989			1449	1323	510	463
1990			1691	1508	587	519
1991			1892	1690	629	558
1992			2195	1853	677	574
1993			2781	2320	748	695
1994			3634	3000	1018	879
1995			4375	3932	1270	1098
1996			5023	4467	1479	1328
1997			5302	4920	1692	1390
1998			5431	4943	1804	1436
1999			5818	5345	1841	1426
2000			6152	5424	1900	1452
2001			6544	5658	1982	1556
2002			7000	6267	2112	1601
2003			7773	6991	2233	1716
2004			8793	7806	2536	2041
2005	5942	5117	9700	8417	2842	2394
2006	6632	5603	10878	9146	2911	2498
2007	7520	6138	11758	9596	3560	2906
2008	8756	7074	13321	10781	4193	3368
2009	9688	7843	14502	11710	4557	3722
2010	10984	8810	16032	12818	5378	4359
2011	13037	10263	18517	14394	6605	5414
2012	14924	11468	21003	15931	7526	6035
2013	16569	12600	23058	17124	8493	6971
2014	18352	13811	25147	18279	9490	7983
2015	20110	15140	27239	19742	10505	8938
2016	22034	16385	29610	21031	11549	9954
2017	24153	17898	32193	22759	12638	10936
2018	26386	19248	34889	24154	13781	11977

注：改革开放以来，城乡住户调查经历了多次变革，现根据国家统计局住户办统一制定的方法对 1998 年以后的城乡住户调查数据按现行口径进行了技术性处理，从而导致本表中所列部分数据与历史数据存在一定差别。

Note:Since 1978,the methodology on the Integrated Urban and Rural Household Survey on Income and Expenditures and Living Conditions has been changed several times. The data on the living conditions of urban and rural residents after 1998 have been adjusted according to the NBS´s latest rules,so partial data in this table are different from the histories data.

3-2 全体居民家庭基本情况（2017-2018 年）
Basic Conditions of All the Households（2017-2018）

单位：人/户、% (person/household、%)

指 标	Item	2017 年	2018 年
一、期末户均调查人口	Surveyed population per Household at the end of period	3.39	3.30
二、期内常住成员情况	Status of Permanent Resident during the period		
（一）户均常住人口	Resident Population per Household	3.07	3.00
#在校学生人数	Numbers of current students	0.58	0.53
（二）性别	Gender	100.0	100.0
1.男性	Male	49.0	49.0
2.女性	Female	51.0	51.0
（三）户口状况	Proportion of Household Registration	100.0	100.0
1.农业	Agriculture	50.3	54.9
2.非农业	Non-agriculture	49.4	45.1
3.其他	Other	0.3	
（四）6 岁及以上常住成员受教育程度	Educational Status of Permanent Resident（6-year-old and above）	100.0	100.0
1.未上过学	Illiteracy	2.7	1.9
2.小学	Primary School	29.1	33.1
3.初中	Junior Secondary School	35.1	33.3
4.高中	Senior Secondary School	18.5	17.0
5.大学专科	Junior College	8.8	8.5
6.大学本科	Undergraduate	5.5	5.7
7.研究生	Postgraduate	0.3	0.5
三、常住从业人员情况	Status of Employees from Resident Population		
（一）户均常住从业人数	Numbers of Employment per Household from Resident Population	1.76	1.68
（二）就业状况	Employment Status	100.0	100.0
1.雇主	Employer	1.1	0.6
2.公职人员	Civil Servant	2.1	2.0
3.事业单位人员	Public Institution Employee	4.6	4.3
4.国有企业雇员	State-enterprise Employee	3.0	3.4
5.其他雇员	Other-type Employee	49.7	50.3
6.农业自营	Agricultural Self-operation	29.9	29.0
7.非农自营	Non-agricultural Self-operation	9.6	10.5
（三）主要从事行业	Proportion Of Employment By Industy	100.0	100.0
1.第一产业	Primary Industry	32.6	30.4
2.第二产业	Secondary Industry	19.6	19.3
3.第三产业	Tertiary Industry	47.8	50.2

3-3 全体居民家庭现住房情况（2017-2018 年）
Housing Conditions of All the Households（2017-2018）

单位：平方米、%（m², %）

指 标	Item	2017 年	2018 年
一、人均住房建筑面积	Per Capita Floor Space of Housing	43.31	43.54
二、按居住空间样式分的户数比重	Proportion of Houshold by Type of Residence	100.0	100.0
（一）单栋楼房	Detached House	40.3	36.8
（二）单栋平房	Detached Bungalows	11.4	12.0
（三）单元房	Apartment	45.9	50.0
（四）筒子楼或连片平房	Tube-shaped Apartment or Terraced House	1.2	0.6
（五）其他	Other	1.1	0.5
三、按主要建筑材料分的户数比重	Proportion of Houshold by Main Structure Material	100.0	100.0
（一）钢筋混凝土	Ferroconcrete	34.9	45.2
（二）砖混材料	Brick and Concrete	50.6	42.6
（三）砖瓦砖木	Brick-tile and Brick-timber	12.2	11.5
（四）竹草土坯	Bamboo, Grass and Adobe	1.3	0.5
（五）其他	Other	0.9	0.2
四、按房屋来源分的户数比重	Proportion of Houshold by source of housing	100.0	100.0
（一）租赁住房	Rental Housing	3.8	5.3
（二）自建住房	Self-build Housing	52.2	48.7
（三）购买商品房	Purchase of Commercial Housing	32.4	35.8
（四）购买房改住房	Purchase of Reform policy Housing	3.2	2.1
（五）购买保障性住房	Purchase of Indemnificatory Housing	2.0	1.5
（六）拆迁安置房	Resettlement housing	5.2	5.2
（七）继承或获赠住房	Housing of inheriting or presenting	0.4	0.3
（八）其他	Other	0.8	1.1

3-4　全体居民年末主要耐用消费品拥有量（2017-2018 年）
Main Durable Goods Owned All the Householdsat the year end（2017-2018）

单位:平均每百户（per hundred households）

指　标	Item	单 位	unit	2017 年	2018 年
家用汽车	Automobiles	辆	vehicle	21.27	23.70
摩托车	Motorcycles	辆	vehicle	25.53	25.70
助力车	Mopeds	辆	vehicle	8.72	13.22
洗衣机	Washing Machines	台	unit	90.46	91.76
电冰箱（柜）	Refrigerators	台	unit	99.12	102.00
微波炉	Microwave Ovens	台	unit	44.97	42.41
彩色电视机	Color TV Sets	台	unit	122.85	122.56
空调	Air Conditioners	台	unit	127.48	150.11
热水器	Water Heaters	台	unit	80.17	87.59
洗碗机	Dishwashers	台	unit	1.31	0.95
排油烟机	Exhaust Fan	台	unit	39.86	52.49
固定电话	Telephones	部	unit	39.53	25.25
移动电话	Mobilephones	部	unit	250.43	261.37
计算机	Computers	台	unit	51.68	45.19
照相机	Cameras	台	unit	16.35	11.29

3-5 全体居民人均总收入和现金收入情况（2017-2018 年）
Income and Expenditure of All the Households（2017-2018）

单位：元/人、%（yuan/person, %）

指　标	Item	2017 年		2018 年	
		绝对数	构成	绝对数	构成
总收入	Total Income	29067	100.0	32062	100.0
一、工资性收入	Wage and Salary Income	12604	43.4	13928	43.4
二、经营性收入	Operating Income	7494	25.8	8496	26.5
（一）第一产业	Primary Industry	2730	9.4	2721	8.5
（二）第二产业	Secondary Industry	457	1.6	559	1.7
（三）第三产业	Tertiary Industry	4307	14.8	5216	16.3
三、财产性收入	Property Income	1628	5.6	1779	5.5
四、转移性收入	Transfer Income	7341	25.3	7858	24.5
# 现金收入	Cash Income	26952	100.0	30009	100.0
一、现金工资性收入	Wage and Salary Income in Cash	12537	46.5	13845	46.1
二、现金经营性收入	Operating Income in Cash	6554	24.3	7723	25.7
（一）第一产业	Primary Industry	1790	6.6	1948	6.5
（二）第二产业	Secondary Industry	457	1.7	559	1.9
（三）第三产业	Tertiary Industry	4307	16.0	5216	17.4
三、现金财产性收入	Property Income in Cash	780	2.9	876	2.9
四、现金转移性收入	Transfer Income in Cash	7081	26.3	7565	25.2

3-6 全体居民人均总支出情况（2017–2018 年）
Per Capita Expenditure of All the households（2017–2018）

单位：元/人、%（yuan/person, %）

指 标	Item	2017 年		2018 年	
		绝对数	构成	绝对数	构成
总支出	Total Expenditure	27183	100.0	29624	100.0
一、消费支出	Consumption Expenditure	17898	65.8	19248	65.0
食品烟酒	Food, Tobacco and Alcohol	5943	21.9	6221	21.0
衣 着	Clothing	1395	5.1	1455	4.9
居 住	Residence	3141	11.6	3499	11.8
生活用品及服务	Household Facilities, Articles and Services	1245	4.6	1339	4.5
交通通信	Transportation, Post and Communications Services	2310	8.5	2545	8.6
教育文化娱乐	Educational, Cultural and Recreational Services	1993	7.3	2088	7.0
医疗保健	Health Care and Medical Services	1472	5.4	1660	5.6
其他用品及服务	Miscellaneous Goods and Services	398	1.5	443	1.5
二、生产经营费用支出	Production and Opreating Expenditure	3199	11.8	3871	13.1
第一产业	Primary Industry	973	3.6	932	3.1
第二产业	Secondary Industry	176	0.6	285	1.0
第三产业	Tertiary Industry	2050	7.5	2653	9.0
三、财产性支出	Property Expenditure	103	0.4	130	0.4
四、转移性支出	Transfer Expenditure	1334	4.9	1361	4.6
五、部分商业保险支出	A portion of Commercial Insurance Expenditure	70	0.3	126	0.4
六、购置资产及非经常性转移支出	Assets Purchasing and Non–recurring Transfer Expenditure	3108	11.4	3477	11.7
七、借贷性支出	Debit–Credit Expenditure	1471	5.4	1410	4.8

3-7 全体居民人均可支配收入和消费支出情况（2010–2018 年）
Per Capita Disposable Income and Expenditure of All the Households（2010–2018 年）

单位：元/人（yuan/person）

指　　标	Item	2010 年	2011 年	2012 年	2013 年	2014 年	2015 年	2016 年	2017 年	2018 年
一、可支配收入	Disposable Income	10984	13037	14924	16569	18352	20110	22034	24153	26386
（一）工资性收入	Wage and Salary Income	6283	7036	7925	8819	9889	10674	11558	12604	13928
（二）经营净收入	Net Operating Income	1795	2250	2558	2749	2981	3315	3684	4017	4311
（三）财产净收入	Net Property Income	524	746	932	1193	1256	1367	1414	1526	1649
（四）转移净收入	Net Transfer Income	2382	3006	3509	3808	4226	4754	5378	6007	6497
二、消费支出	Consumption Expenditure	8810	10263	11468	12600	13811	15140	16385	17898	19248
（一）食品烟酒	Food, Tobacco and Alcohol	3108	3717	4270	4511	4972	5325	5612	5943	6221
（二）衣着	Clothing	836	1055	1177	1213	1276	1335	1374	1395	1455
（三）居住	Residence	1810	1880	1978	2452	2554	2743	2903	3141	3499
（四）生活用品及服务	Household Facilities, Articles and Services	633	698	797	878	979	1064	1146	1245	1339
（五）交通通信	Transportation, Post and Communication Services	773	1009	1154	1214	1476	1746	1942	2310	2545
（六）教育文化娱乐	Educational, Cultural and Recreational Services	866	1006	1075	1239	1319	1513	1746	1993	2088
（七）医疗保健	Health Care and Medical Services	598	677	759	838	966	1118	1344	1472	1660
（八）其他用品和服务	Miscellaneous Goods and Services	186	222	258	255	268	294	319	398	443

3-8 全体居民人均经营净收入情况（2017-2018 年）
Per Capita Net Income from Operations of All the Households（2017-2018）

单位：元/人、%（yuan/person, %）

指 标	Item	2017 年		2018 年	
		绝对数	构成	绝对数	构成
经营净收入	Net Operating Income	4017	100.0	4311	100.0
一、第一产业经营净收入	Net Operating Income of Primary Industry	1681	41.9	1704	39.5
（一）农业	Farming	1120	27.9	1167	27.1
（二）林业	Forestry	49	1.2	54	1.3
（三）牧业	Animal Husbandry	483	12.0	455	10.6
（四）渔业	Fishery	29	0.7	28	0.6
二、第二产业经营净收入	Net Operating Income of Secondary Industry	259	6.4	235	5.4
（一）采矿业	Mining Industry	9	0.2	1	
（二）制造业	Manufacturing Industry	166	4.1	104	2.4
（三）电力、热力、燃气及水生产和供应业	Production and Supply of Electricity, Heat, Gas and Water	4	0.1		
（四）建筑业	Construction Industry	81	2.0	129	3.0
三、第三产业经营净收入	Net Operating Income of Tertiary Industry	2077	51.7	2372	55.0
（一）批发和零售业	Wholesale and Retail Industry	1377	34.3	1582	36.7
（二）交通运输、仓储和邮政业	Transportation, Warehousing and Postal Industy	187	4.7	190	4.4
（三）住宿和餐饮业	Lodging and Catering Industry	188	4.7	229	5.3
（四）房地产业	Real Estate			-1	
（五）租赁和商务服务业	Leasing and Commercial Service Industry	13	0.3	34	0.8
（六）居民服务、修理和其他服务业	Residential Services, Repair and Other Services	252	6.3	290	6.7
（七）其他	Other	54	1.3	45	1.0
（八）农林牧渔服务业	Farming, Forestry, Animal Husbandry and Fishery Services	5	0.1	3	0.1

3-9 全体居民人均财产净收入情况（2017–2018 年）
Per Capita Net Income from Properties of All the Households（2017–2018）

单位：元/人、%（yuan/person, %）

指　标	Item	2017 年		2018 年	
		绝对数	构成	绝对数	构成
财产净收入	Net Property Income	1526	100.0	1649	100.0
一、利息净收入	Net Interest Income	116	7.6	152	9.2
二、红利收入	Dividend Income	149	9.8	170	10.3
（一）集体分配的红利	Dividend of Allocation from Collective	32	2.1	12	0.7
（二）其他红利收入	Other Dividend Income	117	7.6	158	9.6
三、蓄性保险净收益	Net Income of Endowment Insurance	7	0.4	9	0.5
四、转让承包土地经营权租金净收入	Net Rental Income of Land Conveyance and Contract	37	2.4	42	2.5
五、出租房屋财产性收入	Property Incomeof House Renting	347	22.7	342	20.8
六、出租机械、专利、版权等资产的收入	Rental Income of Equipment, Patent and Copyright	11	0.7	11	0.7
七、其他财产净收入	Other Net Property Income	11	0.7	20	1.2
八、房屋虚拟租金	Potential Rent of House	848	55.6	904	54.8

3-10 全体居民人均转移净收入情况（2017-2018 年）
Per Capita Net IncomefromTransfer of All the Households（2017-2018）

单位：元/人、%（yuan/person,%）

指 标	Item	2017 年		2018 年	
		绝对数	构成	绝对数	构成
转移净收入	**Net Transfer Income**	**6007**		**6497**	
一、转移性收入	Transfer Income	7341	100.0	7858	100.0
（一）养老金或离退休金	Old-age Pension and Retirement Pension	5196	70.8	5475	69.7
1.离退休金	Retirement Pensions	4445	60.6	4575	58.2
2.居民社会养老保险	Social Pensions	405	5.5	552	7.0
3.新型农村养老保险	New-rural Pensions	108	1.5	126	1.6
4.其他养老金	Other Pensions	237	3.2	222	2.8
（二）社会救济和补助	Social almsgiving and Subsidies	107	1.5	146	1.9
1.最低生活保障费	Basic Living Allowances	37	0.5	62	0.8
2.五保户救助金	Alms for Household of Five Guarantees	5	0.1	7	0.1
3.扶贫款	Poverty Relief Funds	10	0.1	7	0.1
4.救灾款	Disaster Relief Funds				
5.抚恤金	Disabled and Deceased Pensions	33	0.5	28	0.4
6.其他社会救济收入	Other Social Almsgiving Income	21	0.3	42	0.5
（三）政策性生活补贴	Govermental living allowances	45	0.6	65	0.8
（四）报销医疗费	Medical Subsidies	235	3.2	268	3.4
（五）家庭外出从业人员寄回带回收入	Transfer Income from Employee Worked Outside of Chongqing to Family	1101	15.0	1209	15.4
（六）赡养收入	Financial Supports from Children	408	5.6	501	6.4
（七）其他经常转移收入	Other Transfer Income	167	2.3	122	1.6
（八）从政府和组织得到的实物产品和服务折价	Discounts on Goods and Services Received from Government and Organizations	25	0.3	25	0.3
（九）现金政策性惠农补贴	Policy-related Cash Subsidies for Agriculture	56	0.8	45	0.6
二、转移性支出	Transfer Expenditure	1334	100.0	1361	100.0
（一）个人所得税	Personal Income Tax	35	2.6	53	3.9
（二）社会保障支出	Social Security Expenditure	1137	85.2	1080	79.4
1.个人缴纳的养老保险	Individual Payment of Endowment Insurance	767	57.5	691	50.8
2.个人缴纳的医疗保险	Individual Payment of Health Insurance	318	23.8	334	24.5
3.个人缴纳的失业保险	Individual Payment of Unemployment Insurance	33	2.4	30	2.2
4.其他社会保障支出	Other Social Security Expenditure	19	1.4	25	1.9
（三）外来从业人员寄给家人的支出	Transfer Expenditure from Employee Worked Outside of Chongqing to Family			7	0.5
（四）赡养支出	Financial Supports to Parents	91	6.9	134	9.8
（五）其他转移性支出	Other Transfer Expenditure	71	5.3	87	6.4

3-11 全体居民人均现金可支配收入和现金消费支出情况（2017–2018 年）
Per Capita Cash Disposable Income and Cash Consumption Expenditure of All the Households（2017–2018）

单位：元/人、%（yuan/person, %）

指　标	Item	2017 年		2018 年	
		绝对数	构成	绝对数	构成
一、现金可支配收入	**Disposable Income in Cash**	**22508**	**100.0**	**24790**	**100.0**
（一）现金工资性收入	Wage and Salary Income in Cash	12537	55.7	13845	55.8
（二）现金经营净收入	Net Operation Income in Cash	3547	15.8	3995	16.1
1.第一产业	Primary Industry	1009	4.5	1159	4.7
2.第二产业	Secondary Industry	280	1.2	274	1.1
3.第三产业	Tertiary Industry	2257	10.0	2562	10.3
（三）现金财产净收入	Net Property Income in Cash	677	3.0	746	3.0
（四）现金转移净收入	Net Transfer Income in Cash	5747	25.5	6204	25.0
二、现金消费支出	**Consumption Expenditure in Cash**	15068	100.0	16226	100.0
（一）食品烟酒	Food, Tobacco and Alcohol	5380	35.7	5740	35.4
1.食品	Food	3926	26.1	4058	25.0
2.烟酒	Tobacco and Alcohol	551	3.7	603	3.7
3.饮料	Beverage	75	0.5	84	0.5
4.饮食服务	Catering Services	828	5.5	996	6.1
（二）衣着	Clothing	1394	9.3	1453	9.0
1.衣类	Clothes	1096	7.3	1178	7.3
2.鞋类	Footware	298	2.0	276	1.7
（三）居住	Residence	1138	7.6	1257	7.7
1.租赁房房租	Rent of Residence	109	0.7	162	1.0
2.住房维修及管理	Repairments and Management of Residence	349	2.3	421	2.6
3.水电燃料及其他	Water, Electricity, Fuel and Other	680	4.5	674	4.2
（四）生活用品及服务	Household Facilities, Articles and Services	1228	8.2	1326	8.2
1.家具及室内装饰品	Furniture and Decoration	184	1.2	187	1.1
2.家用器具	Household Utensils	331	2.2	370	2.3
3.家用纺织品	Household Textile	115	0.8	108	0.7
4.家庭日用杂品	Household Daily Groceries	360	2.4	374	2.3
5.个人用品	Personal Product	185	1.2	223	1.4
6.家庭服务	Household Services	53	0.4	64	0.4
（五）交通通信	Transportation, Post and Communication Services	2308	15.3	2543	15.7
1.交通	Transportation Services	1594	10.6	1825	11.2
2.通信	Communication Services	714	4.7	718	4.4
（六）教育文化娱乐	Educational, Cultural and Recreational Services	1993	13.2	2087	12.9
1.教育	Educational Services	1225	8.1	1323	8.2
2.文化娱乐	Cultural and Recreational Services	768	5.1	764	4.7
（七）医疗保健	Health Care and Medical Services	1236	8.2	1382	8.5
1.医疗器具及药品	Medical Devices and medicine	564	3.7	602	3.7
2.医疗服务	Medical Services	672	4.5	780	4.8
（八）其他用品和服务	Miscellaneous Goods and Services	390	2.6	437	2.7
1.其他用品	Miscellaneous Goods	214	1.4	229	1.4
2.其他服务	Miscellaneous Services	176	1.2	208	1.3

3-12 全体居民人均消费支出细项情况（2017-2018 年）
Per Capita Consumption Expenditure of All the Households（2017-2018）

单位：元/人、%（yuan/person, %）

指　　标	Item	2017 年		2018 年	
		绝对数	构成	绝对数	构成
消费支出	**Consumption Expenditure**	**17898**	**100.0**	**19248**	**100.0**
（一）食品烟酒	Food, Tobacco and Alcohol	5943	33.2	6221	32.3
1.食品	Food	4442	24.8	4478	23.3
2.烟酒	Tobacco and Alcohol	551	3.1	603	3.1
3.饮料	Beverage	75	0.4	84	0.4
4.饮食服务	Catering Services	876	4.9	1056	5.5
（二）衣着	Clothing	1395	7.8	1455	7.6
1.衣类	Clothes	1097	6.1	1179	6.1
2.鞋类	Footware	298	1.7	276	1.4
（三）居住	Residence	3141	17.5	3499	18.2
1.租赁房房租	Rent of Residence	109	0.6	162	0.8
2.住房维修及管理	Repairments and Management of Residence	349	2.0	421	2.2
3.水电燃料及其他	Water, Electricity, Fuel and Other	718	4.0	716	3.7
4.自有住房折算租金	Converted Funds for Private Housing	1965	11.0	2200	11.4
（四）生活用品及服务	Household Facilities, Articles and Services	1245	7.0	1339	7.0
1.家具及室内装饰品	Furniture and Decoration	188	1.1	193	1.0
2.家用器具	Household Utensils	331	1.8	370	1.9
3.家用纺织品	Household Textile	115	0.6	108	0.6
4.家庭日用杂品	Household Daily Groceries	373	2.1	380	2.0
5.个人用品	Personal Product	185	1.0	223	1.2
6.家庭服务	Household Services	53	0.3	64	0.3
（五）交通通信	Transportation, Post and Communication Services	2310	12.9	2545	13.2
1.交通	Transportation Services	1597	8.9	1827	9.5
2.通信	Communication Services	714	4.0	718	3.7
（六）教育文化娱乐	Educational, Cultural and Recreational Services	1993	11.1	2088	10.8
1.教育	Educational Services	1225	6.8	1323	6.9
2.文化娱乐	Cultural and Recreational Services	768	4.3	764	4.0
（七）医疗保健	Health Care and Medical Services	1472	8.2	1660	8.6
1.医疗器具及药品	Medical Devices and medicine	564	3.2	611	3.2
2.医疗服务	Medical Services	908	5.1	1048	5.4
（八）其他用品和服务	Miscellaneous Goods and Services	398	2.2	443	2.3
1.其他用品	Miscellaneous Goods	219	1.2	231	1.2
2.其他服务	Miscellaneous Services	179	1.0	212	1.1

3-13 全体居民家庭人均主要食品消费量（2017-2018 年）
Per Capita Consumption of Major Foods of All the households（2017-2018）

单位：千克/人（kg/person）

指　标	Item	2017 年	2018 年
一、粮食	Food Crops	152.55	135.74
（一）谷物	Cereals	137.78	121.19
（二）薯类	Tubers	4.59	5.40
（三）豆类	Beans	10.18	9.15
二、油脂	Edible Oil	14.83	13.85
（一）植物油	vegetable oil	12.93	11.74
（二）动物油	animal oil	1.91	2.11
三、蔬菜及菜制品	Vegetables and Processed Products	142.81	132.01
# 鲜菜	Fresh Vegetables	139.67	128.51
四、肉类	Meat	39.85	43.86
# 猪肉	Pork	33.85	38.79
牛肉	Beef	1.43	1.34
羊肉	Mutton	0.75	0.58
五、禽类	Poultry	11.58	10.01
六、水产品	Aquatic Products	10.47	9.93
# 鱼类	Fishes	9.05	8.56
七、蛋类及蛋制品	Eggs and Processed Product	9.84	9.77
# 鲜蛋	Fresh Eggs	9.33	9.36
八、奶和奶制品	Milk and Dairy Products	17.21	12.64
九、干鲜瓜果类	Fruits, Nuts and Processed Products	42.67	43.68
# 鲜瓜果	Fresh Fruits	37.78	39.48
坚果类	Nuts	4.41	3.74
十、糖果糕点类	Sweets and Desserts	6.99	7.17
# 食糖	Sugar	2.71	2.77
十一、烟叶	Tobacco	31.83	33.34
十二、酒	Alcohol	11.13	9.91

3-14 全体居民第一产业生产经营收支情况（2017-2018 年）
Statistics on Income and Expenditure of the First Industry Production and Operations by All the Households（2017-2018）

单位：元/人（yuan/person）

指 标	Item	2017 年	2018 年
一、第一产业经营收入	Operating Income of Primary Industry	2730	2721
（一）农业	Farming	1446	1519
（二）林业	Forestry	56	64
（三）牧业	Animal Husbandry	1177	1048
（四）渔业	Fishery	51	90
二、第一产业现金经营收入	Operating Cash Income of Primary Industry	1790	1948
（一）农业	Farming	762	971
（二）林业	Forestry	18	24
（三）牧业	Animal Husbandry	964	868
（四）渔业	Fishery	46	86
三、第一产业生产经营费用支出	Operating Expenditure of Primary Industry	973	932
（一）农业	Farming	283	307
（二）林业	Forestry	7	9
（三）牧业	Animal Husbandry	661	561
（四）渔业	Fishery	22	55
四、第一产业生产经营现金费用支出	Operating Cash Expenditure of Primary Industry	780	789
（一）农业	Farming	278	293
（二）林业	Forestry	7	9
（三）牧业	Animal Husbandry	474	432
（四）渔业	Fishery	22	55

注：本表的收支数据属于总收支、现金收支的口径,与可支配收入口径有区别。

3-15　按收入五等份分组的全体居民人均收支情况（2017 年）
Per Capita Income and Expenditure of All the Households by Incom Quintile（2017）

单位：元/人（yuan/person）

指　标	Item	低收入户（20%）	中低收入户（20%）	中等收入户（20%）	中高收入户（20%）	高收入户（20%）
一、可支配收入	**Disposable Income**	**7742**	**14274**	**21113**	**31161**	**51717**
工资性收入	Wage and Salary Income	3302	6085	11003	17134	28516
经营净收入	Net Operating Income	2326	3616	3805	3381	7551
财产净收入	Net Property Income	239	639	1182	2001	4019
转移净收入	Net Transfer Income	1875	3934	5124	8646	11631
二、消费支出	**Consumption Expenditure**	**9317**	**11808**	**16262**	**21858**	**33094**
食品烟酒	Food, Tobacco and Alcohol	3340	4375	5686	7232	9862
衣　着	Clothing	515	708	1238	1744	3075
居　住	Residence	1718	2197	2879	3768	5608
生活用品及服务	Household Facilities, Articles and Services	622	719	1063	1550	2500
交通通信	Transportation, Post and Communication Services	1082	1222	2053	2837	4804
教育文化娱乐	Educational, Cultural and Recreational Services	1236	1505	1744	2228	3526
医疗保健	Health Care and Medical Services	689	859	1306	2032	2720
其他用品及服务	Miscellaneous Goods and Services	115	222	292	467	999

3-15　按收入五等份分组的全体居民人均收支情况（2018 年）
Per Capita Income and Expenditure of All the Households by Incom Quintile（2018）

续表（continued）

单位：元/人（yuan/person）

指　标	Item	低收入户（20%）	中低收入户（20%）	中等收入户（20%）	中高收入户（20%）	高收入户（20%）
一、可支配收入	**Disposable Income**	**8243**	**14935**	**21943**	**33195**	**60883**
工资性收入	Wage and Salary Income	3598	7021	12111	19514	31167
经营净收入	Net Operating Income	1860	3427	3612	3877	9879
财产净收入	Net Property Income	236	561	1338	2141	4579
转移净收入	Net Transfer Income	2550	3925	4882	7662	15257
二、消费支出	**Consumption Expenditure**	**9954**	**13152**	**16608**	**23184**	**37117**
食品烟酒	Food, Tobacco and Alcohol	3512	4562	5639	7563	10826
衣　着	Clothing	528	783	1174	1902	3270
居　住	Residence	1962	2438	3017	4174	6542
生活用品及服务	Household Facilities, Articles and Services	583	876	1066	1580	2916
交通通信	Transportation, Post and Communication Services	1208	1597	2339	3127	4974
教育文化娱乐	Educational, Cultural and Recreational Services	1237	1473	1695	2442	3983
医疗保健	Health Care and Medical Services	769	1218	1382	1885	3407
其他用品及服务	Miscellaneous Goods and Services	155	203	297	511	1199

3-16 城镇居民家庭基本情况（2017-2018 年）
Basic Conditions of Urban Households（2017-2018）

单位：人/户、% (person/household, %)

指　标	Item	2017 年	2018 年
一、期末户均调查人口	Surveyed population per Household at the end of period	3.22	3.17
二、期内常住成员情况	Status of Permanent Resident during the period		
（一）户均常住人口	Resident Population per Household	3.13	3.04
# 在校学生人数	Numbers of current students	0.48	0.52
（二）性别	Gender	100.0	100.0
1. 男性	Male	48.6	48.4
2. 女性	Female	51.4	51.6
（三）户口状况	Proportion of Household Registration	100.0	100.0
1. 农业	Agriculture	21.8	32.0
2. 非农业	Non-agriculture	77.8	68.0
3. 其他	Other	0.4	
（四）6 岁及以上常住成员受教育程度	Educational Status of Permanent Resident (6-year-old and above)	100.0	100.0
1. 未上过学	Illiteracy	1.5	1.2
2. 小学	Primary School	19.9	22.9
3. 初中	Junior Secondary School	33.2	32.8
4. 高中	Senior Secondary School	24.1	21.7
5. 大学专科	Junior College	12.5	12.4
6. 大学本科	Undergraduate	8.3	8.2
7. 研究生	Postgraduate	0.4	0.7
三、常住从业人员情况	Status of Employees from Resident Population		
（一）户均常住从业人数	Numbers of Employment per Household from Resident Population	1.64	1.56
（二）就业状况	Employment Status	100.0	100.0
1. 雇主	Employer	1.7	0.8
2. 公职人员	Civil Servant	3.6	3.3
3. 事业单位人员	Public Institution Employee	7.9	7.1
4. 国有企业雇员	State-enterprise Employee	5.4	6.0
5. 其他雇员	Other-type Employee	63.0	63.9
6. 农业自营	Agricultural Self-operation	7.3	6.6
7. 非农自营	Non-agricultural Self-operation	11.2	12.2
（三）主要从事行业	Proportion Of Employment By Industy	100.0	100.0
1. 第一产业	Primary Industry	8.3	7.3
2. 第二产业	Secondary Industry	21.7	20.7
3. 第三产业	Tertiary Industry	70.0	72.0

3–17 城镇居民家庭现住房情况（2017–2018 年）
Housing Conditions of Urban Households（2017–2018）

单位：平方米、%（m2, %）

指　　标	Item	2017 年	2018 年
一、人均住房建筑面积	Per Capita Floor Space of Housing	35.28	36.53
二、按居住空间样式分的户数比重	Proportion of Houshold by Type of Residence	100.00	100.00
（一）单栋楼房	Detached House	19.4	17.1
（二）单栋平房	Detached Bungalows	2.7	2.7
（三）单元房	Apartment	76.3	79.8
（四）筒子楼或连片平房	Tube–shaped Apartment or Terraced House	1.0	0.3
（五）其他	Other	0.5	
三、按主要建筑材料分的户数比重	Proportion of Houshold by Main Structure Material	100.0	100.0
（一）钢筋混凝土	Ferroconcrete	49.8	64.5
（二）砖混材料	Brick and Concrete	46.8	33.1
（三）砖瓦砖木	Brick–tile and Brick–timber	3.1	2.4
（四）竹草土坯	Bamboo, Grass and Adobe	0.1	
（五）其他	Other	0.2	
四、按房屋来源分的户数比重	Proportion of Houshold by source of housing	100.0	100.0
（一）租赁住房	Rental Housing	5.7	8.1
（二）自建住房	Self–build Housing	21.5	19.1
（三）购买商品房	Purchase of Commercial Housing	54.4	58.1
（四）购买房改住房	Purchase of Reform policy Housing	5.3	3.3
（五）购买保障性住房	Purchase of Indemnificatory Housing	3.2	2.0
（六）拆迁安置房	Resettlement housing	8.6	7.9
（七）继承或获赠住房	Housing of inheriting or presenting	0.3	0.2
（八）其他	Other	1.1	1.3

3–18 城镇居民年末主要耐用消费品拥有量（2017–2018 年）
Main Durable Goods Owner of Urban Households at the year end（2017–2018）

单位:平均每百户（average per a hundred household）

指　标	Item	单位	unit	2017 年	2018 年
家用汽车	Automobiles	辆	vehicle	28.07	31.04
摩托车	Motorcycles	辆	vehicle	17.53	16.71
助力车	Mopeds	辆	vehicle	6.41	10.93
洗衣机	Washing Machines	台	unit	98.23	98.44
电冰箱（柜）	Refrigerators	台	unit	102.25	103.01
微波炉	Microwave Ovens	台	unit	65.17	59.77
彩色电视机	Color TV Sets	台	unit	129.47	128.28
空调	Air Conditioners	台	unit	183.90	209.41
热水器	Water Heaters	台	unit	95.49	100.15
洗碗机	Dishwashers	台	unit	1.71	1.51
排油烟机	Exhaust Fan	台	unit	62.07	76.69
固定电话	Telephones	部	unit	47.42	30.16
移动电话	Mobilephones	部	unit	256.72	259.55
计算机	Computers	台	unit	74.83	64.37
照相机	Cameras	台	unit	26.88	17.56

3-19 城镇居民人均总收入和现金收入情况（2017-2018 年）
Per capita Income and Cash Income of Urban Households（2017-2018）

单位：元/人、%（yuan/person, %）

指　标	Item	2017 年		2018 年	
		绝对数	构成	绝对数	构成
总收入	Total Income	37081	100.0	40958	100.0
一、工资性收入	Wage and Salary Income	18336	49.4	20054	49.0
二、经营性收入	Operating Income	6621	17.9	7939	19.4
（一）第一产业	Primary Industry	689	1.9	647	1.6
（二）第二产业	Secondary Industry	586	1.6	662	1.6
（三）第三产业	Tertiary Industry	5346	14.4	6630	16.2
三、财产性收入	Property Income	2545	6.9	2740	6.7
四、转移性收入	Transfer Income	9580	25.8	10224	25.0
#现金收入	Cash Income	35042	100.0	38830	100.0
一、现金工资性收入	Wage and Salary Income in Cash	18237	52.0	19926	51.3
二、现金经营性收入	Operating Income in Cash	6456	18.4	7830	20.2
（一）第一产业	Primary Industry	524	1.5	538	1.4
（二）第二产业	Secondary Industry	586	1.7	662	1.7
（三）第三产业	Tertiary Industry	5346	15.3	6630	17.1
三、现金财产性收入	Property Income in Cash	1104	3.2	1227	3.2
四、现金转移性收入	Transfer Income in Cash	9245	26.4	9848	25.4

3-20 城镇居民人均总支出情况（2017-2018 年）
Per Capital Expenditure of Urban Households（2017-2018）

单位：元/人、%（yuan/person, %）

指 标	Item	2017 年		2018 年	
		绝对数	构成	绝对数	构成
总支出	**Total Expenditure**	**32630**	**100.0**	**35832**	**100.0**
一、消费支出	Consumption Expenditure	22759	69.7	24154	67.4
（一）食品烟酒	Food, Tobacco and Alcohol	7305	22.4	7598	21.2
（二）衣着	Clothing	1951	6.0	2010	5.6
（三）居住	Residence	3960	12.1	4325	12.1
（四）生活用品及服务	Household Facilities, Articles and Services	1592	4.9	1713	4.8
（五）交通通信	Transportation, Post and Communications Services	2992	9.2	3248	9.1
（六）教育文化娱乐	Educational, Cultural and Recreational Services	2528	7.7	2589	7.2
（七）医疗保健	Health Care and Medical Services	1883	5.8	2055	5.7
（八）其他用品及服务	Miscellaneous Goods and Services	547	1.7	617	1.7
二、生产经营费用支出	Production and Opreating Expenditure	2668	8.2	3668	10.2
（一）第一产业	Primary Industry	256	0.8	251	0.7
（二）第二产业	Secondary Industry	190	0.6	299	0.8
（三）第三产业	Tertiary Industry	2222	6.8	3118	8.7
三、财产性支出	Property Expenditure	169	0.5	204	0.6
四、转移性支出	Transfer Expenditure	1783	5.5	1898	5.3
五、部分商业保险支出	A portion of Commercial Insurance Expenditure	92	0.3	175	0.5
六、购置资产及非经常性转移支出	Assets Purchasing and Non-recurring Transfer Expenditure	3343	10.2	3815	10.6
七、借贷性支出	Debit-Credit Expenditure	1816	5.6	1918	5.4

3-21 城镇居民人均可支配收入和消费支出情况（2010-2018年）
Per Capita Disposable Income and Expenditure of Urban Households（2010-2018）

单位：元/人（yuan/person）

指　标	Item	2010年	2011年	2012年	2013年	2014年	2015年	2016年	2017年	2018年
一、可支配收入	**Disposable Income**	**16032**	**18517**	**21003**	**23058**	**25147**	**27239**	**29610**	**32193**	**34889**
（一）工资性收入	Wage and Salary Income	10542	11407	12604	13700	15020	15936	17043	18336	20054
（二）经营性收入	Operating Income	1314	1845	2244	2408	2658	2974	3348	3685	3973
（三）财产性收入	Property Income	918	1269	1561	1970	2026	2175	2221	2376	2536
（四）转移性收入	Transfer Income	3258	3996	4594	4980	5443	6154	6998	7797	8326
二、消费支出	**Consumption Expenditure**	**12818**	**14394**	**15931**	**17124**	**18279**	**19742**	**21031**	**22759**	**24154**
（一）食品烟酒	Food, Tobacco and Alcohol	4224	4968	5848	6001	6308	6628	6884	7305	7598
（二）衣着	Clothing	1371	1668	1808	1836	1878	1932	1939	1951	2010
（三）居住	Residence	2610	2657	2784	3424	3521	3680	3801	3960	4325
（四）生活用品及服务	Household Facilities, Articles and Services	940	958	1069	1156	1293	1371	1466	1592	1713
（五）交通通信	Transportation, Post and Communication Services	1186	1486	1653	1674	2010	2383	2574	2992	3248
（六）教育文化娱乐	Educational, Cultural and Recreational Services	1301	1386	1398	1604	1714	1951	2232	2528	2589
（七）医疗保健	Health Care and Medical Services	875	910	960	1057	1188	1394	1700	1883	2055
（八）其他用品和服务	Miscellaneous Goods and Services	313	361	411	371	369	404	434	547	617

3-22　城镇居民人均经营净收入情况（2017-2018 年）
Per Capita NetIncome from Household Operations of Urban Households（2017-2018）

单位：元/人、%（yuan/person, %）

指　标	Item	2017 年		2018 年	
		绝对数	构成	绝对数	构成
经营净收入	Net Operating Income	3685	100.0	3973	100.0
一、第一产业经营净收入	Net Operating Income of Primary Industry	409	11.1	378	9.5
（ ）农业	Farming	257	7.0	276	7.0
（二）林业	Forestry	17	0.4	8	0.2
（三）牧业	Animal Husbandry	123	3.3	86	2.2
（四）渔业	Fishery	12	0.3	8	0.2
二、第二产业经营净收入	Net Operating Income of Secondary Industry	372	10.1	322	8.1
（一）采矿业	Mining Industry	-2	-0.1	-1	
（二）制造业	Manufacturing Industry	251	6.8	135	3.4
（三）电力、热力、燃气及水生产和供应业	Production and Supply of Electricity, Heat, Gas and Water	6	0.2	2	0.1
（四）建筑业	Construction Industry	117	3.2	186	4.7
三、第三产业经营净收入	Net Operating Income of Tertiary Industry	2905	78.8	3273	82.4
（一）批发和零售业	Wholesale and Retail Industry	2015	54.7	2309	58.1
（二）交通运输、仓储和邮政业	Transportation, Warehousing and Postal Industy	208	5.6	183	4.6
（三）住宿和餐饮业	Lodging and Catering Industry	267	7.2	302	7.6
（四）房地产业	Real Estate			-1	
（五）租赁和商务服务业	Leasing and Commercial Service Industry	19	0.5	48	1.2
（六）居民服务、修理和其他服务业	Residential Services, Repair and Other Services	338	9.2	365	9.2
（七）其他	Other	60	1.6	73	1.8
（八）农林牧渔服务业	Farming, Forestry, Animal Husbandry and Fishery Services			-4	-0.1

3-23 城镇居民人均财产净收入情况（2017-2018 年）
Per Capita Net Income from Properties of Urban Households（2017-2018）

单位：元/人、%（yuan/person, %）

指 标	Item	2017 年		2018 年	
		绝对数	构成	绝对数	构成
财产净收入	**Net Property Income**	**2376**	**100.0**	**2536**	**100.0**
一、利息净收入	Net Interest Income	114	4.8	158	6.2
二、红利收入	Net Dividend Income	219	9.2	255	10.0
（一）集体分配的红利	Dividend of Allocation from Collective	52	2.2	15	0.6
（二）其他红利收入	Other Dividend Income	167	7.0	240	9.5
三、蓄性保险净收益	Net Income of Endowment Insurance	7	0.3	10	0.4
四、转让承包土地经营权租金净收入	Net Rental Income of Land Conveyance and Contract	12	0.5	28	1.1
五、出租房屋财产性收入	property Income of House Renting	562	23.6	539	21.3
六、出租机械、专利、版权等资产的收入	Rental Income of Equipment, Patent and Copyright	11	0.5	11	0.4
七、其他财产净收入	Other Property Income	12	0.5	22	0.9
八、房屋虚拟租金	Potential Rent of House	1440	60.6	1513	59.7

3-24 城镇居民人均转移净收入情况（2017-2018 年）
Per Capita Net IncomefromTransfer of Urban Households（2017-2018）

单位：元/人、%（yuan/person, %）

指 标	Item	2017 年		2018 年	
		绝对数	构成	绝对数	构成
转移净收入	Net Transfer Income	7797		8326	
（一）转移性收入	Transfer Income	9580	100.0	10224	100.0
1. 养老金或离退休金	Old-age Pension and Retirement Pension	8012	83.6	8330	81.5
（1）离退休金	Retirement Pensions	7319	76.4	7400	72.4
（2）（城镇）居民社会养老保险	Social Pensions	462	4.8	732	7.2
（3）新型农村养老保险	New-rural Pensions	32	0.3	39	0.4
（4）其他养老金	Other Pensions	199	2.1	160	1.6
2. 社会救济和补助	Social almsgiving and Subsidies	74	0.8	95	0.9
（1）最低生活保障费	Basic Living Allowances	25	0.3	49	0.5
（2）五保户救助金	Alms for Household of Five Guarantees			2	
（3）扶贫款	Poverty Relief Funds	1			
（4）救灾款	Disaster Relief Funds				
（5）抚恤金	Disabled and Deceased Pensions	35	0.4	14	0.1
（6）其他社会救济收入	Other Social Almsgiving Income	14	0.1	29	0.3
3. 政策性生活补贴	Govermental living allowances	36	0.4	62	0.6
4. 报销医疗费	Medical Subsidies	304	3.2	343	3.4
5. 家庭外出从业人员寄回带回收入	Transfer Income from Employee Worked Outside of Chongqing to Family	582	6.1	761	7.4
6. 赡养收入	Financial Supports from Children	332	3.5	455	4.4
7. 其他经常转移收入	Other Transfer Income	180	1.9	136	1.3
8. 从政府和组织得到的实物产品和服务折价	Discounts on Goods and Services Received from Government and Organizations	31	0.3	33	0.3
9. 现金政策性惠农补贴	Policy-related Cash Subsidies for Agriculture	28	0.3	9	0.1
（二）转移性支出	Transfer Expenditure	1783	100.0	1898	100.0
1. 个人所得税	Personal Income Tax	59	3.3	84	4.4
2. 社会保障支出	Social Security Expenditure	1496	83.9	1520	80.1
（1）个人缴纳的养老保险	Individual Payment of Endowment Insurance	1034	58.0	1037	54.6
（2）个人缴纳的医疗保险	Individual Payment of Health Insurance	378	21.2	399	21.0
（3）个人缴纳的失业保险	Individual Payment of Unemployment Insurance	54	3.0	48	2.5
（4）其他社会保障支出	Other Social Security Expenditure	31	1.7	37	1.9
3. 外来从业人员寄给家人的支出	Transfer Expenditure from Employee Worked Outside of Chongqing to Family	0	0.0	11	0.6
4. 赡养支出	Financial Supports to Parents	133	7.5	174	9.2
5. 其他转移性支出	Other Transfer Expenditure	95	5.3	108	5.7

3-25 城镇居民人均现金可支配收入和现金消费支出情况（2017–2018年）
Per Capita Cash Disposable Income and Consumption Expenditure of Urban Households（2017–2018）

单位：元/人、%（yuan/person, %）

指 标	Item	2017年		2018年	
		绝对数	构成	绝对数	构成
一、现金可支配收入	**Disposable Income in Cash**	**30453**	**100.0**	**33082**	**100.0**
（一）现金工资性收入	Wage and Salary Income in Cash	18237	59.9	19926	60.2
（二）现金经营净收入	Net Operation Income in Cash	3818	12.5	4184	12.6
1. 第一产业	Primary Industry	298	1.0	309	0.9
2. 第二产业	Secondary Industry	396	1.3	363	1.1
3. 第三产业	Tertiary Industry	3124	10.3	3512	10.6
（三）现金财产净收入	Net Property Income in Cash	935	3.1	1023	3.1
（四）现金转移净收入	Net Transfer Income in Cash	7461	24.5	7949	24.0
二、现金消费支出	**Consumption Expenditure in Cash**	**19692**	**100.0**	**20785**	**100.0**
（一）食品烟酒	Food, Tobacco and Alcohol	7104	36.1	7402	35.6
1. 食品	Food	5201	26.4	5192	25.0
2. 烟酒	Tobacco and Alcohol	584	3.0	649	3.1
3. 饮料	Beverage	88	0.4	96	0.5
4. 饮食服务	Catering Services	1230	6.2	1465	7.0
（二）衣着	Clothing	1950	9.9	2009	9.7
1. 衣类	Clothes	1563	7.9	1652	7.9
2. 鞋类	Footware	387	2.0	356	1.7
（三）居住	Residence	1433	7.3	1531	7.4
1. 租赁房房租	Rent of Residence	146	0.7	219	1.1
2. 住房维修及管理	Repairments and Management of Residence	422	2.1	493	2.4
3. 水电燃料及其他	Water, Electricity, Fuel and Other	864	4.4	819	3.9
（四）生活用品及服务	Household Facilities, Articles and Services	1576	8.0	1705	8.2
1. 家具及室内装饰品	Furniture and Decoration	232	1.2	251	1.2
2. 家用器具	Household Utensils	426	2.2	465	2.2
3. 家用纺织品	Household Textile	155	0.8	141	0.7
4. 家庭日用杂品	Household Daily Groceries	425	2.2	449	2.2
5. 个人用品	Personal Product	262	1.3	310	1.5
6. 家庭服务	Household Services	77	0.4	88	0.4
（五）交通通信	Transportation, Post and Communication Services	2988	15.2	3246	15.6
1. 交通	Transportation Services	2111	10.7	2388	11.5
2. 通信	Communication Services	878	4.5	858	4.1
（六）教育文化娱乐	Educational, Cultural and Recreational Services	2528	12.8	2588	12.5
1. 教育	Educational Services	1374	7.0	1455	7.0
2. 文化娱乐	Cultural and Recreational Services	1154	5.9	1133	5.4
（七）医疗保健	Health Care and Medical Services	1578	8.0	1697	8.2
1. 医疗器具及药品	Medical Devices and medicine	729	3.7	719	3.5
2. 医疗服务	Medical Services	848	4.3	979	4.7
（八）其他用品和服务	Miscellaneous Goods and Services	536	2.7	608	2.9
1. 其他用品	Miscellaneous Goods	296	1.5	311	1.5
2. 其他服务	Miscellaneous Services	240	1.2	297	1.4

3-26　城镇居民人均消费支出细项情况（2017–2018 年）

Per Capita Consumption Expenditure of Urban Households（2017–2018）

单位：元/人、%（yuan/person, %）

指　　标	Item	2017 年		2018 年	
		绝对数	构成	绝对数	构成
消费支出	**Consumption Expenditure**	**22759**	**100**	**24154**	**100**
一、食品烟酒	Food, Tobacco and Alcohol	7305	32.1	7598	31.5
（一）食品	Food	5331	23.4	5293	21.9
（二）烟酒	Tobacco and Alcohol	584	2.6	649	2.7
（三）饮料	Beverage	88	0.4	96	0.4
（四）饮食服务	Catering Services	1303	5.7	1559	6.5
二、衣着	Clothing	1951	8.6	2010	8.3
（一）衣类	Clothes	1564	6.9	1654	6.8
（二）鞋类	Footware	387	1.7	356	1.5
三、居住	Residence	3960	17.4	4325	17.9
（一）租赁房房租	Rent of Residence	146	0.6	219	0.9
（二）住房维修及管理	Repairments and Management of Residence	422	1.9	493	2.0
（三）水电燃料及其他	Water, Electricity, Fuel and Other	877	3.9	825	3.4
（四）自有住房折算租金	Converted Funds for Private Housing	2514	11.0	2788	11.5
四、生活用品及服务	Household Facilities, Articles and Services	1592	7.0	1713	7.1
（一）家具及室内装饰品	Furniture and Decoration	232	1.0	252	1.0
（二）家用器具	Household Utensils	426	1.9	465	1.9
（三）家用纺织品	Household Textile	155	0.7	141	0.6
（四）家庭日用杂品	Household Daily Groceries	441	1.9	456	1.9
（五）个人用品	Personal Product	262	1.2	310	1.3
（六）家庭服务	Household Services	77	0.3	88	0.4
五、交通通信	Transportation, Post and Communication Services	2992	13.1	3248	13.4
（一）交通	Transportation Services	2114	9.3	2391	9.9
（二）通信	Communication Services	878	3.9	858	3.6
六、教育文化娱乐	Educational, Cultural and Recreational Services	2528	11.1	2589	10.7
（一）教育	Educational Services	1374	6.0	1455	6.0
（二）文化娱乐	Cultural and Recreational Services	1155	5.1	1134	4.7
七、医疗保健	Health Care and Medical Services	1883	8.3	2055	8.5
（一）医疗器具及药品	Medical Devices and medicine	729	3.2	732	3.0
（二）医疗服务	Medical Services	1153	5.1	1322	5.5
八、其他用品和服务	Miscellaneous Goods and Services	547	2.4	617	2.6
（一）其他用品	Miscellaneous Goods	303	1.3	314	1.3
（二）其他服务	Miscellaneous Services	244	1.1	303	1.3

3-27 城镇居民家庭人均主要食品消费量（2017–2018 年）
Per Capita Consumption of Major Foods of Urban Households（2017–2018）

单位：千克/人（kg/person）

指　标	Item	2017 年	2018 年
一、粮食	Food Crops	116.33	100.83
（一）谷物	Cereals	101.94	88.23
（二）薯类	Tubers	3.36	3.37
（三）豆类	Beans	11.02	9.23
二、油脂	Edible Oil	15.57	13.65
植物油	vegetable oil	14.43	12.44
动物油	animal oil	1.15	1.20
三、蔬菜及菜制品	Vegetables and Processed Products	136.25	123.39
#鲜菜	Fresh Vegetables	131.80	119.02
四、肉类	Meat	42.46	43.75
#猪肉	Pork	34.02	37.04
牛肉	Beef	2.12	1.96
羊肉	Mutton	0.95	0.72
五、禽类	Poultry	14.12	11.44
六、水产品	Aquatic Products	12.70	11.34
#鱼类	Fishes	10.68	9.49
七、蛋类及蛋制品	Eggs and Processed Product	9.77	9.49
#鲜蛋	Fresh Eggs	9.05	8.95
八、奶和奶制品	Milk and Dairy Products	22.61	15.91
九、干鲜瓜果类	Fruits, Nuts and Processed Products	50.23	50.53
#鲜瓜果	Fresh Fruits	44.20	45.61
坚果类	Nuts	5.35	4.28
十、糖果糕点类	Sweets and Desserts	7.14	7.16
#食糖	Sugar	2.35	2.26
十一、烟叶	Tobacco	25.25	28.25
十二、酒	Alcohol	8.15	7.14

3-28 按收入五等份分组的城镇居民人均收支情况（2017 年）
Per Capita Income and Expenditure of Urban Households by Income Quintile（2017）

单位：元/人（yuan/person）

指　标	Item	低收入户（20%）	中低收入户（20%）	中等收入户（20%）	中高收入户（20%）	高收入户（20%）
一、可支配收入	**Disposable Income**	**15016**	**23660**	**31132**	**39544**	**59280**
工资性收入	Wage and Salary Income	8731	13890	18072	21498	33685
经营净收入	Net Operating Income	1873	2626	2162	2927	9969
财产净收入	Net Property Income	1264	1569	2101	2688	4861
转移净收入	Net Transfer Income	3148	5575	8797	12430	10766
二、消费支出	**Consumption Expenditure**	**13265**	**18701**	**21433**	**26607**	**37958**
食品烟酒	Food, Tobacco and Alcohol	4836	6095	7276	8689	10746
衣　着	Clothing	956	1513	1748	2311	3678
居　住	Residence	2636	3165	3751	4598	6297
生活用品及服务	Household Facilities, Articles and Services	784	1170	1444	1891	3054
交通通信	Transportation, Post and Communication Services	1123	2668	2490	3595	5811
教育文化娱乐	Educational, Cultural and Recreational Services	1787	2215	2257	2593	4151
医疗保健	Health Care and Medical Services	949	1536	2039	2184	3062
其他用品及服务	Miscellaneous Goods and Services	195	338	426	795	1160

3-28 按收入五等份分组的城镇居民人均收支情况（2018 年）
Per Capita Income and Expenditure of Urban Households by Income Quintile（2018）

续表（continued）

单位：元/人（yuan/person）

指　标	Item	低收入户（20%）	中低收入户（20%）	中等收入户（20%）	中高收入户（20%）	高收入户（20%）
一、可支配收入	**Disposable Income**	**15071**	**24512**	**32684**	**43528**	**71281**
工资性收入	Wage and Salary Income	9171	15477	20072	24356	37443
经营净收入	Net Operating Income	1861	2281	3184	3231	11278
财产净收入	Net Property Income	1015	1682	2161	3235	5628
转移净收入	Net Transfer Income	3024	5072	7267	12706	16932
二、消费支出	**Consumption Expenditure**	**13997**	**18414**	**22767**	**29009**	**43218**
食品烟酒	Food, Tobacco and Alcohol	4766	6228	7529	9014	12118
衣　着	Clothing	978	1437	1934	2422	3945
居　住	Residence	2684	3262	4144	5127	7519
生活用品及服务	Household Facilities, Articles and Services	917	1099	1529	2232	3367
交通通信	Transportation, Post and Communication Services	1807	2636	2836	3963	5918
教育文化娱乐	Educational, Cultural and Recreational Services	1539	1937	2557	3069	4523
医疗保健	Health Care and Medical Services	1071	1471	1721	2425	4307
其他用品及服务	Miscellaneous Goods and Services	235	345	516	758	1520

3-29 农村居民家庭基本情况（2017-2018 年）
Basic Conditions of Rural Households（2017-2018）

单位：人/户、%（person/household, %）

指　标	Item	2017 年	2018 年
一、期末户均调查人口	Surveyed population per Household at the end of period	3.61	3.48
二、期内常住成员情况	Status of Permanent Resident during the period		
（一）户均常住人口	Resident Population per Household	2.99	2.93
# 在校学生人数	Numbers of current students	0.67	0.59
（二）性别	Gender	100.00	100.00
1. 男性	Male	49.6	50.0
2. 女性	Female	50.4	50.0
（三）户口状况	Proportion of Household Registration	100.0	100.0
1. 农业	Agriculture	91.3	89.1
2. 非农业	Non-agriculture	8.6	10.9
3. 其他	Other	0.2	
（四）6 岁及以上常住成员受教育程度	Educational Status of Permanent Resident (6-year-old and above)	100.0	100.0
1. 未上过学	Illiteracy	4.4	2.8
2. 小学	Primary School	42.4	48.1
3. 初中	Junior Secondary School	37.8	34.1
4. 高中	Senior Secondary School	10.4	10.0
5. 大学专科	Junior College	3.5	2.7
6. 大学本科	Undergraduate	1.4	2.1
7. 研究生	Postgraduate	0.1	0.2
三、常住从业人员情况	Status of Employees from Resident Population		
（一）户均常住从业人数	Numbers of Employed person per Household from Resident Population	1.93	1.85
（二）就业状况	Employment Status	100.00	100.00
1. 雇主	Employer	0.5	0.3
2. 公职人员	Civil Servant	0.3	0.4
3. 事业单位人员	Public Institution Employee	0.9	1.0
4. 国有企业雇员	State-enterprise Employee	0.2	0.2
5. 其他雇员	Other-type Employee	34.3	33.9
6. 农业自营	Agricultural Self-operation	56.1	55.9
7. 非农自营	Non-agricultural Self-operation	7.8	8.3
（三）主要从事行业	Proportion Of Employment By Industy	100.0	100.0
1. 第一产业	Primary Industry	60.8	58.1
2. 第二产业	Secondary Industry	17.1	17.7
3. 第三产业	Tertiary Industry	22.1	24.2

3-30 农村居民家庭现住房情况（2017-2018 年）
Housing Conditions of Rural Households（2017-2018）

单位：平方米、%（m², %）

指　标	Item	2017 年	2018 年
一、人均住房建筑面积	Per Capita Floor Space of Housing	54.81	53.93
二、按居住空间样式分的户数比重	Proportion of Houshold by Type of Residence	100.00	100.00
（一）单栋楼房	Detached House	68.9	64.9
（二）单栋平房	Detached Bungalows	23.3	25.4
（三）单元房	Apartment	4.3	7.5
（四）筒子楼或连片平房	Tube-shaped Apartment or Terraced House	1.5	1.1
（五）其他	Other	2.0	1.2
三、按主要建筑材料分的户数比重	Proportion of Houshold by Main Structure Material	100.0	100.0
（一）钢筋混凝土	Ferroconcrete	14.6	17.7
（二）砖混材料	Brick and Concrete	55.9	56.2
（三）砖瓦砖木	Brick-tile and Brick-timber	24.7	24.4
（四）竹草土坯	Bamboo, Grass and Adobe	3.0	1.1
（五）其他	Other	1.8	0.6
四、按房屋来源分的户数比重	Proportion of Houshold by source of housing	100.0	100.0
（一）租赁住房	Rental Housing	1.3	1.4
（二）自建住房	Self-build Housing	94.1	91.0
（三）购买商品房	Purchase of Commercial Housing	2.3	4.1
（四）购买房改住房	Purchase of Reform policy Housing	0.4	0.4
（五）购买保障性住房	Purchase of Indemnificatory Housing	0.3	0.7
（六）拆迁安置房	Resettlement housing	0.6	1.2
（七）继承或获赠住房	Housing of inheriting or presenting	0.6	0.4
（八）其他	Other	0.4	0.8

3-31 农村居民年末主要耐用消费品拥有量（2017-2018 年）
Main Durable Goods Owend by Rural Households（2017-2018）

单位:平均每百户（per a hundred household）

指　标	Item	单位	unit	2017 年	2018 年
家用汽车	Automobiles	辆	vehicle	11.96	13.24
摩托车	Motorcycles	辆	vehicle	36.47	38.53
助力车	Mopeds	辆	vehicle	11.89	16.48
洗衣机	Washing Machines	台	unit	79.83	82.24
电冰箱（柜）	Refrigerators	台	unit	94.84	100.56
微波炉	Microwave Ovens	台	unit	17.34	17.66
彩色电视机	Color TV Sets	台	unit	113.81	114.40
空调	Air Conditioners	台	unit	50.32	65.54
热水器	Water Heaters	台	unit	59.23	69.60
洗碗机	Dishwashers	台	unit	0.77	0.16
排油烟机	Exhaust Fan	台	unit	9.51	17.97
固定电话	Telephones	部	unit	28.73	18.25
移动电话	Mobilephones	部	unit	241.82	263.95
计算机	Computers	台	unit	20.02	17.85
照相机	Cameras	台	unit	1.94	2.33

3-32 农村居民人均总收入和现金收入情况（2017-2018 年）
Per Capita Income and Cash Disposable Income of Rural Households（2017-2018）

单位：元/人、%（yuan/person, %）

指　标	Item	2017 年		2018 年	
		绝对数	构成	绝对数	构成
总收入	**Total Income**	**17589**	**100**	**18876**	**100**
一、工资性收入	Wage and Salary Income	4395	25.0	4848	25.7
二、经营性收入	Operating Income	8743	49.7	9322	49.4
（一）第一产业	Primary Industry	5652	32.1	5796	30.7
（二）第二产业	Secondary Industry	272	1.5	406	2.2
（三）第三产业	Tertiary Industry	2820	16.0	3120	16.5
三、财产性收入	Property Income	316	1.8	355	1.9
四、转移性收入	Transfer Income	4134	23.5	4351	23.1
# 现金收入	**Cash Income**	**15365**	**100.0**	**16934**	**100.0**
一、现金工资性收入	Wage and Salary Income in Cash	4373	28.5	4831	28.5
二、现金经营性收入	Operating Income in Cash	6694	43.6	7566	44.7
（一）第一产业	Primary Industry	3603	23.4	4040	23.9
（二）第二产业	Secondary Industry	272	1.8	406	2.4
（三）第三产业	Tertiary Industry	2820	18.3	3120	18.4
三、现金财产性收入	Property Income in Cash	316	2.1	355	2.1
四、现金转移性收入	Transfer Income in Cash	3982	25.9	4182	24.7

3-33 农村居民人均总支出情况（2017-2018 年）
Per Capita Expenditure of Rural Households（2017-2018）

单位：元/人、%（yuan/person, %）

指 标	Item	2017 年		2018 年	
		绝对数	构成	绝对数	构成
总支出	**Total Expenditure**	**19382**	**100.0**	**20422**	**100.0**
一、 消费支出	Consumption Expenditure	10936	56.4	11977	58.6
（一）食品烟酒	Food, Tobacco and Alcohol	3993	20.6	4180	20.5
（二）衣着	Clothing	598	3.1	631	3.1
（三）居住	Residence	1967	10.1	2274	11.1
（四）生活用品及服务	Household Facilities, Articles and Services	749	3.9	785	3.8
（五）交通通信	Transportation, Post and Communications Services	1334	6.9	1503	7.4
（六）教育文化娱乐	Educational, Cultural and Recreational Services	1226	6.3	1345	6.6
（七）医疗保健	Health Care and Medical Services	884	4.6	1075	5.3
（八）其他用品及服务	Miscellaneous Goods and Services	184	1.0	185	0.9
二、生产经营费用支出	Production and Opreating Expenditure	3960	20.4	4173	20.4
（一）第一产业	Primary Industry	1999	10.3	1942	9.5
（二）第二产业	Secondary Industry	157	0.8	265	1.3
（三） 第三产业	Tertiary Industry	1804	9.3	1965	9.6
三、财产性支出	Property Expenditure	8		20	0.1
四、转移性支出	Transfer Expenditure	690	3.6	565	2.8
五、部分商业保险支出	A portion of Commercial Insurance Expenditure	39	0.2	54	0.3
六、购置资产及非经常性转移支出	Assets Purchasing and Non-recurring Transfer Expenditure	2772	14.3	2976	14.6
七、借贷性支出	Debit-Credit Expenditure	976	5.0	656	3.2

3-34 农村居民人均可支配收入和消费支出情况（2010-2018 年）
Per Capita Income and Expenditure of Rural Households（2010-2018）

单位：元/人（yuan/person）

指 标	Item	2010 年	2011 年	2012 年	2013 年	2014 年	2015 年	2016 年	2017 年	2018 年
一、可支配收入	**Disposable Income**	**5378**	**6605**	**7526**	**8493**	**9490**	**10505**	**11549**	**12638**	**13781**
（一）工资性收入	Wage and Salary Income	1553	1904	2230	2744	3196	3583	3966	4395	4848
（二）经营性收入	Operating Income	2330	2726	2941	3173	3402	3775	4150	4491	4813
（三）财产性收入	Property Income	87	132	166	227	252	278	296	308	335
（四）转移性收入	Transfer Income	1408	1843	2189	2348	2639	2869	3137	3444	3786
二、消费支出	**Consumption Expenditure**	**4359**	**5414**	**6035**	**6971**	**7983**	**8938**	**9954**	**10936**	**11977**
（一）食品烟酒	Food, Tobacco and Alcohol	1869	2248	2349	2657	3229	3571	3851	3993	4180
（二）衣着	Clothing	242	334	409	437	490	530	591	598	631
（三）居住	Residence	922	967	997	1243	1294	1482	1660	1967	2274
（四）生活用品及服务	Household Facilities, Articles and Services	293	393	467	531	569	652	703	749	785
（五）交通通信	Transportation, Post and Communication Services	314	449	546	643	780	888	1067	1334	1503
（六）教育文化娱乐	Educational, Cultural and Recreational Services	383	561	682	784	805	923	1073	1226	1345
（七）医疗保健	Health Care and Medical Services	290	402	514	564	677	746	852	884	1075
（八）其他用品和服务	Miscellaneous Goods and Services	45	59	72	111	137	145	158	184	185

3–35 农村居民人均经营净收入情况（2017–2018 年）
Per Capita Net Income from Operations of Rural Households（2017–2018）

单位：元/人、%（yuan/person, %）

指标	Item	2017 年		2018 年	
		绝对数	构成	绝对数	构成
经营净收入	**Net Operating Income**	**4491**	**100.0**	**4813**	**100.0**
一、第一产业经营净收入	Net Operating Income of Primary Industry	3504	78.0	3669	76.2
（一）农业	Farming	2356	52.5	2488	51.7
（二）林业	Forestry	95	2.1	123	2.5
（三）牧业	Animal Husbandry	999	22.2	1002	20.8
（四）渔业	Fishery	54	1.2	57	1.2
二、第二产业经营净收入	Net Operating Income of Secondary Industry	97	2.2	106	2.2
（一）采矿业	Mining Industry	24	0.5	4	0.1
（二）制造业	Manufacturing Industry	45	1.0	59	1.2
（三）电力、热力、燃气及水生产和供应业	Production and Supply of Electricity, Heat, Gas and Water			–3	–0.1
（四）建筑业	Construction Industry	29	0.6	46	1.0
三、第三产业经营净收入	Net Operating Income of Tertiary Industry	890	19.8	1037	21.5
（一）批发和零售业	Wholesale and Retail Industry	464	10.3	505	10.5
（二）交通运输、仓储和邮政业	Transportation, Warehousing and Postal Industy	158	3.5	201	4.2
（三）住宿和餐饮业	Lodging and Catering Industry	77	1.7	122	2.5
（四）房地产业	Real Estate	1			
（五）租赁和商务服务业	Leasing and Commercial Service Industry	5	0.1	14	0.3
（六）居民服务、修理和其他服务业	Residential Services, Repair and Other Services	128	2.8	179	3.7
（七）其他	Other	45	1.0	3	0.1
（八）农林牧渔服务业	Farming, Forestry, Animal Husbandry and Fishery Services	13	0.3	13	0.3

3-36 农村居民人均财产净收入情况（2017-2018 年）
Per Capita Net Income from Properties of Rural Households（2017-2018）

单位：元/人、%（yuan/person, %）

指 标	Item	2017 年		2018 年	
		绝对数	构成	绝对数	构成
财产净收入	**Net Property Income**	**308**	**100.0**	**335**	**100.0**
一、利息净收入	Net Interest Income	120	38.9	144	43.1
二、红利收入	Net Dividend Income	49	15.8	44	13.2
（一）集体分配的红利	Dividend of Allocation from Collective	4	1.2	9	2.6
（二）其他红利收入	Other Dividend Income	45	14.5	35	10.6
三、蓄性保险净收益	Net Income of Endowment Insurance	7	2.2	7	2.2
四、转让承包土地经营权租金净收入	Net Rental Income of Land Conveyance and Contract	74	23.9	61	18.2
五、出租房屋财产性收入	Property Incomeof House Renting	39	12.7	51	15.1
六、出租机械、专利、版权等资产的收入	Rental Income of Equipment, Patent and Copyright	11	3.5	11	3.2
七、其他财产净收入	Other Property Income	9	3.0	17	5.0

3-37 农村居民人均转移净收入情况（2017-2018 年）
Per Capita Net Income from Transferof Rural Households（2017-2018）

单位：元/人、%（yuan/person, %）

指 标	Item	2017 年		2018 年	
		绝对数	构成	绝对数	构成
转移净收入	**Net Transfer Income**	**3444**		**3786**	
一、转移性收入	Transfer Income	4134	100.0	4351	100.0
（一）养老金或离退休金	Old-age Pension and Retirement Pension	1162	28.1	1244	28.6
1. 离退休金	Retirement Pensions	330	8.0	389	8.9
2.（城镇）居民社会养老保险	Social Pensions	323	7.8	285	6.5
3. 新型农村养老保险	New-rural Pensions	218	5.3	256	5.9
4. 其他养老金	Other Pensions	291	7.0	315	7.2
（二）社会救济和补助	Social almsgiving and Subsidies	154	3.7	222	5.1
1. 最低生活保障费	Basic Living Allowances	55	1.3	81	1.9
2. 五保户救助金	Alms for Household of Five Guarantees	12	0.3	15	0.3
3. 扶贫款	Poverty Relief Funds	25	0.6	16	0.4
4. 救灾款	Disaster Relief Funds				
5. 抚恤金	Disabled and Deceased Pensions	31	0.8	50	1.1
6. 其他社会救济收入	Other Social Almsgiving Income	32	0.8	60	1.4
（三）政策性生活补贴	Govermental living allowances	58	1.4	71	1.6
（四）报销医疗费	Medical Subsidies	136	3.3	156	3.6
（五）家庭外出从业人员寄回带回收入	Transfer Income from Employee Worked Outside of Chongqing to Family	1845	44.6	1875	43.1
（六）赡养收入	Financial Supports from Children	517	12.5	570	13.1
（七）其他经常转移收入	Other Transfer Income	148	3.6	102	2.3
（八）从政府和组织得到的实物产品和服务折价	Discounts on Goods and Services Received from Government and Organizations	17	0.4	13	0.3
（九）现金政策性惠农补贴	Policy-related Cash Subsidies for Agriculture	97	2.3	98	2.3
二、转移性支出	Transfer Expenditure	690	100.0	565	100.0
（一）个人所得税	Personal Income Tax	1	0.1	6	1.1
（二）社会保障支出	Social Security Expenditure	622	90.1	428	75.6
1. 个人缴纳的养老保险	Individual Payment of Endowment Insurance	384	55.7	180	31.8
2. 个人缴纳的医疗保险	Individual Payment of Health Insurance	232	33.6	237	41.9
3. 个人缴纳的失业保险	Individual Payment of Unemployment Insurance	2	0.3	2	0.4
4. 其他社会保障支出	Other Social Security Expenditure	3	0.4	9	1.6
（三）外来从业人员寄给家人的支出	Transfer Expenditure from Employee Worked Outside of Chongqing to Family			2	0.4
（四）赡养支出	Financial Supports to Parents	32	4.6	74	13.0
（五）其他转移性支出	Other Transfer Expenditure	36	5.2	56	9.9

3-38 农村居民人均现金可支配收入和和现金消费支出情况（2017-2018 年）
Per Capita Cash Disposable Income and Consumption Expenditure of Rural Households（2017-2018）

单位：元/人、%（yuan/person, %）

指　标	Item	2017 年		2018 年	
		绝对数	构成	绝对数	构成
一、现金可支配收入	**Disposable Income in Cash**	**11130**	**100.0**	**12499**	**100.0**
（一）现金工资性收入	Wage and Salary Income in Cash	4373	39.3	4831	38.7
（二）现金经营净收入	Net Operation Income in Cash	3158	28.4	3716	29.7
1. 第一产业	Primary Industry	2028	18.2	2421	19.4
2. 第二产业	Secondary Industry	114	1.0	141	1.1
3. 第三产业	Tertiary Industry	1016	9.1	1154	9.2
（三）现金财产净收入	Net Property Income in Cash	308	2.8	335	2.7
（四）现金转移净收入	Net Transfer Income in Cash	3292	29.6	3617	28.9
二、现金消费支出	**Consumption Expenditure in Cash**	**8446**	**100.0**	**9468**	**100.0**
（一）食品烟酒	Food, Tobacco and Alcohol	2912	34.5	3278	34.6
1. 食品	Food	2100	24.9	2376	25.1
2. 烟酒	Tobacco and Alcohol	503	6.0	534	5.6
3. 饮料	Beverage	57	0.7	66	0.7
4. 饮食服务	Catering Services	253	3.0	301	3.2
（二）衣着	Clothing	598	7.1	630	6.7
1. 衣类	Clothes	427	5.1	474	5.0
2. 鞋类	Footware	171	2.0	156	1.6
（三）居住	Residence	716	8.5	850	9.0
1. 租赁房房租	Rent of Residence	56	0.7	78	0.8
2. 住房维修及管理	Repairments and Management of Residence	244	2.9	314	3.3
3. 水电燃料及其他	Water, Electricity, Fuel and Other	416	4.9	459	4.8
（四）生活用品及服务	Household Facilities, Articles and Services	730	8.6	766	8.1
1. 家具及室内装饰品	Furniture and Decoration	117	1.4	91	1.0
2. 家用器具	Household Utensils	195	2.3	229	2.4
3. 家用纺织品	Household Textile	58	0.7	60	0.6
4. 家庭日用杂品	Household Daily Groceries	265	3.1	263	2.8
5. 个人用品	Personal Product	76	0.9	93	1.0
6. 家庭服务	Household Services	19	0.2	29	0.3
（五）交通通信	Transportation, Post and Communication Services	1334	15.8	1502	15.9
1. 交通	Transportation Services	855	10.1	990	10.5
2. 通信	Communication Services	479	5.7	512	5.4
（六）教育文化娱乐	Educational, Cultural and Recreational Services	1226	14.5	1345	14.2
1. 教育	Educational Services	1012	12.0	1128	11.9
2. 文化娱乐	Cultural and Recreational Services	214	2.5	217	2.3
（七）医疗保健	Health Care and Medical Services	748	8.9	914	9.7
1. 医疗器具及药品	Medical Devices and medicine	328	3.9	430	4.5
2. 医疗服务	Medical Services	420	5.0	485	5.1
（八）其他用品和服务	Miscellaneous Goods and Services	181	2.1	183	1.9
1. 其他用品	Miscellaneous Goods	96	1.1	106	1.1
2. 其他服务	Miscellaneous Services	85	1.0	76	0.8

3-39 农村居民人均消费支出细项情况（2017-2018 年）
Per Capita Consumption Expenditure of Rural Households（2017-2018）

单位：元/人、%（yuan/person, %）

指　标	Item	2017 年		2018 年	
		绝对数	构成	绝对数	构成
消费支出	**Consumption Expenditure**	**10936**	**100.0**	**11977**	**100.0**
一、食品烟酒	Food, Tobacco and Alcohol	3993	36.5	4180	34.9
（一）食品	Food	3168	29.0	3270	27.3
（二）烟酒	Tobacco and Alcohol	503	4.6	534	4.5
（三）饮料	Beverage	57	0.5	66	0.6
（四）饮食服务	Catering Services	265	2.4	309	2.6
二、衣着	Clothing	598	5.5	631	5.3
（一）衣类	Clothes	427	3.9	475	4.0
（二）鞋类	Footware	171	1.6	156	1.3
三、居住	Residence	1967	18.0	2274	19.0
（一）租赁房房租	Rent of Residence	56	0.5	78	0.7
（二）住房维修及管理	Repairments and Management of Residence	244	2.2	314	2.6
（三）水电燃料及其他	Water, Electricity, Fuel and Other	489	4.5	554	4.6
（四）自有住房折算租金	Converted Funds for Private Housing	1177	10.8	1328	11.1
四、生活用品及服务	Household Facilities, Articles and Services	749	6.8	785	6.6
（一）家具及室内装饰品	Furniture and Decoration	125	1.1	105	0.9
（二）家用器具	Household Utensils	195	1.8	229	1.9
（三）家用纺织品	Household Textile	58	0.5	60	0.5
（四）家庭日用杂品	Household Daily Groceries	276	2.5	268	2.2
（五）个人用品	Personal Product	76	0.7	93	0.8
（六）家庭服务	Household Services	19	0.2	29	0.2
五、交通通信	Transportation, Post and Communication Services	1334	12.2	1503	12.5
（一）交通	Transportation Services	856	7.8	991	8.3
（二）通信	Communication Services	479	4.4	512	4.3
六、教育文化娱乐	Educational, Cultural and Recreational Services	1226	11.2	1345	11.2
（一）教育	Educational Services	1012	9.3	1128	9.4
（二）文化娱乐	Cultural and Recreational Services	214	2.0	217	1.8
七、医疗保健	Health Care and Medical Services	884	8.1	1075	9.0
（一）医疗器具及药品	Medical Devices and medicine	328	3.0	433	3.6
（二）医疗服务	Medical Services	556	5.1	643	5.4
八、其他用品和服务	Miscellaneous Goods and Services	184	1.7	185	1.5
（一）其他用品	Miscellaneous Goods	98	0.9	107	0.9
（二）其他服务	Miscellaneous Services	86	0.8	78	0.7

3-40 农村居民家庭人均主要食品消费量（2017-2018 年）
Per Capita Consumption of Major Foods of Rural Households（2017-2018）

单位：千克/人（kg/person）

指　标	Item	2017 年	2018 年
一、粮食	Food Crops	204.43	187.49
（一）谷物	Cereals	189.12	170.05
（二）薯类	Tubers	6.35	8.40
（三）豆类	Beans	8.96	9.03
二、油脂	Edible Oil	13.77	14.15
（一）植物油	vegetable oil	10.78	10.69
（二）动物油	animal oil	2.99	3.46
三、蔬菜及菜制品	Vegetables and Processed Products	152.19	144.77
# 鲜菜	Fresh Vegetables	150.95	142.57
四、肉类	Meat	36.12	44.02
# 猪肉	Pork	33.61	41.39
牛肉	Beef	0.45	0.43
羊肉	Mutton	0.47	0.37
五、禽类	Poultry	7.94	7.88
六、水产品	Aquatic Products	7.28	7.85
# 鱼类	Fishes	6.72	7.18
七、蛋类及蛋制品	Eggs and Processed Product	9.94	10.19
# 鲜蛋	Fresh Eggs	9.72	9.95
八、奶和奶制品	Milk and Dairy Products	9.49	7.79
九、干鲜瓜果类	Fruits, Nuts and Processed Products	31.85	33.51
# 鲜瓜果	Fresh Fruits	28.60	30.39
坚果类	Nuts	3.06	2.94
十、糖果糕点类	Sweets and Desserts	6.76	7.20
食糖	Sugar	3.22	3.51
十一、烟叶	Tobacco	41.27	40.89
十二、酒	Alcohol	15.41	14.01

3-41 农村居民第一产业生产经营收支情况（2017-2018 年）
Statistics on Income and Expenditure of the First Industry Production and Operations by Rural Households（2017-2018）

单位：元/人（yuan/person）

指　标	Item	2017 年	2018 年
一、第一产业经营收入	Operating Income of Primary Industry	5652	5796
（一）农业	Farming	3014	3277
（二）林业	Forestry	110	147
（三）牧业	Animal Husbandry	2443	2246
（四）渔业	Fishery	85	125
二、第一产业现金经营收入	Operating Cash Income of Primary Industry	3603	4040
（一）农业	Farming	1494	2032
（二）林业	Forestry	36	52
（三）牧业	Animal Husbandry	1999	1840
（四）渔业	Fishery	74	116
三、第一产业生产经营费用支出	Operating Expenditure of Primary Industry	1999	1942
（一）农业	Farming	574	690
（二）林业	Forestry	14	21
（三）牧业	Animal Husbandry	1380	1181
（四）渔业	Fishery	31	51
四、第一产业生产经营现金费用支出	Operating Cash Expenditure of Primary Industry	1575	1619
（一）农业	Farming	564	656
（二）林业	Forestry	14	21
（三）牧业	Animal Husbandry	966	892
（四）渔业	Fishery	30	50

注：本表的收支数据属于总收支、现金收支的口径，与可支配收入口径有区别。

3-42 农村居民人均主要农副产品出售量（2017-2018 年）
Sales of Major Agricultural and Subsidiary Products by Rural Households（2017-2018）

单位:千克/人（kg/person）

指　　标	Item	2017 年	2018 年
一、谷物	Food Crops	152.02	123.02
#稻谷	Paddy	110.81	75.37
玉米	Corn	39.58	41.43
二、薯类	Tuber	1.12	3.65
#红薯	Sweet Potato	0.35	1.49
马铃薯	Potato	0.70	2.01
三、豆类	Beans	4.15	2.81
大豆	Soybean	1.43	1.73
四、油料	Oil Plants	3.15	11.86
#花生	Peanut	1.36	1.27
油菜籽	Cole	1.60	2.10
五、蔬菜	Vegetable	187.89	230.91
六、水果	Fruit	85.02	100.46
七、家畜	Livestock	65.21	68.07
#猪	Pig	56.72	59.77
牛	Cattle	3.07	5.83
羊	Goat	5.37	2.36
八、家禽	Poultry	11.77	6.84
#鸡	Chicken	7.88	4.73
鸭	Duck	2.35	1.61
鹅	Goose	0.33	0.20
九、蛋类	Eggs	7.98	8.34
十、渔业产品	Aquatic Products	5.87	53.09

3-43 按收入五等份分组的农村居民人均收支情况（2017 年）
Per Capita Income and Expenditure of Rural Households by Income Quintile（2017）

单位：元/人（yuan/person）

指　标	Item	低收入户（20%）	中低收入户（20%）	中等收入户（20%）	中高收入户（20%）	高收入户（20%）
一、可支配收入	Disposable Income	5737	9384	12257	15908	24144
工资性收入	Wage and Salary Income	2560	3650	4503	5427	6840
经营净收入	Net Operating Income	1864	3157	3840	4867	10635
财产净收入	Net Property Income	148	173	265	367	717
转移净收入	Net Transfer Income	1165	2403	3649	5248	5952
二、消费支出	Consumption Expenditure	8366	9405	10885	12293	15378
食品烟酒	Food, Tobacco and Alcohol	2976	3481	3940	4527	5670
衣　着	Clothing	441	520	561	692	881
居　住	Residence	1492	1732	2060	2153	2668
生活用品及服务	Household Facilities, Articles and Services	516	693	733	850	1079
交通通信	Transportation, Post and Communication Services	1153	910	1436	1251	2145
教育文化娱乐	Educational, Cultural and Recreational Services	1257	1122	1237	1462	1036
医疗保健	Health Care and Medical Services	437	817	776	1040	1604
其他用品及服务	Miscellaneous Goods and Services	93	132	143	317	294

3-43 按收入五等份分组的农村居民人均收支情况（2018 年）
Per Capita Income and Expenditure of Rural Households by Income Quintile（2018）

续表（continued）

单位：元/人（yuan/person）

指　标	Item	低收入户（20%）	中低收入户（20%）	中等收入户（20%）	中高收入户（20%）	高收入户（20%）
一、可支配收入	Disposable Income	6008	10119	13167	16480	26724
工资性收入	Wage and Salary Income	2626	3741	5444	7130	5968
经营净收入	Net Operating Income	1525	2535	3453	4702	13993
财产净收入	Net Property Income	117	164	295	427	795
转移净收入	Net Transfer Income	1740	3678	3975	4221	5968
二、消费支出	Consumption Expenditure	9184	9722	11572	14830	15932
食品烟酒	Food, Tobacco and Alcohol	3181	3600	4092	4937	5531
衣　着	Clothing	437	529	631	800	834
居　住	Residence	1830	1897	2086	2697	3110
生活用品及服务	Household Facilities, Articles and Services	548	585	703	1042	1171
交通通信	Transportation, Post and Communication Services	1043	1052	1342	2110	2215
教育文化娱乐	Educational, Cultural and Recreational Services	1309	1135	1449	1449	1422
医疗保健	Health Care and Medical Services	712	789	1088	1537	1398
其他用品及服务	Miscellaneous Goods and Services	125	135	180	258	252

3-44 各区县全体居民家庭基本情况（2017 年）
Basic Conditions of All the Households by Region of Chongqing（2017）

单位：人/户、平方米/人（person/household，m²/person）

区 县	Region	户均常住人口（人/户）Resident Population per Household（person/household）	户均常住劳动力人数（人/户）Manpower per Household from Resident Population（person/household）	户均常住成员从业人数（人/户）Employed Person per Household from Resident Population（person/household）	人均住房建筑面积（平方米/人）Per Capita Floor Space of Housing（m²/person）
全 市	Total	3.07	2.20	1.76	43.31
万州区	Wanzhou District	2.85	2.09	1.83	47.85
黔江区	Qianjiang District	3.52	2.13	1.92	47.65
涪陵区	Fuling District	3.21	2.29	1.93	38.02
渝中区	Yuzhong District	3.04	2.44	1.48	25.23
大渡口区	Dadukou District	3.06	2.27	1.43	30.93
江北区	Jiangbei District	3.09	2.46	1.40	28.53
沙坪坝区	Shapingba District	2.97	2.36	1.43	34.85
九龙坡区	Jiulongpo District	2.90	2.26	1.46	35.13
南岸区	Nan' an District	2.98	2.36	1.39	31.19
北碚区	Beibei District	2.81	2.13	1.69	38.02
渝北区	Yubei District	3.08	2.31	1.55	33.90
巴南区	Ba' nan District	3.19	2.50	2.17	36.97
长寿区	Changshou District	2.92	2.12	1.95	45.81
江津区	Jiangjin District	3.01	2.16	1.80	41.71
合川区	Hechuan District	2.90	2.26	1.90	49.57
永川区	Yongchuan District	3.02	2.13	1.79	38.06
南川区	Nanchuan District	2.95	2.17	1.93	55.30
綦江区（不含万盛）	Qijiang District（Exclude Wansheng）	2.82	2.08	1.71	43.11
万盛经开区	Wansheng Economic Development District	2.90	2.12	1.48	43.84
大足区	Dazu District	3.32	2.46	2.13	45.46
璧山区	Bishan District	2.95	2.26	1.88	42.35
铜梁区	Tongliang District	3.06	2.27	1.99	45.61
潼南区	Tongnan District	3.11	2.18	1.88	47.70
荣昌区	Rongchang District	2.88	2.06	1.75	43.25
开州区	Kaizhou District	3.06	2.01	1.75	49.96
梁平区	Liangping District	3.08	2.06	1.77	55.59
武隆区	Wulong District	3.48	2.24	2.09	42.06
城口县	Chengkou County	4.12	2.78	2.49	38.01
丰都县	Fengdu County	3.21	2.12	1.90	45.38
垫江县	Dianjiang County	2.91	1.84	1.54	46.90
忠 县	Zhongxian County	2.85	2.14	1.87	50.98
云阳县	Yunyang County	3.41	2.38	2.11	40.52
奉节县	Fengjie County	3.05	1.99	1.84	41.77
巫山县	Wushan County	3.04	2.01	1.95	46.31
巫溪县	Wuxi County	3.29	2.32	2.20	46.85
石柱县	Shizhu County	3.01	2.06	1.97	53.74
秀山县	Xiushan County	4.22	2.77	2.13	38.37
酉阳县	Youyang County	3.31	2.14	1.99	46.97
彭水县	Pengshui County	3.90	2.40	2.27	38.00

3-44 各区县全体居民家庭基本情况（2018 年）
Basic Conditions of All the Households by Region of Chongqing（2018）

续表（continued）

单位：人/户、平方米/人（person/household，m²/person）

区 县	Region	户均常住人口（人/户）Resident Population per Household（person/household）	户均常住劳动力人数（人/户）Manpower per Household from Resident Population（person/household）	户均常住成员从业人数（人/户）Employed Person per Household from Resident Population（person/household）	人均住房建筑面积（平方米/人）Per Capita Floor Space of Housing（m²/person）
全 市	Total	3.00	2.14	1.68	43.54
万州区	Wanzhou District	2.93	2.16	1.79	38.24
黔江区	Qianjiang District	3.46	2.27	2.02	49.04
涪陵区	Fuling District	3.16	2.28	1.85	38.06
渝中区	Yuzhong District	3.04	2.39	1.57	25.09
大渡口区	Dadukou District	2.82	2.07	1.17	29.79
江北区	Jiangbei District	3.20	2.55	1.40	24.73
沙坪坝区	Shapingba District	2.88	2.26	1.44	33.15
九龙坡区	Jiulongpo District	2.74	2.06	1.39	32.62
南岸区	Nan' an District	2.91	2.10	1.34	30.88
北碚区	Beibei District	2.77	2.28	1.62	37.96
渝北区	Yubei District	2.87	2.25	1.57	37.83
巴南区	Ba' nan District	3.20	2.51	1.95	37.23
长寿区	Changshou District	2.58	1.81	1.35	48.60
江津区	Jiangjin District	3.18	2.31	1.80	41.80
合川区	Hechuan District	3.08	2.30	1.81	47.47
永川区	Yongchuan District	3.21	2.15	1.78	37.95
南川区	Nanchuan District	3.11	2.39	2.17	54.27
綦江区（不含万盛）	Qijiang District（Exclude Wansheng）	3.04	2.24	1.65	43.22
万盛经开区	Wansheng Economic Development District	2.97	2.19	1.65	41.69
大足区	Dazu District	3.56	2.56	2.05	45.51
璧山区	Bishan District	2.87	2.20	1.68	39.18
铜梁区	Tongliang District	3.00	2.12	1.89	45.77
潼南区	Tongnan District	2.81	2.07	1.75	53.20
荣昌区	Rongchang District	2.68	1.86	1.52	44.33
开州区	Kaizhou District	3.15	2.05	1.67	50.01
梁平区	Liangping District	2.90	1.94	1.66	53.37
武隆区	Wulong District	3.03	2.05	1.81	46.18
城口县	Chengkou County	3.89	2.42	1.99	42.03
丰都县	Fengdu County	3.03	2.04	1.80	45.86
垫江县	Dianjiang County	3.03	1.90	1.62	52.06
忠 县	Zhongxian County	3.00	2.15	1.99	43.31
云阳县	Yunyang County	3.28	2.04	1.74	41.70
奉节县	Fengjie County	3.57	2.15	1.96	44.20
巫山县	Wushan County	3.13	1.97	1.73	47.26
巫溪县	Wuxi County	2.99	1.99	1.70	47.75
石柱县	Shizhu County	3.26	2.19	1.78	54.62
秀山县	Xiushan County	3.56	2.35	1.97	48.25
酉阳县	Youyang County	3.21	1.96	1.63	54.96
彭水县	Pengshui County	3.85	2.37	2.06	40.74

3-45 各区县全体居民人均可支配收入情况（2010-2018 年）
Per Capita Disposable Income of All the Households by Region of Chongqing（2010-2018）

单位：元/人（yuan/person）

区　县	Region	2010 年	2011 年	2012 年	2013 年	2014 年	2015 年	2016 年	2017 年	2018 年
全　市	Total	10984	13037	14924	16569	18352	20110	22034	24153	26386
万州区	Wanzhou District	10642	12859	15024	17303	19328	21564	23965	26406	29047
黔江区	Qianjiang District	7336	8985	10881	12711	14230	15991	17820	19824	21935
涪陵区	Fuling District	11166	13378	15657	17840	19785	21884	24144	26715	29437
渝中区	Yuzhong District	19312	21943	24478	26803	29253	31608	34263	37175	40484
大渡口区	Dadukou District	17589	20236	22576	24904	27006	29124	31632	34591	37443
江北区	Jiangbei District	17726	20502	23121	25732	27984	30267	32897	35884	39220
沙坪坝区	Shapingba District	17529	20276	22860	25224	27385	29490	31994	34720	37697
九龙坡区	Jiulongpo District	17069	19793	22309	24897	27148	29371	32075	34940	38035
南岸区	Nan' an District	17376	20032	22583	25184	27440	29645	32160	34947	37886
北碚区	Beibei District	15048	17688	20360	22798	24838	26965	29387	32095	35076
渝北区	Yubei District	14671	17508	20367	22975	25007	27194	29752	32482	35557
巴南区	Ba' nan District	14578	17221	19962	22385	24499	26650	29128	31865	34917
长寿区	Changshou District	10860	13181	15416	17540	19341	21353	23519	25821	28122
江津区	Jiangjin District	11728	13998	16176	18377	20393	22543	24936	27585	30330
合川区	Hechuan District	11390	13698	15935	18009	19902	21914	24079	26491	29089
永川区	Yongchuan District	11935	14322	16637	18806	20818	22992	25413	28032	30810
南川区	Nanchuan District	10116	12196	14251	16172	17819	19621	21552	23749	26107
綦江区	Qijiang District	9762	11718	13526	15351	16909	18567	20340	22568	24664
綦江区（不含万盛）	Qijiang District (Exclude Wansheng)	9600	11643	13324	14968	16693	18273	20092	22398	24523
万盛经开区	Wansheng Economic Development District	10977	12811	14584	16139	17858	19472	21095	23080	25090
大足区	Dazu District	10028	12200	14266	16217	17942	19802	21882	24489	26906
璧山区	Bishan District	10752	13062	15433	17692	19647	21800	24186	27102	29888
铜梁区	Tongliang District	10414	12653	15003	17094	18918	20818	22946	25739	28341
潼南区	Tongnan District	8826	10739	12744	14591	16206	18039	20055	22541	24813
荣昌区	Rongchang District	9910	12104	14175	16196	17920	19784	21861	24443	26926
开州区	Kaizhou District	7679	9374	11104	12794	14297	15991	17761	19572	21560
梁平区	Liangping District	8437	10258	11981	13839	15515	17377	19353	21395	23625
武隆区	Wulong District	7616	9379	11054	12919	14488	16311	18240	20279	22440
城口县	Chengkou County	5486	6812	7970	9280	10344	11570	12810	14093	15545
丰都县	Fengdu County	7184	8854	10685	12338	13799	15492	17270	19186	21271
垫江县	Dianjiang County	8486	10330	12120	14024	15691	17591	19563	21697	23863
忠　县	Zhongxian County	8054	9926	11798	13666	15303	17112	19002	21121	23422
云阳县	Yunyang County	6642	8182	9636	11061	12360	13841	15358	17000	18747
奉节县	Fengjie County	6452	7933	9375	10803	12043	13445	14910	16551	18329
巫山县	Wushan County	6294	7736	9266	10698	11911	13317	14809	16411	18173
巫溪县	Wuxi County	5144	6374	7681	8871	9900	11054	12242	13474	14835
石柱县	Shizhu County	7165	8963	10664	12404	13888	15577	17345	19251	21228
秀山县	Xiushan County	6613	8201	9776	11431	12794	14404	16061	17827	19664
酉阳县	Youyang County	5184	6428	7572	8857	9919	11174	12521	13912	15395
彭水县	Pengshui County	5919	7280	8678	10104	11317	12739	14219	15794	17493

3-46 各区县全体居民人均消费支出情况（2017-2018 年）
Per Capita Consumption Expenditure of All the Households by Region of Chongqing（2017-2018）

单位：元/人（yuan/person）

区 县	Region	2017 年	2018 年
全 市	Total	17898	19248
万州区	Wanzhou District	20180	21772
黔江区	Qianjiang District	14080	15533
涪陵区	Fuling District	21423	23163
渝中区	Yuzhong District	26073	29110
大渡口区	Dadukou District	25097	26049
江北区	Jiangbei District	24264	25439
沙坪坝区	Shapingba District	25740	27574
九龙坡区	Jiulongpo District	24549	25519
南岸区	Nan' an District	22781	27919
北碚区	Beibei District	23221	25155
渝北区	Yubei District	22275	24331
巴南区	Ba' nan District	24815	27117
长寿区	Changshou District	17923	19579
江津区	Jiangjin District	19943	22044
合川区	Hechuan District	21548	23273
永川区	Yongchuan District	15876	17991
南川区	Nanchuan District	13346	17307
綦江区（不含万盛）	Qijiang District (Exclude Wansheng)	16287	17834
万盛经开区	Wansheng Economic Development District	16387	14608
大足区	Dazu District	16958	18321
璧山区	Bishan District	16789	18104
铜梁区	Tongliang District	16020	17561
潼南区	Tongnan District	15367	16219
荣昌区	Rongchang District	15829	16637
开州区	Kaizhou District	14773	16219
梁平区	Liangping District	15804	15187
武隆区	Wulong District	14858	16451
城口县	Chengkou County	9626	10504
丰都县	Fengdu County	13057	14247
垫江县	Dianjiang County	12334	14264
忠 县	Zhongxian County	14291	15640
云阳县	Yunyang County	11017	12189
奉节县	Fengjie County	12975	14076
巫山县	Wushan County	11915	13187
巫溪县	Wuxi County	10340	11220
石柱县	Shizhu County	10579	12956
秀山县	Xiushan County	11855	12928
酉阳县	Youyang County	11121	12185
彭水县	Pengshui County	11816	12853

3-47 各区县全体居民人均可支配收入构成（2017 年）

Composition of Per Capita Disposable Income of All the Households by Region of Chongqing（2017）

单位：元/人（yuan/person）

区 县	Region	可支配收入 Disposable Income	工资性收入 Wage and Salary Income	经营净收入 Net Operating Income	财产净收入 Net Property Income	转移净收入 Net Transfer Income
全 市	Total	24153	12604	4017	1526	6007
万州区	Wanzhou District	26406	16165	3597	1921	4722
黔江区	Qianjiang District	19824	8480	6512	1333	3500
涪陵区	Fuling District	26715	14644	4411	1754	5907
渝中区	Yuzhong District	37175	21939	3991	1968	9277
大渡口区	Dadukou District	34591	19815	2260	2139	10377
江北区	Jiangbei District	35884	21309	1653	2025	10897
沙坪坝区	Shapingba District	34720	17753	5079	2469	9419
九龙坡区	Jiulongpo District	34940	18984	3609	3266	9082
南岸区	Nan' an District	34947	19897	3482	2325	9243
北碚区	Beibei District	32095	21709	1961	2322	6102
渝北区	Yubei District	32482	20707	2571	2852	6352
巴南区	Ba' nan District	31865	17935	5004	2372	6555
长寿区	Changshou District	25821	13622	4237	2247	5715
江津区	Jiangjin District	27585	14698	4951	1156	6779
合川区	Hechuan District	26491	11636	5984	1765	7106
永川区	Yongchuan District	28032	16160	4689	2032	5151
南川区	Nanchuan District	23749	12366	4740	1378	5265
綦江区（不含万盛）	Qijiang District (Exclude Wansheng)	22398	12082	3478	770	6068
万盛经开区	Wansheng Economic Development District	23080	11749	3201	1804	6327
大足区	Dazu District	24489	12039	5268	1108	6075
璧山区	Bishan District	27102	16664	4440	2237	3762
铜梁区	Tongliang District	25739	13494	6008	1366	4870
潼南区	Tongnan District	22541	10509	5232	1512	5288
荣昌区	Rongchang District	24443	12651	4417	1325	6049
开州区	Kaizhou District	19572	9401	5002	1045	4123
梁平区	Liangping District	21395	10247	4409	1478	5261
武隆区	Wulong District	20279	9663	5152	1128	4335
城口县	Chengkou County	14093	7837	2880	1113	2263
丰都县	Fengdu County	19186	8856	5082	1013	4235
垫江区	Dianjiang County	21697	9373	4789	1209	6326
忠 县	Zhongxian County	21121	10084	4961	1058	5019
云阳县	Yunyang County	17000	10296	2407	927	3370
奉节县	Fengjie County	16551	6496	5913	791	3351
巫山县	Wushan County	16411	9192	3360	718	3141
巫溪县	Wuxi County	13474	6968	4000	523	1982
石柱县	Shizhu County	19251	8621	6076	992	3561
秀山县	Xiushan County	17827	8003	6737	734	2352
酉阳县	Youyang County	13912	6426	3445	664	3377
彭水县	Pengshui County	15794	7289	4371	1424	2710

3-47 各区县全体居民人均可支配收入构成（2018 年）
Composition of Per Capita Disposable Income of All the Households by Region of Chongqing（2018）

续表（continued）　　　　单位：元/人（yuan/person）

区 县	Region	可支配收入 Disposable Income	工资性收入 Wage and Salary Income	经营净收入 Net Operating Income	财产净收入 Net Property Income	转移净收入 Net Transfer Income
全 市	Total	26386	13928	4311	1649	6497
万州区	Wanzhou District	29047	17859	3873	1994	5322
黔江区	Qianjiang District	21935	9411	6984	1495	4045
涪陵区	Fuling District	29437	16241	4728	1866	6603
渝中区	Yuzhong District	40484	24163	4533	2220	9568
大渡口区	Dadukou District	37443	21132	2686	2231	11393
江北区	Jiangbei District	39220	23363	2317	2195	11345
沙坪坝区	Shapingba District	37697	19226	6791	2634	9047
九龙坡区	Jiulongpo District	38035	21204	3873	3392	9566
南岸区	Nan' an District	37886	21532	3820	2418	10116
北碚区	Beibei District	35076	20256	3325	2439	9056
渝北区	Yubei District	35557	22547	2936	3041	7033
巴南区	Ba' nan District	34917	19709	5329	2627	7252
长寿区	Changshou District	28122	15029	4466	2463	6164
江津区	Jiangjin District	30330	16238	5437	1271	7384
合川区	Hechuan District	29089	12833	6704	1885	7668
永川区	Yongchuan District	30810	17905	5314	2250	5341
南川区	Nanchuan District	26107	13501	5401	1489	5715
綦江区（不含万盛）	Qijiang District (Exclude Wansheng)	24523	13093	3664	1236	6529
万盛经开区	Wansheng Economic Development District	25090	13852	4089	1516	5633
大足区	Dazu District	26906	13342	5686	1219	6659
璧山区	Bishan District	29888	18407	4792	2505	4184
铜梁区	Tongliang District	28341	15050	6481	1486	5323
潼南区	Tongnan District	24813	11928	5500	1573	5813
荣昌区	Rongchang District	26926	14039	4770	1444	6673
开州区	Kaizhou District	21560	10412	5472	1146	4529
梁平区	Liangping District	23625	11184	4971	1625	5846
武隆区	Wulong District	22440	10884	5580	1242	4734
城口县	Chengkou County	15545	8646	3144	1243	2513
丰都县	Fengdu County	21271	9912	5568	1130	4661
垫江区	Dianjiang County	23863	10471	5162	1348	6882
忠 县	Zhongxian County	23422	11281	5442	1152	5547
云阳县	Yunyang County	18747	11350	2636	1027	3734
奉节县	Fengjie County	18329	7566	6308	864	3591
巫山县	Wushan County	18173	10160	3685	836	3492
巫溪县	Wuxi County	14835	7760	4312	581	2183
石柱县	Shizhu County	21228	9596	6545	1072	4014
秀山县	Xiushan County	19664	8802	7490	791	2581
酉阳县	Youyang County	15395	7050	3831	716	3797
彭水县	Pengshui County	17493	8100	4787	1609	2996

3–48 各区县全体居民人均消费支出构成情况（2017 年）
Composition of Per Capita Consumption Expenditure of All the Households by Region of Chongqing（2017）

单位：元/人（yuan/person）

区 县	Region	消费支出 Consumption Expenditure	食品烟酒 Food, Tobacco and Alcohol	衣着 Clothing	居住 Residence	生活用品及服务 Household Facilities, Articles and Services
全 市	Total	17898	5943	1395	3141	1245
万州区	Wanzhou District	20180	7170	1914	3092	1437
黔江区	Qianjiang District	14080	5328	1182	2649	927
涪陵区	Fuling District	21423	7435	2011	3049	1602
渝中区	Yuzhong District	26073	8300	1859	4566	1567
大渡口区	Dadukou District	25097	8485	1989	3833	1528
江北区	Jiangbei District	24264	9038	2174	4810	1553
沙坪坝区	Shapingba District	25740	7428	2134	3950	1836
九龙坡区	Jiulongpo District	24549	7996	2070	4627	1676
南岸区	Nan’an District	22781	7191	1669	5069	1567
北碚区	Beibei District	23221	6831	2144	3669	1778
渝北区	Yubei District	22275	7081	1580	4886	1369
巴南区	Ba’nan District	24815	8219	2608	3774	2141
长寿区	Changshou District	17923	7242	1800	2684	1169
江津区	Jiangjin District	19943	7455	2318	2949	1367
合川区	Hechuan District	21548	7178	2158	3708	1746
永川区	Yongchuan District	15876	5193	1316	2679	1007
南川区	Nanchuan District	13346	4804	1098	2762	842
綦江区（不含万盛）	Qijiang District (Exclude Wansheng)	16287	5654	1455	2815	1066
万盛经开区	Wansheng Economic Development District	16387	5205	1695	3706	1098
大足区	Dazu District	16958	6619	1515	2373	1158
璧山区	Bishan District	16789	6020	1405	2818	1369
铜梁区	Tongliang District	16020	5452	1554	2965	2665
潼南区	Tongnan District	15367	5832	1229	2885	1037
荣昌区	Rongchang District	15829	5392	1844	2194	1391
开州区	Kaizhou District	14773	5892	1419	2642	1182
梁平区	Liangping District	15804	5429	1287	2761	1215
武隆区	Wulong District	14858	5270	1130	2543	960
城口县	Chengkou County	9626	3614	961	1770	649
丰都县	Fengdu County	13057	4700	978	2557	948
垫江县	Dianjiang County	12334	3991	809	2094	839
忠 县	Zhongxian County	14291	5149	956	2800	1222
云阳县	Yunyang County	11017	4248	611	2695	794
奉节县	Fengjie County	12975	4584	1057	2141	898
巫山县	Wushan County	11915	3968	1086	2241	886
巫溪县	Wuxi County	10340	4687	599	2679	799
石柱县	Shizhu County	10579	4088	1100	2278	755
秀山县	Xiushan County	11855	4444	1346	2249	756
酉阳县	Youyang County	11121	4013	928	2153	770
彭水县	Pengshui County	11816	5044	888	2009	888

3-48 各区县全体居民人均消费支出构成情况（2017 年）
Composition of Per Capita Consumption Expenditure of All the Households by Region of Chongqing（2017）

续表（continued）　　　　单位：元/人（yuan/person）

区　县	Region	交通通信 Transportation, Post and Communication Services	教育文化娱乐 Educational, Cultural and Recreational Services	医疗保健 Health Care and Medical Services	其他用品和服务 Miscellaneous Goods and Services
全　市	Total	2310	1993	1472	398
万州区	Wanzhou District	2506	2236	1495	331
黔江区	Qianjiang District	1488	1378	835	292
涪陵区	Fuling District	2631	2315	1640	741
渝中区	Yuzhong District	3532	3236	2472	541
大渡口区	Dadukou District	3106	3098	2538	520
江北区	Jiangbei District	2039	1900	1765	985
沙坪坝区	Shapingba District	4622	2409	2737	624
九龙坡区	Jiulongpo District	2889	2519	2027	745
南岸区	Nan' an District	2346	2265	1835	840
北碚区	Beibei District	3337	2828	2123	511
渝北区	Yubei District	2541	2152	2199	465
巴南区	Ba' nan District	2683	2534	2423	434
长寿区	Changshou District	1521	1914	1267	325
江津区	Jiangjin District	2455	1721	1192	486
合川区	Hechuan District	1868	2265	1898	729
永川区	Yongchuan District	2525	1475	1375	306
南川区	Nanchuan District	1510	1275	882	173
綦江区（不含万盛）	Qijiang District (Exclude Wansheng)	1912	1710	1273	402
万盛经开区	Wansheng Economic Development District	1411	1917	987	368
大足区	Dazu District	1768	1911	1122	491
璧山区	Bishan District	2222	1582	1053	319
铜梁区	Tongliang District	1082	1323	731	247
潼南区	Tongnan District	1385	1840	912	247
荣昌区	Rongchang District	1745	1642	1191	429
开州区	Kaizhou District	1443	1107	865	225
梁平区	Liangping District	1835	1454	1277	546
武隆区	Wulong District	1851	1943	895	268
城口县	Chengkou County	833	987	561	251
丰都县	Fengdu County	1307	1489	844	232
垫江县	Dianjiang County	1324	1590	1392	296
忠　县	Zhongxian County	1355	1351	1113	345
云阳县	Yunyang County	897	879	707	186
奉节县	Fengjie County	1933	1487	686	190
巫山县	Wushan County	1131	1378	862	363
巫溪县	Wuxi County	689	463	324	100
石柱县	Shizhu County	900	607	626	224
秀山县	Xiushan County	1017	1360	522	162
酉阳县	Youyang County	1161	1183	786	128
彭水县	Pengshui County	1077	1054	664	192

3–48 各区县全体居民人均消费支出构成情况（2018 年）
Composition of Per Capita Consumption Expenditure of All the Households by Region of Chongqing（2018）

单位：元/人（yuan/person）

区县	Region	消费支出 Consumption Expenditure	食品烟酒 Food, Tobacco and Alcohol	衣着 Clothing	居住 Residence	生活用品及服务 Household Facilities, Articles and Services
全　市	Total	19248	6221	1455	3499	1339
万州区	Wanzhou District	21772	7684	2030	3277	1576
黔江区	Qianjiang District	15533	5617	1285	2993	1023
涪陵区	Fuling District	23163	7935	2170	3330	1709
渝中区	Yuzhong District	29110	8751	1830	5742	1926
大渡口区	Dadukou District	26049	8071	1737	5406	1657
江北区	Jiangbei District	25439	7838	1671	5189	1394
沙坪坝区	Shapingba District	27574	8310	2202	4128	1926
九龙坡区	Jiulongpo District	25519	8302	2164	4899	1703
南岸区	Nan' an District	27919	8342	2109	6270	1889
北碚区	Beibei District	25155	7292	2227	4044	1915
渝北区	Yubei District	24331	7679	1711	5627	1470
巴南区	Ba' nan District	27117	8940	2853	4142	2341
长寿区	Changshou District	19579	6807	1933	3664	1246
江津区	Jiangjin District	22044	8152	2512	3300	1479
合川区	Hechuan District	23273	7589	2371	4018	1891
永川区	Yongchuan District	17991	6075	1377	2902	1139
南川区	Nanchuan District	17307	5992	1316	3071	1236
綦江区（不含万盛）	Qijiang District (Exclude Wansheng)	17834	6206	1584	3117	1157
万盛经开区	Wansheng Economic Development District	14608	5140	1189	2973	893
大足区	Dazu District	18321	6868	1589	2899	1224
璧山区	Bishan District	18104	6372	1491	3055	1482
铜梁区	Tongliang District	17561	5762	1675	3219	2795
潼南区	Tongnan District	16219	5935	1293	3048	1147
荣昌区	Rongchang District	16637	5537	1840	2483	1433
开州区	Kaizhou District	16219	6168	1526	2983	1383
梁平区	Liangping District	15187	5130	946	2561	918
武隆区	Wulong District	16451	5818	1261	2837	1081
城口县	Chengkou County	10504	3878	1056	1961	714
丰都县	Fengdu County	14247	5071	1079	2804	1034
垫江县	Dianjiang County	14264	4549	996	2412	968
忠　县	Zhongxian County	15640	5568	1017	3094	1307
云阳县	Yunyang County	12189	4681	698	2930	877
奉节县	Fengjie County	14076	4888	1188	2303	1008
巫山县	Wushan County	13187	4365	1146	2338	1044
巫溪县	Wuxi County	11220	4819	708	2871	970
石柱县	Shizhu County	12956	4374	1066	2400	760
秀山县	Xiushan County	12928	4802	1565	2495	835
酉阳县	Youyang County	12185	4257	1002	2403	858
彭水县	Pengshui County	12853	5318	974	2237	974

3-48 各区县全体居民人均消费支出构成情况（2018 年）
Composition of Per Capita Consumption Expenditure of All the Households by Region of Chongqing（2018）

续表（continued）　　　　单位：元/人（yuan/person）

区　县	Region	交通通信 Transportation, Post and Communication Services	教育文化娱乐 Educational, Cultural and Recreational Services	医疗保健 Health Care and Medical Services	其他用品和服务 Miscellaneous Goods and Services
全　市	**Total**	**2545**	**2088**	**1660**	**443**
万州区	Wanzhou District	2831	2420	1605	349
黔江区	Qianjiang District	1787	1543	964	321
涪陵区	Fuling District	2835	2604	1800	780
渝中区	Yuzhong District	3535	3746	2934	646
大渡口区	Dadukou District	3210	2675	2546	746
江北区	Jiangbei District	3505	2719	2575	548
沙坪坝区	Shapingba District	4953	2477	3027	550
九龙坡区	Jiulongpo District	2985	2625	2081	760
南岸区	Nan' an District	3473	3154	1920	762
北碚区	Beibei District	3588	3157	2366	566
渝北区	Yubei District	2668	2354	2296	525
巴南区	Ba' nan District	2938	2776	2654	473
长寿区	Changshou District	2092	2015	1322	500
江津区	Jiangjin District	2796	1948	1329	527
合川区	Hechuan District	2086	2473	2064	780
永川区	Yongchuan District	2886	1844	1434	334
南川区	Nanchuan District	2140	1983	1301	268
綦江区（不含万盛）	Qijiang District (Exclude Wansheng)	2085	1864	1384	439
万盛经开区	Wansheng Economic Development District	1580	1474	1023	335
大足区	Dazu District	1962	2050	1268	461
璧山区	Bishan District	2438	1768	1163	334
铜梁区	Tongliang District	1518	1497	821	275
潼南区	Tongnan District	1495	1925	1116	262
荣昌区	Rongchang District	1902	1700	1285	457
开州区	Kaizhou District	1673	1245	980	261
梁平区	Liangping District	2329	1423	1621	258
武隆区	Wulong District	2077	2096	992	290
城口县	Chengkou County	910	1095	611	279
丰都县	Fengdu County	1450	1632	922	255
垫江县	Dianjiang County	1552	1844	1598	345
忠　县	Zhongxian County	1565	1466	1260	364
云阳县	Yunyang County	988	990	811	213
奉节县	Fengjie County	2106	1653	720	210
巫山县	Wushan County	1333	1589	981	392
巫溪县	Wuxi County	811	549	375	116
石柱县	Shizhu County	1473	1512	1147	225
秀山县	Xiushan County	1096	1389	561	184
酉阳县	Youyang County	1317	1308	891	149
彭水县	Pengshui County	1194	1189	750	218

3-49 各区县城镇居民家庭基本情况（2017 年）
Basic Conditions of Urban Households by Region of Chongqing（2017）

单位：元/人（yuan/person）

区　县	Region	户均常住人口（人/户）Resident Population per Household（person/household）	户均常住劳动力人数（人/户）Manpower per Household from Resident Population（person/household）	户均常住成员从业人数（人/户）Employed Person per Household from Resident Population（person/household）	人均住房建筑面积（平方米/人）Per Capita Floor Space of Housing（m²/person）
全　市	Total	3.13	2.31	1.64	35.28
万州区	Wanzhou District	2.84	2.13	1.75	43.41
黔江区	Qianjiang District	3.48	2.18	1.89	46.53
涪陵区	Fuling District	3.31	2.41	1.90	35.82
渝中区	Yuzhong District	3.04	2.44	1.48	25.23
大渡口区	Dadukou District	3.07	2.27	1.41	30.53
江北区	Jiangbei District	3.15	2.52	1.39	27.40
沙坪坝区	Shapingba District	2.95	2.34	1.40	34.42
九龙坡区	Jiulongpo District	2.90	2.26	1.41	33.77
南岸区	Nan' an District	2.95	2.32	1.32	30.93
北碚区	Beibei District	2.86	2.16	1.66	35.88
渝北区	Yubei District	3.31	2.48	1.59	28.03
巴南区	Ba' nan District	3.22	2.50	2.12	34.28
长寿区	Changshou District	3.18	2.34	2.12	38.70
江津区	Jiangjin District	3.27	2.28	1.75	40.91
合川区	Hechuan District	3.08	2.36	1.84	41.00
永川区	Yongchuan District	3.06	2.15	1.69	34.76
南川区	Nanchuan District	3.10	2.29	1.88	51.54
綦江区（不含万盛）	Qijiang District (Exclude Wansheng)	2.60	2.03	1.45	37.17
万盛经开区	Wansheng Economic Development District	2.76	2.05	1.33	41.47
大足区	Dazu District	3.19	2.46	1.96	45.17
璧山区	Bishan District	2.96	2.23	1.62	38.01
铜梁区	Tongliang District	3.23	2.38	1.90	44.88
潼南区	Tongnan District	3.11	1.85	1.35	36.30
荣昌区	Rongchang District	2.84	2.11	1.64	41.06
开州区	Kaizhou District	3.28	2.14	1.85	44.20
梁平区	Liangping District	3.01	2.11	1.60	48.93
武隆区	Wulong District	3.49	2.19	1.98	37.61
城口县	Chengkou County	4.09	2.77	2.32	36.69
丰都县	Fengdu County	3.25	2.28	1.87	37.44
垫江县	Dianjiang County	2.78	1.82	1.32	44.90
忠　县	Zhongxian County	2.75	2.16	1.68	43.30
云阳县	Yunyang County	3.41	2.45	2.00	41.43
奉节县	Fengjie County	3.37	2.27	2.03	33.09
巫山县	Wushan County	3.13	2.13	2.00	43.01
巫溪县	Wuxi County	2.68	2.23	2.01	54.46
石柱县	Shizhu County	3.09	1.96	1.81	51.63
秀山县	Xiushan County	4.06	2.82	2.31	42.44
酉阳县	Youyang County	3.45	2.36	2.03	41.83
彭水县	Pengshui County	3.92	2.32	2.02	39.07

3–49 各区县城镇居民家庭基本情况（2018 年）
Basic Conditions of Urban Households by Region of Chongqing（2018）

单位：元/人（yuan/person）

区 县	Region	户均常住人口（人/户）Resident Population per Household（person/household）	户均常住劳动力人数（人/户）Manpower per Household from Resident Population（person/household）	户均常住成员从业人数（人/户）Employed Person per Household from Resident Population（person/household）	人均住房建筑面积（平方米/人）Per Capita Floor Space of Housing（m^2/person）
全 市	Total	3.04	2.24	1.56	36.53
万州区	Wanzhou District	2.96	2.23	1.72	32.27
黔江区	Qianjiang District	3.69	2.35	1.92	47.04
涪陵区	Fuling District	3.25	2.34	1.75	35.93
渝中区	Yuzhong District	3.04	2.39	1.57	25.09
大渡口区	Dadukou District	2.81	2.06	1.16	29.35
江北区	Jiangbei District	3.20	2.57	1.36	23.66
沙坪坝区	Shapingba District	2.87	2.26	1.42	32.89
九龙坡区	Jiulongpo District	2.74	2.06	1.36	31.38
南岸区	Nan' an District	2.91	2.11	1.32	30.13
北碚区	Beibei District	2.78	2.27	1.52	35.95
渝北区	Yubei District	2.93	2.29	1.48	32.89
巴南区	Ba' nan District	3.22	2.50	1.80	34.66
长寿区	Changshou District	2.75	1.96	1.43	40.92
江津区	Jiangjin District	3.26	2.39	1.68	40.94
合川区	Hechuan District	3.14	2.41	1.69	43.13
永川区	Yongchuan District	3.10	2.09	1.60	34.82
南川区	Nanchuan District	3.17	2.41	2.12	51.46
綦江区（不含万盛）	Qijiang District (Exclude Wansheng)	2.91	2.31	1.49	37.51
万盛经开区	Wansheng Economic Development District	3.04	2.30	1.64	37.33
大足区	Dazu District	3.58	2.69	2.09	45.23
璧山区	Bishan District	2.81	2.20	1.57	36.97
铜梁区	Tongliang District	3.18	2.19	1.81	45.03
潼南区	Tongnan District	2.90	2.18	1.78	41.83
荣昌区	Rongchang District	2.58	1.79	1.26	43.50
开州区	Kaizhou District	3.07	2.06	1.47	43.41
梁平区	Liangping District	2.85	2.06	1.65	44.67
武隆区	Wulong District	3.25	2.17	1.66	38.35
城口县	Chengkou County	2.98	2.05	1.37	50.63
丰都县	Fengdu County	3.42	2.24	1.77	37.90
垫江县	Dianjiang County	3.13	1.94	1.45	44.94
忠 县	Zhongxian County	3.02	2.17	1.98	44.10
云阳县	Yunyang County	3.33	2.08	1.62	42.21
奉节县	Fengjie County	3.75	2.06	1.75	33.68
巫山县	Wushan County	3.31	2.21	1.65	43.53
巫溪县	Wuxi County	2.89	2.09	1.70	54.04
石柱县	Shizhu County	3.28	2.22	1.48	52.72
秀山县	Xiushan County	3.70	2.21	1.96	42.67
酉阳县	Youyang County	3.44	2.06	1.56	47.90
彭水县	Pengshui County	3.43	2.23	1.80	51.93

3-50 各区县城镇居民人均可支配收入情况（2010-2018 年）
Per Capita Disposable Income of Urban Households by Region of Chongqing（2010-2018）

单位：元/人（yuan/person）

区 县	Region	2010 年	2011 年	2012 年	2013 年	2014 年	2015 年	2016 年	2017 年	2018 年
全 市	Total	16032	18517	21003	23058	25147	27239	29610	32193	34889
万州区	Wanzhou District	15990	18582	20979	23287	25919	28459	31248	33967	36820
黔江区	Qianjiang District	13575	15749	17960	20115	22388	24672	27164	29812	32435
涪陵区	Fuling District	16185	18875	21611	23686	26149	28450	30897	33709	36642
渝中区	Yuzhong District	19312	21943	24478	26803	29253	31608	34263	37175	40484
大渡口区	Dadukou District	18255	20928	23282	25308	27434	29546	32057	35038	37911
江北区	Jiangbei District	18644	21472	24152	26422	28695	31014	33681	36662	39998
沙坪坝区	Shapingba District	18555	21349	24009	26050	28264	30384	32921	35669	38630
九龙坡区	Jiulongpo District	18428	21238	23881	26150	28504	30727	33431	36339	39391
南岸区	Nan’an District	18331	21091	23650	25944	28278	30441	32983	35770	38703
北碚区	Beibei District	18241	20976	23626	25800	28071	30261	32758	35575	38563
渝北区	Yubei District	18474	21243	23932	26277	28563	30819	33546	36414	39546
巴南区	Ba’nan District	18194	20922	23471	25677	28040	30339	32978	35864	38984
长寿区	Changshou District	15973	18672	21127	23113	25388	27571	29915	32428	35055
江津区	Jiangjin District	16038	18625	21136	23228	25667	27951	30495	33331	36397
合川区	Hechuan District	15897	18465	20875	22816	25098	27231	29505	32101	34875
永川区	Yongchuan District	16253	18954	21614	23624	26034	28325	30903	33684	36749
南川区	Nanchuan District	15597	18126	20701	22564	24730	26758	28899	31398	34067
綦江区	Qijiang District	14506	16798	18898	20580	22535	24360	26301	28555	30892
綦江区（不含万盛）	Qijiang District (Exclude Wansheng)	15429	17859	20092	21880	23959	25749	27809	30117	32526
万盛经开区	Wansheng Economic Development District	13080	15010	16886	18389	20136	21767	23465	25460	27573
大足区	Dazu District	16034	18615	20830	22726	24998	27123	29483	32107	34836
璧山区	Bishan District	16972	19764	22470	24717	27263	29744	32510	35436	38590
铜梁区	Tongliang District	16587	19219	21972	24037	26417	28530	30955	33865	36913
潼南区	Tongnan District	15080	17374	19680	21609	23791	25932	28318	30923	33596
荣昌区	Rongchang District	15923	18487	20892	22918	25152	27227	29623	32230	35066
开州区	Kaizhou District	13570	15651	17938	19750	21903	23984	26262	28547	30945
梁平区	Liangping District	14963	17320	19641	21703	24112	26427	28990	31599	34317
武隆区	Wulong District	14925	17302	19781	22056	24526	27003	29703	32495	35290
城口县	Chengkou County	12222	14103	15966	17547	19355	21116	22974	24914	26932
丰都县	Fengdu County	13294	15459	17779	19593	21749	23902	26268	28763	31352
垫江县	Dianjiang County	15195	17403	19712	21841	24222	26644	29202	31889	34504
忠 县	Zhongxian County	14874	17282	19866	21992	24455	26778	29295	32107	35029
云阳县	Yunyang County	12425	14348	16328	17830	19737	21592	23611	25760	27950
奉节县	Fengjie County	12458	14366	16327	17911	19792	21633	23634	25832	28105
巫山县	Wushan County	13441	15477	17710	19322	21351	23315	25483	27751	30165
巫溪县	Wuxi County	11478	13236	15023	16375	18111	19687	21380	23112	24938
石柱县	Shizhu County	13980	16144	18582	20645	22916	25116	27527	30087	32584
秀山县	Xiushan County	14181	16365	18655	20688	22901	25145	27483	29956	32352
酉阳县	Youyang County	11620	13405	15183	16823	18607	20449	22473	24585	26601
彭水县	Pengshui County	12625	14522	16572	18345	20363	22338	24482	26808	29124

3-51 各区县城镇居民人均消费支出情况（2017-2018 年）
Per Capita Consumption Expenditure of Urban Households by Region of Chongqing（2017-2018）

单位：元/人（yuan/person）

区 县	Region	2017 年	2018 年
全 市	**Total**	**22760**	**24154**
万州区	Wanzhou District	24625	26288
黔江区	Qianjiang District	20030	21705
涪陵区	Fuling District	26604	28477
渝中区	Yuzhong District	26073	29110
大渡口区	Dadukou District	25364	26279
江北区	Jiangbei District	24838	26028
沙坪坝区	Shapingba District	26236	28249
九龙坡区	Jiulongpo District	25401	26235
南岸区	Nan' an District	23338	28689
北碚区	Beibei District	25487	27288
渝北区	Yubei District	24629	26748
巴南区	Ba' nan District	28151	30498
长寿区	Changshou District	21434	23689
江津区	Jiangjin District	24063	26450
合川区	Hechuan District	25969	27786
永川区	Yongchuan District	17990	20314
南川区	Nanchuan District	15407	21297
綦江区（不含万盛）	Qijiang District (Exclude Wansheng)	20809	22485
万盛经开区	Wansheng Economic Development District	17745	15146
大足区	Dazu District	21819	23465
璧山区	Bishan District	20664	22088
铜梁区	Tongliang District	20805	22626
潼南区	Tongnan District	20804	21604
荣昌区	Rongchang District	20618	21428
开州区	Kaizhou District	19983	21502
梁平区	Liangping District	21164	19759
武隆区	Wulong District	21671	23679
城口县	Chengkou County	16109	17264
丰都县	Fengdu County	17595	19079
垫江县	Dianjiang County	15030	17776
忠 县	Zhongxian County	19993	21471
云阳县	Yunyang County	14227	15583
奉节县	Fengjie County	16863	18301
巫山县	Wushan County	17420	19171
巫溪县	Wuxi County	13916	16090
石柱县	Shizhu County	13793	16807
秀山县	Xiushan County	16063	17937
酉阳县	Youyang County	17573	19056
彭水县	Pengshui County	17089	18536

3-52 各区县城镇居民人均可支配收入构成（2017 年）
Composition of Per Capita Disposable Income of Urban Households by Region of Chongqing（2017）

单位：元/人（yuan/person）

区 县	Region	可支配收入 Disposable Income	工资性收入 Wage and Salary Income	经营净收入 Net Operating Income	财产净收入 Net Property Income	转移净收入 Net Transfer Income
全 市	Total	32193	18336	3685	2376	7797
万州区	Wanzhou District	33967	22258	3388	2795	5526
黔江区	Qianjiang District	29812	14506	9868	2540	2899
涪陵区	Fuling District	33709	20279	3929	2455	7046
渝中区	Yuzhong District	37175	21939	3991	1968	9277
大渡口区	Dadukou District	35038	19985	2262	2179	10612
江北区	Jiangbei District	36662	21751	1492	2077	11342
沙坪坝区	Shapingba District	35669	18235	5180	2541	9713
九龙坡区	Jiulongpo District	36339	19611	3577	3524	9628
南岸区	Nan' an District	35770	20089	3591	2423	9667
北碚区	Beibei District	35575	24320	1739	2694	6822
渝北区	Yubei District	36414	24081	2289	3219	6825
巴南区	Ba' nan District	35864	20865	4736	2630	7633
长寿区	Changshou District	32428	19323	3438	3252	6415
江津区	Jiangjin District	33331	19436	5097	1562	7236
合川区	Hechuan District	32101	15386	5854	2299	8562
永川区	Yongchuan District	33684	20022	4775	2955	5932
南川区	Nanchuan District	31398	17844	4494	2050	7010
綦江区（不含万盛）	Qijiang District（Exclude Wansheng）	30117	18355	2824	1200	7739
万盛经开区	Wansheng Economic Development District	25460	13362	2673	2161	7262
大足区	Dazu District	32107	17546	5381	1479	7701
璧山区	Bishan District	35436	22730	4108	3520	5078
铜梁区	Tongliang District	33865	19699	6893	2196	5077
潼南区	Tongnan District	30923	17397	4595	2632	6299
荣昌区	Rongchang District	32230	19086	3524	2310	7310
开州区	Kaizhou District	28547	15508	5696	2000	5344
梁平区	Liangping District	31599	16749	4748	2782	7321
武隆区	Wulong District	32495	18165	5686	2339	6304
城口县	Chengkou County	24914	14189	3024	2831	4870
丰都县	Fengdu County	28763	15787	5481	1974	5520
垫江县	Dianjiang County	31889	16589	4277	2388	8635
忠 县	Zhongxian County	32107	17384	5814	2086	6823
云阳县	Yunyang County	25760	18243	1241	2021	4255
奉节县	Fengjie County	25832	11312	7848	1772	4900
巫山县	Wushan County	27751	17763	3172	1733	5083
巫溪县	Wuxi County	23112	15125	4208	1156	2623
石柱县	Shizhu County	30087	14699	7626	1422	6340
秀山县	Xiushan County	29956	14698	10951	1503	2804
酉阳县	Youyang County	24585	13481	3732	1629	5743
彭水县	Pengshui County	26808	12876	5514	3780	4639

3-52 各区县城镇居民人均可支配收入构成（2018年）
Composition of Per Capita Disposable Income of Urban Households by Region of Chongqing（2018）

续表（continued）　　　　单位：元/人（yuan/person）

区 县	Region	可支配收入 Disposable Income	工资性收入 Wage and Salary Income	经营净收入 Net Operating Income	财产净收入 Net Property Income	转移净收入 Net Transfer Income
全 市	**Total**	**34889**	**20054**	**3973**	**2536**	**8326**
万州区	Wanzhou District	36820	24135	3700	2825	6160
黔江区	Qianjiang District	32435	15706	10305	2771	3653
涪陵区	Fuling District	36642	22082	4208	2561	7790
渝中区	Yuzhong District	40484	24163	4533	2220	9568
大渡口区	Dadukou District	37911	21305	2693	2272	11641
江北区	Jiangbei District	39998	23808	2180	2247	11763
沙坪坝区	Shapingba District	38630	19701	6953	2704	9271
九龙坡区	Jiulongpo District	39391	21845	3848	3628	10070
南岸区	Nan' an District	38703	22034	3763	2509	10396
北碚区	Beibei District	38563	22089	3358	2794	10322
渝北区	Yubei District	39546	25913	2627	3572	7435
巴南区	Ba' nan District	38984	22686	5045	2892	8361
长寿区	Changshou District	35055	21060	3610	3515	6870
江津区	Jiangjin District	36397	21248	5567	1698	7884
合川区	Hechuan District	34875	16742	6539	2430	9164
永川区	Yongchuan District	36749	22099	5338	3198	6115
南川区	Nanchuan District	34067	19095	5367	2186	7419
綦江区（不含万盛）	Qijiang District（Exclude Wansheng）	32526	19428	2954	2007	8137
万盛经开区	Wansheng Economic Development District	27573	15636	4094	1778	6066
大足区	Dazu District	34836	19059	5791	1603	8383
璧山区	Bishan District	38590	24747	4421	3843	5578
铜梁区	Tongliang District	36913	21615	7417	2338	5543
潼南区	Tongnan District	33596	19300	4750	2650	6896
荣昌区	Rongchang District	35066	20749	3877	2440	8000
开州区	Kaizhou District	30945	16810	6191	2132	5812
梁平区	Liangping District	34317	18009	5334	2991	7984
武隆区	Wulong District	35290	19942	6139	2506	6703
城口县	Chengkou County	26932	15340	3277	3055	5260
丰都县	Fengdu County	31352	17262	5960	2140	5990
垫江县	Dianjiang County	34504	18033	4661	2587	9223
忠 县	Zhongxian County	35029	18916	6555	2205	7353
云阳县	Yunyang County	27950	19698	1420	2172	4660
奉节县	Fengjie County	28105	13123	8043	1869	5070
巫山县	Wushan County	30165	19175	3502	1927	5561
巫溪县	Wuxi County	24938	16422	4469	1245	2802
石柱县	Shizhu County	32584	16251	7753	1546	7034
秀山县	Xiushan County	32352	15772	12015	1571	2994
酉阳县	Youyang County	26601	14365	4223	1694	6318
彭水县	Pengshui County	29124	13973	6028	4109	5014

3-53 各区县城镇居民人均消费支出构成情况（2017 年）
Composition of Per Capita Consumption Expenditure of Urban Households by Region of Chongqing（2017）

单位：元/人（yuan/person）

区 县	Region	消费支出 Consumption Expenditure	食品烟酒 Food, Tobacco and Alcohol	衣着 Clothing	居住 Residence	生活用品及服务 Household Facilities, Articles and Services
全 市	Total	22760	7305	1951	3960	1592
万州区	Wanzhou District	24625	8706	2677	3568	1779
黔江区	Qianjiang District	20030	7503	1933	3396	1422
涪陵区	Fuling District	26604	9012	2731	3531	2005
渝中区	Yuzhong District	26073	8300	1859	4566	1567
大渡口区	Dadukou District	25364	8562	2002	3882	1545
江北区	Jiangbei District	24838	9245	2217	4931	1600
沙坪坝区	Shapingba District	26236	7495	2203	4057	1880
九龙坡区	Jiulongpo District	25401	8210	2144	4751	1728
南岸区	Nan' an District	23338	7328	1710	5220	1608
北碚区	Beibei District	25487	7177	2407	4080	1961
渝北区	Yubei District	24629	7656	1798	5541	1539
巴南区	Ba' nan District	28151	9176	3047	4293	2430
长寿区	Changshou District	21434	8469	2556	2560	1494
江津区	Jiangjin District	24063	8826	3109	3284	1546
合川区	Hechuan District	25969	8468	2952	4202	2098
永川区	Yongchuan District	17990	5632	1640	3003	1126
南川区	Nanchuan District	15407	5600	1523	3078	963
綦江区（不含万盛）	Qijiang District (Exclude Wansheng)	20809	6818	2154	3547	1325
万盛经开区	Wansheng Economic Development District	17745	5638	1927	3894	1205
大足区	Dazu District	21819	8507	2106	2820	1522
璧山区	Bishan District	20664	7375	1977	3417	1561
铜梁区	Tongliang District	20805	6737	2322	3798	3737
潼南区	Tongnan District	20804	7594	1996	3556	1492
荣昌区	Rongchang District	20618	6782	2908	2410	1791
开州区	Kaizhou District	19983	7850	2449	3121	1512
梁平区	Liangping District	21164	7210	1979	3512	1581
武隆区	Wulong District	21671	7479	1694	3509	1322
城口县	Chengkou County	16109	5950	1720	3422	1085
丰都县	Fengdu County	17595	6093	1558	3573	1347
垫江县	Dianjiang County	15030	4917	1243	2566	1098
忠 县	Zhongxian County	19993	6593	1667	3680	2012
云阳县	Yunyang County	14227	5554	777	4045	915
奉节县	Fengjie County	16863	5612	1597	2725	1161
巫山县	Wushan County	17420	5523	1773	3094	1109
巫溪县	Wuxi County	13916	5516	1070	3124	1099
石柱县	Shizhu County	13793	5010	1898	3120	1032
秀山县	Xiushan County	16063	5848	2365	2955	829
酉阳县	Youyang County	17573	5490	1888	3250	1251
彭水县	Pengshui County	17089	6756	1683	3391	1365

3-53 各区县城镇居民人均消费支出构成情况（2017 年）
Composition of Per Capita Consumption Expenditure of Urban Households by Region of Chongqing（2017）

续表（continued） 单位：元/人（yuan/person）

区　县	Region	交通通信 Transportation, Post and Communication Services	教育文化娱乐 Educational, Cultural and Recreational Services	医疗保健 Health Care and Medical Services	其他用品和服务 Miscellaneous Goods and Services
全　市	**Total**	**2992**	**2528**	**1883**	**547**
万州区	Wanzhou District	3075	2730	1679	413
黔江区	Qianjiang District	2366	1913	1059	437
涪陵区	Fuling District	3364	2911	2060	990
渝中区	Yuzhong District	3532	3236	2472	541
大渡口区	Dadukou District	3120	3140	2592	521
江北区	Jiangbei District	2068	1949	1809	1020
沙坪坝区	Shapingba District	4726	2481	2753	642
九龙坡区	Jiulongpo District	3024	2647	2110	787
南岸区	Nan' an District	2380	2339	1889	865
北碚区	Beibei District	3802	3137	2364	559
渝北区	Yubei District	2742	2485	2345	523
巴南区	Ba' nan District	3087	2930	2712	476
长寿区	Changshou District	1950	2597	1504	303
江津区	Jiangjin District	3244	2117	1305	632
合川区	Hechuan District	2182	2777	2305	986
永川区	Yongchuan District	3158	1653	1451	325
南川区	Nanchuan District	1577	1466	1002	199
綦江区（不含万盛）	Qijiang District (Exclude Wansheng)	2471	2122	1877	495
万盛经开区	Wansheng Economic Development District	1478	2069	1124	410
大足区	Dazu District	2358	2486	1453	568
璧山区	Bishan District	2787	2196	998	353
铜梁区	Tongliang District	1373	1825	729	283
潼南区	Tongnan District	1995	2793	979	397
荣昌区	Rongchang District	2249	2250	1535	693
开州区	Kaizhou District	2187	1490	1131	243
梁平区	Liangping District	2878	1865	1480	658
武隆区	Wulong District	2923	3075	1278	392
城口县	Chengkou County	1319	1491	695	428
丰都县	Fengdu County	1997	1585	1101	340
垫江县	Dianjiang County	1772	1862	1168	405
忠　县	Zhongxian County	2057	1901	1527	556
云阳县	Yunyang County	900	867	834	334
奉节县	Fengjie County	3205	1635	554	374
巫山县	Wushan County	1562	2037	1619	704
巫溪县	Wuxi County	983	1131	751	243
石柱县	Shizhu County	922	814	810	188
秀山县	Xiushan County	1132	1989	651	294
酉阳县	Youyang County	2097	1966	1376	255
彭水县	Pengshui County	1338	1325	875	356

3-53 各区县城镇居民人均消费支出构成情况（2018 年）
Composition of Per Capita Consumption Expenditure of Urban Households by Region of Chongqing（2018）

单位：元/人（yuan/person）

区 县	Region	消费支出 Consumption Expenditure	食品烟酒 Food, Tobacco and Alcohol	衣着 Clothing	居住 Residence	生活用品及服务 Household Facilities, Articles and Services
全 市	**Total**	**24154**	**7598**	**2010**	**4325**	**1713**
万州区	Wanzhou District	26288	9239	2770	3747	1951
黔江区	Qianjiang District	21705	7726	2041	3764	1545
涪陵区	Fuling District	28477	9536	2903	3846	2118
渝中区	Yuzhong District	29110	8751	1830	5742	1926
大渡口区	Dadukou District	26279	8115	1762	5514	1681
江北区	Jiangbei District	26028	7998	1721	5342	1438
沙坪坝区	Shapingba District	28249	8509	2256	4230	1974
九龙坡区	Jiulongpo District	26235	8461	2235	5021	1749
南岸区	Nan’an District	28689	8542	2171	6488	1937
北碚区	Beibei District	27288	7669	2450	4316	2091
渝北区	Yubei District	26748	8283	1939	6293	1636
巴南区	Ba’nan District	30498	9904	3297	4672	2633
长寿区	Changshou District	23689	8145	2708	3827	1571
江津区	Jiangjin District	26450	9601	3326	3658	1645
合川区	Hechuan District	27786	8875	3178	4566	2250
永川区	Yongchuan District	20314	6593	1702	3281	1286
南川区	Nanchuan District	21297	7340	1848	3551	1591
綦江区（不含万盛）	Qijiang District (Exclude Wansheng)	22485	7438	2309	3785	1423
万盛经开区	Wansheng Economic Development District	15146	5391	1282	3036	901
大足区	Dazu District	23465	8671	2176	3526	1606
璧山区	Bishan District	22088	7787	2063	3711	1690
铜梁区	Tongliang District	22626	7060	2461	4002	3880
潼南区	Tongnan District	21604	7650	2050	3800	1600
荣昌区	Rongchang District	21428	6842	2795	2884	1828
开州区	Kaizhou District	21502	8097	2555	3475	1720
梁平区	Liangping District	19759	6990	1582	2879	1330
武隆区	Wulong District	23679	8168	1849	3925	1470
城口县	Chengkou County	17264	6238	1845	3716	1187
丰都县	Fengdu County	19079	6587	1701	3887	1450
垫江县	Dianjiang County	17776	5650	1540	2938	1307
忠 县	Zhongxian County	21471	7036	1726	4024	2085
云阳县	Yunyang County	15583	6010	907	4244	1007
奉节县	Fengjie County	18301	6096	1795	2808	1299
巫山县	Wushan County	19171	6063	1855	3138	1411
巫溪县	Wuxi County	16090	6126	1226	3852	1333
石柱县	Shizhu County	16807	5480	1772	3072	958
秀山县	Xiushan County	17937	6498	2756	3300	952
酉阳县	Youyang County	19056	5994	2023	3581	1367
彭水县	Pengshui County	18536	7213	1802	3713	1485

3-53 各区县城镇居民人均消费支出构成情况（2018 年）
Composition of Per Capita Consumption Expenditure of Urban Households by Region of Chongqing（2018）

续表（continued） 单位：元/人（yuan/person）

区 县	Region	交通通信 Transportation, Post and Communication Services	教育文化娱乐 Educational, Cultural and Recreational Services	医疗保健 Health Care and Medical Services	其他用品和服务 Miscellaneous Goods and Services
全 市	**Total**	**3248**	**2589**	**2055**	**617**
万州区	Wanzhou District	3455	2934	1763	430
黔江区	Qianjiang District	2798	2098	1274	459
涪陵区	Fuling District	3571	3245	2234	1023
渝中区	Yuzhong District	3535	3746	2934	646
大渡口区	Dadukou District	3151	2720	2577	759
江北区	Jiangbei District	3603	2709	2651	566
沙坪坝区	Shapingba District	5076	2538	3102	564
九龙坡区	Jiulongpo District	3090	2736	2145	798
南岸区	Nan' an District	3552	3264	1959	776
北碚区	Beibei District	4037	3475	2630	619
渝北区	Yubei District	2865	2697	2444	590
巴南区	Ba' nan District	3350	3178	2948	515
长寿区	Changshou District	2699	2697	1491	550
江津区	Jiangjin District	3681	2381	1477	682
合川区	Hechuan District	2407	3001	2473	1035
永川区	Yongchuan District	3593	1949	1510	400
南川区	Nanchuan District	2614	2337	1676	340
綦江区（不含万盛）	Qijiang District (Exclude Wansheng)	2687	2304	2001	538
万盛经开区	Wansheng Economic Development District	1580	1544	1048	363
大足区	Dazu District	2636	2610	1600	641
璧山区	Bishan District	2930	2424	1124	360
铜梁区	Tongliang District	2053	2036	815	319
潼南区	Tongnan District	2110	2796	1193	405
荣昌区	Rongchang District	2438	2258	1664	719
开州区	Kaizhou District	2450	1667	1238	300
梁平区	Liangping District	3102	1615	1938	323
武隆区	Wulong District	3207	3205	1427	428
城口县	Chengkou County	1422	1634	757	465
丰都县	Fengdu County	2179	1724	1183	368
垫江县	Dianjiang County	2115	2246	1508	473
忠 县	Zhongxian County	2355	2018	1647	580
云阳县	Yunyang County	1035	1017	985	378
奉节县	Fengjie County	3481	1853	563	404
巫山县	Wushan County	1845	2390	1768	702
巫溪县	Wuxi County	1159	1293	830	271
石柱县	Shizhu County	1731	2152	1407	234
秀山县	Xiushan County	1274	2103	729	326
酉阳县	Youyang County	2279	2041	1491	280
彭水县	Pengshui County	1482	1466	979	396

3-54 各区县农村居民家庭基本情况（2017 年）

Basic Conditions of Rural Households by Region of Chongqing（2017）

单位：元/人（yuan/person）

区 县	Region	户均常住人口（人/户）Resident Population per Household（person/household）	户均常住劳动力人数（人/户）Manpower per Household from Resident Population（person/household）	户均常住成员从业人数（人/户）Employed Person per Household from Resident Population（person/household）	人均住房建筑面积（平方米/人）Per Capita Floor Space of Housing（m²/person）
全 市	Total	2.99	2.04	1.93	54.81
万州区	Wanzhou District	2.86	2.02	1.96	55.66
黔江区	Qianjiang District	3.55	2.08	1.95	48.67
涪陵区	Fuling District	3.05	2.09	1.98	42.18
渝中区	Yuzhong District				
大渡口区	Dadukou District	2.80	2.02	1.86	45.43
江北区	Jiangbei District	2.16	1.59	1.57	53.69
沙坪坝区	Shapingba District	3.27	2.59	1.92	42.36
九龙坡区	Jiulongpo District	2.84	2.33	2.01	51.21
南岸区	Nan' an District	3.78	3.15	2.89	36.02
北碚区	Beibei District	2.60	2.03	1.84	47.03
渝北区	Yubei District	2.41	1.82	1.43	57.73
巴南区	Ba' nan District	3.08	2.52	2.34	47.12
长寿区	Changshou District	2.56	1.82	1.73	58.07
江津区	Jiangjin District	2.61	1.99	1.87	43.24
合川区	Hechuan District	2.60	2.11	2.00	65.84
永川区	Yongchuan District	2.95	2.10	1.99	44.67
南川区	Nanchuan District	2.77	2.03	1.98	60.35
綦江区（不含万盛）	Qijiang District (Exclude Wansheng)	3.11	2.15	2.05	49.70
万盛经开区	Wansheng Economic Development District	3.68	2.49	2.28	53.57
大足区	Dazu District	3.49	2.46	2.36	45.83
璧山区	Bishan District	2.92	2.29	2.19	47.50
铜梁区	Tongliang District	2.90	2.16	2.08	46.43
潼南区	Tongnan District	3.12	2.51	2.41	59.27
荣昌区	Rongchang District	2.94	1.99	1.89	45.72
开州区	Kaizhou District	2.90	1.92	1.68	54.63
梁平区	Liangping District	3.13	2.03	1.90	60.62
武隆区	Wulong District	3.48	2.28	2.16	45.17
城口县	Chengkou County	4.14	2.79	2.58	38.68
丰都县	Fengdu County	3.17	2.00	1.92	51.45
垫江县	Dianjiang County	3.01	1.86	1.72	48.42
忠 县	Zhongxian County	2.92	2.12	2.01	56.46
云阳县	Yunyang County	3.41	2.33	2.18	39.89
奉节县	Fengjie County	2.87	1.83	1.73	47.76
巫山县	Wushan County	2.99	1.94	1.93	48.36
巫溪县	Wuxi County	3.72	2.39	2.33	42.96
石柱县	Shizhu County	2.95	2.13	2.07	55.20
秀山县	Xiushan County	4.32	2.73	2.01	35.80
酉阳县	Youyang County	3.25	2.05	1.97	49.41
彭水县	Pengshui County	3.89	2.44	2.39	37.45

3-54 各区县农村居民家庭基本情况（2018 年）
Basic Conditions of Rural Households by Region of Chongqing（2018）

续表（continued）　　　　单位：元/人（yuan/person）

区 县	Region	户均常住人口（人/户）Resident Population per Household（person/household）	户均常住劳动力人数（人/户）Manpower per Household from Resident Population（person/household）	户均常住成员从业人数（人/户）Employed Person per Household from Resident Population（person/household）	人均住房建筑面积（平方米/人）Per Capita Floor Space of Housing（m^2/person）
全 市	Total	2.93	2.01	1.85	53.93
万州区	Wanzhou District	2.87	2.05	1.91	49.54
黔江区	Qianjiang District	3.26	2.20	2.10	50.97
涪陵区	Fuling District	3.00	2.16	2.04	42.42
渝中区	Yuzhong District				
大渡口区	Dadukou District	3.45	2.82	1.75	46.31
江北区	Jiangbei District	3.15	2.13	2.13	51.00
沙坪坝区	Shapingba District	3.21	2.40	1.68	38.22
九龙坡区	Jiulongpo District	2.78	2.01	1.78	49.11
南岸区	Nan' an District	2.94	2.00	1.59	46.31
北碚区	Beibei District	2.73	2.32	2.09	47.31
渝北区	Yubei District	2.60	2.11	1.91	59.65
巴南区	Ba' nan District	3.14	2.57	2.55	47.78
长寿区	Changshou District	2.33	1.58	1.23	62.51
江津区	Jiangjin District	3.05	2.16	2.02	43.50
合川区	Hechuan District	2.97	2.09	2.04	56.35
永川区	Yongchuan District	3.47	2.28	2.20	44.58
南川区	Nanchuan District	3.02	2.37	2.24	58.33
綦江区（不含万盛）	Qijiang District (Exclude Wansheng)	3.21	2.15	1.86	50.04
万盛经开区	Wansheng Economic Development District	2.72	1.79	1.69	60.33
大足区	Dazu District	3.54	2.37	1.99	45.90
璧山区	Bishan District	2.95	2.19	1.81	42.03
铜梁区	Tongliang District	2.80	2.05	1.97	46.66
潼南区	Tongnan District	2.72	1.95	1.71	65.64
荣昌区	Rongchang District	2.82	1.94	1.86	45.33
开州区	Kaizhou District	3.22	2.05	1.86	55.72
梁平区	Liangping District	2.95	1.83	1.68	60.41
武隆区	Wulong District	2.88	1.97	1.90	52.01
城口县	Chengkou County	4.64	2.74	2.50	37.43
丰都县	Fengdu County	2.77	1.91	1.82	52.36
垫江县	Dianjiang County	2.96	1.86	1.75	57.83
忠 县	Zhongxian County	2.99	2.13	2.01	42.72
云阳县	Yunyang County	3.25	2.01	1.83	41.33
奉节县	Fengjie County	3.45	2.20	2.10	51.92
巫山县	Wushan County	3.02	1.83	1.78	49.74
巫溪县	Wuxi County	3.06	1.93	1.71	44.32
石柱县	Shizhu County	3.24	2.16	1.99	56.03
秀山县	Xiushan County	3.47	2.44	1.98	52.01
酉阳县	Youyang County	3.11	1.91	1.67	58.53
彭水县	Pengshui County	4.12	2.46	2.23	34.63

3-55　各区县农村居民人均可支配收入情况（2010-2018 年）
Per Capita Disposable Income of Rural Households by Region of Chongqing（2010-2018）

单位：元/人（yuan/person）

区　县	Region	2010 年	2011 年	2012 年	2013 年	2014 年	2015 年	2016 年	2017 年	2018 年
全　市	Total	5378	6605	7526	8493	9490	10505	11549	12638	13781
万州区	Wanzhou District	5208	6437	7397	8417	9562	10729	11898	13088	14318
黔江区	Qianjiang District	4345	5362	6113	6944	7878	8855	9820	10792	11806
涪陵区	Fuling District	5437	6720	7782	8817	9963	11089	12253	13466	14691
渝中区	Yuzhong District									
大渡口区	Dadukou District	8467	10035	11310	12667	14035	15439	16844	18343	19847
江北区	Jiangbei District	8297	10003	11331	12736	14125	15594	16989	18552	20110
沙坪坝区	Shapingba District	8236	9986	11172	12524	13864	15264	16653	18168	19676
九龙坡区	Jiulongpo District	8274	10020	11189	12576	13984	15480	16935	18408	20028
南岸区	Nan' an District	8773	9948	11813	13313	14831	16366	17839	19427	21039
北碚区	Beibei District	7598	9308	10564	11853	13169	14499	15898	17417	18897
渝北区	Yubei District	7189	8828	9949	11223	12458	13766	15074	16513	17950
巴南区	Ba' nan District	7170	8775	10020	11274	12548	13878	15252	16747	18254
长寿区	Changshou District	6160	7589	8621	9725	10863	12047	13252	14418	15571
江津区	Jiangjin District	6868	8441	9656	10950	12318	13722	15177	16695	18248
合川区	Hechuan District	6699	8240	9402	10605	11899	13184	14516	15837	17254
永川区	Yongchuan District	6887	8505	9759	11037	12406	13808	15258	16738	18244
南川区	Nanchuan District	5757	7086	8078	9088	10160	11237	12349	13485	14631
綦江区	Qijiang District	5896	7236	8198	9321	10421	11494	12615	13764	14895
綦江区（不含万盛）	Qijiang District (Exclude Wansheng)	5960	7319	8288	9423	10535	11538	12669	13822	14955
万盛经开区	Wansheng Economic Development District	5727	7021	7963	9054	10123	11165	12248	13338	14458
大足区	Dazu District	6408	7849	8909	10031	11235	12437	13718	15035	16313
璧山区	Bishan District	7004	8692	10039	11394	12807	14229	15680	17217	18698
铜梁区	Tongliang District	6881	8525	9813	11108	12452	13747	15108	16543	17949
潼南区	Tongnan District	5703	7055	8156	9208	10387	11582	12821	14026	15204
荣昌区	Rongchang District	6528	8075	9271	10485	11775	13035	14325	15686	17051
开州区	Kaizhou District	4946	6157	7082	8022	9097	10170	11238	12299	13443
梁平区	Liangping District	5421	6749	7768	8825	10034	11268	12485	13671	14983
武隆区	Wulong District	4499	5660	6543	7459	8489	9562	10643	11744	12871
城口县	Chengkou County	3619	4499	5079	5744	6491	7224	7946	8661	9458
丰都县	Fengdu County	4640	5833	6749	7653	8679	9729	10770	11869	13044
垫江县	Dianjiang County	5542	6895	7950	9039	10241	11480	12697	13979	15237
忠　县	Zhongxian County	5282	6623	7623	8660	9803	10960	12100	13298	14588
云阳县	Yunyang County	4349	5466	6292	7122	8084	9054	9982	10960	12001
奉节县	Fengjie County	4093	5125	5881	6648	7513	8385	9228	10151	11146
巫山县	Wushan County	3848	4772	5440	6142	6935	7733	8537	9357	10208
巫溪县	Wuxi County	3551	4407	5029	5672	6392	7121	7826	8546	9324
石柱县	Shizhu County	4644	5829	6674	7568	8586	9642	10674	11752	12845
秀山县	Xiushan County	4009	5012	5749	6519	7431	8360	9263	10189	11116
酉阳县	Youyang County	3575	4440	5039	5704	6479	7263	8069	8852	9719
彭水县	Pengshui County	4104	5117	5848	6598	7469	8388	9294	10196	11144

3-56 各区县农村居民人均消费支出情况（2017-2018 年）
Per Capita Consumption Expenditure of Rural Households by Region of Chongqing (2017-2018)

单位：元/人（yuan/person）

区 县	Region	2017 年	2018 年
全 市	Total	10936	11977
万州区	Wanzhou District	12352	13213
黔江区	Qianjiang District	8700	9578
涪陵区	Fuling District	11609	12287
渝中区	Yuzhong District		
大渡口区	Dadukou District	15373	17435
江北区	Jiangbei District	11482	10984
沙坪坝区	Shapingba District	17098	14528
九龙坡区	Jiulongpo District	14479	16022
南岸区	Nan' an District	12265	12026
北碚区	Beibei District	13664	15260
渝北区	Yubei District	12715	13662
巴南区	Ba' nan District	12201	13266
长寿区	Changshou District	11863	12141
江津区	Jiangjin District	12135	13271
合川区	Hechuan District	13154	14042
永川区	Yongchuan District	11651	13077
南川区	Nanchuan District	10579	11556
綦江区（不含万盛）	Qijiang District (Exclude Wansheng)	11264	12276
万盛经开区	Wansheng Economic Development District	10828	12306
大足区	Dazu District	10926	11449
璧山区	Bishan District	12191	12981
铜梁区	Tongliang District	10605	11421
潼南区	Tongnan District	9844	10328
荣昌区	Rongchang District	10442	10824
开州区	Kaizhou District	10552	11651
梁平区	Liangping District	11747	11491
武隆区	Wulong District	10099	11069
城口县	Chengkou County	6372	6890
丰都县	Fengdu County	9590	10303
垫江县	Dianjiang County	10294	11417
忠 县	Zhongxian County	10230	11203
云阳县	Yunyang County	8805	9701
奉节县	Fengjie County	10294	10971
巫山县	Wushan County	8491	9212
巫溪县	Wuxi County	8511	8563
石柱县	Shizhu County	8355	10114
秀山县	Xiushan County	9206	9555
酉阳县	Youyang County	8062	8705
彭水县	Pengshui County	9135	9751

3-57 各区县农村居民人均可支配收入构成（2017 年）
Composition of Per Capita Disposable Income of Rural Households by Region of Chongqing（2017）

单位：元/人（yuan/person）

区 县	Region	可支配收入 Disposable Income	工资性收入 Wage and Salary Income	经营净收入 Net Operating Income	财产净收入 Net Property Income	转移净收入 Net Transfer Income
全 市	Total	12638	4395	4491	308	3444
万州区	Wanzhou District	13088	5435	3966	382	3305
黔江区	Qianjiang District	10792	3030	3477	242	4043
涪陵区	Fuling District	13466	3969	5324	425	3748
渝中区	Yuzhong District					
大渡口区	Dadukou District	18343	13644	2197	668	1835
江北区	Jiangbei District	18552	11458	5246	855	993
沙坪坝区	Shapingba District	18168	9356	3312	1201	4299
九龙坡区	Jiulongpo District	18408	11567	3991	216	2634
南岸区	Nan' an District	19427	16268	1441	469	1249
北碚区	Beibei District	17417	10700	2897	753	3067
渝北区	Yubei District	16513	7003	3719	1362	4430
巴南区	Ba' nan District	16747	6858	6016	1396	2477
长寿区	Changshou District	14418	3782	5616	513	4507
江津区	Jiangjin District	16695	5720	4675	388	5912
合川区	Hechuan District	15837	4515	6231	750	4341
永川区	Yongchuan District	16738	8442	4516	189	3591
南川区	Nanchuan District	13485	5014	5071	477	2923
綦江区（不含万盛）	Qijiang District (Exclude Wansheng)	13822	5112	4206	293	4211
万盛经开区	Wansheng Economic Development District	13338	5143	5362	339	2495
大足区	Dazu District	15035	5204	5127	648	4056
璧山区	Bishan District	17217	9469	4833	715	2200
铜梁区	Tongliang District	16543	6473	5007	427	4635
潼南区	Tongnan District	14026	3511	5879	375	4260
荣昌区	Rongchang District	15686	5415	5421	218	4632
开州区	Kaizhou District	12299	4454	4440	271	3134
梁平区	Liangping District	13671	5325	4153	491	3702
武隆区	Wulong District	11744	3723	4779	282	2959
城口县	Chengkou County	8661	4648	2807	251	955
丰都县	Fengdu County	11869	3561	4776	279	3253
垫江区	Dianjiang County	13979	3909	5176	316	4578
忠县	Zhongxian County	13298	4885	4353	326	3734
云阳县	Yunyang County	10960	4817	3211	173	2760
奉节县	Fengjie County	10151	3175	4578	115	2283
巫山县	Wushan County	9357	3861	3477	86	1933
巫溪县	Wuxi County	8546	2798	3894	200	1654
石柱县	Shizhu County	11752	4415	5003	695	1638
秀山县	Xiushan County	10189	3788	4083	250	2068
酉阳县	Youyang County	8852	3081	3309	207	2255
彭水县	Pengshui County	10196	4450	3790	226	1730

3-57 各区县农村居民人均可支配收入构成（2018年）
Composition of Per Capita Disposable Income of Rural Households by Region of Chongqing（2018）

续表（continued） 单位：元/人（yuan/person）

区 县	Region	可支配收入 Disposable Income	工资性收入 Wage and Salary Income	经营净收入 Net Operating Income	财产净收入 Net Property Income	转移净收入 Net Transfer Income
全 市	Total	13781	4848	4813	335	3786
万州区	Wanzhou District	14318	5964	4200	420	3734
黔江区	Qianjiang District	11806	3339	3780	264	4423
涪陵区	Fuling District	14691	4284	5791	442	4174
渝中区	Yuzhong District					
大渡口区	Dadukou District	19847	14631	2440	692	2084
江北区	Jiangbei District	20110	12431	5678	927	1075
沙坪坝区	Shapingba District	19676	10035	3643	1275	4722
九龙坡区	Jiulongpo District	20028	12694	4203	251	2880
南岸区	Nan' an District	21039	11178	4987	540	4334
北碚区	Beibei District	18897	11753	3171	790	3183
渝北区	Yubei District	17950	7690	4301	698	5261
巴南区	Ba' nan District	18254	7511	6495	1541	2707
长寿区	Changshou District	15571	4112	6015	558	4886
江津区	Jiangjin District	18248	6260	5178	421	6389
合川区	Hechuan District	17254	4835	7043	770	4606
永川区	Yongchuan District	18244	9032	5263	245	3704
南川区	Nanchuan District	14631	5437	5451	486	3258
綦江区（不含万盛）	Qijiang District (Exclude Wansheng)	14955	5521	4513	314	4607
万盛经开区	Wansheng Economic Development District	14458	6217	4066	398	3777
大足区	Dazu District	16313	5706	5546	705	4356
璧山区	Bishan District	18698	10254	5267	786	2391
铜梁区	Tongliang District	17949	7091	5347	454	5057
潼南区	Tongnan District	15204	3861	6320	394	4629
荣昌区	Rongchang District	17051	5899	5854	236	5062
开州区	Kaizhou District	13443	4879	4851	293	3420
梁平区	Liangping District	14983	5667	4677	521	4118
武隆区	Wulong District	12871	4139	5163	302	3267
城口县	Chengkou County	9458	5067	3073	274	1044
丰都县	Fengdu County	13044	3914	5248	305	3577
垫江区	Dianjiang County	15237	4341	5568	344	4984
忠县	Zhongxian County	14588	5470	4595	350	4173
云阳县	Yunyang County	12001	5230	3528	188	3055
奉节县	Fengjie County	11146	3483	5033	126	2504
巫山县	Wushan County	10208	4172	3807	111	2118
巫溪县	Wuxi County	9324	3035	4226	218	1845
石柱县	Shizhu County	12845	4684	5654	722	1785
秀山县	Xiushan County	11116	4106	4442	265	2303
酉阳县	Youyang County	9719	3346	3632	221	2521
彭水县	Pengshui County	11144	4895	4110	245	1894

3–58 各区县农村居民人均消费支出构成情况（2017 年）
Composition of Per Capita Consumption Expenditure of Rural Households by Region of Chongqing（2017）

单位：元/人（yuan/person）

区 县	Region	消费支出 Consumption Expenditure	食品烟酒 Food, Tobacco and Alcohol	衣着 Clothing	居住 Residence	生活用品及服务 Household Facilities, Articles and Services
全 市	Total	10936	3993	598	1967	749
万州区	Wanzhou District	12352	4465	570	2255	834
黔江区	Qianjiang District	8700	3361	503	1974	480
涪陵区	Fuling District	11609	4449	646	2137	837
渝中区	Yuzhong District					
大渡口区	Dadukou District	15373	5711	1520	2028	896
江北区	Jiangbei District	11482	4440	1202	2123	510
沙坪坝区	Shapingba District	17098	6263	915	2088	1079
九龙坡区	Jiulongpo District	14479	5467	1195	3159	1066
南岸区	Nan' an District	12265	4616	889	2225	792
北碚区	Beibei District	13664	5373	1035	1934	1007
渝北区	Yubei District	12715	4746	694	2226	681
巴南区	Ba' nan District	12201	4600	948	1808	1050
长寿区	Changshou District	11863	5124	495	2899	609
江津区	Jiangjin District	12135	4857	819	2314	1029
合川区	Hechuan District	13154	4728	650	2770	1077
永川区	Yongchuan District	11651	4314	668	2031	768
南川区	Nanchuan District	10579	3737	528	2338	680
綦江区（不含万盛）	Qijiang District (Exclude Wansheng)	11264	4360	678	2003	779
万盛经开区	Wansheng Economic Development District	10828	3431	746	2936	661
大足区	Dazu District	10926	4276	783	1819	708
璧山区	Bishan District	12191	4412	726	2108	1141
铜梁区	Tongliang District	10605	3998	684	2023	1452
潼南区	Tongnan District	9844	4043	449	2204	574
荣昌区	Rongchang District	10442	3828	647	1951	941
开州区	Kaizhou District	10552	4305	584	2253	915
梁平区	Liangping District	11747	4081	764	2192	938
武隆区	Wulong District	10099	3727	736	1868	707
城口县	Chengkou County	6372	2441	581	940	430
丰都县	Fengdu County	9590	3637	535	1781	643
垫江县	Dianjiang County	10294	3290	480	1737	643
忠 县	Zhongxian County	10230	4121	449	2173	659
云阳县	Yunyang County	8805	3347	497	1764	710
奉节县	Fengjie County	10294	3875	684	1738	717
巫山县	Wushan County	8491	3000	659	1711	748
巫溪县	Wuxi County	8511	4263	358	2452	645
石柱县	Shizhu County	8355	3451	548	1695	564
秀山县	Xiushan County	9206	3560	704	1804	710
酉阳县	Youyang County	8062	3312	473	1633	542
彭水县	Pengshui County	9135	4174	483	1306	646

3-58 各区县农村居民人均消费支出构成情况（2017 年）
Composition of Per Capita Consumption Expenditure of Rural Households by Region of Chongqing（2017）

续表（continued） 单位：元/人（yuan/person）

区 县	Region	交通通信 Transportation, Post and Communication Services	教育文化娱乐 Educational, Cultural and Recreational Services	医疗保健 Health Care and Medical Services	其他用品和服务 Miscellaneous Goods and Services
全 市	Total	1334	1226	884	184
万州区	Wanzhou District	1505	1366	1170	186
黔江区	Qianjiang District	695	894	632	161
涪陵区	Fuling District	1241	1185	844	269
渝中区	Yuzhong District				
大渡口区	Dadukou District	2596	1582	579	462
江北区	Jiangbei District	1382	809	801	215
沙坪坝区	Shapingba District	2823	1162	2453	317
九龙坡区	Jiulongpo District	1296	1005	1042	250
南岸区	Nan' an District	1701	873	816	353
北碚区	Beibei District	1379	1523	1105	308
渝北区	Yubei District	1729	801	1605	233
巴南区	Ba' nan District	1154	1035	1331	275
长寿区	Changshou District	779	735	857	365
江津区	Jiangjin District	960	969	978	208
合川区	Hechuan District	1272	1294	1124	240
永川区	Yongchuan District	1259	1119	1223	268
南川区	Nanchuan District	1419	1019	720	138
綦江区（不含万盛）	Qijiang District (Exclude Wansheng)	1290	1252	603	299
万盛经开区	Wansheng Economic Development District	1137	1296	423	198
大足区	Dazu District	1035	1198	712	396
璧山区	Bishan District	1552	854	1119	279
铜梁区	Tongliang District	753	756	732	207
潼南区	Tongnan District	765	872	843	95
荣昌区	Rongchang District	1178	959	805	133
开州区	Kaizhou District	840	796	649	210
梁平区	Liangping District	1046	1142	1123	461
武隆区	Wulong District	1102	1152	627	182
城口县	Chengkou County	590	735	494	162
丰都县	Fengdu County	780	1416	648	150
垫江县	Dianjiang County	985	1385	1561	213
忠 县	Zhongxian County	855	959	819	194
云阳县	Yunyang County	896	887	620	84
奉节县	Fengjie County	1055	1384	777	63
巫山县	Wushan County	862	968	391	151
巫溪县	Wuxi County	538	121	106	27
石柱县	Shizhu County	885	463	500	249
秀山县	Xiushan County	944	964	441	79
酉阳县	Youyang County	717	812	506	68
彭水县	Pengshui County	944	916	557	108

3-58 各区县农村居民人均消费支出构成情况（2018 年）
Composition of Per Capita Consumption Expenditure of Rural Households by Region of Chongqing（2018）

单位：元/人（yuan/person）

区 县	Region	消费支出 Consumption Expenditure	食品烟酒 Food, Tobacco and Alcohol	衣着 Clothing	居住 Residence	生活用品及服务 Household Facilities, Articles and Services
全 市	Total	11977	4180	631	2274	785
万州区	Wanzhou District	13213	4737	626	2387	865
黔江区	Qianjiang District	9578	3582	556	2248	520
涪陵区	Fuling District	12287	4658	670	2275	873
渝中区	Yuzhong District					
大渡口区	Dadukou District	17435	6422	792	1370	752
江北区	Jiangbei District	10984	3927	457	1428	295
沙坪坝区	Shapingba District	14528	4473	1149	2154	1005
九龙坡区	Jiulongpo District	16022	6192	1228	3281	1090
南岸区	Nan' an District	12026	4211	818	1792	886
北碚区	Beibei District	15260	5541	1191	2781	1100
渝北区	Yubei District	13662	5012	704	2688	738
巴南区	Ba' nan District	13266	4989	1031	1970	1143
长寿区	Changshou District	12141	4384	531	3370	659
江津区	Jiangjin District	13271	5268	893	2586	1149
合川区	Hechuan District	14042	4959	720	2897	1156
永川区	Yongchuan District	13077	4978	690	2100	829
南川区	Nanchuan District	11556	4048	549	2381	723
綦江区（不含万盛）	Qijiang District (Exclude Wansheng)	12276	4733	717	2318	839
万盛经开区	Wansheng Economic Development District	12306	4066	791	2704	859
大足区	Dazu District	11449	4460	806	2062	713
璧山区	Bishan District	12981	4551	757	2212	1214
铜梁区	Tongliang District	11421	4188	722	2269	1480
潼南区	Tongnan District	10328	4059	464	2225	652
荣昌区	Rongchang District	10824	3953	681	1997	955
开州区	Kaizhou District	11651	4500	636	2557	1092
梁平区	Liangping District	11491	3627	432	2304	585
武隆区	Wulong District	11069	4068	824	2027	790
城口县	Chengkou County	6890	2617	634	1023	461
丰都县	Fengdu County	10303	3835	572	1920	695
垫江县	Dianjiang County	11417	3656	556	1986	694
忠 县	Zhongxian County	11203	4451	478	2386	715
云阳县	Yunyang County	9701	3707	545	1968	781
奉节县	Fengjie County	10971	4000	743	1931	794
巫山县	Wushan County	9212	3238	675	1806	800
巫溪县	Wuxi County	8563	4107	426	2336	771
石柱县	Shizhu County	10114	3557	545	1904	614
秀山县	Xiushan County	9555	3660	762	1953	756
酉阳县	Youyang County	8705	3377	484	1807	601
彭水县	Pengshui County	9751	4284	522	1431	695

3-58 各区县农村居民人均消费支出构成情况（2018 年）
Composition of Per Capita Consumption Expenditure of Rural Households by Region of Chongqing（2018）

续表（continued）　　　　单位：元/人（yuan/person）

区　县	Region	交通通信 Transportation, Post and Communication Services	教育文化娱乐 Educational, Cultural and Recreational Services	医疗保健 Health Care and Medical Services	其他用品和服务 Miscellaneous Goods and Services
全　市	Total	1503	1345	1075	185
万州区	Wanzhou District	1647	1448	1305	197
黔江区	Qianjiang District	811	1008	664	189
涪陵区	Fuling District	1327	1291	912	281
渝中区	Yuzhong District				
大渡口区	Dadukou District	5440	1000	1381	277
江北区	Jiangbei District	1095	2967	723	92
沙坪坝区	Shapingba District	2585	1293	1580	287
九龙坡区	Jiulongpo District	1587	1148	1239	256
南岸区	Nan' an District	1842	883	1124	469
北碚区	Beibei District	1507	1682	1139	318
渝北区	Yubei District	1800	840	1641	240
巴南区	Ba' nan District	1254	1128	1451	300
长寿区	Changshou District	993	780	1017	407
江津区	Jiangjin District	1035	1085	1035	221
合川区	Hechuan District	1429	1394	1227	260
永川区	Yongchuan District	1390	1622	1274	194
南川区	Nanchuan District	1458	1472	759	165
綦江区（不含万盛）	Qijiang District (Exclude Wansheng)	1365	1338	645	320
万盛经开区	Wansheng Economic Development District	1579	1175	916	215
大足区	Dazu District	1061	1301	824	222
璧山区	Bishan District	1806	925	1215	301
铜梁区	Tongliang District	870	842	828	221
潼南区	Tongnan District	821	971	1031	105
荣昌区	Rongchang District	1251	1023	825	139
开州区	Kaizhou District	1001	880	757	228
梁平区	Liangping District	1705	1267	1364	206
武隆区	Wulong District	1235	1271	667	188
城口县	Chengkou County	637	806	533	179
丰都县	Fengdu County	855	1556	708	162
垫江县	Dianjiang County	1095	1518	1670	242
忠　县	Zhongxian County	963	1045	965	199
云阳县	Yunyang County	954	970	684	92
奉节县	Fengjie County	1095	1506	835	67
巫山县	Wushan County	992	1057	457	186
巫溪县	Wuxi County	621	144	127	31
石柱县	Shizhu County	1282	1039	956	218
秀山县	Xiushan County	976	909	449	89
酉阳县	Youyang County	830	937	587	83
彭水县	Pengshui County	1036	1038	625	121

3-59 全国各地区全体居民人均可支配收入情况（2010-2018 年）
Per Capita Disposable Income of All the Households by Region of the Nation（2010-2018）

单位：元/人（yuan/person）

区 县	Region	2010 年	2011 年	2012 年	2013 年	2014 年	2015 年	2016 年	2017 年	2018 年
全 国	Total	12520	14551	16510	18311	20167	21966	23821	25974	28228
东部地区	Eastern Region									
北 京	Beijing	29228	33176	36817	40830	44489	48458	52530	57230	62361
天 津	Tianjin	19266	21714	24030	26359	28832	31291	34074	37022	39506
河 北	Hebei	10428	12059	13647	15190	16647	18118	19725	21484	23446
辽 宁	Liaoning	13953	16429	18761	20818	22820	24576	26040	27835	29701
上 海	Shanghai	30436	34731	38550	42174	45966	49867	54305	58988	64183
江 苏	Jiangsu	17006	19820	22432	24776	27173	29539	32070	35024	38096
浙 江	Zhejiang	21159	24195	27020	29775	32658	35537	38529	42046	45840
福 建	Fujian	14566	16909	19141	21218	23331	25404	27608	30048	32644
山 东	Shandong	12922	15077	17127	19008	20864	22703	24685	26930	29205
广 东	Guangdong	16579	18916	21268	23421	25685	27859	30296	33003	35810
海 南	Hainan	10342	12392	14180	15733	17476	18979	20653	22553	24579
中部地区	Central Region									
山 西	Shanxi	10149	11959	13592	15120	16538	17854	19049	20420	21990
吉 林	Jilin	10798	12621	14395	15998	17520	18684	19967	21368	22798
黑龙江	Heilongjiang	10846	12605	14302	15903	17404	18593	19838	21206	22726
安 徽	Anhui	9955	11873	13593	15154	16796	18363	19998	21863	23984
江 西	Jiangxi	10217	11870	13567	15100	16734	18437	20110	22031	24080
河 南	Henan	9520	11206	12772	14204	15695	17125	18443	20170	21964
湖 北	Hubei	11069	12941	14809	16472	18283	20026	21787	23757	25815
湖 南	Hunan	10861	12612	14391	16005	17622	19317	21115	23103	25241
西部地区	Western Region									
重 庆	Chongqing	10984	13037	14924	16569	18352	20110	22034	24153	26386
四 川	Sichuan	9373	11130	12753	14231	15749	17221	18808	20580	22461
贵 州	Guizhou	7226	8594	9850	11083	12371	13697	15121	16704	18430
云 南	Yunnan	8184	9739	11233	12578	13772	15223	16720	18348	20084
西 藏	Tibet	6628	7510	8568	9740	10730	12254	13639	15457	17286
陕 西	Shaanxi	9412	11229	12885	14372	15837	17395	18874	20635	22528
甘 肃	Gansu	7358	8463	9768	10954	12185	13467	14670	16011	17488
青 海	Qinghai	8659	10024	11470	12948	14374	15813	17302	19001	20757
宁 夏	Ningxia	9864	11480	13104	14566	15907	17329	18832	20562	22400
新 疆	Xinjiang	9042	10443	12151	13670	15097	16859	18355	19975	21500
内蒙古	Inner Mongolia	12538	14715	16800	18693	20559	22310	24127	26212	28376
广 西	Guangxi	9739	11054	12644	14082	15557	16873	18305	19905	21485

3-60 全国各地区全体居民人均消费支出情况（2017-2018 年）
Per Capita Consumption Expenditure of All the Households by Region of the Nation（2017-2018）

单位：元/人 (yuan/person)

区 县	Region	2017 年	2018 年
全 国	Total	18322	19853
东部地区	Eastern Region		
北 京	Beijing	37425	39843
天 津	Tianjin	27841	29903
河 北	Hebei	15437	16722
辽 宁	Liaoning	20463	21398
上 海	Shanghai	39792	43351
江 苏	Jiangsu	23469	25007
浙 江	Zhejiang	27079	29471
福 建	Fujian	21249	22996
山 东	Shandong	17281	18780
广 东	Guangdong	24820	26054
海 南	Hainan	15403	17528
中部地区	Central Region		
山 西	Shanxi	13664	14810
吉 林	Jilin	15632	17200
黑龙江	Heilongjiang	15577	16994
安 徽	Anhui	15752	17045
江 西	Jiangxi	14459	15792
河 南	Henan	13730	15169
湖 北	Hubei	16938	19538
湖 南	Hunan	17160	18808
西部地区	Western Region		
重 庆	Chongqing	17898	19248
四 川	Sichuan	16180	17664
贵 州	Guizhou	12970	13798
云 南	Yunnan	12658	14250
西 藏	Tibet	10320	11520
陕 西	Shaanxi	14900	16160
甘 肃	Gansu	13120	14624
青 海	Qinghai	15503	16557
宁 夏	Ningxia	15350	16715
新 疆	Xinjiang	15087	16189
内蒙古	Inner Mongolia	18946	19665
广 西	Guangxi	13424	14935

3–61 全国各地区城镇居民人均可支配收入情况（2010–2018 年）
Per Capita Disposable Income of Urban Households by Region of the Nation（2010–2018）

单位：元/人 （yuan/person）

区 县	Region	2010 年	2011 年	2012 年	2013 年	2014 年	2015 年	2016 年	2017 年	2018 年
全 国	**Total**	**18779**	**21427**	**24127**	**26467**	**28844**	**31195**	**33616**	**36396**	**39251**
东部地区	**Eastern Region**									
北 京	Beijing	32132	36365	40306	44564	48532	52859	57275	62406	67990
天 津	Tianjin	21800	24158	26586	28980	31506	34101	37110	40278	42976
河 北	Hebei	16009	18006	20222	22227	24141	26152	28249	30548	32977
辽 宁	Liaoning	18487	21362	24238	26697	29082	31126	32876	34993	37342
上 海	Shanghai	32584	37079	41130	44878	48841	52962	57692	62596	68034
江 苏	Jiangsu	22273	25570	28808	31585	34346	37173	40152	43622	47200
浙 江	Zhejiang	26802	30340	33846	37080	40393	43714	47237	51261	55574
福 建	Fujian	19914	22772	25650	28174	30722	33275	36014	39001	42121
山 东	Shandong	18971	21678	24496	26882	29222	31545	34012	36789	39549
广 东	Guangdong	21332	24010	26981	29537	32148	34757	37684	40975	44341
海 南	Hainan	15229	17954	20446	22411	24487	26356	28453	30817	33349
中部地区	**Central Region**									
山 西	Shanxi	15510	17965	20232	22258	24069	25828	27352	29132	31035
吉 林	Jilin	14759	17043	19352	21331	23218	24901	26530	28319	30172
黑龙江	Heilongjiang	14741	16699	18894	20848	22609	24203	25736	27446	29191
安 徽	Anhui	15566	18345	20729	22789	24839	26936	29156	31640	34393
江 西	Jiangxi	15656	17692	20085	22120	24309	26500	28673	31198	33819
河 南	Henan	15463	17661	19843	21741	23672	25576	27233	29558	31874
湖 北	Hubei	15891	18183	20623	22668	24852	27051	29386	31889	34455
湖 南	Hunan	17229	19599	22173	24352	26570	28838	31284	33948	36698
西部地区	**Western Region**									
重 庆	Chongqing	16032	18517	21003	23058	25147	27239	29610	32193	34889
四 川	Sichuan	15364	17787	20180	22228	24234	26205	28335	30727	33216
贵 州	Guizhou	14073	16413	18608	20565	22548	24580	26743	29080	31592
云 南	Yunnan	15528	17956	20371	22460	24299	26373	28611	30996	33488
西 藏	Tibet	15258	16496	18362	20394	22016	25457	27802	30671	33797
陕 西	Shaanxi	15343	17836	20269	22346	24366	26420	28440	30810	33319
甘 肃	Gansu	13820	15707	17979	19873	21804	23767	25693	27763	29957
青 海	Qinghai	14462	16287	18336	20352	22307	24542	26757	29169	31515
宁 夏	Ningxia	15093	17291	19507	21476	23285	25186	27153	29472	31895
新 疆	Xinjiang	14480	16464	19019	21091	23214	26275	28463	30775	32764
内蒙古	Inner Mongolia	18050	20813	23611	26004	28350	30594	32975	35670	38305
广 西	Guangxi	16613	18356	20681	22689	24669	26416	28324	30502	32436

3-62 全国各地区城镇居民人均消费支出情况（2017-2018 年）
Per Capita Consumption Expenditure of Urban Households by Region of the Nation（2017-2018）

单位：元/人（yuan/person）

区　县	Region	2017 年	2018 年
全　国	**Total**	**24445**	**26112**
东部地区	**Eastern Region**		
北　京	Beijing	40346	42926
天　津	Tianjin	30284	32655
河　北	Hebei	20600	22127
辽　宁	Liaoning	25379	26448
上　海	Shanghai	42304	46015
江　苏	Jiangsu	27726	29462
浙　江	Zhejiang	31924	34598
福　建	Fujian	25980	28145
山　东	Shandong	23072	24798
广　东	Guangdong	30198	30924
海　南	Hainan	20372	22971
中部地区	**Central Region**		
山　西	Shanxi	18404	19790
吉　林	Jilin	20051	22394
黑龙江	Heilongjiang	19270	21035
安　徽	Anhui	20740	21523
江　西	Jiangxi	19244	20760
河　南	Henan	19422	20989
湖　北	Hubei	21276	23996
湖　南	Hunan	23163	25064
西部地区	**Western Region**		
重　庆	Chongqing	22759	24154
四　川	Sichuan	21991	23484
贵　州	Guizhou	20348	20788
云　南	Yunnan	19560	21626
西　藏	Tibet	21088	23029
陕　西	Shaanxi	20388	21966
甘　肃	Gansu	20659	22606
青　海	Qinghai	21473	22998
宁　夏	Ningxia	20219	21977
新　疆	Xinjiang	22797	24191
内蒙古	Inner Mongolia	23638	24437
广　西	Guangxi	18349	20159

3–63 全国各地区农村居民人均可支配收入情况（2010–2018 年）
Per Capita Disposable Income of Rural Households by Region of the Nation（2010–2018）

单位：元/人 (yuan/person)

区 县	Region	2010 年	2011 年	2012 年	2013 年	2014 年	2015 年	2016 年	2017 年	2018 年
全 国	**Total**	**6272**	**7394**	**8389**	**9430**	**10489**	**11422**	**12363**	**13432**	**14617**
东部地区	**Eastern Region**									
北 京	Beijing	12368	13742	15365	17101	18867	20569	22310	24240	.
天 津	Tianjin	9764	11941	13593	15353	17014	18482	20076	21754	23065
河 北	Hebei	6014	7187	8158	9188	10186	11051	11919	12881	14031
辽 宁	Liaoning	6671	8011	9061	10161	11191	12057	12881	13747	14656
上 海	Shanghai	13702	15737	17452	19208	21192	23205	25520	27825	30375
江 苏	Jiangsu	9067	10744	12133	13521	14958	16257	17606	19158	20845
浙 江	Zhejiang	12277	14197	15806	17494	19373	21125	22866	24956	27302
福 建	Fujian	7573	8952	10164	11405	12650	13793	14999	16335	17821
山 东	Shandong	7034	8395	9506	10687	11882	12930	13954	15118	16297
广 东	Guangdong	7484	8889	9999	11068	12246	13360	14512	15780	17168
海 南	Hainan	5566	6801	7816	8802	9913	10858	11843	12902	13989
中部地区	**Central Region**									
山 西	Shanxi	5263	6225	7064	7949	8809	9454	10082	10788	11750
吉 林	Jilin	6341	7634	8741	9781	10780	11326	12123	12950	13748
黑龙江	Heilongjiang	6040	7382	8367	9369	10453	11095	11832	12665	13804
安 徽	Anhui	5776	6811	7826	8850	9916	10821	11720	12758	13996
江 西	Jiangxi	5991	7133	8103	9089	10117	11139	12138	13242	14460
河 南	Henan	5846	6989	7963	8969	9966	10853	11697	12719	13831
湖 北	Hubei	6375	7540	8582	9692	10849	11844	12725	13812	14978
湖 南	Hunan	6063	7082	8024	9029	10060	10993	11930	12936	14093
西部地区	**Western Region**									
重 庆	Chongqing	5378	6605	7526	8493	9490	10505	11549	12638	13781
四 川	Sichuan	5400	6505	7432	8381	9348	10247	11203	12227	13331
贵 州	Guizhou	3768	4499	5159	5898	6671	7387	8090	8869	9716
云 南	Yunnan	4327	5170	5930	6724	7456	8242	9020	9862	10768
西 藏	Tibet	4123	4886	5698	6553	7359	8244	9094	10330	11450
陕 西	Shaanxi	4477	5484	6285	7092	7932	8689	9396	10265	11213
甘 肃	Gansu	3747	4278	4931	5589	6277	6936	7457	8076	8804
青 海	Qinghai	4028	4806	5594	6462	7283	7933	8664	9462	10393
宁 夏	Ningxia	5125	5931	6776	7599	8410	9119	9852	10738	11708
新 疆	Xinjiang	4993	5853	6876	7847	8724	9425	10183	11045	11975
内蒙古	Inner Mongolia	5780	6942	7956	8985	9976	10776	11609	12584	13803
广 西	Guangxi	5214	6003	6894	7793	8683	9467	10359	11325	12435

注：北京市不公布农村居民收支数据，以“.”代替。

3-64 全国各地区农村居民人均消费支出情况（2017-2018 年）
Per Capita Consumption Expenditure of Rural Households by Region of the Nation（2017-2018）

单位：元/人（yuan/person）

区 县	Region	2017 年	2018 年
全 国	**Total**	**10955**	**12124**
东部地区	**Eastern Region**		
北 京	Beijing	18810	.
天 津	Tianjin	16386	16863
河 北	Hebei	10536	11383
辽 宁	Liaoning	10787	11455
上 海	Shanghai	18090	19965
江 苏	Jiangsu	15612	16567
浙 江	Zhejiang	18093	19707
福 建	Fujian	14003	14943
山 东	Shandong	10342	11270
广 东	Guangdong	13200	15411
海 南	Hainan	9599	10956
中部地区	**Central Region**		
山 西	Shanxi	8424	9172
吉 林	Jilin	10279	10826
黑龙江	Heilongjiang	10524	11417
安 徽	Anhui	11106	12748
江 西	Jiangxi	9870	10885
河 南	Henan	9212	10392
湖 北	Hubei	11633	13946
湖 南	Hunan	11534	12721
西部地区	**Western Region**		
重 庆	Chongqing	10936	11977
四 川	Sichuan	11397	12723
贵 州	Guizhou	8299	9170
云 南	Yunnan	8027	9123
西 藏	Tibet	6691	7452
陕 西	Shaanxi	9306	10071
甘 肃	Gansu	8030	9065
青 海	Qinghai	9903	10352
宁 夏	Ningxia	9982	10790
新 疆	Xinjiang	8713	9421
内蒙古	Inner Mongolia	12184	12661
广 西	Guangxi	9437	10617

3-65 国家扶贫重点县农村常住居民人均可支配收入与消费支出（2017-2018 年） Per Capita Disposabe Income and Consumption Expenditure of Rural Households in National Poverty Alleviation Counties（2017-2018）

单位：元/人（yuan/person）

指　　标	Item	2017 年	2018 年
一、可支配收入	**Disposable Income**	**11273**	**12470**
（一）工资性收入	Wage and Salary Income	3325	3752
（二）经营净收入	Net Operating Income	4450	4807
（三）财产净收入	Net Property Income	203	196
（四）转移净收入	Net Transfer Income	3295	3715
二、消费支出	**Consumption Expenditure**	10098	11058
（一）食品烟酒	Food, Tobacco and Alcohol	3589	3843
（二）衣着	Clothing	577	624
（三）居住	Residence	1882	2162
（四）生活用品及服务	Household Facilities, Articles and Services	732	718
（五）交通通信	Transportation, Post and Communication Services	1238	1317
（六）教育文化娱乐	Educational, Cultural and Recreational Services	1155	1306
（七）医疗保健	Health Care and Medical Services	795	930
（八）其他用品及服务	Miscellaneous Goods and Services	130	158

3-66 国家扶贫重点县农村住房设施及耐用消费品拥有情况（2017-2018 年） Housing Conditions and Main Durable Goods Owened of National Poverty Alleviation Counties（2017-2018）

单位：元/人（yuan/person）

指　　标	Item	单位	Unit	2017 年	2018 年
农村住房及家庭设施状况	**Status of Rural Housing and Household Facility**				
#居住竹草土坯房的户比重	Proportion of Households Live in Bamboo, Grass and Adobe Housing	%	%	3.1	0.3
使用管道供水的户比重	Proportion of Households use Piped Water	%	%	69.0	87.9
使用经过净化处理自来水的户比重	Proportion of Households use Decontaminated Tap Water	%	%	43.1	60.3
饮水无困难的户比重	Proportion of Households get Potable Water without Trouble	%	%	83.0	91.8
独用厕所的户比重	Proportion of Households have Private Washroom	%	%	98.8	99.7
炊用柴草的户比重	Proportion of Households use Firewood and Grass to cook	%	%	59.8	45.7
农村住户耐用消费品拥有情况	**Status of Durable Goods Possession of Rural Households**				
#百户汽车拥有量	Numbers of Automobiles Owned per a Hundred Household	辆	vehicle	14.1	14.6
百户洗衣机拥有量	Numbers of Washing Machines Owned per a Hundred Household	台	unit	89.6	91.8
百户电冰箱拥有量	Numbers of Refrigerators Owned per a Hundred Household	台	unit	92.3	101.1
百户移动电话拥有量	Numbers of Mobilephones Owned per a Hundred Household	部	unit	242.2	266.3
百户计算机拥有量	Numbers of Computers Owned per a Hundred Household	台	unit	22.1	22.6

3-67 国家扶贫重点县级统计数据主要情况（2017-2018 年）
Major Conditions of Statistical Data of National Poverty Alleviation Counties（2017-2018）

单位：元/人（yuan/person）

指　标	Item	单位	Unit	2017 年	2018 年
调查县基本情况	Basic Status of investigated County	—			
#乡镇个数	Numbers of Townships and Towns	个	Unit	438	435
村委会个数	Numbers of Township Committees	个	Unit	3919	3912
境内二级及以上高等级公路里程	mileage of Domestic High -Class Highways (level 2 and above)	公里	Km	5305	5266
数字电影院个数	Numbers of Cinemas	个	Unit	37	40
文化馆个数	Numbers of Cultural Centers	个	Unit	14	14
有改善供水的中小学校数	Numbers of Primary and Secondary School with Improved Water Supplies	个	Unit	2366	2340
有卫生厕所的中小学校数	Numbers of Primary and Secondary School with Sanitary Washroom	个	Unit	2653	2487
有卫生厕所的乡镇医院卫生院数	Numbers of Township Hospital and Health Center with Sanitary Washroom	个	Unit	438	439
有污水处理系统的乡镇医院卫生院数	Numbers of Township Hospital and Health Center Sewage System	个	Unit	346	390
扶贫投资总额	Total Investment for Poverty Relief	万元	Ten-thousandyuan	984272	1362685
#农业	Farming	万元	Ten-thousandyuan	84450	
林业	Forestry	万元	Ten-thousandyuan	42454	
畜牧业	Animal Husbandry	万元	Ten-thousandyuan	37388	
农村饮水安全工程	Rural Potable Water Security Project	万元	Ten-thousandyuan	46914	
村通公路（通畅、通达工程等）	Village Road (Unimpeded and Accessible Project)	万元	Ten-thousandyuan	265156	
农村危房改造	Decrepit House Reconstruction	万元	Ten-thousandyuan	44376	
易地扶贫搬迁	Relocation Program for Poverty Alleviation	万元	Ten-thousandyuan	83014	
农村中小学建设	Rural Primary and Secondary School Construction	万元	Ten-thousandyuan	33578	

备注：2018 年国家农村贫困监测调查方案修订，取消了对农业、林业、畜牧业、农村饮水安全工程，村通公路（通畅、通达工程等）、农村危房改造、易地扶贫搬迁、农村中小学建设等分项指标扶贫金额的统计，故 2018 年无相关数据。

主要指标解释

居民可支配收入 指居民在调查期内获得的、可用于最终消费支出和储蓄的总和，即居民可以用来自由支配的收入。可支配收入既包括现金，也包括实物收入。按照收入的来源，可支配收入包含四项，分别为：工资性收入、经营净收入、财产净收入和转移净收入。

工资性收入 指就业人员通过各种途径得到的全部劳动报酬和各种福利，包括受雇于单位或个人、从事各种自由职业、兼职和零星劳动得到的全部劳动报酬和福利。

经营净收入 指居民从事生产经营活动所获得的净收入，是全部经营收入中扣除经营费用、生产性固定资产折旧和生产税之后得到的净收入。

财产净收入 指居民将其所拥有的金融资产、住房等非金融资产和自然资源交由其他机构单位、住户或个人支配而获得的回报并扣除相关的费用之后得到的净收入。财产净收入包括利息净收入、红利收入、储蓄性保险净收益、转让承包土地经营权租金净收入、出租房屋净收入、出租其他资产净收入和自有住房折算净租金等。

转移净收入 计算公式为：转移净收入=转移性收入—转移性支出

转移性收入 指国家、单位、社会团体对居民的各种经常性转移支付和居民之间的经常性收入转移。包括政府、非行政事业单位、社会团体对居民转移的养老金或退休金、社会救济和补助、惠农补贴、政策性生活补贴、救灾款、经常性捐赠和赔偿以及报销医疗费等；居民之间的赡养收入、经常性捐赠和赔偿以及农村地区（村委会）在外（含国外）工作的本住户非常住成员寄回带回的收入等。

转移性收入不包括住户之间的实物馈赠。

转移性支出 指居民对国家、单位、住户或个人的经常性或义务性转移支付。包括缴纳的税款、各项社会保障支出、赡养支出、经常性捐赠和赔偿支出以及其他经常转移支出等。

居民消费支出 指居民用于满足家庭日常生活消费需要的全部支出，包括用于消费品的支出和用于服务性消费的支出。根据用途不同，消费支出可划分为食品烟酒、衣着、居住、生活用品及服务、交通通信、教育文化娱乐、医疗保健、其他用品及服务八大类。

家庭收入分组方法 是将所有调查户按家庭人均可支配收入由低到高排队，按各 20%的比例分为低收入户、中低收入户、中等收入户、中高收入户、高收入户等五组。

四

市场物价

Market Prices

4-1 各种消费价格指数（1951–2018 年）
Price Indices（1951–2018）

上年=100（preceding year=100）

年份 Year	居民消费价格总指数 Consumer Price Index	服务项目价格指数 Price Index of Service Items	商品零售价格总指数 Retail Price Index
1951	109.1	87.6	111.8
1952	97.3	97.8	97.2
1953	98.7	103.5	97.9
1954	100.2	97.6	100.6
1955	101.4	100.9	101.5
1956	102.4	96.7	103.2
1957	104.6	107.6	103.9
1958	99.3	108.2	98.3
1959	99.8	102.8	99.5
1960	99.9	100.0	99.9
1961	135.6	95.0	146.2
1962	95.2	96.7	95.0
1963	91.9	99.2	90.6
1964	95.3	99.3	94.6
1965	98.0	96.7	98.2
1966	101.5	100.0	101.7
1967	102.1	100.0	102.4
1968	100.3	100.0	100.3
1969	99.7	100.0	99.7
1970	99.6	100.3	99.5
1971	100.5	99.9	100.6
1972	100.1	100.0	100.1
1973	100.4	100.0	100.4
1974	100.3	100.0	100.3
1975	100.3	100.0	100.3
1976	100.2	100.0	100.2
1977	100.1	100.0	100.1
1978	102.9	100.0	103.2
1979	101.5	100.1	101.6
1980	107.9	100.2	108.6
1981	101.3	100.5	101.4
1982	102.7	102.6	102.7
1983	102.8	102.6	102.8

4-1 各种消费价格指数（1951–2018 年）
Price Indices（1951–2018）

续表（continued）　　上年=100（preceding year=100）

年份 Year	居民消费价格总指数 Consumer Price Index	服务项目价格指数 Price Index of Service Items	商品零售价格总指数 Retail Price Index
1984	102.9	114.6	101.7
1985	109.9	108.5	110.0
1986	104.2	104.2	104.2
1987	109.8	103.9	110.5
1988	122.7	117.6	123.3
1989	117.1	122.2	116.5
1990	101.4	112.8	100.1
1991	107.0	114.0	106.1
1992	111.2	120.8	109.8
1993	118.7	132.4	116.3
1994	129.7	113.6	126.5
1995	119.4	120.2	116.3
1996	109.7	122.8	106.1
1997	103.3	105.3	101.7
1998	96.4	104.8	94.5
1999	99.3	115.0	96.5
2000	96.7	112.3	95.5
2001	101.7	113.6	99.0
2002	99.6	105.7	98.9
2003	100.6	100.6	99.5
2004	103.7	104.3	101.4
2005	100.8	105.0	98.7
2006	102.4	103.8	101.6
2007	104.7	100.7	103.7
2008	105.6	101.4	105.0
2009	98.4	98.4	97.3
2010	103.2	104.6	101.7
2011	105.3	102.5	104.7
2012	102.6	102.1	101.6
2013	102.7	102.0	101.8
2014	101.8	101.4	100.9
2015	101.3	101.5	100.2
2016	101.8	101.0	101.3
2017	101.0	102.7	100.8
2018	102.0	103.1	101.2

4-2 居民消费价格总指数（1951-2018 年）
Consumer Price Indices （CPI）（1951-2018）

年份 Year	以不同基期计算的价格指数 CPI Calculated by Different Base Period			
	上年=100 Preceding Year=100	2000 年=100 2000 Year=100	1978 年=100 1978 Year=100	1950 年=100 1950 Year=100
1951	109.1			109.1
1952	97.3			106.2
1953	98.7			104.8
1954	100.2			105.0
1955	101.4			106.5
1956	102.4			109.1
1957	104.6			114.1
1958	99.3			113.3
1959	99.8			113.0
1960	99.9			112.9
1961	135.6			153.1
1962	95.2			145.8
1963	91.9			134.0
1964	95.3			127.7
1965	98.0			125.1
1966	101.5			127.0
1967	102.1			129.7
1968	100.3			130.1
1969	99.7			129.7
1970	99.6			129.2
1971	100.5			129.8
1972	100.1			129.9
1973	100.4			130.4
1974	100.3			130.8
1975	100.3			131.2
1976	100.2			131.5
1977	100.1			131.6
1978	102.9		100.0	135.4
1979	101.5		101.5	137.5
1980	107.9		109.5	148.3
1981	101.3		110.9	150.3
1982	102.7		113.9	154.3
1983	102.8		117.1	158.6

4-2 居民消费价格总指数（1951-2018 年）
Consumer Price Indices （CPI） （1951-2018）

续表（continued）

年份 Year	以不同基期计算的价格指数 CPI Calculated by Different Base Period			
	上年=100 Preceding Year=100	2000 年=100 2000 Year=100	1978 年=100 1978 Year=100	1950 年=100 1950 Year=100
1984	102.9		120.5	163.2
1985	109.9		132.4	179.4
1986	104.2		138.0	186.9
1987	109.8		151.5	205.2
1988	122.7		185.9	251.8
1989	117.1		217.7	294.9
1990	101.4		220.7	299.0
1991	107.0		236.1	319.9
1992	111.2		262.5	355.7
1993	118.7		311.6	422.2
1994	129.7		404.1	547.6
1995	119.4		482.5	653.8
1996	109.7		529.3	717.2
1997	103.3		546.8	741.2
1998	96.4		527.1	714.5
1999	99.3		523.4	709.5
2000	96.7	100.0	506.1	686.1
2001	101.7	101.7	514.7	697.8
2002	99.6	101.3	512.6	695.0
2003	100.6	101.9	515.7	699.2
2004	103.7	105.6	534.8	725.1
2005	100.8	106.5	539.1	730.9
2006	102.4	109.0	552.0	748.4
2007	104.7	114.2	577.9	783.6
2008	105.6	120.6	610.3	827.5
2009	98.4	118.7	600.5	814.3
2010	103.2	122.5	619.8	840.3
2011	105.3	129.0	652.6	884.9
2012	102.6	132.3	669.5	907.8
2013	102.7	135.8	687.2	931.8
2014	101.8	138.2	699.3	948.2
2015	101.3	140.0	708.1	960.1
2016	101.8	142.5	720.8	977.3
2017	101.0	143.9	728.0	987.1
2018	102.0	146.9	742.9	1007.3

4-3 商品零售价格指数（1951-2018年）
Retail Price Indices（1951-2018q）

年份 Year	以不同基期计算的价格指数 RPI Calculated by Different Base Period			
	上年=100 Preceding Year=100	2000年=100 2000 Year=100	1978年=100 1978 Year=100	1950年=100 1950 Year=100
1951	111.8			111.7
1952	97.2			108.6
1953	97.9			106.3
1954	100.6			107.0
1955	101.5			108.6
1956	103.2			112.1
1957	103.9			116.4
1958	98.3			114.4
1959	99.5			113.9
1960	99.9			113.8
1961	146.2			166.3
1962	95.0			158.0
1963	90.6			143.2
1964	94.6			135.4
1965	98.2			133.0
1966	101.7			135.2
1967	102.4			138.5
1968	100.3			138.9
1969	99.7			138.5
1970	99.5			137.8
1971	100.6			138.6
1972	100.1			138.8
1973	100.4			139.3
1974	100.3			139.7
1975	100.3			140.2
1976	100.2			140.4
1977	100.1			140.6
1978	103.2		100.0	145.1
1979	101.6		101.6	147.4
1980	108.6		110.3	160.1
1981	101.4		111.9	162.3
1982	102.7		114.9	166.7
1983	102.8		118.1	171.4

4-3 商品零售价格指数（1951-2018 年）
Retail Price Indices（1951-2018）

续表（continued）

年份 Year	以不同基期计算的价格指数 RPI Calculated by Different Base Period			
	上年=100 Preceding Year=100	2000 年=100 2000 Year=100	1978 年=100 1978 Year=100	1950 年=100 1950 Year=100
1984	101.7		120.1	174.3
1985	110.0		132.0	191.7
1986	104.2		137.5	199.8
1987	110.5		151.9	220.7
1988	123.3		187.3	272.2
1989	116.5		218.2	317.1
1990	100.1		218.4	317.4
1991	106.1		231.7	336.7
1992	109.8		254.4	369.7
1993	116.3		295.9	430.0
1994	126.5		374.3	544.0
1995	116.3		435.3	632.6
1996	106.1		461.9	671.2
1997	101.7		470.4	682.6
1998	94.5		444.5	645.1
1999	96.5		428.9	622.5
2000	95.5	100.0	409.6	594.5
2001	99.0	99.0	405.5	588.6
2002	98.9	97.9	401.0	582.1
2003	99.5	97.4	399.0	579.2
2004	101.4	98.8	404.6	587.3
2005	98.7	97.5	399.3	579.7
2006	101.6	99.1	405.7	589.0
2007	103.7	102.7	420.7	610.8
2008	105.0	107.8	441.7	641.3
2009	97.3	104.9	429.8	624.0
2010	101.7	106.7	437.1	634.6
2011	104.7	111.7	457.5	664.2
2012	101.6	113.5	464.8	674.7
2013	101.8	115.5	473.2	687.0
2014	100.9	116.5	477.3	693.0
2015	100.2	116.8	478.3	694.4
2016	101.3	118.3	484.4	703.3
2017	100.8	119.3	488.5	709.2
2018	101.2	120.7	494.2	717.6

4–4 居民消费价格分类指数（2001–2018 年）
Consumer Price Indices by Category （2001–2018）

上年=100（preceding year=100）

项 目	Item	2001 年	2002 年	2003 年	2004 年	2005 年	2006 年	2007 年	2008 年
居民消费价格总指数	**Consumer Price Index**	**101.7**	**99.6**	**100.6**	**103.7**	**100.8**	**102.4**	**104.7**	**105.6**
非食品价格指数	Non–food Price Index	103.1	100.0	98.5	99.5	101.1	102.0	100.0	100.1
服务项目价格指数	Price Index of Service Item	113.6	105.7	100.6	104.3	105.0	103.8	100.7	101.4
工业品价格指数	Industrial Price Index						100.8	99.5	99.3
扣除食品烟酒和能源价格指数	Excluding Food Tobacco Liquor and Energy Price Index						101.6	99.7	100.0
消费品价格指数	Consumer Goods Price Index	98.2	97.5	100.6	103.4	99.3	101.9	106.2	107.1
食品	**Food**	**99.2**	**98.7**	**104.3**	**111.0**	**100.1**	**103.1**	**114.1**	**115.7**
粮食	Grain	96.3	103.0	100.5	127.1	102.7	101.3	107.9	112.0
大米	Rice	94.4	105.3	101.0	130.3	98.8	101.6	108.5	109.7
油脂	Oil or Fat	91.7	99.3	114.2	121.4	83.8	98.8	132.3	128.5
肉禽及其制品	Meal, Poultry and Processed Products	97.8	103.8	99.2	121.5	101.4	99.6	136.7	122.7
食用畜肉及副产品	Meat and its Subsidiary Products	99.2	102.3	98.0	126.1	96.3	99.6	143.5	126.5
猪肉	Pork	99.4	104.6	98.5	131.6	93.8	98.7	149.8	122.4
禽	Poultry	95.1	109.2	103.4	118.1	109.4	98.8	134.3	111.7
蛋	Eggs	104.2	104.2	98.3	117.2	104.8	97.7	120.5	103.2
水产品	Aquatic Products	98.4	97.8	104.7	111.6	104.1	98.7	109.8	125.0
菜	Vegetables	108.9	88.9	120.6	112.6	98.7	114.2	110.5	108.2
鲜菜	Fresh Vegetables	110.8	88.3	122.8	114.5	98.7	114.7	111.1	107.4
调味品	Flavoring	97.1	100.0	97.5	102.5	98.8	101.9	103.5	105.5
糖	Carbohydrate	102.3	95.3	100.3	103.1	102.9	105.7	104.9	109.6
茶及饮料	Tea and Beverages	96.3	99.3	98.5	101.9	97.6	100.5	103.2	105.6
干鲜瓜果	Dried and Fresh Melons and Fruits	103.1	89.7	122.6	99.6	96.0	116.2	99.3	118.1
糕点饼干面包	Cake, Biscuit and Bread	104.4	100.3	99.5	101.4	101.1	99.6	107.4	111.0
液体乳及乳制品	Milk and Its Products	95.1	97.9	100.5	100.1	97.0	103.6	101.6	114.2
在外用膳食品	Dining Out	98.2	98.0	101.3	100.1	101.4	100.9	107.2	110.2
其他食品	Other Foods and Manufacturing Services	97.7	100.5	102.6	101.2	99.1	102.3	102.1	112.6
烟酒	**Tobacco and Liquor**	**96.8**	**98.4**	**98.2**	**100.4**	**101.2**	**100.3**	**102.4**	**102.8**
烟草	Tobacco	95.4	98.0	97.0	98.5	101.8	99.3	99.8	99.4
酒	Liquor	99.9	99.2	101.1	106.0	99.8	102.6	109.6	112.4
吸烟、饮酒用品	Articles for Smoking and Drinking	97.1	98.5	98.2	98.6	100.3	100.9	100.3	96.3

注：根据国家统计局城市司 2011 年新的调查制度，2011 年数据中，原指标“扣除食品和能源价格指数”改为“扣除食品烟酒和能源价格指数”；原指标“烟酒及用品”改为“烟酒”，原“吸烟、饮酒用品”指标取消。下同。

Note：According to the new survey system of 2011 from Department of Urban Surveys National Bureau of Statistics, in the data of 2011, the original “Excluding Food and Energy Price Index” changed to “Excluding Food Tobacco Liquor and Energy Price Index”, the original index “Tobacco, Liquor and Articles” changed to “Tobacco and Liquor”, the original “Articles for Smoking and Drinking” index canceled. （the same below）

4–4 居民消费价格分类指数（2001–2018 年）
Consumer Price Indices by Category （2001–2018）

续表 1（continued 1） 上年=100（preceding year=100）

项 目	Item	2009 年	2010 年	2011 年	2012 年	2013 年	2014 年	2015 年
居民消费价格总指数	**Consumer Price Index**	**98.4**	**103.2**	**105.3**	**102.6**	**102.7**	**101.8**	**101.3**
非食品价格指数	Non–food Price Index	97.5	101.7	101.5	101.5	101.9	101.0	101.0
服务项目价格指数	Price Index of Service Item	98.4	104.6	102.5	102.1	102.0	101.4	101.5
工业品价格指数	Industrial Price Index	96.9	100.0	100.8	101.1	101.8	100.6	100.5
扣除食品烟酒和能源价格指数	Excluding Food Tobacco Liquor and Energy Price Index	97.5	101.4	101.0	101.2	102.0	101.1	101.4
消费品价格指数	Consumer Goods Price Index	98.4	102.8	106.5	102.8	102.9	101.9	101.1
食品	**Food**	**100.0**	**106.5**	**114.1**	**104.7**	**104.1**	**103.3**	**101.8**
粮食	Grain	106.2	113.1	115.4	107.7	103.0	101.8	102.3
大米	Rice	108.4	117.7	115.8	107.1	102.7	98.8	100.7
油脂	Oil or Fat	80.9	105.2	116.0	106.0	98.6	94.7	96.1
肉禽及其制品	Meal, Poultry and Processed Products	86.7	104.7	130.1	99.1	103.7	99.4	106.7
食用畜肉及副产品	Meat and its Subsidiary Products	80.5	102.8	135.6	97.3	104.5	97.6	109.6
猪肉	Pork	76.4	103.1	140.2	93.1	100.8	94.0	111.8
禽	Poultry	92.8	106.8	121.5	102.3	101.7	103.4	101.3
蛋	Eggs	98.8	106.4	120.2	100.6	109.1	103.5	95.7
水产品	Aquatic Products	102.3	106.0	107.2	106.7	102.7	104.7	102.3
菜	Vegetables	115.0	109.3	103.5	112.3	107.1	105.7	100.6
鲜菜	Fresh Vegetables	116.6	108.7	103.8	113.2	106.4	105.4	100.3
调味品	Flavoring	104.1	112.3	110.1	103.4	104.7	102.0	100.8
糖	Carbohydrate	103.5	106.3	109.4	104.1	104.4	100.0	97.6
茶及饮料	Tea and Beverages	100.7	104.4	108.2	104.3	104.2	101.6	100.4
干鲜瓜果	Dried and Fresh Melons and Fruits	113.2	114.9	116.4	108.0	101.7	117.7	102.4
糕点饼干面包	Cake, Biscuit and Bread	101.6	102.3	109.2	102.4	103.2	101.8	100.3
液体乳及乳制品	Milk and Its Products	101.0	103.3	107.5	104.4	106.1	108.5	94.9
在外用膳食品	Dining Out	103.9	104.2	107.1	105.9	104.6	102.5	101.4
其他食品	Other Foods and Manufacturing Services	98.9	96.7	106.8	107.6	100.8	101.5	98.4
烟酒	**Tobacco and Liquor**	**101.6**	**104.3**	**103.7**	**107.1**	**100.6**	**97.8**	**99.1**
烟草	Tobacco	100.0	101.4	99.8	99.8	100.0	99.7	102.8
酒	Liquor	105.3	112.7	112.7	122.0	101.6	94.5	92.6
吸烟、饮酒用品	Articles for Smoking and Drinking	100.6	101.1					

注：根据国家统计局城市司 2011 年新的调查制度，2011 年数据中，原指标“扣除食品和能源价格指数”改为“扣除食品烟酒和能源价格指数”；原指标“烟酒及用品”改为“烟酒”，原“吸烟、饮酒用品”指标取消。下同。

Note：According to the new survey system of 2011 from Department of Urban Surveys National Bureau of Statistics, in the data of 2011, the original “Excluding Food and Energy Price Index” changed to “Excluding Food Tobacco Liquor and Energy Price Index”, the original index “Tobacco, Liquor and Articles” changed to “Tobacco and Liquor”, the original “Articles for Smoking and Drinking” index canceled.（the same below）

4–4 居民消费价格分类指数（2001–2018 年）
Consumer Price Indices by Category （2001–2018）

续表 2（continued 2） 上年=100（preceding year=100）

类 别	Item	2016 年	2017 年	2018 年
居民消费价格总指数	**Consumer Price Index**	**101.8**	**101.0**	**102.0**
非食品价格指数	Non–food Price Index	101.1	102.0	102.2
服务价格指数	Price Index of Service Item	101.0	102.7	103.1
工业品价格指数	Industrial Price Index	101.0	101.8	101.6
扣除食品和能源价格指数	Excluding Food Tobacco Liquor and Energy Price Index	101.3	101.9	102.0
消费品价格指数	Consumer Goods Price Index	102.2	100.1	101.5
食品烟酒	Food,Tobacco,Liquor	103.6	98.2	101.4
食品	**Food**	**104.7**	**97.0**	**101.4**
粮食	Grain	102.4	100.6	98.2
大米	rice	100.7	100.6	95.7
薯类	Tubers	126.0	94.1	104.3
食用油	Oil	103.0	98.7	98.6
菜	Vegetables	108.7	93.0	106.4
鲜菜	Fresh Vegetable	109.3	92.3	107.0
畜肉类	Livestock ,Meat	111.9	92.1	96.5
猪肉	Pork	117.1	86.8	93.0
禽肉类	Poultry	100.3	101.3	105.8
水产品	Aquatic Products	104.7	103.0	101.1
蛋类	Eggs	96.4	98.3	115.8
奶类	Dairy Products	99.4	98.2	100.3
干鲜瓜果类	Dried and Fresh Melons and Fruits	97.8	99.9	101.2
糖果糕点类	Confectionery，Cakes	101.4	101.2	99.9
调味品	Flavoring	100.5	101.4	101.1
其他食品类	Other Foods	101.6	101.4	100.9
茶及饮料	Tea and Beverages	98.9	102.2	101.9
烟酒	Tabacoo，Liquor	100.2	101.0	99.7
烟草	Tobacco	100.4	99.8	99.8
酒类	Liquor	99.8	103.0	99.5
在外餐饮	Dining out	102.3	100.2	101.8

注：根据国家统计局城市司 2016 年新的调查制度，2016 年数据中，原指标“食品”改为“食品烟酒”，原“烟酒”指标取消。下同。

Note：According to the new survey system of 2016 from Department of Urban Surveys National Bureau of Statistics, in the data of 2016,the original index “Food” changed to “Food alcohol and tobacco”，the original “Tobacco and Liquor” index canceled. （the same below）

4–4 居民消费价格分类指数（2001–2018 年）
Consumer Price Indices by Category （2001–2018）

续表 3（continued 3）

上年=100（preceding year=100）

项 目	Item	2001 年	2002 年	2003 年	2004 年	2005 年	2006 年	2007 年	2008 年
衣着	**Clothing**	**97.4**	**93.5**	**94.2**	**91.2**	**92.1**	**98.2**	**94.2**	**94.2**
服装	Garments	98.2	92.3	93.9	93.4	94.0	100.4	95.7	94.5
衣着材料	Clothing Material	101.0	98.9	103.1	101.8	96.3	100.0	100.0	100.0
鞋袜帽	Footgear and Hats	94.8	96.0	94.3	84.4	86.1	91.3	89.0	92.9
衣着加工服务费	Clothing Manufacturing Services	100.0	101.3	98.9	98.8	101.0	102.5	100.3	102.1
家庭设备用品及维修服务	**Household Facilities, Articles and Services**	**95.7**	**96.8**	**95.5**	**98.5**	**100.1**	**100.3**	**101.8**	**102.5**
耐用消费品	Durable Consumer Goods	92.6	93.8	94.2	95.6	99.1	99.8	102.5	101.3
室内装饰品	Interior Decorations	91.5	99.9	99.6	99.1	100.3	98.2	97.0	96.6
床上用品	Bed Articles	99.7	100.4	99.0	99.1	99.1	92.7	95.0	102.4
家庭日用杂品	Daily Use Household Articles	98.8	97.4	94.0	103.8	100.3	99.4	102.3	102.8
家庭服务及加工维修服务	Household Services and Maintenance and Renovation	101.7	105.3	99.8	100.8	104.6	109.5	104.0	108.6
医疗保健和个人用品	**Health Care and Personal Articles**	**98.9**	**95.6**	**99.3**	**99.4**	**102.5**	**100.8**	**99.1**	**101.9**
医疗保健	Health Care	98.7	94.4	99.2	98.7	104.0	100.1	98.8	101.4
西药	Western Medicine	93.7	89.5	97.7	91.9	101.5	101.1	98.5	101.9
医疗保健服务	Health Care Services	100.0	101.2	104.3	116.0	107.2	99.8	98.2	100.0
个人用品及服务	Personal Articles and Services	99.3	99.1	99.8	101.2	98.1	102.8	100.0	103.1
交通和通信	**Transportation and Communication**	**102.4**	**99.4**	**98.7**	**99.2**	**99.9**	**98.7**	**99.0**	**99.3**
交通	Transportation	106.7	100.7	100.2	100.8	102.3	102.1	100.4	102.7
市区公共交通费	Incity Traffic Fare	120.8	103.6	99.2	100.0	100.0	100.0	100.0	100.0
城市间交通费	Intercity Traffic Fare	101.4	99.0	102.2	101.1	103.9	98.2	99.6	102.5
通信	Communication	99.5	98.4	97.7	98.0	98.1	96.6	98.0	97.3
娱乐教育文化用品及服务	**Recreation, Education and Culture Articles**	**114.8**	**105.5**	**99.6**	**103.2**	**104.1**	**104.3**	**99.4**	**100.3**
文娱用耐用消费品及服务	Durable Consumer Goods for Cultural and Recreational Use and Services	91.2	91.4	93.0	93.0	90.4	94.8	93.4	93.4
教育	Education	133.5	111.8	102.2	107.2	112.2	106.4	103.6	101.2
文化娱乐类	Cultural and Recreational Articles	104.0	103.2	98.8	99.0	100.7	102.1	102.0	101.5
旅游	Touring and Outing	91.4	94.3	98.7	105.5	90.5	109.3	88.4	104.6
居住	**Residence**	**102.6**	**104.1**	**102.2**	**100.9**	**103.0**	**106.0**	**105.5**	**101.8**
建房及装修材料	Building and Building Decoration Materials	99.1	99.9	100.0	97.6	101.2	107.5	108.2	104.5
租房	Renting	108.5	115.6	99.9	100.5	100.0	100.0	101.5	103.8
自有住房	Private Housing	100.0	92.4	98.5	103.1	106.1	102.7	105.5	101.7
水、电、燃料	Water, Electricity and Fuels	104.4	109.0	106.1	102.1	103.6	108.0	105.1	100.4
水	Water	121.0	149.3	105.4	101.9	107.8	102.6	102.6	100.0
电	Electricity	103.9	100.7	108.0	102.8	103.9	105.4	105.0	100.0
管道燃气	Pipeline Gas	100.0	103.7	100.9	100.0	100.0	117.4	107.4	100.0

4–4 居民消费价格分类指数（2001–2018 年）
Consumer Price Indices by Category （2001–2018）

续表 4（continued 4） 上年=100（preceding year=100）

项　目	Item	2009 年	2010 年	2011 年	2012 年	2013 年	2014 年	2015 年
衣着	**Clothing**	**94.7**	**98.4**	**101.3**	**102.2**	**106.3**	**102.0**	**102.8**
服装	Garments	98.7	99.6	101.6	101.1	106.2	102.3	103.1
衣着材料	Clothing Material	100.3	100.5	114.1	101.4	102.6	100.9	99.0
鞋袜帽	Footgear and Hats	82.2	94.8	100.1	105.2	106.9	101.0	102.2
衣着加工服务费	Clothing Manufacturing Services	100.0	100.0	102.4	108.0	106.7	105.7	103.8
家庭设备用品及维修服务	**Household Facilities, Articles and Services**	**97.2**	**100.2**	**102.2**	**100.9**	**101.6**	**100.5**	**100.0**
耐用消费品	Durable Consumer Goods	94.4	96.0	97.3	99.9	100.4	100.6	98.9
室内装饰品	Interior Decorations	96.2	99.6	95.3	98.0	98.0	98.6	100.2
床上用品	Bed Articles	96.5	100.6	109.9	97.9	101.0	98.1	100.1
家庭日用杂品	Daily Use Household Articles	102.4	104.9	104.6	102.8	100.6	99.5	100.2
家庭服务及加工维修服务	Household Services and Maintenance and Renovation	100.5	107.4	110.6	104.2	111.4	106.0	102.9
医疗保健和个人用品	**Health Care and Personal Articles**	**99.4**	**102.5**	**102.0**	**101.9**	**101.0**	**101.7**	**102.6**
医疗保健	Health Care	99.8	103.4	101.5	102.0	101.2	102.8	104.1
西药	Western Medicine	100.9	100.4	98.8	100.4	101.1	100.5	100.8
医疗保健服务	Health Care Services	100.3	101.0	100.3	100.6	100.6	100.5	101.0
个人用品及服务	Personal Articles and Services	97.9	101.0	102.7	101.7	100.6	99.8	99.9
交通和通信	**Transportation and Communication**	**98.2**	**99.5**	**99.1**	**98.3**	**98.3**	**100.3**	**98.0**
交通	Transportation	100.7	103.6	103.2	101.3	99.3	102.0	97.6
市区公共交通费	Incity Traffic Fare	100.3	105.7	102.7	100.8	101.1	106.5	103.0
城市间交通费	Intercity Traffic Fare	109.0	98.3	103.3	103.8	96.1	99.6	99.1
通信	Communication	96.5	96.4	95.5	95.5	97.2	98.5	98.4
娱乐教育文化用品及服务	**Recreation, Education and Culture Articles**	**98.5**	**102.7**	**98.9**	**100.9**	**101.4**	**100.1**	**101.2**
文娱用耐用消费品及服务	Durable Consumer Goods for Cultural and Recreational Use and Services	88.8	86.6	86.8	95.6	99.3	96.9	98.7
教育	Education	102.8	105.9	101.8	102.6	103.3	101.1	103.2
文化娱乐类	Cultural and Recreational Articles	102.3	101.6	100.3	101.0	101.9	101.0	101.6
旅游	Touring and Outing	88.3	112.5	104.2	102.5	98.2	99.1	98.0
居住	**Residence**	**95.9**	**105.4**	**103.7**	**102.5**	**102.8**	**101.6**	**101.2**
建房及装修材料	Building and Building Decoration Materials	100.9	101.4	104.0	102.6	102.9	102.9	100.2
租房	Renting	99.9	103.2	106.5	104.9	103.7	102.5	101.4
自有住房	Private Housing	81.4	107.0	103.1	102.9	103.3	101.8	102.1
水、电、燃料	Water, Electricity and Fuels	100.0	106.9	103.6	101.0	101.5	100.3	100.1
水	Water	100.0	124.3	101.9	100.7	101.6	101.5	100.2
电	Electricity	100.0	100.0	100.0	101.1	101.0	100.0	100.0
管道燃气	Pipeline Gas	100.0	109.1	112.6	101.1	102.2	100.0	100.0

4–4 居民消费价格分类指数（2001–2018 年）
Consumer Price Indices by Category （2001–2018）

续表 5（continued 5）　　　　上年=100（preceding year=100）

项 目	Item	2016 年	2017 年	2018 年
衣着	**Clothing**	**102.4**	**102.8**	**101.5**
服装	Garments	102.3	102.7	101.7
服装材料	Clothing Material	99.7	99.5	100.9
其他衣着及配件	Other Clothing and Parts	100.3	100.3	100.2
衣着加工服务费	Clothing M,anufacturing Management	101.7	104.5	102.6
居住	**Residence**	**101.1**	**101.9**	**102.8**
租赁房房租	Rent of Rental House	101.6	103.5	103.5
住房保养维修及管理	Housing Maintenance and Management	100.2	102.2	102.5
水电燃料	Water，Electricity and Fuels	100.1	100.3	101.4
自有住房	Private Housing	101.9	102.5	103.5
生活用品及服务	**Articles for Daily Use and Services**	**100.6**	**100.7**	**101.7**
家具及室内装饰品	Furniture and Interior Decorations	102.6	101.0	103.5
家用器具	Home Appliances	98.8	101.7	99.2
家用纺织品	Home Textiles	101.2	101.9	100.8
家庭日用杂品	Daily Use Household Articles	100.8	98.7	102.2
个人护理用品	Personal–care Supplies	100.6	99.8	100.8
家庭服务	Household Services	100.7	102.6	106.4
交通和通信	**Transportation and Communications**	**100.6**	**101.5**	**100.1**
交通	Transportation	101.0	101.9	102.1
交通工具用燃料	Fuels for Transport Facility	95.5	111.3	112.6
交通费	Traffic Fee	105.7	101.9	99.4
通信	Telecommuication	99.9	100.7	96.5
教育文化和娱乐	**Education，Culture and Recreation**	**99.5**	**103.3**	**103.0**
教育	Education	101.3	101.4	103.3
文化娱乐	Culture and Recreation	97.9	104.9	102.7
旅游	Touring and Outing	95.6	110.5	106.9
医疗保健	**Health Care**	**101.8**	**104.2**	**105.7**
药品及医疗器具	Medicine and Medical Instrument	104.3	105.7	104.4
中药	Traditional Chinese Medicines	107.7	107.8	104.9
西药	Western Medicines	103.6	106.5	104.9
医疗服务	Medical Services	100.0	103.2	106.7
其他用品和服务	**Other Articles and Services**	**102.6**	**100.8**	**100.9**
其他用品类	Other Articles	104.1	100.1	99.0
其他服务类	Other Services	101.6	101.2	102.1

4-5 商品零售价格分类指数（2003-2018 年）
Retail Price Indices by Category （2003-2018）

上年=100（preceding year=100）

项 目	Item	2003 年	2004 年	2005 年	2006 年	2007 年	2008 年	2009 年	2010 年
商品零售价格总指数	**Retail Price Index**	**99.5**	**101.4**	**98.7**	**101.6**	**103.7**	**105.0**	**97.3**	**101.7**
食品	Food	104.4	111.2	100.2	103.1	114.4	116.0	100.1	106.5
饮料烟酒	Beverages, Tobacco and Liquor	98.6	101.4	100.4	100.4	103.0	103.9	101.6	104.5
服装鞋帽	Garments, Shoes and Hats	94.0	91.1	92.2	98.4	94.2	94.1	94.7	98.4
纺织品	Textiles	100.5	99.8	98.7	93.6	95.8	102.2	96.9	100.6
家用电器及音像器材	Household Appliances, Music and Video Equipment	93.5	93.0	95.6	96.3	97.6	97.8	91.0	88.4
文化办公用品	Cultural and Office Appliances	98.2	98.2	99.8	100.0	99.3	97.9	96.3	95.0
日用品	Articles for Daily Use	94.9	99.9	100.0	101.0	101.7	103.3	100.5	99.5
体育娱乐用品	Sports and Recreation Articles	98.9	96.7	94.1	98.1	95.0	98.2	99.1	96.8
交通、通信用品	Transportation and Communication Appliances	90.8	89.6	88.9	88.8	88.6	89.4	91.5	92.3
家具	Furniture	98.2	99.7	101.3	100.5	101.0	100.4	96.8	101.0
化妆品	Cosmetics	97.1	101.8	100.8	98.5	99.0	101.1	100.6	100.1
金银珠宝	Gold, Silver and Jewelry	110.5	106.5	104.0	123.5	106.5	119.7	91.0	119.2
中西药品及医疗保健用品	Traditional Chinese and Western Medicines and Health Care Articles	97.8	93.2	102.6	100.2	98.9	102.0	99.7	104.3
书报杂志及电子出版物	Books, Newspapers, Magazines and Electronic Publications	100.2	101.1	99.7	100.5	100.0	100.4	103.4	100.6
燃料	Fuels	105.3	106.2	107.9	116.5	106.0	107.0	95.3	109.2
建筑材料及五金电料	Building Materials and Hardware	100.1	99.0	101.3	106.4	109.2	105.1	99.7	103.1

4-5 商品零售价格分类指数（2003-2018年）
Retail Price Indices by Category (2003-2018)

续表（continued） 上年=100（preceding year=100）

项 目	Item	2011年	2012年	2013年	2014年	2015年	2016年	2017年	2018年
商品零售价格总指数	Retail Price Index	104.7	101.6	101.8	100.9	100.2	101.3	100.8	101.2
食品	Food	113.6	104.8	103.3	101.8	101.4	104.0	97.9	101.5
饮料烟酒	Beverages, Tobacco and Liquor	105.6	106.2	102.0	99.2	99.6	99.9	101.3	100.2
服装鞋帽	Garments, Shoes and Hats	101.4	101.8	106.3	102.1	102.9	102.4	102.8	101.5
纺织品	Textiles	111.9	96.4	100.8	98.2	100.0	101.1	102.4	101.0
家用电器及音像器材	Household Appliances, Music and Video Equipment	90.5	98.4	100.4	98.7	97.8	97.9	101.7	98.3
文化办公用品	Cultural and Office Appliances	93.2	98.2	98.7	99.7	100.1	102.4	102.6	100.8
日用品	Articles for Daily Use	104.5	102.5	100.5	100.3	101.2	99.6	98.8	101.7
体育娱乐用品	Sports and Recreation Articles	96.9	100.5	99.8	99.8	100.0	100.0	100.0	100.4
交通、通信用品	Transportation and Communication Appliances	93.2	90.7	96.9	98.5	96.4	99.6	99.5	97.5
家具	Furniture	99.8	98.5	99.6	100.3	101.4	103.0	101.0	103.8
化妆品	Cosmetics	102.0	102.3	102.6	100.9	100.2	100.9	100.1	101.3
金银珠宝	Gold, Silver and Jewelry	113.3	99.0	93.9	94.3	95.4	109.5	100.6	98.2
中西药品及医疗保健用品	Traditional Chinese and Western Medicines and Health Care Articles	102.4	102.7	101.3	104.3	105.5	104.3	105.7	104.4
书报杂志及电子出版物	Books, Newspapers, Magazines and Electronic Publications	101.0	101.9	100.7	100.9	103.0	100.0	100.4	102.4
燃料	Fuels	111.3	102.1	100.7	99.4	93.4	98.1	105.1	107.8
建筑材料及五金电料	Building Materials and Hardware	105.1	102.6	103.1	102.6	99.5	100.3	101.2	102.2

4-6 各月居民消费价格指数（2011 年）
Consumer Price Indices by Month (2011)

上年同期=100（same period last year=100）

类 别	Item	1月 January	2月 February	3月 March	4月 April	5月 May	6月 June
居民消费价格总指数	**General Consumer Price Index**	**105.0**	**105.4**	**105.5**	**104.8**	**104.6**	**105.5**
非食品价格指数	Non-food Price Index	101.5	101.4	101.6	101.2	101.1	101.3
服务项目价格指数	Price Indices of Service Item	105.0	103.9	104.2	102.7	101.3	101.1
工业品价格指数	Industrial Products Price Index	99.1	99.7	99.8	100.2	100.9	101.4
扣除食品烟酒和能源价格指数	Excluding Food Tobacco Liquor and Energy Price Index	100.9	100.8	101.0	100.5	100.4	100.6
消费品价格指数	Consumer Goods Price Index	105.0	106.0	106.0	105.6	105.9	107.3
食品	**Food**	**113.3**	**114.8**	**114.6**	**113.1**	**112.8**	**115.5**
粮食	Grain	117.2	116.5	115.0	115.7	115.1	115.9
大米	Rice	121.9	120.9	117.5	117.5	117.0	116.5
油脂	Oil or Fat	117.8	116.7	118.0	119.1	117.8	119.0
肉禽及其制品	Meal, Poultry and Processed Products	118.7	122.1	126.0	131.2	131.7	138.0
食用畜肉及副产品	Meat and its Subsidiary Products	120.4	125.1	130.9	137.6	138.0	147.1
猪肉	Pork	121.4	127.4	135.9	144.9	144.6	155.1
禽	Poultry	117.4	118.0	118.6	122.3	123.4	125.2
蛋	Eggs	117.6	117.8	116.1	119.7	119.8	122.7
水产品	Aquatic Products	106.5	102.0	103.2	106.2	109.1	109.8
菜	Vegetables	117.0	128.4	118.8	90.8	86.9	92.4
鲜菜	Fresh Vegetables	117.9	130.6	120.2	89.5	85.5	92.4
调味品	Flavoring	117.2	114.2	113.2	116.3	112.9	113.0
糖	Carbohydrate	109.3	108.4	108.2	108.7	109.2	110.3
茶及饮料	Tea and Beverages	108.8	108.5	108.6	109.7	110.7	111.3
干鲜瓜果	Dried and Fresh Melons and Fruits	121.5	120.0	119.7	124.4	121.8	124.0
糕点饼干面包	Cake, Biscuit and Bread	107.4	108.9	108.7	110.1	109.8	109.8
液体乳及乳制品	Milk and Its Products	107.9	107.4	105.7	107.4	106.1	106.5
在外用膳食品	Dining Out	106.2	105.7	106.8	106.8	108.5	108.3
其他食品	Other Foods and Manufacturing Services	99.7	100.9		102.4	103.2	106.6
烟酒	**Tobacco and Liquor**	**103.4**	**102.7**	**103.1**	**103.4**	**103.2**	**102.8**
烟草	Tobacco	99.9	100.0	99.8	99.8	99.8	99.8
酒	Liquor	112.0	109.3	110.9	112.0	111.2	109.7

4–6 各月居民消费价格指数（2011 年）
Consumer Price Indices by Month (2011)

续表 1（continued 1） 上年同期=100（same period last year=100）

类 别	Item	7 月 July	8 月 August	9 月 September	10 月 October	11 月 November	12 月 December
居民消费价格总指数	**General Consumer Price Index**	**105.6**	**105.7**	**106.1**	**105.8**	**104.8**	**104.9**
非食品价格指数	Non–food Price Index	101.2	101.2	101.5	101.9	101.8	102.1
服务项目价格指数	Price Indices of Service Item	100.8	101.3	101.6	103.3	101.8	102.8
工业品价格指数	Industrial Products Price Index	101.4	101.1	101.4	100.9	101.7	101.6
扣除食品烟酒和能源价格指数	Excluding Food Tobacco Liquor and Energy Price Index	100.5	100.8	101.3	101.7	101.4	101.8
消费品价格指数	Consumer Goods Price Index	107.6	107.5	107.9	106.8	106.0	105.8
食品	**Food**	**116.1**	**116.0**	**116.4**	**114.5**	**111.3**	**111.1**
粮食	Grain	117.4	115.5	115.7	115.4	114.3	111.6
大米	Rice	117.1	112.9	112.4	113.1	114.0	110.7
油脂	Oil or Fat	117.4	119.9	120.3	116.9	106.8	105.9
肉禽及其制品	Meal, Poultry and Processed Products	142.9	140.0	137.2	131.5	124.0	120.7
食用畜肉及副产品	Meat and its Subsidiary Products	153.6	147.2	144.0	136.8	127.9	123.7
猪肉	Pork	163.2	153.9	149.2	139.9	129.8	125.2
禽	Poultry	126.1	128.7	125.6	122.5	116.5	115.4
蛋	Eggs	125.1	125.0	120.8	124.7	119.0	114.3
水产品	Aquatic Products	109.8	108.6	107.7	107.1	107.7	108.8
菜	Vegetables	92.1	95.9	107.0	102.7	101.9	111.8
鲜菜	Fresh Vegetables	92.2	95.6	107.7	102.9	102.2	113.3
调味品	Flavoring	109.4	109.5	104.7	104.8	104.5	104.5
糖	Carbohydrate	110.1	110.3	111.1	111.9	108.3	106.5
茶及饮料	Tea and Beverages	108.6	108.5	105.5	106.1	106.0	106.3
干鲜瓜果	Dried and Fresh Melons and Fruits	115.8	110.3	110.9	112.0	111.5	106.3
糕点饼干面包	Cake, Biscuit and Bread	110.6	110.4	110.1	108.9	108.5	107.9
液体乳及乳制品	Milk and Its Products	107.7	110.1	107.8	108.4	107.8	107.3
在外用膳食品	Dining Out	108.6	108.6	108.5	107.3	104.8	105.5
其他食品	Other Foods and Manufacturing Services	106.9	111.3	109.5	112.6	113.7	113.5
烟酒	**Tobacco and Liquor**	**102.6**	**103.0**	**103.2**	**103.6**	**106.5**	**107.3**
烟草	Tobacco	99.8	99.8	99.9	99.9	99.8	99.9
酒	Liquor	108.9	110.3	110.6	111.9	121.3	123.6

4-6 各月居民消费价格指数（2011 年）
Consumer Price Indices by Month (2011)

续表 2（continued 2）　　　　上年同期=100（same period last year=100）

类 别	Item	1 月 January	2 月 February	3 月 March	4 月 April	5 月 May	6 月 June
衣着	**Clothing**	**95.8**	**97.2**	**96.8**	**99.2**	**102.3**	**104.1**
服装	Garments	98.8	99.3	99.1	102.3	102.7	105.1
衣着材料	Clothing Material	109.8	113.5	114.9	116.2	117.1	115.4
鞋袜帽	Footgear and Hats	87.5	91.0	90.1	90.3	101.1	101.2
衣着加工服务费	Clothing Manufacturing Services	100.9	100.9	100.9	100.9	102.0	102.0
家庭设备用品及维修服务	**Household Facilities, Articles and Services**	**101.5**	**101.6**	**101.9**	**101.3**	**101.3**	**101.2**
耐用消费品	Durable Consumer Goods	95.5	96.2	95.9	95.1	96.0	95.0
室内装饰品	Interior Decorations	97.0	95.4	95.1	94.9	94.9	94.9
床上用品	Bed Articles	111.5	112.0	112.0	112.0	112.0	111.5
家庭日用杂品	Daily Use Household Articles	104.3	103.7	104.5	103.5	103.2	104.5
家庭服务及加工维修服务	Household Services and Maintenance and Renovation	111.2	110.5	112.6	112.8	108.8	108.9
医疗保健和个人用品	**Health Care and Personal Articles**	**101.9**	**102.1**	**102.0**	**102.1**	**101.6**	**101.5**
医疗保健	Health Care	102.7	102.7	102.4	101.9	101.3	101.3
西药	Western Medicine	100.9	101.2	100.7	98.7	98.5	97.8
医疗保健服务	Health Care Services	100.0	100.0	100.0	100.0	100.0	100.0
个人用品及服务	Personal Articles and Services	100.6	101.2	101.4	102.4	102.1	102.0
交通和通信	**Transportation and Communication**	**98.1**	**98.9**	**99.3**	**99.6**	**99.6**	**100.3**
交通	Transportation	102.0	102.5	103.0	103.8	103.7	104.5
市区公共交通费	Incity Traffic Fare	105.1	105.1	105.1	105.1	105.4	105.4
城市间交通费	Intercity Traffic Fare	95.0	97.8	98.2	101.4	102.3	103.9
通信	Communication	94.8	95.8	96.1	96.1	96.2	96.7
娱乐教育文化用品及服务	**Recreation, Education and Culture Articles**	**101.4**	**100.8**	**99.1**	**96.9**	**96.9**	**97.5**
文娱用耐用消费品及服务	Durable Consumer Goods for Cultural and Recreational Use and Services	82.9	85.6	85.8	84.9	85.0	84.9
教育	Education	108.6	108.7	106.1	99.9	99.3	99.3
文化娱乐类	Cultural and Recreational Articles	100.8	100.8	97.9	98.8	98.8	99.2
旅游	Touring and Outing	113.4	103.6	103.3	101.7	102.5	106.2
居住	**Residence**	**106.0**	**104.7**	**106.4**	**105.1**	**103.3**	**102.4**
建房及装修材料	Building and Building Decoration Materials	103.3	103.4	103.9	103.7	105.1	105.0
租房	Renting	107.5	107.5	109.8	109.8	109.8	107.0
自有住房	Private Housing	105.9	104.1	107.0	104.4	100.4	99.3
水、电、燃料	Water, Electricity and Fuels	106.8	105.4	105.4	105.4	105.9	105.9
水	Water	107.1	100.0	100.0	100.0	102.0	102.0
电	Electricity	100.0	100.0	100.0	100.0	100.0	100.0
管道燃气	Pipeline Gas	122.9	122.9	122.9	122.9	122.9	122.9

4-6 各月居民消费价格指数（2011 年）
Consumer Price Indices by Month (2011)

续表 3（continued 3） 上年同期=100（same period last year=100）

类 别	Item	7月 July	8月 August	9月 September	10月 October	11月 November	12月 December
衣着	**Clothing**	**102.5**	**103.1**	**103.7**	**102.9**	**104.1**	**103.8**
服装	Garments	102.7	102.2	102.4	101.6	101.7	101.7
衣着材料	Clothing Material	115.5	115.5	115.0	115.8	113.5	107.4
鞋袜帽	Footgear and Hats	102.0	105.7	107.3	106.4	111.3	109.9
衣着加工服务费	Clothing Manufacturing Services	102.0	102.2	103.4	104.7	104.7	104.3
家庭设备用品及维修服务	**Household Facilities, Articles and Services**	**101.3**	**101.8**	**104.0**	**103.9**	**103.8**	**102.6**
耐用消费品	Durable Consumer Goods	95.6	97.0	101.0	100.1	100.6	100.0
室内装饰品	Interior Decorations	94.9	95.0	94.3	94.1	95.7	96.7
床上用品	Bed Articles	111.1	109.1	107.8	110.7	106.7	103.5
家庭日用杂品	Daily Use Household Articles	104.1	104.2	105.8	105.7	105.8	105.6
家庭服务及加工维修服务	Household Services and Maintenance and Renovation	108.9	110.9	112.0	112.0	112.0	106.6
医疗保健和个人用品	**Health Care and Personal Articles**	**102.0**	**102.1**	**102.2**	**102.0**	**102.1**	**101.9**
医疗保健	Health Care	101.5	100.8	101.0	101.0	101.0	100.9
西药	Western Medicine	97.9	98.1	98.2	97.8	97.8	97.5
医疗保健服务	Health Care Services	100.0	100.6	100.6	100.6	100.6	100.6
个人用品及服务	Personal Articles and Services	102.9	104.4	104.3	103.8	104.1	103.7
交通和通信	**Transportation and Communication**	**100.0**	**99.6**	**98.5**	**98.4**	**98.5**	**98.3**
交通	Transportation	103.2	103.6	103.5	103.3	103.0	102.4
市区公共交通费	Incity Traffic Fare	100.3	100.3	100.3	100.3	100.3	100.3
城市间交通费	Intercity Traffic Fare	105.0	106.2	106.2	107.7	109.8	107.2
通信	Communication	97.1	96.1	94.1	94.1	94.5	94.7
娱乐教育文化用品及服务	**Recreation, Education and Culture Articles**	**98.1**	**97.8**	**98.2**	**100.4**	**99.9**	**99.8**
文娱用耐用消费品及服务	Durable Consumer Goods for Cultural and Recreational Use and Services	86.3	86.4	89.0	90.5	90.9	91.2
教育	Education	99.4	99.8	100.5	100.5	100.5	101.2
文化娱乐类	Cultural and Recreational Articles	101.1	101.0	101.1	101.3	101.5	101.5
旅游	Touring and Outing	103.7	100.7	97.6	110.1	105.7	102.8
居住	**Residence**	**102.5**	**102.3**	**102.7**	**103.3**	**101.9**	**103.9**
建房及装修材料	Building and Building Decoration Materials	105.0	104.5	105.0	99.8	104.8	104.6
租房	Renting	103.0	103.1	103.1	104.0	106.9	107.4
自有住房	Private Housing	99.9	102.1	103.3	105.7	101.2	105.0
水、电、燃料	Water, Electricity and Fuels	105.9	101.5	100.5	100.5	100.5	100.5
水	Water	102.0	102.0	102.0	102.0	102.0	102.0
电	Electricity	100.0	100.0	100.0	100.0	100.0	100.0
管道燃气	Pipeline Gas	122.9	103.8	100.0	100.0	100.0	100.0

4–6 各月居民消费价格指数（2012 年）
Consumer Price Indices by Month （2012）

上年同期=100（same period last year=100）

类 别	Item	1 月 January	2 月 February	3 月 March	4 月 April	5 月 May	6 月 June
居民消费价格总指数	**General Consumer Price Index**	**105.0**	**103.6**	**103.6**	**103.8**	**103.3**	**102.2**
非食品价格指数	Non–food Price Index	102.0	102.0	101.7	101.5	100.8	100.5
服务项目价格指数	Price Indices of Service Item	102.8	102.3	101.7	101.6	101.6	101.6
工业品价格指数	Industrial Products Price Index	101.5	101.8	101.8	101.4	100.2	99.7
扣除食品烟酒和能源价格指数	Excluding Food Tobacco Liquor and Energy Price Index	101.7	101.7	101.3	101.1	100.4	100.1
消费品价格指数	Consumer Goods Price Index	105.9	104.1	104.4	104.7	103.9	102.4
食品	**Food**	**111.3**	**106.8**	**107.5**	**108.7**	**108.5**	**105.7**
粮食	Grain	111.1	110.2	110.3	108.9	110.0	108.1
大米	Rice	110.1	107.7	108.2	106.9	107.9	107.3
油脂	Oil or Fat	105.5	105.5	104.9	105.7	107.8	107.6
肉禽及其制品	Meal, Poultry and Processed Products	120.6	111.9	109.4	104.8	102.6	96.4
食用畜肉及副产品	Meat and its Subsidiary Products	124.1	113.6	109.2	103.2	100.5	93.4
猪肉	Pork	124.8	113.1	106.7	99.4	96.5	88.5
禽	Poultry	114.0	108.2	110.0	108.2	106.5	101.9
蛋	Eggs	107.9	99.7	98.0	95.1	94.1	102.6
水产品	Aquatic Products	110.2	107.7	109.5	108.8	109.7	108.5
菜	Vegetables	109.7	96.5	109.6	135.9	142.1	131.6
鲜菜	Fresh Vegetables	111.2	96.7	111.0	140.6	147.2	133.7
调味品	Flavoring	104.3	103.7	101.4	103.9	105.2	102.9
糖	Carbohydrate	106.9	106.4	105.7	104.7	104.2	103.7
茶及饮料	Tea and Beverages	106.2	107.0	106.8	105.3	104.4	104.3
干鲜瓜果	Dried and Fresh Melons and Fruits	113.0	109.3	107.5	104.0	106.8	107.2
糕点饼干面包	Cake, Biscuit and Bread	106.4	104.4	104.4	103.4	102.5	101.7
液体乳及乳制品	Milk and Its Products	107.4	106.0	106.0	104.9	104.3	105.1
在外用膳食品	Dining Out	105.9	106.2	105.9	107.0	105.1	104.4
其他食品	Other Foods and Manufacturing Services	113.8	113.7	113.3	112.3	110.5	109.4
烟酒	**Tobacco and Liquor**	**108.1**	**108.5**	**108.5**	**108.5**	**108.3**	**108.2**
烟草	Tobacco	100.1	100.1	100.1	100.3	99.9	99.8
酒	Liquor	125.5	126.8	126.5	125.8	125.9	126.0

4-6 各月居民消费价格指数（2012 年）
Consumer Price Indices by Month （2012）

续表 1（continued 1） 上年同期=100（same period last year=100）

类 别	Item	7 月 July	8 月 August	9 月 September	10 月 October	11 月 November	12 月 December
居民消费价格总指数	**General Consumer Price Index**	**101.6**	**101.3**	**101.5**	**101.6**	**101.6**	**102.0**
非食品价格指数	Non-food Price Index	101.0	101.2	101.9	102.2	101.8	101.9
服务项目价格指数	Price Indices of Service Item	102.2	102.5	102.9	102.7	101.9	101.8
工业品价格指数	Industrial Products Price Index	100.1	100.2	101.3	101.8	101.7	101.9
扣除食品烟酒和能源价格指数	Excluding Food Tobacco Liquor and Energy Price Index	100.7	100.9	101.6	101.8	101.6	101.7
消费品价格指数	Consumer Goods Price Index	101.4	100.8	101.0	101.2	101.5	102.1
食品	**Food**	**103.0**	**101.5**	**100.7**	**100.6**	**101.3**	**102.3**
粮食	Grain	106.1	105.1	105.5	106.7	105.5	105.3
大米	Rice	105.6	105.1	106.9	107.6	106.4	105.8
油脂	Oil or Fat	107.3	105.2	105.7	105.9	105.6	105.6
肉禽及其制品	Meal, Poultry and Processed Products	91.6	88.9	89.2	91.1	93.6	96.7
食用畜肉及副产品	Meat and its Subsidiary Products	87.4	85.3	85.7	88.5	91.6	95.9
猪肉	Pork	81.7	79.9	80.3	82.8	86.4	91.3
禽	Poultry	100.2	95.8	96.1	96.1	96.8	97.7
蛋	Eggs	95.1	98.2	103.7	101.5	102.4	107.4
水产品	Aquatic Products	107.1	105.8	104.2	104.2	102.9	102.7
菜	Vegetables	119.8	117.4	104.1	97.4	98.0	100.0
鲜菜	Fresh Vegetables	120.7	118.6	103.7	96.2	96.5	98.8
调味品	Flavoring	103.8	102.4	103.8	104.0	102.8	102.9
糖	Carbohydrate	104.1	103.6	103.5	102.0	102.2	103.0
茶及饮料	Tea and Beverages	103.8	103.2	102.0	102.4	103.0	103.3
干鲜瓜果	Dried and Fresh Melons and Fruits	112.7	109.8	108.1	106.6	105.5	105.8
糕点饼干面包	Cake, Biscuit and Bread	102.2	101.1	100.6	101.6	100.6	100.2
液体乳及乳制品	Milk and Its Products	103.6	101.9	101.7	101.4	105.2	105.6
在外用膳食品	Dining Out	104.2	105.0	106.8	107.6	106.8	105.9
其他食品	Other Foods and Manufacturing Services	109.3	104.6	104.3	102.0	100.6	100.1
烟酒	**Tobacco and Liquor**	**108.1**	**107.7**	**107.2**	**106.5**	**103.5**	**103.0**
烟草	Tobacco	99.7	99.7	99.5	99.5	99.7	99.8
酒	Liquor	125.7	124.2	122.7	120.3	110.6	108.6

4–6 各月居民消费价格指数（2012 年）
Consumer Price Indices by Month (2012)

续表 2（continued 2）

上年同期=100（same period last year=100）

类 别	Item	1 月 January	2 月 February	3 月 March	4 月 April	5 月 May	6 月 June
衣着	**Clothing**	**103.9**	**104.3**	**104.4**	**102.2**	**98.7**	**96.9**
服装	Garments	101.7	101.6	101.7	99.1	98.5	96.1
衣着材料	Clothing Material	105.7	104.2	103.1	102.1	101.4	100.8
鞋袜帽	Footgear and Hats	110.7	112.2	112.5	111.7	99.1	99.0
衣着加工服务费	Clothing Manufacturing Services	106.0	106.2	107.0	109.2	109.3	109.3
家庭设备用品及维修服务	**Household Facilities, Articles and Services**	**102.3**	**102.8**	**101.8**	**102.2**	**101.4**	**100.7**
耐用消费品	Durable Consumer Goods	99.6	100.4	100.1	100.9	101.0	100.9
室内装饰品	Interior Decorations	97.1	99.3	99.1	98.2	98.1	97.8
床上用品	Bed Articles	100.7	100.5	100.7	96.6	95.0	95.0
家庭日用杂品	Daily Use Household Articles	106.1	106.4	104.1	106.3	104.5	101.9
家庭服务及加工维修服务	Household Services and Maintenance and Renovation	107.1	107.1	104.8	104.8	104.8	104.7
医疗保健和个人用品	**Health Care and Personal Articles**	**101.9**	**102.1**	**102.2**	**102.3**	**102.0**	**101.8**
医疗保健	Health Care	101.1	101.3	101.7	102.3	102.2	102.1
西药	Western Medicine	97.9	97.7	98.2	100.4	100.6	100.8
医疗保健服务	Health Care Services	100.6	100.6	100.6	100.6	100.6	100.6
个人用品及服务	Personal Articles and Services	103.3	103.4	103.0	102.2	101.5	101.4
交通和通信	**Transportation and Communication**	**98.0**	**98.1**	**98.4**	**98.2**	**97.7**	**97.4**
交通	Transportation	102.0	101.9	102.2	102.3	101.5	100.7
市区公共交通费	Incity Traffic Fare	100.3	100.3	100.3	100.3	100.0	100.0
城市间交通费	Intercity Traffic Fare	106.7	105.8	106.1	105.1	103.4	103.7
通信	Communication	94.5	94.7	95.0	94.4	94.1	94.2
娱乐教育文化用品及服务	**Recreation, Education and Culture Articles**	**99.9**	**99.1**	**99.8**	**100.1**	**100.1**	**100.3**
文娱用耐用消费品及服务	Durable Consumer Goods for Cultural and Recreational Use and Services	91.6	93.2	93.8	95.4	94.7	95.0
教育	Education	101.2	101.2	101.3	101.4	101.7	101.9
文化娱乐类	Cultural and Recreational Articles	101.2	101.9	101.9	101.6	101.6	101.5
旅游	Touring and Outing	103.3	95.3	98.5	99.2	99.3	99.7
居住	**Residence**	**103.8**	**103.7**	**102.2**	**102.1**	**101.9**	**102.2**
建房及装修材料	Building and Building Decoration Materials	103.9	103.3	102.0	102.1	101.6	103.4
租房	Renting	107.1	106.8	104.6	104.6	104.6	104.0
自有住房	Private Housing	105.0	105.0	102.8	102.6	102.6	102.7
水、电、燃料	Water, Electricity and Fuels	100.4	100.4	100.4	100.4	100.0	100.0
水	Water	102.0	102.0	102.0	102.0	100.0	100.0
电	Electricity	100.0	100.0	100.0	100.0	100.0	100.0
管道燃气	Pipeline Gas	100.0	100.0	100.0	100.0	100.0	100.0

4–6 各月居民消费价格指数（2012 年）
Consumer Price Indices by Month （2012）

续表 3（continued 3）

上年同期=100（same period last year=100）

类 别	Item	7 月 July	8 月 August	9 月 September	10 月 October	11 月 November	12 月 December
衣着	**Clothing**	**99.2**	**99.9**	**102.1**	**104.4**	**104.9**	**106.0**
服装	Garments	99.1	100.0	101.3	103.8	105.3	105.8
衣着材料	Clothing Material	100.5	100.1	100.5	99.5	99.4	99.7
鞋袜帽	Footgear and Hats	99.2	99.4	104.5	106.2	103.9	106.5
衣着加工服务费	Clothing Manufacturing Services	109.3	109.1	107.9	106.6	107.4	108.9
家庭设备用品及维修服务	**Household Facilities, Articles and Services**	**100.5**	**100.1**	**99.5**	**99.4**	**99.7**	**100.1**
耐用消费品	Durable Consumer Goods	100.4	98.9	98.9	98.8	99.2	100.0
室内装饰品	Interior Decorations	97.7	97.4	97.7	98.5	97.4	97.4
床上用品	Bed Articles	95.0	99.4	99.0	97.4	97.5	97.5
家庭日用杂品	Daily Use Household Articles	102.2	101.3	99.8	100.2	100.9	101.0
家庭服务及加工维修服务	Household Services and Maintenance and Renovation	104.8	103.3	102.2	102.3	102.4	102.6
医疗保健和个人用品	**Health Care and Personal Articles**	**101.7**	**101.5**	**101.7**	**102.0**	**101.9**	**101.9**
医疗保健	Health Care	102.2	102.1	102.1	102.4	102.4	102.3
西药	Western Medicine	101.2	101.0	101.2	101.9	102.1	102.1
医疗保健服务	Health Care Services	100.6	100.6	100.6	100.6	100.6	100.6
个人用品及服务	Personal Articles and Services	100.9	100.5	101.1	101.3	100.9	101.3
交通和通信	**Transportation and Communication**	**97.1**	**97.7**	**99.6**	**99.4**	**99.2**	**98.8**
交通	Transportation	100.1	99.9	101.6	101.4	101.3	100.4
市区公共交通费	Incity Traffic Fare	101.0	102.1	101.8	101.1	101.1	101.1
城市间交通费	Intercity Traffic Fare	103.4	100.7	105.5	102.3	103.0	99.8
通信	Communication	94.2	95.6	97.7	97.5	97.2	97.2
娱乐教育文化用品及服务	**Recreation, Education and Culture Articles**	**101.4**	**101.6**	**102.4**	**102.4**	**101.9**	**102.1**
文娱用耐用消费品及服务	Durable Consumer Goods for Cultural and Recreational Use and Services	95.2	96.1	98.6	97.9	98.1	98.0
教育	Education	102.5	102.1	104.1	104.1	104.7	104.9
文化娱乐类	Cultural and Recreational Articles	100.6	100.6	100.5	100.4	100.2	100.4
旅游	Touring and Outing	107.0	108.0	105.9	107.2	103.0	103.1
居住	**Residence**	**102.4**	**102.6**	**103.0**	**102.8**	**102.0**	**101.8**
建房及装修材料	Building and Building Decoration Materials	102.9	102.6	102.3	101.4	102.6	102.7
租房	Renting	104.5	105.5	106.2	105.6	102.8	102.4
自有住房	Private Housing	102.5	102.9	103.2	103.1	101.7	101.4
水、电、燃料	Water, Electricity and Fuels	101.1	101.1	102.0	102.0	102.0	102.0
水	Water	100.0	100.0	100.0	100.0	100.0	100.0
电	Electricity	102.1	102.1	102.1	102.1	102.1	102.1
管道燃气	Pipeline Gas	100.0	100.0	103.3	103.3	103.3	103.3

4-6 各月居民消费价格指数（2013 年）
Consumer Price Indices by Month (2013)

上年同期=100（same period last year=100）

类别	Item	1月 January	2月 February	3月 March	4月 April	5月 May	6月 June
居民消费价格总指数	**General Consumer Price Index**	**102.0**	**103.4**	**102.6**	**102.5**	**102.1**	**102.5**
非食品价格指数	Non-food Price Index	102.1	102.4	102.8	102.5	102.3	102.3
服务项目价格指数	Price Indices of Service Item	102.1	103.3	103.1	102.6	102.0	102.2
工业品价格指数	Industrial Products Price Index	102.1	101.8	102.5	102.5	102.6	102.5
扣除食品烟酒和能源价格指数	Excluding Food Tobacco Liquor and Energy Price Index	102.0	102.4	102.8	102.6	102.5	102.4
消费品价格指数	Consumer Goods Price Index	102.0	103.5	102.4	102.5	102.1	102.7
食品	**Food**	**101.9**	**105.4**	**102.2**	**102.6**	**101.5**	**102.9**
粮食	Grain	104.9	104.3	103.9	104.0	102.9	103.3
大米	Rice	105.3	105.3	104.5	104.0	102.9	103.4
油脂	Oil or Fat	104.9	105.7	105.5	103.0	98.7	98.2
肉禽及其制品	Meal, Poultry and Processed Products	97.6	104.8	99.7	99.2	100.1	103.6
食用畜肉及副产品	Meat and its Subsidiary Products	97.4	105.7	98.2	98.8	100.9	105.2
猪肉	Pork	93.8	102.1	92.2	93.0	95.2	101.1
禽	Poultry	97.0	103.2	102.9	99.0	97.1	99.2
蛋	Eggs	110.5	119.3	117.8	118.0	119.4	105.9
水产品	Aquatic Products	101.3	107.5	103.3	102.0	100.0	100.3
菜	Vegetables	104.0	108.4	93.5	101.4	93.9	98.8
鲜菜	Fresh Vegetables	103.2	107.6	91.5	100.2	92.1	97.3
调味品	Flavoring	103.3	103.9	106.5	104.0	104.4	105.1
糖	Carbohydrate	103.4	103.8	104.0	105.0	106.1	105.6
茶及饮料	Tea and Beverages	104.0	103.7	104.3	103.5	103.4	103.7
干鲜瓜果	Dried and Fresh Melons and Fruits	93.3	99.5	99.1	97.7	96.9	98.5
糕点饼干面包	Cake, Biscuit and Bread	100.2	101.2	101.4	102.1	103.4	104.3
液体乳及乳制品	Milk and Its Products	104.9	105.6	106.1	105.7	106.7	105.2
在外用膳食品	Dining Out	105.8	105.7	106.1	105.3	105.2	105.8
其他食品	Other Foods and Manufacturing Services	99.1	99.0	98.3	100.2	101.4	101.4
烟酒	**Tobacco and Liquor**	**102.2**	**101.6**	**101.0**	**100.8**	**100.9**	**101.0**
烟草	Tobacco	99.8	99.7	99.7	99.5	100.0	100.2
酒	Liquor	106.4	104.8	103.3	103.0	102.4	102.3

4-6 各月居民消费价格指数（2013 年）
Consumer Price Indices by Month （2013）

续表 1（continued 1） 上年同期=100（same period last year=100）

类 别	Item	7 月 July	8 月 August	9 月 September	10 月 October	11 月 November	12 月 December
居民消费价格总指数	**General Consumer Price Index**	**103.3**	**103.2**	**103.1**	**102.5**	**102.5**	**102.0**
非食品价格指数	Non-food Price Index	102.3	102.0	101.5	101.0	100.9	100.9
服务项目价格指数	Price Indices of Service Item	102.1	101.9	101.7	100.9	101.0	101.3
工业品价格指数	Industrial Products Price Index	102.5	102.1	101.3	101.0	100.8	100.6
扣除食品烟酒和能源价格指数	Excluding Food Tobacco Liquor and Energy Price Index	102.3	102.0	101.6	101.1	101.0	100.9
消费品价格指数	Consumer Goods Price Index	103.8	103.8	103.7	103.1	103.1	102.2
食品	**Food**	**105.3**	**105.7**	**106.4**	**105.7**	**105.8**	**104.2**
粮食	Grain	103.6	103.5	102.2	100.6	101.6	102.0
大米	Rice	103.6	103.5	101.2	99.4	99.7	99.7
油脂	Oil or Fat	98.0	95.4	92.4	93.0	94.3	95.2
肉禽及其制品	Meal, Poultry and Processed Products	107.2	108.0	107.8	106.2	106.1	104.7
食用畜肉及副产品	Meat and its Subsidiary Products	109.0	109.6	109.6	107.4	107.5	105.1
猪肉	Pork	106.3	107.5	107.1	105.1	105.1	102.3
禽	Poultry	103.3	104.9	103.6	103.3	103.1	103.8
蛋	Eggs	110.1	105.9	101.5	102.3	103.3	101.5
水产品	Aquatic Products	100.1	100.9	102.8	103.8	105.5	105.6
菜	Vegetables	109.2	107.1	117.0	122.4	125.2	111.6
鲜菜	Fresh Vegetables	108.5	106.3	117.3	123.5	126.9	111.5
调味品	Flavoring	105.1	105.1	105.2	104.1	105.0	104.8
糖	Carbohydrate	105.0	103.8	103.7	104.4	104.5	103.6
茶及饮料	Tea and Beverages	103.8	105.4	105.8	104.7	104.7	103.6
干鲜瓜果	Dried and Fresh Melons and Fruits	101.2	110.0	113.0	104.7	103.2	104.6
糕点饼干面包	Cake, Biscuit and Bread	103.7	104.3	105.3	103.3	104.2	105.1
液体乳及乳制品	Milk and Its Products	105.5	105.9	108.0	109.1	105.0	105.1
在外用膳食品	Dining Out	105.7	105.1	103.5	102.5	102.4	102.2
其他食品	Other Foods and Manufacturing Services	102.6	102.3	101.6	100.2	101.7	101.4
烟酒	**Tobacco and Liquor**	**100.5**	**99.9**	**100.0**	**99.7**	**99.7**	**99.4**
烟草	Tobacco	100.1	100.1	100.2	100.2	100.1	100.0
酒	Liquor	101.4	99.6	99.7	99.1	99.1	98.3

4-6 各月居民消费价格指数（2013 年）
Consumer Price Indices by Month （2013）

续表 2（continued 2） 上年同期=100（same period last year=100）

类 别	Item	1 月 January	2 月 February	3 月 March	4 月 April	5 月 May	6 月 June
衣着	**Clothing**	**106.6**	**107.0**	**108.5**	**108.9**	**108.9**	**108.9**
服装	Garments	106.5	107.1	108.4	108.5	108.3	108.4
衣着材料	Clothing Material	99.6	100.0	101.0	101.4	101.7	102.5
鞋袜帽	Footgear and Hats	107.2	106.8	108.7	110.1	110.9	110.6
衣着加工服务费	Clothing Manufacturing Services	106.8	107.1	107.6	106.0	104.8	104.8
家庭设备用品及维修服务	**Household Facilities, Articles and Services**	**100.4**	**99.6**	**101.4**	**101.0**	**101.5**	**101.6**
耐用消费品	Durable Consumer Goods	100.4	99.1	100.1	99.5	100.0	99.4
室内装饰品	Interior Decorations	97.3	97.7	98.2	99.3	99.7	97.9
床上用品	Bed Articles	98.1	98.8	98.8	103.1	104.4	104.4
家庭日用杂品	Daily Use Household Articles	100.6	98.3	101.5	99.1	99.5	100.1
家庭服务及加工维修服务	Household Services and Maintenance and Renovation	104.6	107.4	110.2	110.3	110.5	112.4
医疗保健和个人用品	**Health Care and Personal Articles**	**101.8**	**101.4**	**101.6**	**101.5**	**101.4**	**101.1**
医疗保健	Health Care	101.8	101.6	101.5	101.5	101.4	101.2
西药	Western Medicine	101.9	101.8	102.0	101.8	101.6	101.3
医疗保健服务	Health Care Services	100.6	100.6	100.6	101.0	101.0	101.0
个人用品及服务	Personal Articles and Services	101.8	101.1	101.7	101.4	101.4	101.0
交通和通信	**Transportation and Communication**	**98.6**	**99.6**	**98.8**	**98.1**	**96.7**	**97.7**
交通	Transportation	99.7	101.5	99.8	97.9	97.3	98.9
市区公共交通费	Incity Traffic Fare	101.1	101.1	101.1	101.1	101.1	101.1
城市间交通费	Intercity Traffic Fare	95.5	105.8	98.0	94.7	92.5	97.2
通信	Communication	97.6	97.7	97.8	98.3	96.2	96.5
娱乐教育文化用品及服务	**Recreation, Education and Culture Articles**	**102.3**	**103.9**	**103.7**	**102.5**	**102.4**	**102.3**
文娱用耐用消费品及服务	Durable Consumer Goods for Cultural and Recreational Use and Services	98.8	99.3	100.2	99.9	101.0	100.7
教育	Education	105.2	105.2	105.4	105.1	104.7	104.5
文化娱乐类	Cultural and Recreational Articles	101.5	100.7	101.4	101.8	102.5	101.9
旅游	Touring and Outing	100.7	112.4	108.0	100.7	98.2	99.7
居住	**Residence**	**102.5**	**102.6**	**103.0**	**103.2**	**103.1**	**102.7**
建房及装修材料	Building and Building Decoration Materials	103.1	102.3	103.9	104.0	103.7	101.3
租房	Renting	102.3	102.7	102.9	103.8	104.2	104.3
自有住房	Private Housing	102.6	102.9	103.2	103.3	103.1	103.0
水、电、燃料	Water, Electricity and Fuels	102.0	102.0	102.0	102.4	102.4	102.4
水	Water	100.0	100.0	100.0	102.1	102.1	102.1
电	Electricity	102.1	102.1	102.1	102.1	102.1	102.1
管道燃气	Pipeline Gas	103.3	103.3	103.3	103.3	103.3	103.3

4-6 各月居民消费价格指数（2013 年）
Consumer Price Indices by Month (2013)

续表 3（continued 3） 上年同期=100（same period last year=100）

类别	Item	7月 July	8月 August	9月 September	10月 October	11月 November	12月 December
衣着	**Clothing**	**108.8**	**106.9**	**104.6**	**102.8**	**102.8**	**102.0**
服装	Garments	108.2	106.5	104.7	102.7	102.6	102.5
衣着材料	Clothing Material	103.1	103.9	104.1	104.6	105.0	104.3
鞋袜帽	Footgear and Hats	110.5	107.9	104.3	103.0	103.1	100.6
衣着加工服务费	Clothing Manufacturing Services	104.8	104.8	107.8	108.9	108.7	108.1
家庭设备用品及维修服务	**Household Facilities, Articles and Services**	**102.1**	**102.5**	**102.5**	**102.8**	**102.3**	**101.6**
耐用消费品	Durable Consumer Goods	100.4	101.6	101.0	101.8	101.2	100.6
室内装饰品	Interior Decorations	97.7	97.4	97.9	97.9	97.4	97.4
床上用品	Bed Articles	104.4	100.1	100.4	100.7	100.0	99.5
家庭日用杂品	Daily Use Household Articles	100.2	101.8	102.2	102.1	101.4	100.2
家庭服务及加工维修服务	Household Services and Maintenance and Renovation	113.1	113.3	113.4	113.4	113.9	114.1
医疗保健和个人用品	**Health Care and Personal Articles**	**100.8**	**100.7**	**100.4**	**100.4**	**100.3**	**100.4**
医疗保健	Health Care	100.9	100.7	100.7	100.8	100.7	101.0
西药	Western Medicine	100.7	100.5	100.6	100.3	100.2	100.2
医疗保健服务	Health Care Services	101.0	100.4	100.4	100.4	100.4	100.4
个人用品及服务	Personal Articles and Services	100.7	100.6	99.8	99.5	99.4	99.3
交通和通信	**Transportation and Communication**	**98.4**	**98.4**	**98.5**	**97.9**	**98.0**	**98.5**
交通	Transportation	99.8	99.8	99.8	98.7	98.8	99.9
市区公共交通费	Incity Traffic Fare	101.1	100.0	100.3	101.4	101.6	101.6
城市间交通费	Intercity Traffic Fare	95.7	95.9	97.5	92.4	92.2	95.5
通信	Communication	96.9	97.0	97.1	97.1	97.1	97.1
娱乐教育文化用品及服务	**Recreation, Education and Culture Articles**	**101.8**	**100.9**	**100.0**	**99.0**	**99.2**	**99.2**
文娱用耐用消费品及服务	Durable Consumer Goods for Cultural and Recreational Use and Services	100.4	99.3	98.2	98.7	97.9	97.6
教育	Education	104.2	104.0	100.8	100.8	100.2	100.0
文化娱乐类	Cultural and Recreational Articles	102.2	102.5	102.2	101.9	102.1	102.0
旅游	Touring and Outing	97.2	92.8	96.0	89.9	92.9	93.1
居住	**Residence**	**102.7**	**103.1**	**102.8**	**102.6**	**102.4**	**102.7**
建房及装修材料	Building and Building Decoration Materials	101.7	102.2	102.4	103.6	102.5	103.6
租房	Renting	104.1	104.4	104.3	103.8	103.6	103.6
自有住房	Private Housing	103.5	104.1	104.0	103.4	103.1	103.6
水、电、燃料	Water, Electricity and Fuels	101.3	101.3	100.4	100.4	100.4	100.4
水	Water	102.1	102.1	102.1	102.1	102.1	102.1
电	Electricity	100.0	100.0	100.0	100.0	100.0	100.0
管道燃气	Pipeline Gas	103.3	103.3	100.0	100.0	100.0	100.0

4–6 各月居民消费价格指数（2014 年）
Consumer Price Indices by Month （2014）

上年同期=100（same period last year=100）

类 别	Item	1 月 January	2 月 February	3 月 March	4 月 April	5 月 May	6 月 June
居民消费价格总指数	**General Consumer Price Index**	**101.9**	**101.5**	**101.8**	**101.2**	**101.8**	**102.0**
非食品价格指数	Non–food Price Index	100.7	100.7	100.2	100.3	100.7	100.8
服务项目价格指数	Price Indices of Service Item	101.2	101.1	100.8	101.0	101.4	101.4
工业品价格指数	Industrial Products Price Index	100.3	100.4	99.7	99.8	100.2	100.4
扣除食品烟酒和能源价格指数	Excluding Food Tobacco Liquor and Energy Price Index	100.7	100.8	100.3	100.4	100.8	100.9
消费品价格指数	Consumer Goods Price Index	102.1	101.6	102.1	101.2	101.9	102.2
食品	**Food**	**104.1**	**102.9**	**104.8**	**102.8**	**103.9**	**104.4**
粮食	Grain	102.7	102.8	103.1	100.6	100.5	100.7
大米	Rice	100.6	100.7	100.8	97.3	97.0	97.0
油脂	Oil or Fat	94.8	93.7	92.6	93.7	94.4	94.5
肉禽及其制品	Meal, Poultry and Processed Products	100.4	94.0	96.9	97.5	102.5	102.0
食用畜肉及副产品	Meat and its Subsidiary Products	99.2	91.3	95.6	94.8	101.1	100.2
猪肉	Pork	95.1	85.9	91.4	90.3	98.8	96.6
禽	Poultry	103.3	99.2	98.4	102.9	106.1	106.9
蛋	Eggs	99.5	96.7	100.3	101.2	105.5	103.1
水产品	Aquatic Products	105.2	101.8	104.0	104.0	104.3	104.7
菜	Vegetables	108.8	113.2	122.0	103.4	101.7	106.2
鲜菜	Fresh Vegetables	108.8	113.7	123.4	102.9	101.1	106.4
调味品	Flavoring	105.1	104.2	104.9	103.7	101.9	101.8
糖	Carbohydrate	102.6	102.1	102.0	100.5	98.5	99.2
茶及饮料	Tea and Beverages	102.8	102.3	102.8	103.1	102.7	102.1
干鲜瓜果	Dried and Fresh Melons and Fruits	118.7	121.1	121.2	122.7	123.1	121.8
糕点饼干面包	Cake, Biscuit and Bread	104.6	104.0	104.8	103.3	101.1	101.5
液体乳及乳制品	Milk and Its Products	109.5	111.0	111.3	111.9	110.7	110.6
在外用膳食品	Dining Out	102.4	102.3	101.8	101.4	101.4	102.7
其他食品	Other Foods and Manufacturing Services	102.9	102.8	104.3	102.2	102.2	100.3
烟酒	**Tobacco and Liquor**	**99.4**	**99.0**	**98.7**	**97.6**	**97.4**	**97.3**
烟草	Tobacco	100.0	99.9	100.0	99.7	99.6	99.5
酒	Liquor	98.5	97.5	96.6	94.3	93.8	93.6

4-6 各月居民消费价格指数（2014 年）
Consumer Price Indices by Month （2014）

续表 1（continued 1） 上年同期=100（same period last year=100）

类 别	Item	7 月 July	8 月 August	9 月 September	10 月 October	11 月 November	12 月 December
居民消费价格总指数	**General Consumer Price Index**	**101.9**	**101.7**	**101.6**	**102.2**	**101.9**	**101.8**
非食品价格指数	Non-food Price Index	100.8	101.1	101.4	101.6	101.6	101.5
服务项目价格指数	Price Indices of Service Item	101.2	101.0	101.9	102.1	102.0	101.9
工业品价格指数	Industrial Products Price Index	100.6	101.2	101.0	101.3	101.3	101.3
扣除食品烟酒和能源价格指数	Excluding Food Tobacco Liquor and Energy Price Index	100.9	101.2	101.6	101.9	101.9	101.9
消费品价格指数	Consumer Goods Price Index	102.2	101.9	101.5	102.2	101.8	101.8
食品	**Food**	**104.0**	**102.8**	**102.1**	**103.2**	**102.4**	**102.4**
粮食	Grain	101.1	101.2	101.5	102.6	102.1	102.5
大米	Rice	97.9	97.9	98.2	99.0	98.8	99.9
油脂	Oil or Fat	94.8	96.5	97.8	95.7	95.1	93.0
肉禽及其制品	Meal, Poultry and Processed Products	99.1	100.0	100.6	101.3	100.8	98.2
食用畜肉及副产品	Meat and its Subsidiary Products	97.4	98.6	98.8	99.8	99.1	96.1
猪肉	Pork	93.0	95.2	96.3	97.2	96.3	92.5
禽	Poultry	102.7	103.2	105.1	105.5	105.1	103.2
蛋	Eggs	106.2	106.4	106.0	106.2	106.0	105.3
水产品	Aquatic Products	103.2	104.7	105.3	106.9	106.6	105.8
菜	Vegetables	112.0	103.3	96.4	98.4	97.2	108.2
鲜菜	Fresh Vegetables	112.9	102.6	95.0	97.3	95.9	108.3
调味品	Flavoring	100.9	99.0	100.6	101.1	99.6	100.9
糖	Carbohydrate	99.1	100.1	100.6	99.0	98.1	98.5
茶及饮料	Tea and Beverages	101.6	100.5	100.4	100.7	100.2	100.7
干鲜瓜果	Dried and Fresh Melons and Fruits	115.8	110.5	110.7	119.7	115.2	112.5
糕点饼干面包	Cake, Biscuit and Bread	101.1	100.4	99.9	101.1	100.7	99.4
液体乳及乳制品	Milk and Its Products	109.9	108.1	105.9	105.7	105.8	101.7
在外用膳食品	Dining Out	103.3	103.2	103.0	103.1	102.9	102.8
其他食品	Other Foods and Manufacturing Services	99.0	99.4	101.1	102.0	100.4	101.1
烟酒	**Tobacco and Liquor**	**97.7**	**98.0**	**97.5**	**97.3**	**96.8**	**96.5**
烟草	Tobacco	99.7	99.7	99.7	99.7	99.7	99.7
酒	Liquor	94.5	95.1	93.9	93.2	91.9	91.2

4-6 各月居民消费价格指数（2014 年）
Consumer Price Indices by Month （2014）

续表 2（continued 2） 上年同期=100（same period last year=100）

类 别	Item	1 月 January	2 月 February	3 月 March	4 月 April	5 月 May	6 月 June
衣着	**Clothing**	**101.4**	**100.9**	**99.9**	**100.3**	**100.8**	**101.1**
服装	Garments	101.8	101.3	100.3	100.8	101.2	101.6
衣着材料	Clothing Material	104.5	104.1	102.1	101.3	100.8	100.6
鞋袜帽	Footgear and Hats	100.2	99.6	98.7	99.0	99.4	99.5
衣着加工服务费	Clothing Manufacturing Services	108.1	108.9	107.0	106.5	106.4	106.4
家庭设备用品及维修服务	**Household Facilities, Articles and Services**	**101.3**	**102.1**	**100.4**	**100.5**	**100.9**	**100.6**
耐用消费品	Durable Consumer Goods	100.2	101.3	101.0	101.2	101.5	102.0
室内装饰品	Interior Decorations	97.4	96.9	96.7	96.8	96.6	98.7
床上用品	Bed Articles	99.6	98.3	96.5	98.5	98.4	97.3
家庭日用杂品	Daily Use Household Articles	100.3	102.4	99.5	98.9	99.8	98.9
家庭服务及加工维修服务	Household Services and Maintenance and Renovation	111.5	110.8	106.5	106.3	106.3	104.8
医疗保健和个人用品	**Health Care and Personal Articles**	**100.4**	**100.8**	**100.7**	**100.4**	**100.7**	**100.9**
医疗保健	Health Care	101.1	101.2	101.4	101.2	101.4	101.4
西药	Western Medicine	100.4	100.5	100.3	100.3	100.6	100.6
医疗保健服务	Health Care Services	100.3	100.3	100.6	100.2	100.2	100.3
个人用品及服务	Personal Articles and Services	99.0	99.9	99.4	99.0	99.5	100.1
交通和通信	**Transportation and Communication**	**99.3**	**99.3**	**99.3**	**99.7**	**101.6**	**101.6**
交通	Transportation	101.9	101.8	101.8	102.3	103.5	103.3
市区公共交通费	Incity Traffic Fare	103.8	107.0	107.0	107.0	107.0	107.0
城市间交通费	Intercity Traffic Fare	100.4	97.5	98.0	97.8	100.2	98.4
通信	Communication	96.7	96.8	96.8	97.1	99.7	99.8
娱乐教育文化用品及服务	**Recreation, Education and Culture Articles**	**99.3**	**98.6**	**98.7**	**99.7**	**99.4**	**99.5**
文娱用耐用消费品及服务	Durable Consumer Goods for Cultural and Recreational Use and Services	96.2	95.2	94.3	94.9	95.1	95.8
教育	Education	99.8	99.9	100.0	100.1	100.0	100.0
文化娱乐类	Cultural and Recreational Articles	101.0	101.2	101.0	101.1	100.6	101.0
旅游	Touring and Outing	97.5	94.3	95.3	100.3	100.0	99.2
居住	**Residence**	**102.1**	**102.2**	**101.6**	**101.4**	**101.5**	**101.7**
建房及装修材料	Building and Building Decoration Materials	103.4	104.4	102.0	102.6	102.8	103.5
租房	Renting	104.0	104.1	103.6	102.7	102.3	102.3
自有住房	Private Housing	102.2	102.3	101.7	101.4	101.7	101.9
水、电、燃料	Water, Electricity and Fuels	100.4	100.4	100.6	100.2	100.2	100.2
水	Water	102.1	102.1	103.3	101.2	101.2	101.2
电	Electricity	100.0	100.0	100.0	100.0	100.0	100.0
管道燃气	Pipeline Gas	100.0	100.0	100.0	100.0	100.0	100.0

4-6 各月居民消费价格指数（2014 年）
Consumer Price Indices by Month （2014）

续表 3（continued 3）　　上年同期=100（same period last year=100）

类　别	Item	7 月 July	8 月 August	9 月 September	10 月 October	11 月 November	12 月 December
衣着	**Clothing**	**101.0**	**102.7**	**102.8**	**104.1**	**104.5**	**104.2**
服装	Garments	101.5	102.9	103.4	104.4	104.5	103.9
衣着材料	Clothing Material	100.1	99.8	99.6	99.4	99.0	99.4
鞋袜帽	Footgear and Hats	99.6	102.2	101.1	103.3	104.6	104.9
衣着加工服务费	Clothing Manufacturing Services	106.4	106.4	103.5	102.2	103.6	103.9
家庭设备用品及维修服务	**Household Facilities, Articles and Services**	**100.1**	**100.2**	**100.0**	**99.9**	**99.7**	**100.2**
耐用消费品	Durable Consumer Goods	100.6	100.2	100.2	99.7	99.7	99.7
室内装饰品	Interior Decorations	99.3	100.2	100.1	100.1	100.1	100.1
床上用品	Bed Articles	97.4	98.5	97.2	97.6	98.6	99.3
家庭日用杂品	Daily Use Household Articles	99.0	99.2	98.9	99.3	98.4	99.5
家庭服务及加工维修服务	Household Services and Maintenance and Renovation	104.2	104.5	104.9	104.9	104.2	104.2
医疗保健和个人用品	**Health Care and Personal Articles**	**101.8**	**102.9**	**102.9**	**102.8**	**102.8**	**103.8**
医疗保健	Health Care	102.7	104.6	104.5	104.2	104.3	105.5
西药	Western Medicine	100.7	101.0	100.4	100.3	100.3	100.4
医疗保健服务	Health Care Services	100.4	100.4	100.8	100.8	100.8	100.9
个人用品及服务	Personal Articles and Services	100.3	99.7	100.0	100.2	100.2	100.5
交通和通信	**Transportation and Communication**	**101.6**	**100.9**	**100.3**	**100.4**	**100.0**	**99.3**
交通	Transportation	103.5	102.4	101.6	101.6	100.9	99.7
市区公共交通费	Incity Traffic Fare	107.3	107.3	107.3	106.0	105.8	105.8
城市间交通费	Intercity Traffic Fare	99.9	98.5	99.4	102.0	103.2	100.2
通信	Communication	99.6	99.4	98.9	99.2	99.1	99.0
娱乐教育文化用品及服务	**Recreation, Education and Culture Articles**	**99.1**	**99.4**	**102.0**	**101.9**	**101.9**	**101.8**
文娱用耐用消费品及服务	Durable Consumer Goods for Cultural and Recreational Use and Services	96.1	97.4	99.4	99.5	99.8	99.9
教育	Education	99.7	99.7	103.3	103.4	103.4	103.3
文化娱乐类	Cultural and Recreational Articles	100.8	100.7	101.1	101.3	101.2	101.2
旅游	Touring and Outing	97.2	98.1	103.2	102.0	101.8	101.3
居住	**Residence**	**101.7**	**101.3**	**101.3**	**101.5**	**101.6**	**101.3**
建房及装修材料	Building and Building Decoration Materials	103.6	103.5	102.8	102.4	102.7	101.0
租房	Renting	102.3	101.3	101.8	102.0	102.0	102.0
自有住房	Private Housing	101.8	101.3	101.4	101.9	101.9	101.8
水、电、燃料	Water, Electricity and Fuels	100.2	100.2	100.2	100.2	100.2	100.2
水	Water	101.2	101.2	101.2	101.2	101.2	101.2
电	Electricity	100.0	100.0	100.0	100.0	100.0	100.0
管道燃气	Pipeline Gas	100.0	100.0	100.0	100.0	100.0	100.0

4–6 各月居民消费价格指数（2015 年）
Consumer Price Indices by Month （2015）

上年同期=100（same period last year=100）

类 别	Item	1 月 January	2 月 February	3 月 March	4 月 April	5 月 May	6 月 June
居民消费价格总指数	**General Consumer Price Index**	**100.9**	**101.2**	**101.4**	**101.5**	**101.4**	**101.3**
非食品价格指数	Non–food Price Index	101.3	101.2	101.3	101.2	101.0	100.9
服务项目价格指数	Price Indices of Service Item	101.9	101.6	101.7	101.6	101.5	101.4
工业品价格指数	Industrial Products Price Index	100.9	100.9	100.9	100.8	100.6	100.5
扣除食品烟酒和能源价格指数	Excluding Food Tobacco Liquor and Energy Price Index	101.8	101.7	101.8	101.6	101.4	101.3
消费品价格指数	Consumer Goods Price Index	100.6	101.1	101.3	101.5	101.3	101.2
食品	**Food**	**100.2**	**101.3**	**101.7**	**102.3**	**102.0**	**102.0**
粮食	Grain	101.9	101.9	101.3	103.1	103.8	101.8
大米	Rice	98.2	98.9	98.4	102.0	103.4	100.5
油脂	Oil or Fat	94.0	93.7	94.6	94.5	95.8	96.8
肉禽及其制品	Meal, Poultry and Processed Products	97.1	102.3	104.9	108.0	106.4	107.2
食用畜肉及副产品	Meat and its Subsidiary Products	95.4	102.0	105.7	111.0	108.2	110.4
猪肉	Pork	91.9	100.9	105.4	113.2	109.5	113.1
禽	Poultry	101.2	104.0	104.4	103.4	103.8	101.2
蛋	Eggs	102.8	103.7	101.0	96.5	93.1	95.1
水产品	Aquatic Products	103.5	103.2	102.7	102.6	102.4	101.9
菜	Vegetables	99.4	101.7	95.9	99.7	101.5	103.1
鲜菜	Fresh Vegetables	98.5	101.3	95.3	99.2	101.1	102.9
调味品	Flavoring	100.1	98.8	96.4	100.0	100.0	99.9
糖	Carbohydrate	97.3	96.5	97.9	97.9	98.6	97.3
茶及饮料	Tea and Beverages	101.1	101.0	100.3	99.7	99.9	100.1
干鲜瓜果	Dried and Fresh Melons and Fruits	107.7	103.7	112.7	106.3	104.2	102.1
糕点饼干面包	Cake, Biscuit and Bread	100.1	99.7	99.5	100.3	101.1	99.3
液体乳及乳制品	Milk and Its Products	96.9	94.1	93.1	92.9	93.1	95.2
在外用膳食品	Dining Out	102.2	102.1	102.5	102.3	102.3	100.9
其他食品	Other Foods and Manufacturing Services	100.4	99.6	97.4	99.2	98.6	99.6
烟酒	**Tobacco and Liquor**	**96.2**	**95.7**	**96.2**	**97.2**	**99.1**	**99.7**
烟草	Tobacco	99.7	99.8	99.8	100.1	103.5	104.4
酒	Liquor	90.4	89.0	90.1	92.0	91.6	91.8

4–6 各月居民消费价格指数（2015 年）
Consumer Price Indices by Month （2015）

续表 1（continued 1） 上年同期=100（same period last year=100）

类 别	Item	7 月 July	8 月 August	9 月 September	10 月 October	11 月 November	12 月 December
居民消费价格总指数	**General Consumer Price Index**	**101.6**	**101.8**	**101.3**	**101.0**	**100.8**	**101.0**
非食品价格指数	Non–food Price Index	100.9	100.8	100.9	100.7	100.7	100.7
服务项目价格指数	Price Indices of Service Item	101.7	101.8	101.5	101.3	101.2	101.3
工业品价格指数	Industrial Products Price Index	100.3	100.1	100.4	100.3	100.3	100.4
扣除食品烟酒和能源价格指数	Excluding Food Tobacco Liquor and Energy Price Index	101.3	101.3	101.3	101.1	100.9	101.0
消费品价格指数	Consumer Goods Price Index	101.6	101.8	101.2	100.8	100.6	100.8
食品	**Food**	**103.0**	**103.5**	**102.0**	**101.4**	**101.0**	**101.4**
粮食	Grain	101.7	102.2	102.8	102.1	102.2	102.9
大米	Rice	100.3	101.6	102.4	101.3	99.9	101.5
油脂	Oil or Fat	96.8	95.5	95.0	97.5	98.8	100.3
肉禽及其制品	Meal, Poultry and Processed Products	112.9	113.3	109.7	107.5	105.3	106.4
食用畜肉及副产品	Meat and its Subsidiary Products	118.5	119.6	114.8	111.7	108.6	109.9
猪肉	Pork	124.5	124.8	118.5	115.2	111.9	114.0
禽	Poultry	102.5	101.0	99.0	98.6	98.3	99.0
蛋	Eggs	91.9	94.0	93.2	93.2	91.4	93.7
水产品	Aquatic Products	103.5	102.9	102.0	100.9	100.6	101.5
菜	Vegetables	97.5	103.2	105.7	100.8	100.6	99.1
鲜菜	Fresh Vegetables	96.5	103.4	106.0	100.8	100.6	98.9
调味品	Flavoring	101.8	102.8	102.5	102.7	102.8	102.0
糖	Carbohydrate	97.6	97.9	96.8	98.2	97.1	97.6
茶及饮料	Tea and Beverages	100.0	100.1	100.3	100.4	101.0	101.0
干鲜瓜果	Dried and Fresh Melons and Fruits	108.2	102.0	91.5	96.5	98.3	95.7
糕点饼干面包	Cake, Biscuit and Bread	99.9	100.3	100.4	101.0	100.8	101.3
液体乳及乳制品	Milk and Its Products	95.0	94.8	95.2	95.0	95.0	99.0
在外用膳食品	Dining Out	100.5	100.6	100.7	100.7	100.9	100.9
其他食品	Other Foods and Manufacturing Services	97.7	99.7	98.5	97.5	96.9	96.6
烟酒	**Tobacco and Liquor**	**99.6**	**100.3**	**100.7**	**101.2**	**101.3**	**101.9**
烟草	Tobacco	104.4	104.5	104.3	104.4	104.6	104.5
酒	Liquor	91.3	93.0	94.4	95.5	95.4	97.3

4-6 各月居民消费价格指数（2015 年）
Consumer Price Indices by Month （2015）

续表 2（continued 2）　　　　上年同期=100（same period last year=100）

类 别	Item	1 月 January	2 月 February	3 月 March	4 月 April	5 月 May	6 月 June
衣着	**Clothing**	**103.7**	**104.4**	**103.9**	**103.3**	**102.6**	**102.1**
服装	Garments	103.3	103.9	103.8	103.1	102.7	102.4
衣着材料	Clothing Material	99.1	99.1	99.8	99.5	99.2	99.0
鞋袜帽	Footgear and Hats	105.0	105.9	104.4	103.7	102.2	101.4
衣着加工服务费	Clothing Manufacturing Services	103.9	102.8	104.2	104.3	104.4	104.4
家庭设备用品及维修服务	**Household Facilities, Articles and Services**	**100.0**	**99.4**	**100.0**	**100.2**	**99.2**	**99.6**
耐用消费品	Durable Consumer Goods	99.7	98.9	99.0	99.4	98.9	98.5
室内装饰品	Interior Decorations	100.1	100.6	100.9	100.9	101.2	100.8
床上用品	Bed Articles	99.8	99.7	99.8	99.2	99.3	99.7
家庭日用杂品	Daily Use Household Articles	98.6	98.7	99.5	100.0	97.5	99.1
家庭服务及加工维修服务	Household Services and Maintenance and Renovation	104.1	101.9	104.4	104.0	103.6	103.4
医疗保健和个人用品	**Health Care and Personal Articles**	**103.7**	**103.6**	**103.3**	**103.6**	**103.5**	**103.4**
医疗保健	Health Care	105.5	105.4	105.3	105.4	105.3	105.5
西药	Western Medicine	100.3	100.4	100.3	100.4	100.3	100.7
医疗保健服务	Health Care Services	101.3	101.3	101.0	101.2	101.2	101.1
个人用品及服务	Personal Articles and Services	100.3	100.5	99.7	100.4	100.0	99.7
交通和通信	**Transportation and Communication**	**98.0**	**97.1**	**98.2**	**98.0**	**97.8**	**97.4**
交通	Transportation	96.9	95.4	97.6	97.3	97.2	96.9
市区公共交通费	Incity Traffic Fare	103.6	100.5	100.5	100.5	100.5	100.5
城市间交通费	Intercity Traffic Fare	98.3	93.5	104.3	102.4	98.9	97.5
通信	Communication	99.1	99.0	98.9	98.9	98.5	97.9
娱乐教育文化用品及服务	**Recreation, Education and Culture Articles**	**101.6**	**102.3**	**101.5**	**101.0**	**101.4**	**101.5**
文娱用耐用消费品及服务	Durable Consumer Goods for Cultural and Recreational Use and Services	100.3	100.0	100.0	98.7	99.2	98.7
教育	Education	103.3	103.3	103.7	103.2	103.4	103.5
文化娱乐类	Cultural and Recreational Articles	102.5	102.7	101.6	101.8	101.7	101.3
旅游	Touring and Outing	97.1	101.4	97.0	96.2	97.7	99.4
居住	**Residence**	**101.7**	**101.4**	**101.6**	**101.5**	**101.3**	**101.1**
建房及装修材料	Building and Building Decoration Materials	100.8	100.9	101.9	100.8	100.5	100.2
租房	Renting	102.5	101.5	101.8	101.8	101.5	101.7
自有住房	Private Housing	102.7	102.1	102.4	102.4	102.2	101.8
水、电、燃料	Water, Electricity and Fuels	100.2	100.2	100.0	100.0	100.0	100.0
水	Water	101.2	101.2	100.0	100.0	100.0	100.0
电	Electricity	100.0	100.0	100.0	100.0	100.0	100.0
管道燃气	Pipeline Gas	100.0	100.0	100.0	100.0	100.0	100.0

4-6 各月居民消费价格指数（2015 年）
Consumer Price Indices by Month (2015)

续表 3（continued 3）　　上年同期=100（same period last year=100）

类 别	Item	7 月 July	8 月 August	9 月 September	10 月 October	11 月 November	12 月 December
衣着	**Clothing**	**102.1**	**102.4**	**103.1**	**102.4**	**101.7**	**102.2**
服装	Garments	102.6	102.8	103.3	103.2	102.7	102.9
衣着材料	Clothing Material	98.9	98.6	98.4	98.5	98.9	98.5
鞋袜帽	Footgear and Hats	100.9	101.1	102.4	100.1	98.8	100.4
衣着加工服务费	Clothing Manufacturing Services	104.4	104.4	104.4	104.4	102.4	102.4
家庭设备用品及维修服务	**Household Facilities, Articles and Services**	**100.3**	**100.2**	**100.3**	**100.1**	**100.4**	**100.5**
耐用消费品	Durable Consumer Goods	98.9	99.1	98.7	98.7	98.5	99.0
室内装饰品	Interior Decorations	99.8	100.1	100.1	98.9	99.7	99.7
床上用品	Bed Articles	100.6	100.0	101.3	100.4	100.7	100.5
家庭日用杂品	Daily Use Household Articles	101.0	101.0	101.3	101.3	102.3	102.2
家庭服务及加工维修服务	Household Services and Maintenance and Renovation	103.2	102.5	102.0	102.0	102.1	101.6
医疗保健和个人用品	**Health Care and Personal Articles**	**102.7**	**101.6**	**101.6**	**101.5**	**101.6**	**100.9**
医疗保健	Health Care	104.5	102.6	102.7	102.7	102.6	101.5
西药	Western Medicine	100.8	100.8	101.5	101.4	101.4	101.3
医疗保健服务	Health Care Services	101.1	101.1	100.6	100.6	100.6	100.5
个人用品及服务	Personal Articles and Services	99.3	99.8	99.7	99.5	99.7	99.7
交通和通信	**Transportation and Communication**	**97.5**	**97.7**	**97.8**	**98.1**	**98.7**	**99.7**
交通	Transportation	97.2	97.8	97.3	98.0	98.9	100.6
市区公共交通费	Incity Traffic Fare	102.4	104.2	104.2	103.7	106.1	108.7
城市间交通费	Intercity Traffic Fare	99.0	100.9	98.1	100.0	96.8	100.4
通信	Communication	97.8	97.7	98.3	98.2	98.5	98.7
娱乐教育文化用品及服务	**Recreation, Education and Culture Articles**	**101.6**	**101.5**	**100.7**	**100.4**	**100.5**	**100.5**
文娱用耐用消费品及服务	Durable Consumer Goods for Cultural and Recreational Use and Services	98.1	98.5	97.6	97.7	97.6	97.6
教育	Education	103.6	103.7	102.7	102.7	102.7	102.6
文化娱乐类	Cultural and Recreational Articles	101.5	101.3	101.5	101.4	101.0	100.7
旅游	Touring and Outing	100.6	99.4	97.3	95.2	96.6	97.2
居住	**Residence**	**101.1**	**101.2**	**101.2**	**101.2**	**100.7**	**100.5**
建房及装修材料	Building and Building Decoration Materials	99.7	99.6	99.7	100.0	99.5	99.3
租房	Renting	101.7	101.7	100.7	100.6	100.6	100.6
自有住房	Private Housing	101.9	102.1	102.4	102.2	101.4	101.1
水、电、燃料	Water, Electricity and Fuels	100.0	100.0	100.0	100.0	100.0	100.0
水	Water	100.0	100.0	100.0	100.0	100.0	100.0
电	Electricity	100.0	100.0	100.0	100.0	100.0	100.0
管道燃气	Pipeline Gas	100.0	100.0	100.0	100.0	100.0	100.0

4-6 各月居民消费价格指数（2016 年）
Consumer Price Indices by Month （2016）

上年同期=100（same period last year=100）

类 别	Item	1 月 January	2 月 February	3 月 March	4 月 April	5 月 May	6 月 June
居民消费价格总指数	**Consumer Price Index**	**101.4**	**101.7**	**102.0**	**102.2**	**102.2**	**102.1**
非食品价格指数	Non-food Price Index	100.8	100.7	100.8	100.8	100.8	100.9
服务价格指数	Price Index of Service Item	101.2	100.9	101.1	101.2	101.1	101.1
工业品价格指数	Industrial Price Index	100.3	100.3	100.2	100.2	100.3	100.4
扣除食品和能源价格指数	Excluding Food Tobacco Liquor and Energy Price Index	101.1	100.9	101.0	101.1	101.1	101.2
消费品价格指数	Consumer Goods Price Index	101.4	102.2	102.5	102.8	102.8	102.7
食品烟酒	**Food,Tobacco and Liquor**	**102.7**	**104.3**	**105.1**	**105.6**	**105.6**	**105.3**
食品	Food	103.7	106.0	107.3	108.0	107.9	107.5
粮食	Grain	101.3	101.4	101.7	102.0	102.0	102.2
大米	rice	100.6	100.4	100.5	100.6	100.4	100.5
薯类	Tubers	107.4	110.7	112.0	119.2	125.0	128.9
食用油	Oil	102.5	103.7	104.3	104.1	104.1	104.0
菜	Vegetables	104.3	113.9	119.3	120.0	118.1	114.4
鲜菜	Fresh Vegetables	104.4	114.9	120.6	121.4	119.4	115.5
畜肉类	Meat of Livestock	114.8	116.9	118.4	120.2	121.0	121.0
猪肉	Pork	123.7	126.6	129.5	131.9	132.9	132.6
禽肉类	Meat of Poultry	100.6	100.4	100.4	100.5	100.3	100.3
水产品	Aquatic Products	103.6	104.9	105.0	105.4	105.3	105.4
蛋类	Eggs	96.0	96.8	96.4	97.1	97.3	97.4
奶类	Milk	99.4	100.1	100.2	100.3	100.2	99.8
干鲜瓜果类	Dried and Fresh Melons and Fruits	92.0	92.1	91.6	92.6	94.0	95.6
糖果糕点类	Candy and Cake	101.9	101.3	100.7	101.0	101.0	101.2
调味品	Flavoring	102.1	101.1	100.9	100.9	100.8	100.7
其他食品类	Other Foods	102.4	102.5	103.0	103.0	103.0	102.7
茶及饮料	Tea and Beveages	99.7	99.2	98.9	98.7	98.8	98.8
烟酒	Tobacco and liquor	100.1	100.4	100.4	100.4	100.3	100.1
烟草	Tobacco	101.7	101.7	101.7	101.7	101.2	100.8
酒类	Liquor	97.4	98.1	98.1	98.2	98.6	98.7
在外餐饮	Dining Out	101.3	101.5	101.7	101.9	102.1	102.2

4–6 各月居民消费价格指数（2016 年）
Consumer Price Indices by Month (2016)

续表 1（continued 1）

上年同期=100（same period last year=100）

类 别	Item	7 月 July	8 月 August	9 月 September	10 月 October	11 月 November	12 月 December
居民消费价格总指数	**Consumer Price Index**	**102.0**	**101.9**	**101.8**	**101.8**	**101.8**	**101.8**
非食品价格指数	Non–food Price Index	100.9	100.9	101.0	101.0	101.1	101.1
服务价格指数	Price Index of Service Item	101.1	101.0	101.0	101.0	101.0	101.0
工业品价格指数	Industrial Price Index	100.5	100.6	100.7	100.8	100.9	101.0
扣除食品和能源价格指数	Excluding Food Tobacco Liquor and Energy Price Index	101.2	101.2	101.2	101.3	101.3	101.3
消费品价格指数	Consumer Goods Price Index	102.5	102.3	102.2	102.2	102.2	102.2
食品烟酒	**Food,Tobacco and Liquor**	**104.8**	**104.2**	**103.9**	**103.8**	**103.7**	**103.6**
食品	Food	106.6	105.7	105.3	105.0	104.9	104.7
粮食	Grain	102.4	102.5	102.4	102.5	102.5	102.4
大米	rice	100.7	100.5	100.4	100.4	100.6	100.7
薯类	Tubers	131.2	131.1	129.9	128.3	127.0	126.0
食用油	Oil	103.7	103.6	103.4	103.4	103.1	103.0
菜	Vegetables	111.3	109.0	108.2	108.3	109.0	108.7
鲜菜	Fresh Vegetables	112.1	109.6	108.8	108.8	109.7	109.3
畜肉类	Meat of Livestock	119.2	116.6	114.8	113.5	112.6	111.9
猪肉	Pork	129.3	124.9	121.8	119.7	118.3	117.1
禽肉类	Meat of Poultry	100.3	100.2	100.2	100.3	100.3	100.3
水产品	Aquatic Products	105.5	105.3	105.1	105.0	104.9	104.7
蛋类	Eggs	97.2	96.6	96.5	96.4	96.5	96.4
奶类	Milk	99.5	99.6	99.7	99.7	99.6	99.4
干鲜瓜果类	Dried and Fresh Melons and Fruits	96.1	96.7	97.4	97.4	97.7	97.8
糖果糕点类	Candy and Cake	101.3	101.3	101.4	101.4	101.4	101.4
调味品	Flavoring	100.4	100.4	100.3	100.5	100.5	100.5
其他食品类	Other Foods	102.6	102.2	102.1	102.0	101.8	101.6
茶及饮料	Tea and Beveages	98.9	98.9	98.9	98.9	98.9	98.9
烟酒	Tobacco and liquor	100.0	100.1	100.1	100.1	100.2	100.2
烟草	Tobacco	100.7	100.5	100.5	100.4	100.4	100.4
酒类	Liquor	98.9	99.2	99.3	99.5	99.7	99.8
在外餐饮	Dining Out	102.2	102.3	102.3	102.3	102.3	102.3

4-6 各月居民消费价格指数（2016 年）
Consumer Price Indices by Month (2016)

续表 2（continued 2） 上年同期=100（same period last year=100）

类 别	Item	1 月 January	2 月 February	3 月 March	4 月 April	5 月 May	6 月 June
衣着	**Clothing**	**102.3**	**102.2**	**102.4**	**102.5**	**102.6**	**102.6**
服装	Garments	102.4	102.4	102.7	102.8	102.8	102.8
服装材料	Garments Material	99.4	99.4	99.4	99.4	99.5	99.5
其他衣着及配件	Other Clothing and Parts	99.1	98.8	99.4	99.7	99.8	99.8
衣着加工服务费	Clothing Manufacturing Services	103.3	103.6	103.0	102.5	102.3	102.1
居住	**Residence**	**100.6**	**100.8**	**101.1**	**101.1**	**101.1**	**101.1**
租赁房房租	Rent of Rental Housing	99.9	100.6	101.2	101.1	101.2	101.1
住房保养维修及管理	Housing Maintenance and Management	99.8	99.6	99.6	99.6	99.7	99.7
水电燃料	Water,Electricity and Fuels	100.0	100.0	100.0	100.0	100.0	100.0
自有住房	Private Housing	101.3	101.6	102.0	102.0	102.0	102.1
生活用品及服务	**Articles for Daily Use and Sevices**	**100.5**	**100.5**	**100.4**	**100.3**	**100.3**	**100.3**
家具及室内装饰品	Furniture and Interior Decorations	103.8	103.5	103.1	102.9	103.0	102.8
家用器具	Home Appliances	98.5	98.5	98.2	98.1	98.0	97.8
家用纺织品	Home Textiles	100.0	100.1	100.4	100.5	100.5	100.8
家庭日用杂品	Daily Use Household Articles	101.0	100.8	101.0	101.1	101.2	101.2
个人护理用品	Pesonal-care Supplies	98.9	99.2	99.2	99.4	99.7	99.9
家庭服务	Household Services	102.1	102.2	101.4	101.1	101.0	100.9
交通和通信	**Transport and Communications**	**100.3**	**100.1**	**99.3**	**99.2**	**99.1**	**99.4**
交通	Transport	101.0	101.2	100.1	99.9	99.7	99.9
交通工具用燃料	Fuels for Transport Facility	92.2	92.8	91.3	90.8	90.1	90.3
交通费	Traffic Fee	106.1	106.0	104.5	104.9	105.0	105.8
通信	Communications	99.2	98.3	98.0	97.8	98.0	98.4
教育文化和娱乐	**Education,Culture and Recreation**	**100.6**	**99.4**	**99.8**	**100.0**	**99.8**	**99.6**
教育	Education	102.0	101.9	101.6	101.6	101.5	101.4
文化娱乐	Culture and Recreation	99.3	97.3	98.3	98.6	98.3	98.0
旅游	Touring and Outing	99.3	94.3	96.2	96.7	95.8	95.2
医疗保健	**Health Care**	**100.8**	**100.9**	**101.0**	**101.1**	**101.1**	**101.2**
药品及医疗器具	Medecine and Medical Instrument	101.7	101.9	102.0	102.3	102.5	102.7
中药	Traditional Chinese Medicines	101.4	101.9	102.1	102.8	103.2	103.8
西药	Western Medicines	101.3	101.3	101.3	101.4	101.5	101.8
医疗服务	Medical Services	100.2	100.2	100.2	100.2	100.1	100.1
其他用品和服务	**Other Articles and Sevices**	**100.9**	**101.4**	**101.8**	**102.0**	**102.1**	**102.1**
其他用品类	Other Aricles	98.7	100.5	101.6	101.9	102.2	102.6
其他服务类	Other Sercices	102.3	102.0	101.9	102.0	102.0	101.8

4-6 各月居民消费价格指数（2016年）
Consumer Price Indices by Month (2016)

续表 3（continued 3）　　上年同期=100（same period last year=100）

类别	Item	7月 July	8月 August	9月 September	10月 October	11月 November	12月 December
衣着	**Clothing**	**102.7**	**102.7**	**102.6**	**102.5**	**102.5**	**102.4**
服装	Garments	102.8	102.8	102.7	102.5	102.4	102.3
服装材料	Garments Material	99.5	99.6	99.7	99.7	99.7	99.7
其他衣着及配件	Other Clothing and Parts	99.8	100.1	100.1	100.1	100.2	100.3
衣着加工服务费	Clothing Manufacturing Services	101.9	101.8	101.8	101.7	101.7	101.7
居住	**Residence**	**101.1**	**101.2**	**101.1**	**101.1**	**101.1**	**101.1**
租赁房房租	Rent of Rental Housing	101.2	101.3	101.4	101.4	101.5	101.6
住房保养维修及管理	Housing Maintenance and Management	99.8	99.8	99.9	100.0	100.1	100.2
水电燃料	Water,Electricity and Fuels	100.0	100.0	100.0	100.1	100.1	100.1
自有住房	Private Housing	102.1	102.1	102.0	102.0	101.9	101.9
生活用品及服务	**Articles for Daily Use and Sevices**	**100.3**	**100.4**	**100.5**	**100.5**	**100.6**	**100.6**
家具及室内装饰品	Furniture and Interior Decorations	102.8	102.8	102.8	102.7	102.7	102.6
家用器具	Home Appliances	97.8	97.9	98.1	98.3	98.5	98.8
家用纺织品	Home Textiles	100.9	101.1	101.1	101.2	101.1	101.2
家庭日用杂品	Daily Use Household Articles	101.1	101.1	101.1	101.0	101.0	100.8
个人护理用品	Pesonal-care Supplies	100.0	100.1	100.3	100.4	100.5	100.6
家庭服务	Household Services	100.8	100.8	100.8	100.7	100.7	100.7
交通和通信	**Transport and Communications**	**99.6**	**99.8**	**100.0**	**100.3**	**100.4**	**100.6**
交通	Transport	100.1	100.2	100.4	100.6	100.7	101.0
交通工具用燃料	Fuels for Transport Facility	90.7	91.3	92.4	93.3	94.2	95.5
交通费	Traffic Fee	106.1	106.0	106.0	106.2	106.0	105.7
通信	Communications	98.8	99.2	99.5	99.7	99.8	99.9
教育文化和娱乐	**Education,Culture and Recreation**	**99.4**	**99.3**	**99.3**	**99.3**	**99.4**	**99.5**
教育	Education	101.4	101.3	101.3	101.3	101.3	101.3
文化娱乐	Culture and Recreation	97.7	97.6	97.5	97.6	97.7	97.9
旅游	Touring and Outing	94.7	94.6	94.6	94.8	95.0	95.6
医疗保健	**Health Care**	**101.3**	**101.4**	**101.4**	**101.6**	**101.7**	**101.8**
药品及医疗器具	Medecine and Medical Instrument	103.0	103.2	103.4	103.7	104.0	104.3
中药	Traditional Chinese Medicines	104.7	105.4	105.9	106.5	107.0	107.7
西药	Western Medicines	102.0	102.3	102.4	102.9	103.2	103.6
医疗服务	Medical Services	100.1	100.1	100.1	100.1	100.0	100.0
其他用品和服务	**Other Articles and Sevices**	**102.3**	**102.5**	**102.6**	**102.6**	**102.6**	**102.6**
其他用品类	Other Aricles	103.2	103.7	104.0	104.0	104.1	104.1
其他服务类	Other Sercices	101.7	101.7	101.7	101.7	101.6	101.6

4-6 各月居民消费价格指数（2017 年）
Consumer Price Indices by Month （2017）

上年同期=100（same period last year=100）

类 别	Item	1 月 January	2 月 February	3 月 March	4 月 April	5 月 May	6 月 June
居民消费价格总指数	**Consumer Price Index**	**101.9**	**101.0**	**100.6**	**100.5**	**100.5**	**100.6**
非食品价格指数	Non-food Price Index	102.1	101.9	101.7	101.8	101.8	101.8
服务价格指数	Price Index of Service Item	102.1	101.7	101.6	101.7	101.8	101.9
工业品价格指数	Industrial Price Index	102.2	102.3	102.2	102.2	102.1	102.0
扣除食品和能源价格指数	Excluding Food Tobacco Liquor and Energy Price Index	101.9	101.6	101.5	101.6	101.6	101.7
消费品价格指数	Consumer Goods Price Index	101.7	100.5	100.0	99.8	99.8	99.8
食品烟酒	**Food,Tobacco and Liquor**	**101.1**	**98.7**	**97.8**	**97.3**	**97.3**	**97.4**
食品	Food	100.9	97.3	96.0	95.4	95.4	95.6
粮食	Grain	102.0	102.3	102.2	102.1	101.6	101.6
大米	rice	101.0	101.5	101.7	101.7	101.3	101.4
薯类	Tubers	108.8	105.1	105.0	99.7	95.7	92.6
食用油	Oil	100.5	99.9	100.0	99.7	99.5	98.9
菜	Vegetables	99.8	85.9	81.9	81.5	83.6	86.4
鲜菜	Fresh Vegetables	99.8	84.8	80.6	80.2	82.3	85.2
畜肉类	Meat of Livestock	103.7	100.4	98.8	97.0	94.9	93.0
猪肉	Pork	103.4	98.8	96.4	93.8	90.8	88.2
禽肉类	Meat of Poultry	100.6	99.3	98.4	98.3	98.8	98.9
水产品	Aquatic Products	103.7	101.9	101.9	101.8	102.1	102.3
蛋类	Eggs	92.8	90.4	90.6	90.9	90.7	91.2
奶类	Milk	98.2	97.9	97.9	98.1	98.2	98.4
干鲜瓜果类	Dried and Fresh Melons and Fruits	100.6	102.0	101.6	100.7	100.7	100.8
糖果糕点类	Candy and Cake	98.3	99.5	100.5	100.4	100.3	100.5
调味品	Flavoring	99.9	101.0	101.6	101.7	101.9	101.9
其他食品类	Other Foods	99.8	100.6	100.6	100.9	101.2	101.1
茶及饮料	Tea and Beveages	100.3	101.0	101.1	101.6	101.8	101.9
烟酒	Tobacco and liquor	100.9	101.2	101.3	101.5	101.5	101.6
烟草	Tobacco	100.0	100.0	100.0	100.0	100.0	100.0
酒类	Liquor	102.5	103.2	103.6	104.0	104.2	104.5
在外餐饮	Dining Out	101.8	101.3	101.0	100.7	100.6	100.4

4–6 各月居民消费价格指数（2017 年）
Consumer Price Indices by Month （2017）

续表 1（continued 1） 上年同期=100（same period last year=100）

类 别	Item	7 月 July	8 月 August	9 月 September	10 月 October	11 月 November	12 月 December
居民消费价格总指数	**Consumer Price Index**	**100.6**	**100.7**	**100.8**	**100.9**	**101.0**	**101.0**
非食品价格指数	Non–food Price Index	101.8	101.8	101.9	101.9	102.0	102.0
服务价格指数	Price Index of Service Item	102.0	102.1	102.4	102.5	102.6	102.7
工业品价格指数	Industrial Price Index	101.9	101.8	101.8	101.8	101.8	101.8
扣除食品和能源价格指数	Excluding Food Tobacco Liquor and Energy Price Index	101.7	101.7	101.8	101.8	101.9	101.9
消费品价格指数	Consumer Goods Price Index	99.8	99.9	100.0	100.0	100.0	100.1
食品烟酒	**Food,Tobacco and Liquor**	**97.6**	**97.8**	**98.0**	**98.1**	**98.1**	**98.2**
食品	Food	95.9	96.3	96.5	96.7	96.8	97.0
粮食	Grain	101.4	101.1	101.0	100.8	100.8	100.6
大米	rice	101.4	101.2	101.1	100.9	100.8	100.6
薯类	Tubers	91.6	92.1	93.0	93.9	94.2	94.1
食用油	Oil	98.9	98.7	98.6	98.7	98.8	98.7
菜	Vegetables	89.1	91.5	92.4	93.0	92.9	93.0
鲜菜	Fresh Vegetables	88.1	90.7	91.6	92.3	92.2	92.3
畜肉类	Meat of Livestock	91.9	91.4	91.3	91.5	91.8	92.1
猪肉	Pork	86.6	85.9	85.8	86.1	86.5	86.8
禽肉类	Meat of Poultry	99.0	99.4	100.0	100.5	100.9	101.3
水产品	Aquatic Products	102.4	102.7	102.9	102.9	103.0	103.0
蛋类	Eggs	92.5	94.4	95.7	96.5	97.4	98.3
奶类	Milk	98.4	98.2	98.1	98.0	98.1	98.2
干鲜瓜果类	Dried and Fresh Melons and Fruits	101.1	100.8	100.5	100.1	99.9	99.9
糖果糕点类	Candy and Cake	100.6	100.7	100.7	100.9	101.0	101.2
调味品	Flavoring	101.9	101.8	101.6	101.3	101.2	101.4
其他食品类	Other Foods	101.2	101.3	101.5	101.4	101.4	101.4
茶及饮料	Tea and Beveages	102.0	102.1	102.1	102.1	102.2	102.2
烟酒	Tobacco and liquor	101.6	101.5	101.3	101.2	101.1	101.0
烟草	Tobacco	100.0	99.9	99.9	99.9	99.9	99.8
酒类	Liquor	104.5	104.2	103.9	103.6	103.3	103.0
在外餐饮	Dining Out	100.4	100.3	100.3	100.2	100.2	100.2

4–6 各月居民消费价格指数（2017 年）
Consumer Price Indices by Month （2017）

续表 2（continued 2）

上年同期=100（same period last year=100）

类 别	Item	1 月 January	2 月 February	3 月 March	4 月 April	5 月 May	6 月 June
衣着	**Clothing**	**102.3**	**102.6**	**102.4**	**102.4**	**102.5**	**102.5**
服装	Garments	102.3	102.7	102.5	102.5	102.4	102.5
服装材料	Garments Material	99.0	99.1	99.1	99.1	99.1	99.1
其他衣着及配件	Other Clothing and Parts	101.9	102.0	101.6	101.5	101.2	101.1
衣着加工服务费	Clothing Manufacturing Services	101.6	101.7	101.8	101.9	102.7	103.2
居住	**Residence**	**101.3**	**101.2**	**101.0**	**101.2**	**101.3**	**101.4**
租赁房房租	Rent of Rental Housing	102.5	102.4	102.1	102.3	102.6	102.8
住房保养维修及管理	Housing Maintenance and Management	101.3	101.5	101.4	101.4	101.5	101.7
水电燃料	Water,Electricity and Fuels	100.2	100.2	100.2	100.2	100.2	100.2
自有住房	Private Housing	101.5	101.3	101.2	101.4	101.6	101.7
生活用品及服务	**Articles for Daily Use and Sevices**	**100.4**	**100.2**	**100.4**	**100.6**	**100.7**	**100.6**
家具及室内装饰品	Furniture and Interior Decorations	99.2	99.5	99.7	99.9	99.8	99.9
家用器具	Home Appliances	101.3	101.4	101.9	102.2	102.4	102.4
家用纺织品	Home Textiles	102.0	102.5	102.7	102.7	102.8	102.6
家庭日用杂品	Daily Use Household Articles	99.8	99.2	98.8	98.9	98.9	98.7
个人护理用品	Pesonal–care Supplies	100.4	99.7	100.0	100.0	99.9	100.0
家庭服务	Household Services	100.3	99.7	100.4	100.8	101.0	101.2
交通和通信	**Transport and Communications**	**104.4**	**103.9**	**103.5**	**103.6**	**103.3**	**102.8**
交通	Transport	106.0	105.3	104.7	104.7	104.3	103.7
交通工具用燃料	Fuels for Transport Facility	118.5	118.9	118.9	118.3	116.9	114.8
交通费	Traffic Fee	107.5	105.5	104.3	104.8	104.5	104.2
通信	Communications	101.5	101.5	101.4	101.5	101.5	101.3
教育文化和娱乐	**Education,Culture and Recreation**	**102.6**	**102.2**	**102.2**	**102.2**	**102.4**	**102.7**
教育	Education	101.6	101.5	101.4	101.4	101.4	101.4
文化娱乐	Culture and Recreation	103.4	102.8	102.9	102.9	103.4	103.9
旅游	Touring and Outing	109.1	106.8	106.7	106.8	107.9	108.9
医疗保健	**Health Care**	**102.2**	**102.2**	**102.1**	**102.1**	**102.2**	**102.3**
药品及医疗器具	Medecine and Medical Instrument	105.4	105.3	105.2	105.1	105.3	105.5
中药	Traditional Chinese Medicines	113.0	112.2	111.9	111.1	110.8	110.6
西药	Western Medicines	104.6	104.6	104.7	104.8	105.1	105.4
医疗服务	Medical Services	100.0	100.0	100.0	100.0	100.0	100.0
其他用品和服务	**Other Articles and Sevices**	**102.5**	**101.2**	**100.8**	**100.9**	**100.9**	**101.0**
其他用品类	Other Aricles	103.0	101.9	101.1	101.3	101.1	101.1
其他服务类	Other Sercices	102.1	100.8	100.6	100.7	100.7	100.9

4–6 各月居民消费价格指数（2017 年）
Consumer Price Indices by Month （2017）

续表 3（continued 3） 上年同期=100（same period last year=100）

类 别	Item	7 月 July	8 月 August	9 月 September	10 月 October	11 月 November	12 月 December
衣着	**Clothing**	**102.6**	**102.6**	**102.7**	**102.8**	**102.8**	**102.8**
服装	Garments	102.5	102.5	102.5	102.6	102.7	102.7
服装材料	Garments Material	99.1	99.1	99.1	99.1	99.3	99.5
其他衣着及配件	Other Clothing and Parts	101.0	100.8	100.7	100.5	100.4	100.3
衣着加工服务费	Clothing Manufacturing Services	103.6	103.9	104.1	104.2	104.4	104.5
居住	**Residence**	**101.4**	**101.5**	**101.7**	**101.8**	**101.9**	**101.9**
租赁房房租	Rent of Rental Housing	102.7	102.8	103.0	103.2	103.4	103.5
住房保养维修及管理	Housing Maintenance and Management	101.9	102.0	102.1	102.1	102.1	102.2
水电燃料	Water,Electricity and Fuels	100.2	100.2	100.2	100.3	100.3	100.3
自有住房	Private Housing	101.7	101.8	102.0	102.2	102.3	102.5
生活用品及服务	**Articles for Daily Use and Sevices**	**100.6**	**100.6**	**100.6**	**100.6**	**100.6**	**100.7**
家具及室内装饰品	Furniture and Interior Decorations	100.0	100.0	100.2	100.5	100.8	101.0
家用器具	Home Appliances	102.3	102.1	101.9	101.9	101.8	101.7
家用纺织品	Home Textiles	102.4	102.3	102.1	102.1	102.0	101.9
家庭日用杂品	Daily Use Household Articles	98.8	98.8	98.7	98.6	98.6	98.7
个人护理用品	Pesonal–care Supplies	99.9	99.9	100.0	99.9	99.8	99.8
家庭服务	Household Services	101.5	101.8	102.0	102.2	102.4	102.6
交通和通信	**Transport and Communications**	**102.4**	**102.0**	**101.8**	**101.6**	**101.6**	**101.5**
交通	Transport	103.1	102.6	102.3	102.0	102.0	101.9
交通工具用燃料	Fuels for Transport Facility	113.0	112.4	111.7	111.5	111.5	111.3
交通费	Traffic Fee	103.7	103.0	102.6	101.9	102.0	101.9
通信	Communications	101.2	101.0	100.9	100.8	100.8	100.7
教育文化和娱乐	**Education,Culture and Recreation**	**103.0**	**103.2**	**103.5**	**103.4**	**103.4**	**103.3**
教育	Education	101.4	101.4	101.4	101.4	101.4	101.4
文化娱乐	Culture and Recreation	104.4	104.9	105.3	105.3	105.1	104.9
旅游	Touring and Outing	109.8	110.9	111.6	111.5	111.0	110.5
医疗保健	**Health Care**	**102.3**	**102.4**	**102.9**	**103.5**	**103.9**	**104.2**
药品及医疗器具	Medecine and Medical Instrument	105.5	105.7	105.8	105.8	105.8	105.7
中药	Traditional Chinese Medicines	110.0	109.4	109.0	108.6	108.2	107.8
西药	Western Medicines	105.5	106.0	106.4	106.5	106.5	106.5
医疗服务	Medical Services	100.0	100.0	100.9	101.8	102.6	103.2
其他用品和服务	**Other Articles and Sevices**	**100.8**	**100.7**	**100.7**	**100.7**	**100.7**	**100.8**
其他用品类	Other Aricles	100.6	100.3	100.1	100.0	100.0	100.1
其他服务类	Other Sercices	100.9	101.0	101.1	101.1	101.1	101.2

4–6 各月居民消费价格指数（2018 年）
Consumer Price Indices by Month （2018）

上年同期=100（same period last year=100）

类 别	Item	1 月 January	2 月 February	3 月 March	4 月 April	5 月 May	6 月 June
居民消费价格总指数	**Consumer Price Index**	**101.2**	**103.1**	**101.9**	**101.5**	**101.3**	**101.7**
非食品价格指数	Non–food Price Index	101.7	103.0	102.1	102.0	102.1	102.3
服务价格指数	Price Index of Service Item	102.3	104.9	103.1	103.1	103.1	103.0
工业品价格指数	Industrial Price Index	101.6	101.6	101.5	101.3	101.4	101.8
扣除食品和能源价格指数	Excluding Food Tobacco Liquor and Energy Price Index	101.7	103.0	102.2	102.0	101.9	102.1
消费品价格指数	Consumer Goods Price Index	100.6	102.0	101.2	100.6	100.3	100.9
食品烟酒	**Food,Tobacco and Liquor**	**99.6**	**102.5**	**100.8**	**99.8**	**99.1**	**100.0**
食品	Food	99.2	103.6	100.8	99.2	98.2	99.0
粮食	Grain	100.1	99.5	99.3	98.2	99.0	97.8
大米	rice	99.6	99.0	98.1	96.1	96.1	94.7
薯类	Tubers	92.6	102.4	108.4	108.5	116.1	112.4
食用油	Oil	99.0	95.5	94.8	99.8	96.1	100.9
菜	Vegetables	100.6	119.7	106.5	103.9	102.7	106.1
鲜菜	Fresh Vegetables	100.6	121.5	106.8	104.3	103.0	106.7
畜肉类	Meat of Livestock	92.3	95.9	91.6	88.5	87.9	90.5
猪肉	Pork	87.2	92.0	85.8	81.4	80.5	84.9
禽肉类	Meat of Poultry	104.8	106.8	109.3	107.6	105.2	106.3
水产品	Aquatic Products	104.1	106.6	104.8	103.3	101.8	99.7
蛋类	Eggs	112.8	119.6	120.7	117.7	124.5	123.8
奶类	Milk	96.8	96.2	96.4	96.6	100.1	98.5
干鲜瓜果类	Dried and Fresh Melons and Fruits	101.6	101.5	104.0	102.3	94.2	92.0
糖果糕点类	Candy and Cake	102.1	101.0	101.0	99.9	101.6	96.7
调味品	Flavoring	102.2	102.2	104.1	99.0	100.8	101.1
其他食品类	Other Foods	101.5	99.4	98.9	99.8	99.2	101.0
茶及饮料	Tea and Beveages	101.7	101.2	101.9	102.7	102.7	102.9
烟酒	Tobacco and liquor	99.7	99.1	99.7	99.4	99.5	99.3
烟草	Tobacco	99.7	99.7	99.7	99.7	99.7	99.7
酒类	Liquor	99.7	98.0	99.7	98.8	99.3	98.5
在外餐饮	Dining Out	100.1	101.0	101.1	101.1	101.0	102.4

4–6 各月居民消费价格指数（2018 年）
Consumer Price Indices by Month （2018）

续表 1（continued 1） 上年同期=100（same period last year=100）

类 别	Item	7 月 July	8 月 August	9 月 September	10 月 October	11 月 November	12 月 December
居民消费价格总指数	**Consumer Price Index**	**102.2**	**102.1**	**102.3**	**102.6**	**102.4**	**102.2**
非食品价格指数	Non–food Price Index	102.7	102.4	102.2	102.2	102.0	101.8
服务价格指数	Price Index of Service Item	103.7	103.2	102.4	102.5	102.6	102.7
工业品价格指数	Industrial Price Index	101.9	101.8	102.1	101.9	101.4	100.7
扣除食品和能源价格指数	Excluding Food Tobacco Liquor and Energy Price Index	102.4	102.1	101.7	101.7	101.7	101.7
消费品价格指数	Consumer Goods Price Index	101.2	101.5	102.2	102.7	102.3	102.0
食品烟酒	**Food,Tobacco and Liquor**	**100.5**	**101.2**	**102.4**	**103.7**	**103.2**	**103.4**
食品	Food	99.8	101.0	102.7	104.6	104.0	104.1
粮食	Grain	96.1	96.6	96.8	98.3	98.0	98.5
大米	rice	91.9	92.1	93.5	95.3	95.3	97.2
薯类	Tubers	107.2	105.7	102.3	95.4	96.0	102.5
食用油	Oil	99.7	100.0	98.4	97.5	98.0	103.9
菜	Vegetables	104.2	100.5	109.1	113.9	104.2	104.3
鲜菜	Fresh Vegetables	104.8	100.3	110.2	115.4	104.7	104.5
畜肉类	Meat of Livestock	95.0	99.5	100.6	103.5	107.0	105.6
猪肉	Pork	91.3	97.7	98.6	103.4	108.3	105.5
禽肉类	Meat of Poultry	105.9	105.0	104.3	104.6	104.4	106.0
水产品	Aquatic Products	100.2	98.5	98.5	99.0	98.7	98.8
蛋类	Eggs	117.3	115.8	111.4	114.5	109.8	106.3
奶类	Milk	101.0	101.1	101.8	102.6	105.8	106.6
干鲜瓜果类	Dried and Fresh Melons and Fruits	95.0	101.8	104.5	105.1	107.2	108.0
糖果糕点类	Candy and Cake	98.0	100.6	100.3	99.6	100.2	98.1
调味品	Flavoring	99.7	99.7	100.7	101.7	101.2	100.5
其他食品类	Other Foods	99.3	101.2	101.0	102.4	103.1	103.3
茶及饮料	Tea and Beveages	102.4	101.4	101.8	101.9	101.1	101.0
烟酒	Tobacco and liquor	99.6	99.8	99.7	100.4	100.2	100.4
烟草	Tobacco	100.0	100.0	100.0	100.0	100.0	100.0
酒类	Liquor	99.0	99.6	99.1	101.1	100.5	101.0
在外餐饮	Dining Out	102.2	102.2	102.6	102.6	102.4	102.6

4–6 各月居民消费价格指数（2018 年）
Consumer Price Indices by Month （2018）

续表 2（continued 2） 上年同期=100（same period last year=100）

类 别	Item	1 月 January	2 月 February	3 月 March	4 月 April	5 月 May	6 月 June
衣着	**Clothing**	**102.7**	**102.4**	**102.4**	**102.0**	**101.4**	**101.4**
服装	Garments	102.6	102.3	102.3	102.0	101.8	101.8
服装材料	Garments Material	101.8	101.4	101.1	101.1	101.1	101.1
其他衣着及配件	Other Clothing and Parts	99.3	99.5	99.6	99.6	100.5	100.7
衣着加工服务费	Clothing Manufacturing Services	105.1	104.5	104.8	104.8	101.6	101.6
居住	**Residence**	**102.9**	**102.9**	**102.7**	**102.3**	**102.2**	**103.1**
租赁房房租	Rent of Rental Housing	104.7	104.7	104.4	104.2	103.4	104.1
住房保养维修及管理	Housing Maintenance and Management	102.5	102.5	103.6	102.9	103.2	102.6
水电燃料	Water,Electricity and Fuels	100.4	100.3	100.4	100.4	100.4	100.4
自有住房	Private Housing	103.9	103.9	103.3	102.7	102.7	104.4
生活用品及服务	**Articles for Daily Use and Sevices**	**101.4**	**102.4**	**101.8**	**101.4**	**101.4**	**101.6**
家具及室内装饰品	Furniture and Interior Decorations	103.7	103.3	103.2	103.8	104.2	104.3
家用器具	Home Appliances	100.4	101.0	100.1	99.1	98.2	99.3
家用纺织品	Home Textiles	100.8	100.6	100.5	100.7	100.2	100.8
家庭日用杂品	Daily Use Household Articles	99.4	101.9	101.9	101.3	101.5	101.9
个人护理用品	Pesonal–care Supplies	102.0	102.9	101.8	100.5	101.6	99.6
家庭服务	Household Services	105.1	106.7	105.1	105.5	106.1	105.9
交通和通信	**Transport and Communications**	**98.8**	**100.8**	**99.4**	**98.1**	**99.7**	**100.4**
交通	Transport	98.6	101.3	100.1	99.8	102.1	102.7
交通工具用燃料	Fuels for Transport Facility	106.3	106.5	104.2	108.6	113.4	117.7
交通费	Traffic Fee	96.4	101.9	101.0	96.8	100.1	96.1
通信	Communications	99.1	99.9	98.2	95.1	95.4	96.4
教育文化和娱乐	**Education,Culture and Recreation**	**99.6**	**105.2**	**101.4**	**103.4**	**103.1**	**102.0**
教育	Education	101.5	101.7	102.1	102.1	102.0	101.9
文化娱乐	Culture and Recreation	98.0	108.3	100.9	104.7	104.2	102.1
旅游	Touring and Outing	93.1	119.7	101.9	111.0	110.5	106.3
医疗保健	**Health Care**	**108.8**	**108.7**	**108.6**	**108.5**	**107.9**	**107.6**
药品及医疗器具	Medecine and Medical Instrument	107.0	106.7	106.6	106.3	105.0	104.3
中药	Traditional Chinese Medicines	104.7	104.8	104.3	105.1	105.6	105.5
西药	Western Medicines	109.0	108.8	109.3	108.7	106.9	104.9
医疗服务	Medical Services	110.1	110.1	110.1	110.1	110.1	110.1
其他用品和服务	**Other Articles and Sevices**	**99.9**	**101.5**	**100.6**	**100.8**	**100.0**	**100.0**
其他用品类	Other Aricles	100.7	98.3	98.6	98.7	98.1	98.3
其他服务类	Other Sercices	99.3	103.7	101.9	102.3	101.4	101.2

4-6 各月居民消费价格指数（2018 年）
Consumer Price Indices by Month (2018)

续表 3（continued 3） 上年同期=100（same period last year=100）

类 别	Item	7 月 July	8 月 August	9 月 September	10 月 October	11 月 November	12 月 December
衣着	**Clothing**	**101.4**	**101.2**	**101.2**	**100.5**	**101.0**	**100.9**
服装	Garments	101.8	101.6	101.4	100.5	100.9	100.9
服装材料	Garments Material	101.1	101.1	101.1	101.4	99.5	99.5
其他衣着及配件	Other Clothing and Parts	100.7	100.6	100.8	100.5	100.6	100.7
衣着加工服务费	Clothing Manufacturing Services	101.6	101.6	101.6	101.6	101.7	100.5
居住	**Residence**	**102.9**	**102.5**	**103.0**	**103.2**	**103.2**	**103.1**
租赁房房租	Rent of Rental Housing	104.2	102.9	101.8	102.4	102.4	102.4
住房保养维修及管理	Housing Maintenance and Management	102.4	102.3	102.2	102.2	101.9	101.4
水电燃料	Water,Electricity and Fuels	100.4	101.3	103.2	103.2	103.2	103.0
自有住房	Private Housing	104.2	103.0	103.3	103.7	103.7	103.7
生活用品及服务	**Articles for Daily Use and Sevices**	**101.5**	**101.6**	**102.4**	**101.8**	**101.6**	**101.7**
家具及室内装饰品	Furniture and Interior Decorations	104.8	104.5	104.1	102.3	101.7	102.4
家用器具	Home Appliances	99.2	98.8	100.1	98.2	97.9	97.8
家用纺织品	Home Textiles	100.6	100.8	100.9	100.8	101.5	101.4
家庭日用杂品	Daily Use Household Articles	100.2	100.9	103.9	104.8	105.0	104.4
个人护理用品	Pesonal-care Supplies	100.4	101.2	99.5	100.3	99.6	100.7
家庭服务	Household Services	107.3	107.2	107.6	107.0	106.8	106.5
交通和通信	**Transport and Communications**	**101.6**	**102.0**	**101.2**	**101.4**	**99.4**	**98.1**
交通	Transport	104.6	105.3	104.4	104.8	101.8	99.9
交通工具用燃料	Fuels for Transport Facility	122.1	119.3	120.6	122.0	112.6	99.6
交通费	Traffic Fee	100.1	102.2	100.5	100.1	97.8	100.6
通信	Communications	96.2	96.2	95.7	95.3	95.1	94.9
教育文化和娱乐	**Education,Culture and Recreation**	**103.5**	**102.5**	**102.9**	**103.7**	**104.6**	**104.0**
教育	Education	102.5	102.6	105.6	105.8	105.8	105.7
文化娱乐	Culture and Recreation	104.3	102.3	100.7	101.8	103.4	102.3
旅游	Touring and Outing	110.8	106.9	102.2	105.2	110.0	107.3
医疗保健	**Health Care**	**107.5**	**106.9**	**102.4**	**101.1**	**101.1**	**101.0**
药品及医疗器具	Medecine and Medical Instrument	104.2	102.8	102.8	102.6	102.6	102.3
中药	Traditional Chinese Medicines	104.9	105.9	105.2	104.7	104.4	104.0
西药	Western Medicines	104.8	101.4	101.6	101.3	101.5	101.7
医疗服务	Medical Services	110.1	110.1	102.1	100.0	100.0	100.0
其他用品和服务	**Other Articles and Sevices**	**101.0**	**100.8**	**100.6**	**101.3**	**101.9**	**101.8**
其他用品类	Other Aricles	99.7	99.2	97.7	98.6	99.5	100.2
其他服务类	Other Sercices	101.8	101.8	102.6	103.2	103.5	102.9

4-7 各月商品零售价格分类指数（2011 年）
Retail Price Index by Month（2011）

上年同期=100（same period last year=100）

类 别	Item	1 月 January	2 月 February	3 月 March	4 月 April	5 月 May	6 月 June
商品零售价格总指数	**Retail Price Index**	**103.0**	**104.2**	**104.4**	**104.1**	**104.1**	**105.4**
食品	Food	111.0	113.1	113.0	111.3	111.0	114.3
饮料烟酒	Beverages, Tobacco and Liquor	105.6	105.1	105.4	106.0	106.2	106.2
服装鞋帽	Garments, Shoes and Hats	96.8	97.9	97.6	100.3	102.4	104.5
纺织品	Textiles	113.9	114.5	114.6	114.7	114.7	114.1
家用电器及音像器材	Household Appliances, Music and Video Equipment	85.2	88.4	88.6	88.4	89.6	88.9
文化办公用品	Cultural and Office Appliances	94.6	94.2	92.4	92.3	91.3	91.4
日用品	Articles for Daily Use	103.0	102.4	103.0	103.5	103.5	104.2
体育娱乐用品	Sports and Recreation Articles	96.3	96.1	96.5	95.7	95.9	95.8
交通、通信用品	Transportation and Communication Appliances	92.2	93.7	94.0	93.8	93.7	94.2
家具	Furniture	99.9	100.1	99.1	99.0	98.9	99.4
化妆品	Cosmetics	100.5	100.7	101.0	101.3	101.5	101.8
金银珠宝	Gold, Silver and Jewelry	116.9	116.8	118.0	116.4	112.2	111.3
中西药品及医疗保健用品	Traditional Chinese and Western Medicines and Health Care Articles	104.2	104.1	103.8	103.2	102.2	102.0
书报杂志及电子出版物	Books, Newspapers, Magazines and Electronic Publications	100.2	100.3	100.3	100.3	100.3	100.6
燃料	Fuels	114.2	114.7	117.2	116.1	115.8	117.3
建筑材料及五金电料	Building Materials and Hardware	105.3	105.6	106.6	105.7	105.7	105.4

4-7 各月商品零售价格分类指数（2011 年）
Retail Price Index by Month（2011）

续表（continued） 上年同期=100（same period last year=100）

类 别	Item	7 月 July	8 月 August	9 月 September	10 月 October	11 月 November	12 月 December
商品零售价格总指数	**Retail Price Index**	**105.8**	**105.8**	**105.8**	**104.7**	**104.5**	**104.2**
食品	Food	115.3	116.5	116.5	115.3	112.9	112.7
饮料烟酒	Beverages, Tobacco and Liquor	105.1	105.3	104.2	104.7	106.5	107.1
服装鞋帽	Garments, Shoes and Hats	102.6	102.8	103.2	102.4	103.2	103.0
纺织品	Textiles	113.5	111.9	111.6	111.5	106.7	102.8
家用电器及音像器材	Household Appliances, Music and Video Equipment	90.1	90.9	94.1	94.3	94.7	94.9
文化办公用品	Cultural and Office Appliances	91.4	91.0	94.9	94.6	95.3	95.5
日用品	Articles for Daily Use	104.5	107.0	106.7	106.9	105.2	103.9
体育娱乐用品	Sports and Recreation Articles	96.2	98.2	97.7	97.4	97.4	99.3
交通、通信用品	Transportation and Communication Appliances	94.8	95.1	91.7	91.5	91.5	91.8
家具	Furniture	99.8	100.1	100.4	100.5	100.7	99.2
化妆品	Cosmetics	102.1	102.5	102.7	103.2	103.2	103.2
金银珠宝	Gold, Silver and Jewelry	113.6	117.7	117.8	107.3	108.5	105.5
中西药品及医疗保健用品	Traditional Chinese and Western Medicines and Health Care Articles	102.2	101.1	101.4	101.5	101.6	101.3
书报杂志及电子出版物	Books, Newspapers, Magazines and Electronic Publications	102.1	101.4	101.7	101.7	101.7	101.7
燃料	Fuels	117.3	108.0	105.8	105.0	104.3	102.9
建筑材料及五金电料	Building Materials and Hardware	106.0	106.1	107.0	98.3	105.8	104.8

4-7 各月商品零售价格分类指数（2012 年）
Retail Price Index by Month (2012)

上年同期=100（same period last year=100）

类 别	Item	1 月 January	2 月 February	3 月 March	4 月 April	5 月 May	6 月 June
商品零售价格总指数	**Retail Price Index**	**103.9**	**102.8**	**103.0**	**103.2**	**102.6**	**101.4**
食品	Food	112.4	107.9	108.7	109.8	109.4	106.3
饮料烟酒	Beverages, Tobacco and Liquor	107.5	108.1	108.1	107.4	106.9	106.8
服装鞋帽	Garments, Shoes and Hats	103.1	103.3	103.4	101.0	98.6	96.6
纺织品	Textiles	99.5	99.3	99.5	94.7	92.9	92.9
家用电器及音像器材	Household Appliances, Music and Video Equipment	95.1	96.6	97.2	98.4	98.1	98.6
文化办公用品	Cultural and Office Appliances	96.2	96.4	99.1	99.3	99.0	98.7
日用品	Articles for Daily Use	104.1	104.5	103.4	103.2	103.7	103.0
体育娱乐用品	Sports and Recreation Articles	99.5	99.5	99.1	100.0	99.8	99.9
交通、通信用品	Transportation and Communication Appliances	89.5	89.8	90.5	89.7	89.5	89.9
家具	Furniture	99.3	99.1	99.1	99.8	100.1	99.7
化妆品	Cosmetics	102.1	102.3	101.8	102.0	102.6	102.7
金银珠宝	Gold, Silver and Jewelry	104.5	104.9	102.3	99.9	97.9	96.7
中西药品及医疗保健用品	Traditional Chinese and Western Medicines and Health Care Articles	101.7	102.0	102.5	103.1	103.1	102.8
书报杂志及电子出版物	Books, Newspapers, Magazines and Electronic Publications	101.5	102.6	102.6	102.6	102.6	102.4
燃料	Fuels	102.4	102.9	101.8	103.7	102.2	100.3
建筑材料及五金电料	Building Materials and Hardware	104.0	103.5	102.2	102.3	102.1	103.8

4–7 各月商品零售价格分类指数（2012 年）
Retail Price Index by Month（2012）

续表（continued） 上年同期=100（same period last year=100）

类 别	Item	7 月 July	8 月 August	9 月 September	10 月 October	11 月 November	12 月 December
商品零售价格总指数	**Retail Price Index**	**100.5**	**99.8**	**100.3**	**100.4**	**100.4**	**100.8**
食品	Food	103.4	101.1	100.1	99.5	99.8	100.8
饮料烟酒	Beverages, Tobacco and Liquor	106.6	106.1	105.2	105.0	103.4	103.1
服装鞋帽	Garments, Shoes and Hats	99.1	99.9	101.8	104.2	105.0	105.9
纺织品	Textiles	92.9	97.8	97.3	96.6	96.8	96.8
家用电器及音像器材	Household Appliances, Music and Video Equipment	98.9	98.0	100.1	99.7	99.8	100.0
文化办公用品	Cultural and Office Appliances	97.9	98.9	98.3	98.5	98.1	97.9
日用品	Articles for Daily Use	102.9	101.8	101.3	100.7	100.8	100.9
体育娱乐用品	Sports and Recreation Articles	100.3	101.2	101.7	101.8	102.0	101.5
交通、通信用品	Transportation and Communication Appliances	89.7	89.7	93.2	92.6	92.2	92.3
家具	Furniture	98.8	97.7	96.4	95.8	97.1	98.7
化妆品	Cosmetics	102.5	102.2	102.4	102.3	102.2	102.5
金银珠宝	Gold, Silver and Jewelry	97.1	94.0	96.4	99.9	96.8	98.6
中西药品及医疗保健用品	Traditional Chinese and Western Medicines and Health Care Articles	102.9	102.7	102.7	102.9	103.0	102.8
书报杂志及电子出版物	Books, Newspapers, Magazines and Electronic Publications	100.9	101.6	101.6	101.6	101.6	101.6
燃料	Fuels	98.5	99.1	102.8	104.2	103.9	103.3
建筑材料及五金电料	Building Materials and Hardware	103.2	102.6	101.8	101.3	102.3	102.0

4-7 各月商品零售价格分类指数（2013 年）
Retail Price Index by Month（2013）

上年同期=100（same period last year=100）

类 别	Item	1 月 January	2 月 February	3 月 March	4 月 April	5 月 May	6 月 June
商品零售价格总指数	Retail Price Index	101.3	102.1	101.3	101.5	101.3	101.7
食品	Food	101.1	104.0	100.7	101.8	101.1	102.4
饮料烟酒	Beverages, Tobacco and Liquor	102.9	102.4	102.3	101.9	101.9	102.1
服装鞋帽	Garments, Shoes and Hats	106.6	107.0	108.5	108.7	108.7	108.8
纺织品	Textiles	97.8	98.3	98.1	103.1	104.6	104.6
家用电器及音像器材	Household Appliances, Music and Video Equipment	100.8	100.2	101.2	100.6	101.4	100.5
文化办公用品	Cultural and Office Appliances	97.5	97.8	98.1	98.4	98.9	99.0
日用品	Articles for Daily Use	101.0	100.3	101.5	101.1	100.4	99.9
体育娱乐用品	Sports and Recreation Articles	100.1	100.5	100.1	100.6	100.7	100.6
交通、通信用品	Transportation and Communication Appliances	94.9	95.0	95.2	96.2	96.1	96.6
家具	Furniture	98.3	97.7	98.7	98.0	98.0	98.1
化妆品	Cosmetics	103.2	102.3	103.1	103.3	103.0	102.8
金银珠宝	Gold, Silver and Jewelry	100.2	98.7	98.8	97.6	97.0	94.8
中西药品及医疗保健用品	Traditional Chinese and Western Medicines and Health Care Articles	102.1	101.9	101.7	101.6	101.4	101.1
书报杂志及电子出版物	Books, Newspapers, Magazines and Electronic Publications	102.0	100.9	100.9	100.9	100.8	100.8
燃料	Fuels	103.2	102.6	102.2	98.9	98.8	100.5
建筑材料及五金电料	Building Materials and Hardware	102.3	101.6	103.7	104.3	104.1	101.7

4-7 各月商品零售价格分类指数（2013 年）
Retail Price Index by Month（2013）

续表（continued）　　　　上年同期=100（same period last year=100）

类　别	Item	7 月 July	8 月 August	9 月 September	10 月 October	11 月 November	12 月 December
商品零售价格总指数	**Retail Price Index**	**102.7**	**102.5**	**102.3**	**101.8**	**102.0**	**101.5**
食品	Food	104.8	104.6	105.2	104.7	105.4	103.8
饮料烟酒	Beverages, Tobacco and Liquor	101.8	102.1	102.2	101.6	101.6	101.0
服装鞋帽	Garments, Shoes and Hats	108.6	106.8	104.6	102.7	102.7	102.1
纺织品	Textiles	104.7	99.7	100.1	100.6	99.8	99.2
家用电器及音像器材	Household Appliances, Music and Video Equipment	100.3	100.8	99.3	100.2	99.9	99.3
文化办公用品	Cultural and Office Appliances	99.6	99.4	99.2	99.0	98.8	99.1
日用品	Articles for Daily Use	99.9	100.4	100.6	100.7	100.5	100.1
体育娱乐用品	Sports and Recreation Articles	100.2	99.5	99.4	98.1	99.1	98.9
交通、通信用品	Transportation and Communication Appliances	97.7	97.9	98.2	98.3	98.8	98.7
家具	Furniture	100.1	100.8	101.9	102.5	100.9	100.0
化妆品	Cosmetics	102.6	102.6	102.2	102.1	102.1	102.2
金银珠宝	Gold, Silver and Jewelry	92.3	93.2	90.4	88.4	88.6	87.5
中西药品及医疗保健用品	Traditional Chinese and Western Medicines and Health Care Articles	100.8	100.8	101.0	101.2	101.1	101.4
书报杂志及电子出版物	Books, Newspapers, Magazines and Electronic Publications	100.7	100.6	100.4	100.2	100.2	100.2
燃料	Fuels	102.6	102.9	100.2	98.7	98.7	99.7
建筑材料及五金电料	Building Materials and Hardware	102.4	102.8	103.1	103.9	103.0	104.2

4-7 各月商品零售价格分类指数（2014 年）
Retail Price Index by Month（2014）

上年同期=100（same period last year=100）

类 别	Item	1 月 January	2 月 February	3 月 March	4 月 April	5 月 May	6 月 June
商品零售价格总指数	**Retail Price Index**	**101.1**	**100.6**	**101.0**	**100.3**	**100.9**	**101.1**
食品	Food	103.0	101.6	103.9	101.3	102.2	102.2
饮料烟酒	Beverages, Tobacco and Liquor	100.7	100.3	100.2	99.7	99.4	99.1
服装鞋帽	Garments, Shoes and Hats	101.5	101.0	100.0	100.5	100.9	101.2
纺织品	Textiles	99.0	98.3	96.4	98.6	98.5	97.1
家用电器及音像器材	Household Appliances, Music and Video Equipment	98.2	98.2	97.4	98.0	98.2	98.9
文化办公用品	Cultural and Office Appliances	99.4	99.2	99.0	98.7	99.3	99.7
日用品	Articles for Daily Use	99.7	100.3	99.4	99.1	99.6	100.1
体育娱乐用品	Sports and Recreation Articles	100.5	99.6	100.5	100.1	100.0	100.1
交通、通信用品	Transportation and Communication Appliances	98.1	98.3	98.2	98.4	99.2	99.3
家具	Furniture	100.1	100.7	100.8	101.0	101.3	101.2
化妆品	Cosmetics	102.0	103.0	102.1	101.0	100.8	100.3
金银珠宝	Gold, Silver and Jewelry	87.0	89.8	91.7	93.1	94.2	96.0
中西药品及医疗保健用品	Traditional Chinese and Western Medicines and Health Care Articles	102.0	102.2	102.3	102.4	102.6	102.4
书报杂志及电子出版物	Books, Newspapers, Magazines and Electronic Publications	100.1	100.2	100.2	100.2	100.2	100.2
燃料	Fuels	100.2	99.5	99.4	100.4	101.8	102.2
建筑材料及五金电料	Building Materials and Hardware	103.9	104.8	101.8	101.9	102.2	103.0

4-7 各月商品零售价格分类指数（2014 年）
Retail Price Index by Month（2014）

续表（continued）　　上年同期=100（same period last year=100）

类 别	Item	7 月 July	8 月 August	9 月 September	10 月 October	11 月 November	12 月 December
商品零售价格总指数	**Retail Price Index**	**101.1**	**101.0**	**100.7**	**101.1**	**100.7**	**100.8**
食品	Food	101.8	101.1	100.9	101.8	101.0	101.4
饮料烟酒	Beverages, Tobacco and Liquor	99.2	98.9	98.6	98.6	98.0	98.1
服装鞋帽	Garments, Shoes and Hats	101.2	102.8	103.0	104.2	104.5	104.1
纺织品	Textiles	97.2	99.1	97.8	98.0	98.9	99.7
家用电器及音像器材	Household Appliances, Music and Video Equipment	98.7	98.9	99.8	99.3	99.4	99.4
文化办公用品	Cultural and Office Appliances	99.8	99.9	100.4	100.4	100.7	100.5
日用品	Articles for Daily Use	100.4	100.1	100.2	101.5	101.4	101.6
体育娱乐用品	Sports and Recreation Articles	99.8	99.1	99.1	100.4	99.1	99.5
交通、通信用品	Transportation and Communication Appliances	99.0	98.8	97.8	98.4	98.2	97.8
家具	Furniture	99.2	99.7	99.7	99.8	99.8	100.4
化妆品	Cosmetics	100.5	99.7	100.3	100.5	100.4	100.1
金银珠宝	Gold, Silver and Jewelry	99.4	97.3	95.6	95.6	95.5	97.9
中西药品及医疗保健用品	Traditional Chinese and Western Medicines and Health Care Articles	104.2	106.9	106.5	106.1	106.2	107.9
书报杂志及电子出版物	Books, Newspapers, Magazines and Electronic Publications	100.5	100.6	101.5	101.7	101.7	103.0
燃料	Fuels	102.0	100.2	98.1	97.7	96.2	94.5
建筑材料及五金电料	Building Materials and Hardware	102.9	103.0	102.4	101.9	102.2	100.7

4-7 各月商品零售价格分类指数（2015年）
Retail Price Index by Month（2015）

上年同期=100（same period last year=100）

类 别	Item	1月 January	2月 February	3月 March	4月 April	5月 May	6月 June
商品零售价格总指数	**Retail Price Index**	**99.9**	**100.2**	**100.0**	**100.5**	**100.4**	**100.4**
食品	Food	99.6	100.8	100.1	101.7	101.5	101.9
饮料烟酒	Beverages, Tobacco and Liquor	98.1	97.8	97.7	98.2	99.4	99.8
服装鞋帽	Garments, Shoes and Hats	103.6	104.2	103.8	103.2	102.6	102.2
纺织品	Textiles	100.1	99.0	99.7	99.1	99.3	100.6
家用电器及音像器材	Household Appliances, Music and Video Equipment	99.5	98.9	98.8	98.3	98.4	97.8
文化办公用品	Cultural and Office Appliances	100.4	100.3	100.3	100.2	99.8	99.5
日用品	Articles for Daily Use	101.9	102.0	101.9	102.4	101.5	101.5
体育娱乐用品	Sports and Recreation Articles	99.4	99.7	99.2	99.7	99.6	99.7
交通、通信用品	Transportation and Communication Appliances	97.3	97.3	97.0	97.2	96.5	95.6
家具	Furniture	100.6	100.7	101.7	101.7	101.0	101.8
化妆品	Cosmetics	100.0	99.7	100.2	100.7	100.4	100.5
金银珠宝	Gold, Silver and Jewelry	98.3	95.7	93.1	94.3	95.0	94.6
中西药品及医疗保健用品	Traditional Chinese and Western Medicines and Health Care Articles	107.3	107.1	107.1	107.3	107.2	107.6
书报杂志及电子出版物	Books, Newspapers, Magazines and Electronic Publications	103.5	103.6	103.6	103.6	103.6	103.6
燃料	Fuels	92.1	91.7	92.9	93.0	94.4	94.1
建筑材料及五金电料	Building Materials and Hardware	100.5	100.6	101.5	100.3	99.9	99.4

4-7 各月商品零售价格分类指数（2015 年）
Retail Price Index by Month（2015）

续表（continued）　　上年同期=100（same period last year=100）

类 别	Item	7 月 July	8 月 August	9 月 September	10 月 October	11 月 November	12 月 December
商品零售价格总指数	**Retail Price Index**	**100.3**	**100.5**	**100.4**	**100.0**	**99.8**	**100.0**
食品	Food	102.2	103.6	102.5	101.3	100.6	100.9
饮料烟酒	Beverages, Tobacco and Liquor	99.7	100.2	100.5	100.8	101.1	101.5
服装鞋帽	Garments, Shoes and Hats	102.3	102.5	103.2	102.7	102.0	102.5
纺织品	Textiles	101.0	99.7	100.9	100.1	100.4	100.1
家用电器及音像器材	Household Appliances, Music and Video Equipment	97.8	97.8	96.9	96.7	96.4	96.6
文化办公用品	Cultural and Office Appliances	99.2	99.5	100.2	100.3	100.8	100.9
日用品	Articles for Daily Use	101.6	100.8	100.8	99.7	99.8	100.3
体育娱乐用品	Sports and Recreation Articles	99.8	100.8	100.8	100.7	100.6	100.4
交通、通信用品	Transportation and Communication Appliances	95.1	95.3	96.4	96.0	96.4	97.0
家具	Furniture	101.8	101.4	101.4	101.1	101.5	101.7
化妆品	Cosmetics	100.2	100.9	100.1	99.6	100.1	100.1
金银珠宝	Gold, Silver and Jewelry	92.6	93.3	95.6	97.9	97.3	97.4
中西药品及医疗保健用品	Traditional Chinese and Western Medicines and Health Care Articles	106.2	103.6	103.7	103.7	103.7	102.2
书报杂志及电子出版物	Books, Newspapers, Magazines and Electronic Publications	103.3	103.3	102.3	102.3	102.3	101.0
燃料	Fuels	93.2	92.2	92.3	93.7	95.2	95.6
建筑材料及五金电料	Building Materials and Hardware	98.9	98.5	98.6	98.9	98.5	98.1

4-7 各月商品零售价格分类指数（2016年）
Retail Price Index by Month（2016）

上年同期=100（same period last year=100）

类 别	Item	1月 January	2月 February	3月 March	4月 April	5月 May	6月 June
商品零售价格总指数	**Retail Price Index**	**100.4**	**100.6**	**100.6**	**100.7**	**100.7**	**100.8**
食品	Food	102.9	104.7	105.6	106.2	106.2	105.9
饮料烟酒	Beverages, Tobacco and Liquor	100.0	100.1	100.0	100.0	99.9	99.8
服装鞋帽	Garments, Shoes and Hats	102.2	102.2	102.4	102.5	102.6	102.7
纺织品	Textiles	99.6	99.6	100.1	100.1	100.1	100.5
家用电器及音像器材	Household Appliances, Music and Video Equipment	98.0	97.9	97.7	97.6	97.3	97.2
文化办公用品	Cultural and Office Appliances	101.3	101.4	101.6	101.8	102.0	102.1
日用品	Articles for Daily Use	99.6	99.6	99.8	99.8	100.0	100.0
体育娱乐用品	Sports and Recreation Articles	99.6	99.7	99.7	100.0	100.2	100.3
交通、通信用品	Transportation and Communication Appliances	99.2	97.7	96.8	96.4	96.6	97.3
家具	Furniture	104.5	104.1	103.6	103.4	103.5	103.3
化妆品	Cosmetics	98.7	99.1	99.2	99.5	99.8	99.9
金银珠宝	Gold, Silver and Jewelry	97.7	100.8	103.3	104.1	104.8	105.7
中西药品及医疗保健用品	Traditional Chinese and Western Medicines and Health Care Articles	101.7	101.9	102.0	102.3	102.5	102.7
书报杂志及电子出版物	Books, Newspapers, Magazines and Electronic Publications	100.3	100.4	100.4	100.3	100.2	100.1
燃料	Fuels	97.2	97.3	96.6	96.4	96.1	96.1
建筑材料及五金电料	Building Materials and Hardware	99.5	99.5	99.6	99.7	99.8	99.9

4-7 各月商品零售价格分类指数（2016 年）
Retail Price Index by Month（2016）

续表（continued） 上年同期=100（same period last year=100）

类别	Item	7月 July	8月 August	9月 September	10月 October	11月 November	12月 December
商品零售价格总指数	**Retail Price Index**	**100.9**	**101.0**	**101.0**	**101.1**	**101.2**	**101.3**
食品	Food	105.3	104.7	104.4	104.2	104.1	104.0
饮料烟酒	Beverages, Tobacco and Liquor	99.8	99.8	99.8	99.8	99.9	99.9
服装鞋帽	Garments, Shoes and Hats	102.7	102.7	102.6	102.5	102.5	102.4
纺织品	Textiles	100.8	101.0	101.1	101.1	101.0	101.1
家用电器及音像器材	Household Appliances, Music and Video Equipment	97.1	97.2	97.3	97.5	97.7	97.9
文化办公用品	Cultural and Office Appliances	102.4	102.4	102.3	102.3	102.3	102.4
日用品	Articles for Daily Use	99.9	99.9	99.9	99.7	99.7	99.6
体育娱乐用品	Sports and Recreation Articles	100.3	100.3	100.2	100.2	100.1	100.0
交通、通信用品	Transportation and Communication Appliances	98.0	98.6	98.9	99.2	99.4	99.6
家具	Furniture	103.3	103.3	103.2	103.1	103.1	103.0
化妆品	Cosmetics	100.1	100.3	100.5	100.6	100.8	100.9
金银珠宝	Gold, Silver and Jewelry	107.2	108.4	109.1	109.2	109.5	109.5
中西药品及医疗保健用品	Traditional Chinese and Western Medicines and Health Care Articles	103.0	103.2	103.4	103.7	104.0	104.3
书报杂志及电子出版物	Books, Newspapers, Magazines and Electronic Publications	100.0	100.0	100.0	100.0	100.0	100.0
燃料	Fuels	96.2	96.5	96.9	97.3	97.6	98.1
建筑材料及五金电料	Building Materials and Hardware	100.0	100.0	100.1	100.1	100.2	100.3

4-7 各月商品零售价格分类指数（2017 年）
Retail Price Index by Month（2017）

上年同期=100（same period last year=100）

类 别	Item	1 月 January	2 月 February	3 月 March	4 月 April	5 月 May	6 月 June
商品零售价格总指数	**Retail Price Index**	**102.0**	**101.4**	**101.1**	**101.1**	**101.0**	**101.0**
食品	Food	101.1	98.4	97.4	96.9	96.9	97.0
饮料烟酒	Beverages, Tobacco and Liquor	100.8	101.1	101.3	101.5	101.6	101.7
服装鞋帽	Garments, Shoes and Hats	102.3	102.7	102.4	102.4	102.5	102.5
纺织品	Textiles	102.4	102.9	103.2	103.2	103.3	103.2
家用电器及音像器材	Household Appliances, Music and Video Equipment	100.3	100.7	101.2	101.6	101.9	102.0
文化办公用品	Cultural and Office Appliances	102.3	102.4	102.4	102.3	102.3	102.4
日用品	Articles for Daily Use	99.0	98.3	98.1	98.3	98.4	98.4
体育娱乐用品	Sports and Recreation Articles	99.5	99.6	99.6	99.7	99.8	99.8
交通、通信用品	Transportation and Communication Appliances	101.3	101.6	101.4	101.6	101.5	101.0
家具	Furniture	99.2	99.5	99.7	100.0	99.9	99.9
化妆品	Cosmetics	101.2	100.4	100.7	100.7	100.4	100.4
金银珠宝	Gold, Silver and Jewelry	107.1	105.3	104.1	104.1	103.6	103.2
中西药品及医疗保健用品	Traditional Chinese and Western Medicines and Health Care Articles	105.4	105.3	105.2	105.1	105.3	105.5
书报杂志及电子出版物	Books, Newspapers, Magazines and Electronic Publications	99.4	99.3	99.3	99.5	99.6	99.8
燃料	Fuels	106.7	107.1	107.2	107.1	106.7	106.1
建筑材料及五金电料	Building Materials and Hardware	101.6	101.5	101.2	101.0	101.0	101.0

4–7 各月商品零售价格分类指数（2017 年）
Retail Price Index by Month（2017）

续表（continued） 上年同期=100（same period last year=100）

类 别	Item	7 月 July	8 月 August	9 月 September	10 月 October	11 月 November	12 月 December
商品零售价格总指数	**Retail Price Index**	100.9	100.9	100.8	100.8	100.8	100.8
食品	Food	97.2	97.5	97.6	97.7	97.8	97.9
饮料烟酒	Beverages, Tobacco and Liquor	101.7	101.6	101.5	101.4	101.4	101.3
服装鞋帽	Garments, Shoes and Hats	102.6	102.6	102.7	102.7	102.8	102.8
纺织品	Textiles	102.9	102.7	102.6	102.6	102.5	102.4
家用电器及音像器材	Household Appliances, Music and Video Equipment	102.0	101.9	101.8	101.8	101.8	101.7
文化办公用品	Cultural and Office Appliances	102.4	102.5	102.5	102.5	102.6	102.6
日用品	Articles for Daily Use	98.5	98.6	98.6	98.6	98.7	98.8
体育娱乐用品	Sports and Recreation Articles	99.9	100.0	100.0	100.0	100.0	100.0
交通、通信用品	Transportation and Communication Appliances	100.7	100.2	99.9	99.8	99.7	99.5
家具	Furniture	100.0	100.0	100.2	100.5	100.7	101.0
化妆品	Cosmetics	100.3	100.3	100.3	100.3	100.2	100.1
金银珠宝	Gold, Silver and Jewelry	102.0	101.2	100.7	100.5	100.4	100.6
中西药品及医疗保健用品	Traditional Chinese and Western Medicines and Health Care Articles	105.5	105.7	105.8	105.8	105.8	105.7
书报杂志及电子出版物	Books, Newspapers, Magazines and Electronic Publications	100.0	100.1	100.2	100.3	100.3	100.4
燃料	Fuels	105.5	105.3	105.1	105.1	105.1	105.1
建筑材料及五金电料	Building Materials and Hardware	101.0	101.0	101.0	101.0	101.1	101.2

4-7 各月商品零售价格分类指数（2018年）
Retail Price Index by Month（2018）

上年同期=100（same period last year=100）

类 别	Item	1月 January	2月 February	3月 March	4月 April	5月 May	6月 June
商品零售价格总指数	**Retail Price Index**	**100.7**	**101.5**	**101.0**	**100.4**	**100.3**	**101.1**
食品	Food	99.6	102.9	100.9	99.8	99.1	100.0
饮料烟酒	Beverages, Tobacco and Liquor	100.1	99.5	100.1	100.0	100.2	100.0
服装鞋帽	Garments, Shoes and Hats	102.7	102.3	102.4	102.0	101.5	101.4
纺织品	Textiles	101.4	101.1	100.7	100.8	100.6	100.7
家用电器及音像器材	Household Appliances, Music and Video Equipment	100.9	100.8	100.0	99.0	98.1	98.4
文化办公用品	Cultural and Office Appliances	102.0	101.8	101.4	101.2	100.4	99.5
日用品	Articles for Daily Use	100.2	102.2	101.1	101.4	100.9	101.1
体育娱乐用品	Sports and Recreation Articles	99.6	100.5	99.8	99.2	99.8	99.6
交通、通信用品	Transportation and Communication Appliances	97.2	97.5	97.5	96.0	96.8	99.3
家具	Furniture	103.9	103.4	103.3	104.0	104.5	104.9
化妆品	Cosmetics	102.3	103.0	102.3	100.4	102.0	100.2
金银珠宝	Gold, Silver and Jewelry	100.9	97.2	97.5	97.2	97.1	96.7
中西药品及医疗保健用品	Traditional Chinese and Western Medicines and Health Care Articles	107.0	106.7	106.6	106.3	105.0	104.3
书报杂志及电子出版物	Books, Newspapers, Magazines and Electronic Publications	101.6	101.6	101.6	101.5	101.2	101.5
燃料	Fuels	103.7	103.5	102.7	104.4	105.9	107.5
建筑材料及五金电料	Building Materials and Hardware	101.6	101.7	103.8	102.9	102.5	102.8

4-7 各月商品零售价格分类指数（2018 年）
Retail Price Index by Month（2018）

续表（continued） 上年同期=100（same period last year=100）

类 别	Item	7 月 July	8 月 August	9 月 September	10 月 October	11 月 November	12 月 December
商品零售价格总指数	**Retail Price Index**	**101.2**	**101.5**	**101.9**	**102.1**	**101.5**	**101.0**
食品	Food	100.6	101.4	102.7	104.0	103.5	103.6
饮料烟酒	Beverages, Tobacco and Liquor	100.2	100.2	100.1	100.7	100.4	100.5
服装鞋帽	Garments, Shoes and Hats	101.4	101.2	101.2	100.5	100.9	100.9
纺织品	Textiles	100.9	101.0	101.1	100.8	101.7	101.4
家用电器及音像器材	Household Appliances, Music and Video Equipment	97.8	97.2	97.8	96.8	96.4	96.4
文化办公用品	Cultural and Office Appliances	99.7	100.2	100.5	101.0	101.3	100.7
日用品	Articles for Daily Use	99.6	100.6	102.9	103.7	103.9	103.5
体育娱乐用品	Sports and Recreation Articles	100.0	100.9	101.3	101.3	101.2	101.1
交通、通信用品	Transportation and Communication Appliances	98.8	99.4	97.6	97.1	96.5	96.4
家具	Furniture	105.4	105.0	104.6	102.5	101.8	102.7
化妆品	Cosmetics	101.1	101.6	100.1	100.8	100.2	101.3
金银珠宝	Gold, Silver and Jewelry	99.8	98.8	96.8	97.7	99.0	100.1
中西药品及医疗保健用品	Traditional Chinese and Western Medicines and Health Care Articles	104.2	102.8	102.8	102.6	102.6	102.3
书报杂志及电子出版物	Books, Newspapers, Magazines and Electronic Publications	102.0	102.2	103.7	103.9	104.2	104.1
燃料	Fuels	109.0	110.2	114.6	114.8	111.2	105.7
建筑材料及五金电料	Building Materials and Hardware	102.6	102.5	102.2	102.1	101.5	100.7

4-8 全国各地区居民消费价格指数（2005-2018年）
Consumer Price Indices by Region of the Nation（2005-2018）

上年=100（preceding year=100）

地 区	Region	2005年	2006年	2007年	2008年	2009年	2010年	2011年	2012年	2013年	2014年	2015年	2016年	2017年	2018年
全 国	National Total	101.8	101.5	104.8	105.9	99.3	103.3	105.4	102.6	102.6	102.0	101.4	102.0	101.6	102.1
东部地区	Eastern Region														
北 京	Beijing	101.5	100.9	102.4	105.1	98.5	102.4	105.6	103.3	103.3	101.6	101.8	101.4	101.9	102.5
天 津	Tianjin	101.5	101.5	104.2	105.4	99.0	103.5	104.9	102.7	103.1	101.9	101.7	102.1	102.1	102.0
河 北	Hebei	101.8	101.7	104.7	106.2	99.3	103.1	105.7	102.6	103.0	101.7	100.9	101.5	101.7	102.4
辽 宁	Liaoning	101.4	101.2	105.1	104.6	100.0	103.0	105.2	102.8	102.4	101.7	101.4	101.6	101.4	102.5
上 海	Shanghai	101.0	101.2	103.2	105.8	99.6	103.1	105.2	102.8	102.3	102.7	102.4	103.2	101.7	101.6
江 苏	Jiangsu	102.1	101.6	104.3	105.4	99.6	103.8	105.3	102.6	102.3	102.2	101.7	102.3	101.7	102.3
浙 江	Zhejiang	101.3	101.1	104.2	105.0	98.5	103.8	105.4	102.2	102.3	102.1	101.4	101.9	102.1	102.3
福 建	Fujian	102.2	100.8	105.2	104.6	98.2	103.2	105.3	102.4	102.5	102.0	101.7	101.7	101.2	101.5
山 东	Shandong	101.7	101.0	104.4	105.3	100.0	102.9	105.0	102.1	102.2	101.9	101.2	102.1	101.5	102.5
广 东	Guangdong	102.3	101.8	103.7	105.6	97.7	103.1	105.3	102.8	102.5	102.3	101.5	102.3	101.5	102.2
海 南	Hainan	101.5	101.5	105.0	106.9	99.3	104.8	106.1	103.2	102.8	102.4	101.0	102.8	102.8	102.5
中部地区	Central Region														
山 西	Shanxi	102.3	102.0	104.6	107.2	99.6	103.0	105.2	102.5	103.1	101.7	100.6	101.1	101.1	101.8
吉 林	Jilin	101.5	101.4	104.8	105.1	100.1	103.7	105.2	102.5	102.9	102.0	101.7	101.6	101.6	102.1
黑龙江	Heilongjiang	101.2	101.9	105.4	105.6	100.2	103.9	105.8	103.2	102.2	101.5	101.1	101.5	101.3	102.0
安 徽	Anhui	101.4	101.2	105.3	106.2	99.1	103.1	105.6	102.3	102.4	101.6	101.3	101.8	101.2	102.0
江 西	Jiangxi	101.7	101.2	104.8	106.0	99.3	103.0	105.2	102.7	102.4	102.3	101.5	102.0	102.0	102.1
河 南	Henan	102.1	101.3	105.4	107.0	99.4	103.5	105.6	102.5	102.9	101.9	101.3	101.9	101.4	102.3
湖 北	Hubei	102.9	101.6	104.8	106.3	99.6	102.9	105.8	102.9	102.8	102.0	101.5	102.2	101.5	101.9
湖 南	Hunan	102.3	101.4	105.6	106.0	99.6	103.1	105.5	102.0	102.5	101.9	101.4	101.9	101.4	102.0
西部地区	Western Region														
重 庆	Chongqing	100.8	102.4	104.7	105.6	98.4	103.2	105.3	102.6	102.7	101.8	101.3	101.8	101.0	102.0
四 川	Sichuan	101.7	102.3	105.9	105.1	100.8	103.2	105.3	102.5	102.8	101.6	101.5	101.9	101.4	101.7
贵 州	Guizhou	101.0	101.7	106.4	107.6	98.7	102.9	105.1	102.7	102.5	102.4	101.8	101.4	100.9	101.8
云 南	Yunnan	101.4	101.9	105.9	105.7	100.4	103.7	104.9	102.7	103.1	102.4	101.9	101.5	100.9	101.6
西 藏	Tibet	101.5	102.0	103.4	105.7	101.4	102.2	105.0	103.5	103.6	102.9	102.0	102.5	101.6	101.7
陕 西	Shaanxi	101.2	101.5	105.1	106.4	100.5	104.0	105.7	102.8	103.0	101.6	101.0	101.3	101.6	102.1
甘 肃	Gansu	101.7	101.3	105.5	108.2	101.3	104.1	105.9	102.7	103.2	102.1	101.6	101.3	101.4	102.0
青 海	Qinghai	100.8	101.6	106.6	110.1	102.6	105.4	106.1	103.1	103.9	102.8	102.6	101.8	101.5	102.5
宁 夏	Ningxia	101.5	101.9	105.4	108.5	100.7	104.1	106.3	102.0	103.4	101.9	101.1	101.5	101.6	102.3
新 疆	Xinjiang	100.7	101.3	105.5	108.1	100.7	104.3	105.9	103.8	103.9	102.1	100.6	101.4	102.2	102.0
内蒙古	Inner Mongolia	102.4	101.5	104.6	105.7	99.7	103.2	105.6	103.1	103.2	101.6	101.1	101.2	101.7	101.8
广 西	Guangxi	102.4	101.3	106.1	107.8	97.9	103.0	105.9	103.2	102.2	102.1	101.5	101.6	101.6	102.3

4-9 全国各地区商品零售价格指数（2005-2018 年）
Retail Price Indices by Region of the Nation（2005-2018）

上年=100（preceding year=100）

地 区	Region	2005 年	2006 年	2007 年	2008 年	2009 年	2010 年	2011 年	2012 年	2013 年	2014 年	2015 年	2016 年	2017 年	2018 年
全 国	National Total	100.8	101.0	103.8	105.9	98.8	103.1	104.9	102.0	101.4	101.0	100.1	100.7	101.1	101.9
东部地区	Eastern Region														
北 京	Beijing	99.7	100.2	100.8	104.4	97.8	100.4	103.2	100.6	99.8	99.1	98.5	98.1	99.2	101.1
天 津	Tianjin	99.9	100.4	103.2	105.1	98.9	103.4	104.7	103.0	101.7	100.9	100.3	100.5	100.8	101.1
河 北	Hebei	101.1	101.5	104.1	106.7	99.0	103.1	105.0	102.2	102.2	101.0	100.2	101.2	101.4	102.2
辽 宁	Liaoning	100.1	101.3	104.4	105.3	99.8	103.2	105.0	102.2	101.6	101.0	100.5	101.0	100.7	101.4
上 海	Shanghai	99.4	100.2	102.4	105.3	99.4	101.7	104.1	101.2	100.2	100.9	101.1	100.8	100.9	101.6
江 苏	Jiangsu	100.3	100.8	102.9	104.9	98.9	103.2	104.6	102.1	101.4	101.6	100.6	100.8	101.9	102.6
浙 江	Zhejiang	100.9	100.8	103.8	106.3	98.8	103.9	105.5	101.9	101.0	100.9	99.9	101.0	101.4	102.1
福 建	Fujian	100.6	100.5	104.3	105.7	97.9	103.4	104.8	101.8	101.1	101.1	99.9	100.7	100.6	101.5
山 东	Shandong	100.6	100.6	103.6	104.9	99.4	102.7	104.7	101.6	101.4	101.0	100.2	101.3	100.8	102.2
广 东	Guangdong	101.8	101.5	103.4	106.0	96.8	103.3	105.1	102.2	101.0	101.4	99.6	100.8	101.6	102.1
海 南	Hainan	100.9	101.3	103.8	106.7	98.5	104.6	105.4	102.7	101.5	101.2	99.8	101.0	102.0	102.5
中部地区	Central Region														
山 西	Shanxi	100.3	101.2	104.2	107.2	99.1	102.3	104.9	101.8	101.8	100.6	99.3	100.5	101.3	101.7
吉 林	Jilin	101.1	101.5	103.3	106.2	99.3	104.1	104.9	101.7	101.6	101.2	99.8	101.3	101.4	102.4
黑龙江	Heilongjiang	100.4	101.5	105.6	105.8	98.9	103.1	104.5	102.2	101.1	100.8	100.1	101.1	99.9	101.1
安 徽	Anhui	100.6	100.8	104.5	106.3	99.0	103.2	105.3	102.1	101.3	100.4	99.7	100.8	101.7	101.9
江 西	Jiangxi	100.9	101.2	104.0	106.1	99.1	102.7	104.8	102.1	101.5	101.2	100.5	100.6	101.0	101.0
河 南	Henan	101.7	100.9	104.4	107.5	99.4	103.7	105.7	102.3	101.9	101.0	99.8	100.3	101.3	102.9
湖 北	Hubei	102.1	101.1	104.2	106.3	98.6	103.1	105.6	102.6	101.8	100.9	100.5	100.8	100.3	101.2
湖 南	Hunan	102.3	101.3	104.3	105.6	98.5	103.1	105.5	101.7	101.7	101.2	99.9	101.0	101.3	102.3
西部地区	Western Region														
重 庆	Chongqing	98.7	101.6	103.7	105.0	97.3	101.7	104.7	101.6	101.8	100.9	100.2	101.3	100.8	101.2
四 川	Sichuan	100.6	101.7	105.3	105.3	100.1	103.0	104.6	101.6	101.7	100.6	100.2	100.8	100.5	101.4
贵 州	Guizhou	101.3	100.9	104.2	107.2	97.6	103.0	105.5	102.0	101.5	101.2	100.1	100.2	100.9	101.8
云 南	Yunnan	100.1	100.8	104.4	106.1	100.1	103.6	105.1	102.4	102.6	101.6	100.8	100.7	101.3	101.5
西 藏	Tibet	100.8	100.2	101.7	103.9	99.5	101.0	103.7	102.9	103.0	102.2	101.4	102.1	101.4	101.5
陕 西	Shaanxi	100.1	101.8	105.0	106.9	99.9	103.6	104.8	102.3	101.8	100.7	99.8	100.3	101.3	102.1
甘 肃	Gansu	99.9	101.2	104.4	107.9	101.8	104.6	105.4	102.6	102.6	101.7	101.0	100.9	101.4	101.7
青 海	Qinghai	100.7	102.0	106.0	110.6	101.6	104.3	105.4	102.1	102.7	101.5	101.0	100.4	101.2	102.1
宁 夏	Ningxia	100.4	101.3	104.1	108.5	99.5	103.2	105.3	101.0	102.4	100.9	100.1	100.7	101.8	102.9
新 疆	Xinjiang	99.4	101.8	105.1	108.5	100.4	104.6	105.1	103.3	103.3	101.7	99.6	100.5	100.9	100.9
内蒙古	Inner Mongolia	101.5	101.4	103.6	104.7	99.5	103.0	104.9	102.5	102.6	100.7	100.5	100.6	101.2	101.6
广 西	Guangxi	101.1	100.3	104.8	107.6	98.0	103.0	106.0	102.3	101.2	101.4	100.1	100.4	101.2	101.6

4-10 全国36个大中城市居民消费价格指数（2006-2018年）
Consumer Price Indices in Thirty-Six Large and Medium Cities of the Nation（2006-2018）

上年=100（preceding year=100）

地 区	Region	2006年	2007年	2008年	2009年	2010年	2011年	2012年	2013年	2014年	2015年	2016年	2017年	2008年
北 京	Beijing	100.9	102.4	105.1	98.5	102.4	105.6	103.3	103.3	101.6	101.8	101.4	101.9	102.5
天 津	Tianjin	101.5	104.2	105.4	99.0	103.5	104.9	102.7	103.1	101.9	101.7	102.1	102.1	102.0
石家庄	Shijiazhuang	101.8	104.3	106.7	100.3	103.0	105.7	102.8	102.9	102.0	101.0	101.6	101.4	102.3
太 原	Taiyuan	101.6	104.1	107.4	99.9	103.0	105.4	102.1	103.1	102.2	100.4	101.2	101.8	101.8
呼和浩特	Hohhot	101.7	103.7	104.6	100.1	102.6	105.5	103.1	103.8	101.2	101.8	101.4	101.4	102.1
沈 阳	Shenyang	101.8	104.5	104.4	99.9	102.9	105.4	103.0	102.5	102.2	101.2	101.7	101.4	103.0
大 连	Dalian	101.4	104.0	104.4	100.2	102.7	105.4	103.4	102.5	102.0	101.6	101.9	102.1	103.0
长 春	Changchun	101.3	103.7	104.4	99.8	103.6	105.5	102.3	103.0	102.2	101.3	101.4	101.3	102.0
哈尔滨	Harbin	101.1	104.1	104.7	100.2	103.7	105.6	103.2	102.1	102.0	101.4	101.8	101.6	102.5
上 海	Shanghai	101.2	103.2	105.8	99.6	103.1	105.2	102.8	102.3	102.7	102.4	103.2	101.7	101.6
南 京	Nanjing	101.7	103.7	106.2	100.1	104.2	105.4	102.7	102.7	102.6	102.0	102.7	101.9	102.4
杭 州	Hangzhou	101.2	103.5	104.9	98.6	103.9	104.8	102.5	102.5	102.0	101.8	102.6	102.5	102.3
宁 波	Ningbo	101.9	103.9	105.0	99.4	103.7	105.3	101.7	102.2	101.9	101.8	102.1	101.8	102.2
合 肥	Hefei	100.9	105.6	106.4	99.1	102.7	105.7	102.2	102.7	102.0	101.6	102.6	101.4	102.0
福 州	Fuzhou	100.3	104.1	104.2	98.7	103.5	104.9	102.0	102.6	101.7	101.4	102.5	101.4	101.5
厦 门	Xiamen	100.8	104.6	104.9	97.3	103.0	105.2	102.1	102.3	102.2	101.7	101.7	102.0	101.8
南 昌	Nanchang	101.9	104.3	106.1	99.7	103.3	105.0	102.9	102.3	102.5	101.6	102.1	102.1	102.3
济 南	Jinan	100.9	103.9	105.7	100.3	102.1	105.4	102.4	102.8	102.2	101.9	102.7	102.0	102.6
青 岛	Qingdao	100.9	104.5	104.7	100.5	102.2	105.0	102.7	102.5	102.6	101.2	102.5	102.0	102.1
郑 州	Zhengzhou	101.4	105.6	106.1	99.8	103.0	104.9	102.7	102.8	102.0	101.1	102.3	101.8	102.4
武 汉	Wuhan	101.4	104.1	105.7	99.4	103.0	105.2	102.8	102.4	101.9	101.4	102.4	101.9	101.9
长 沙	Changsha	101.1	104.9	105.2	99.4	102.9	105.5	102.3	102.8	102.7	101.1	101.9	101.3	102.0
广 州	Guangzhou	102.3	103.4	105.9	97.5	103.2	105.5	103.0	102.6	102.3	101.7	102.7	102.3	102.4
深 圳	Shenzhen	102.2	104.1	105.9	98.7	103.5	105.4	102.8	102.7	102.0	102.2	102.4	101.4	102.8
南 宁	Nanning	102.5	104.4	108.4	98.2	102.5	105.7	102.9	102.1	101.6	101.9	101.4	102.3	102.5
海 口	Haikou	101.3	104.4	105.8	99.9	104.2	105.4	103.3	102.9	102.2	101.2	103.0	103.3	102.4
重 庆	Chongqing	102.4	104.7	105.6	98.4	103.2	105.3	102.6	102.7	101.8	101.3	101.8	101.0	102.0
成 都	Chengdu	101.8	105.2	104.3	100.3	103.0	105.4	103.0	103.1	101.3	101.1	102.2	102.0	101.4
贵 阳	Guiyang	101.1	105.1	107.0	97.7	102.9	105.5	102.6	103.2	102.7	102.3	101.1	101.0	101.7
昆 明	Kunming	101.6	105.8	105.8	100.8	104.2	104.9	103.1	103.9	103.1	102.4	101.7	100.5	101.7
拉 萨	Lhasa	100.6	103.2	106.4	101.7	102.2	105.0	103.2	103.4	103.0	102.2	102.6	101.4	101.1
西 安	Xi' an	101.6	104.7	106.0	99.7	103.5	105.6	102.8	102.7	101.4	100.7	100.9	102.0	101.9
兰 州	Lanzhou	101.7	105.3	107.2	99.6	103.8	105.4	102.4	103.5	102.2	101.3	100.8	101.5	101.7
西 宁	Xining	101.8	106.4	108.2	102.2	104.5	105.7	102.7	103.8	102.8	102.5	102.1	101.8	102.7
银 川	Yinchuan	101.6	105.3	107.6	99.7	103.8	105.5	102.6	103.5	102.1	101.6	101.7	101.7	102.2
乌鲁木齐	Urumqi	100.1	104.6	107.0	100.4	102.7	104.5	103.4	103.5	102.8	100.7	101.5	102.8	102.2

4-11　全国 36 个大中城市商品零售价格指数（2006-2018 年）

Retail Price Indices in Thirty-Six Large and Medium Cities of the Nation （2006-2018）

上年=100（preceding year=100）

地　区	Region	2006 年	2007 年	2008 年	2009 年	2010 年	2011 年	2012 年	2013 年	2014 年	2015 年	2016 年	2017 年	2018 年
北　京	Beijing	100.2	100.8	104.4	97.8	100.4	103.2	100.6	99.8	99.1	98.5	98.1	99.2	101.1
天　津	Tianjin	100.4	103.2	105.1	98.9	103.4	104.7	103.0	101.7	100.9	100.3	100.5	100.8	101.6
石家庄	Shijiazhuang	101.8	104.4	107.7	100.1	103.4	104.9	101.9	102.1	101.2	100.2	101.7	100.9	101.9
太　原	Taiyuan	100.6	102.9	107.9	99.1	102.6	104.8	101.2	101.3	100.7	98.6	100.8	101.7	101.7
呼和浩特	Hohhot	101.6	102.7	105.4	99.9	102.6	104.7	101.5	101.9	98.6	99.5	101.1	101.2	101.6
沈　阳	Shenyang	101.9	103.2	105.0	97.9	102.6	105.2	102.4	101.6	101.3	100.0	100.6	101.0	101.7
大　连	Dalian	101.4	101.9	106.0	99.4	104.0	104.4	102.5	101.0	101.0	99.5	102.0	101.5	101.5
长　春	Changchun	101.5	102.1	105.6	99.6	104.6	104.8	101.8	101.3	101.2	99.1	101.2	101.2	102.9
哈尔滨	Harbin	100.3	103.7	105.3	98.5	101.9	104.4	102.5	101.2	101.5	100.2	101.6	99.7	100.7
上　海	Shanghai	100.2	102.4	105.3	99.4	101.7	104.1	101.2	100.2	100.9	101.1	100.8	100.9	101.6
南　京	Nanjing	98.9	99.9	103.7	98.7	103.5	104.2	101.4	101.2	102.0	100.6	100.5	101.6	102.8
杭　州	Hangzhou	100.2	103.1	106.0	98.6	103.7	104.4	101.9	101.5	100.8	100.2	101.5	101.0	102.0
宁　波	Ningbo	101.8	103.3	107.1	98.8	103.9	105.7	101.8	101.0	100.3	100.4	101.8	101.1	102.1
合　肥	Hefei	100.6	104.6	106.3	99.8	102.1	105.1	101.9	101.2	100.3	99.5	100.8	102.3	101.7
福　州	Fuzhou	99.9	103.1	104.4	99.1	102.9	104.0	101.1	101.0	100.6	99.4	100.7	100.3	101.5
厦　门	Xiamen	100.3	103.9	104.5	97.8	102.8	104.7	101.6	100.4	100.7	100.0	100.0	100.8	101.8
南　昌	Nanchang	101.9	103.5	106.2	99.4	103.0	105.2	102.4	101.3	101.1	100.5	100.4	101.0	100.8
济　南	Jinan	100.3	102.2	104.5	98.7	101.3	104.6	101.8	101.3	101.2	100.3	100.8	101.0	102.6
青　岛	Qingdao	99.7	102.7	103.9	98.6	101.4	104.5	101.7	101.4	102.3	100.0	102.0	100.8	101.8
郑　州	Zhengzhou	100.9	102.7	106.0	100.3	102.7	104.9	102.4	101.4	101.1	99.0	100.2	101.7	103.6
武　汉	Wuhan	100.7	103.0	105.1	98.4	103.1	104.7	102.3	100.9	100.5	100.0	101.3	100.1	101.4
长　沙	Changsha	101.1	102.3	103.9	97.7	103.8	105.4	101.5	101.2	101.7	99.6	100.9	101.4	102.5
广　州	Guangzhou	101.2	102.9	105.7	96.8	103.2	105.1	101.9	100.5	101.5	99.1	101.2	102.0	102.2
深　圳	Shenzhen	101.8	103.5	106.5	97.5	103.2	105.3	102.4	100.7	101.0	99.7	100.3	101.5	102.0
南　宁	Nanning	101.0	103.1	107.9	98.5	102.3	104.9	101.7	100.8	100.7	100.4	99.8	100.9	101.1
海　口	Haikou	100.6	103.4	105.6	99.2	103.7	105.0	102.8	101.6	101.2	100.2	100.9	101.7	102.4
重　庆	Chongqing	101.6	103.7	105.0	97.3	101.7	104.7	101.6	101.8	100.9	100.2	101.3	100.8	101.2
成　都	Chengdu	101.2	104.2	104.5	99.0	102.4	104.3	101.4	101.7	100.4	99.5	100.8	99.4	100.7
贵　阳	Guiyang	100.3	102.8	105.4	98.2	103.2	105.0	102.0	101.9	101.2	99.7	99.5	101.4	102.3
昆　明	Kunming	99.7	103.4	105.4	100.0	103.6	104.9	102.0	102.5	101.8	100.7	100.8	101.3	101.1
拉　萨	Lhasa	99.6	101.2	104.6	100.1	101.2	103.9	102.9	103.5	102.3	101.5	102.4	101.2	101.1
西　安	Xi' an	101.5	103.7	105.4	99.5	102.7	104.4	102.3	101.7	100.7	99.7	100.1	101.7	102.2
兰　州	Lanzhou	100.3	103.1	107.2	100.5	103.9	105.4	102.4	102.7	101.8	100.6	100.7	101.8	101.7
西　宁	Xining	102.6	105.7	110.1	102.3	104.6	106.0	102.3	102.5	101.2	100.2	100.6	101.4	102.0
银　川	Yinchuan	101.3	103.6	105.9	98.5	102.5	104.2	100.6	102.3	100.8	100.2	100.8	101.5	102.7
乌鲁木齐	Urumqi	99.9	104.6	108.7	100.1	103.4	104.1	102.9	103.5	102.4	99.4	100.6	100.7	100.5

4-12 农产品生产价格指数（2003-2018 年）
Producers' Price Indices of Farm Products（2003-2018）

上年=100

项 目	Item	2003 年	2004 年	2005 年	2006 年	2007 年	2008 年	2009 年	2010 年
农产品生产价格指数	**Producers' Price Indices of Farm Products**	**103.8**	**125.5**	**100.0**	**93.6**	**121.8**	**120.4**	**89.0**	**103.2**
农业产品	**Planting Products**	**105.5**	**120.3**	**102.2**	**100.4**	**108.6**	**108.9**	**104.2**	**109.1**
谷物	Cereal	105.4	129.5	101.3	97.3	108.2	108.5	100.4	108.4
小麦	Wheat	102.3	131.6	102.7	95.1	103.9	106.4	103.5	104.3
稻谷	Rice	106.0	141.5	101.2	97.8	108.2	109.2	100.8	106.8
玉米	Corn	102.3	130.4	101.7	94.9	109.0	106.2	97.9	113.4
薯类	Tubers	78.1	102.2	101.6	101.1	104.2	109.1	109.9	113.2
油料	Oil-bearing Crops	116.9	123.2	93.1	102.8	120.1	118.9	80.3	108.8
油菜籽	Rapeseeds	117.3	117.9	86.6	104.0	123.7	119.2	70.8	108.3
大豆	Beans	118.7	122.1	97.4	100.0	107.9	115.4	98.9	106.6
未加工烟草	Raw Tobacco	109.4	117.0	104.3	101.8	106.8	107.7	110.4	114.0
蔬菜	Vegetables	104.3	106.0	103.8	102.5	109.8	106.6	110.5	107.9
叶菜类	Leafy Vegetables	107.8	105.9	102.9	102.9	108.0	108.3	110.7	104.5
瓜菜类	Melons as Vegetables	103.2	110.1	103.1	108.1	114.2	105.1	111.0	108.8
根茎类	Root, Tuber Vegetables	104.7	105.6	104.5	100.6	108.7	109.9	106.8	108.2
茄果类	Eggplant Fruit	99.4	101.9	104.3	103.3	113.7	98.4	121.4	107.6
葱蒜类	Garlic & Chives Kind	105.8	105.9	102.3	101.7	107.4	109.3	108.8	112.9
豆类	Vegetable Bean	96.5	114.5	102.3	106.1	111.7	104.0	115.2	108.8
水生菜类	Water Lettuce	110.4	106.9	104.8	101.7	108.8	110.0	109.7	119.0
水果	Fruits	94.3	103.4	103.4	101.3	104.5	109.2	107.0	111.2
柑橘类	Citrus	94.3	100.0	102.4	100.6	105.6	100.7	102.7	111.9
林业产品	**Forestry Products**			**100.6**	**106.4**	**110.7**	**116.1**	**111.4**	**104.3**
饲养动物及其产品	**Animal Husbandry Products**	**103.2**	**128.8**	**98.8**	**89.8**	**128.8**	**126.1**	**80.8**	**98.4**
牛	Cattle and Buffaloes	104.6	101.7	103.9	101.6	120.6	116.0	104.2	103.4
羊	Sheep and Goats	102.3	111.1	102.8	101.2	108.0	128.9	100.7	100.0
活猪	Pig	103.6	131.2	97.5	86.9	132.2	127.2	77.1	94.4
活家禽	Poultry	98.5	117.2	104.3	100.2	116.2	111.7	102.8	105.6
禽蛋	Eggs	103.0	111.9	103.9	98.9	110.1	112.1	101.9	104.2
渔业产品	**Fishery Products**	**100.9**	**107.8**	**105.7**	**101.7**	**105.9**	**110.3**	**104.7**	**102.2**
养殖淡水鱼	Breeding Freshwater Fish								
捕捞淡水鱼	Fishing Freshwater Fish								

注：根据新《农业产值和价格综合统计报表制度》，原“肉禽（毛重）”指标替换为“活家禽”，原“淡水鱼”指标替换为“养殖淡水鱼”和“捕捞淡水鱼”。2011 年采用新指标指数，2010 年及以前采用旧指标指数。（下表同）

Note: According to the new *"Farm Products Value and The Comprehensive Statistics Report Forms System of Price"*, the "Poultry (gross weight)" index changed to "Poultry", the original "Freshwater Fish" index changed to "Breeding Freshwater Fish" and "Fishing Freshwater Fish". The data of 2011 uses new index, 2010 and before use old index. (the same below)

4-12 农产品生产价格指数（2003-2018 年）
Producers' Price Indices of Farm Products（2003-2018）

续表（continued） 上年=100

项 目	Item	2011 年	2012 年	2013 年	2014 年	2015 年	2016 年	2017 年	2018 年
农产品生产价格指数	**Producers' Price Indices of Farm Products**	**120.2**	**104.6**	**102.96**	**100.2**	**102.35**	**109.81**	**96.84**	**99.65**
农业产品	**Planting Products**	**113.8**	**106.0**	**103.08**	**102.6**	**100.56**	**104.35**	**102.78**	**106.29**
谷物	Cereal	114.4	108.0	102.48	100.3	102.56	99.79	100.84	101.84
小麦	Wheat	110.6	112.0		100.0				
稻谷	Rice	116.2	107.1	101.68	99.4	103.67	103.80	102.41	100.27
玉米	Corn	111.4	109.4	104.38	102.6	100.42	92.04	97.82	104.88
薯类	Tubers	111.5	107.6	105.71	104.3	100.88	97.82	98.54	105.79
油料	Oil-bearing Crops	109.0	105.7	106.82	101.2	107.65	98.10	103.69	102.16
油菜籽	Rapeseeds	110.0	104.6	107.69	102.7	107.65	98.10	103.69	102.16
大豆	Beans	111.5	105.8	102.79	104.4	102.35	96.69	100	101.83
未加工烟草	Raw Tobacco	118.0	113.6	107.95	97.3	105.28	101.49	83.52	119.02
蔬菜	Vegetables	111.1	108.7	103.66	104.2	98.04	110.65	102.95	108.95
叶菜类	Leafy Vegetables	110.7	108.8	102.55	106.4	98.62	119.14	101.55	97.54
瓜菜类	Melons as Vegetables	109.0	105.1	104.83	96.9	90.70	111.53	109.55	118.02
根茎类	Root, Tuber Vegetables	111.7	108.1	103.71	106.5	91.25	122.76	103.50	111.36
茄果类	Eggplant Fruit	106.0	112.1	104.15	105.6	102.37	98.84	102.31	108.26
葱蒜类	Garlic & Chives Kind	114.1	110.5	102.67	108.2				
豆类	Vegetable Bean	117.1	109.4	103.99	103.7	105.98	99.39	110.08	110.63
水生菜类	Water Lettuce	93.4	104.3	103.99	110.6	101.70	92.01	92.22	100.12
水果	Fruits	118.1	91.2	108.04	104.8	108.17	102.07	116.19	98.05
柑橘类	Citrus	122.3	89.3	109.32	105.3	106.82	99.57	108.63	99.09
林业产品	**Forestry Products**	**113.5**	**103.8**	**102.26**	**103.2**	**94.47**	**107.31**	**99.34**	**92.88**
饲养动物及其产品	**Animal Husbandry Products**	**126.6**	**103.3**	**102.91**	**97.6**	**104.41**	**114.83**	**91.33**	**94.63**
牛	Cattle and Buffaloes	107.6	104.9	109.27	110.1	99.74	99.25	99.48	102.67
羊	Sheep and Goats	116.6	115.7	110.40	107.9	95.03	87.26	97.83	126.21
活猪	Pig	134.5	101.8	101.68	92.9	105.30	122.32	84.62	89.62
活家禽	Poultry	111.8	107.1	105.29	106.8	102.26	100.62	108.42	103.6
禽蛋	Eggs	105.6	104.7	104.40	104.2	105.39	100.25	100.46	104.39
渔业产品	**Fishery Products**	**108.2**	**108.1**	**102.04**	**104.7**	**101.19**	**104.22**	**104.06**	**99.66**
养殖淡水鱼	Breeding Freshwater Fish	108.6	108.2	102.04	101.8	101.19	104.22	104.06	99.66
捕捞淡水鱼	Fishing Freshwater Fish	110.5	104.1		107.0				

4–13 农产品生产价格分季度指数（2011 年）
Producers' Price Indices of Farm Products by Quarter（2011）

上年同期=100（same period last year=100）

指 数	Index	2011 年 1 季度 1st Quarter	2 季度 2nd Quarter	3 季度 3rd Quarter	4 季度 4th Quarter
农产品生产价格指数	**Producers' Price Indices for Farm Products**	**118.3**	**116.0**	**123.5**	**119.5**
农业产品	**Planting Products**	**115.4**	**110.0**	**113.4**	**112.4**
谷物	Cereal	111.0	113.6	113.4	113.9
小麦	Wheat		113.3	109.1	113.8
稻谷	Rice	111.2	113.1	115.0	116.3
玉米	Corn	108.5	115.2	111.1	107.4
薯类	Tubers	111.2	114.2	118.5	102.3
油料	Oil–bearing Crops		107.7	111.8	110.6
油菜籽	Rapeseeds		108.2	110.3	112.5
大豆	Beans	108.5	111.4	115.1	110.6
未加工烟草	Raw Tobacco		120.5	112.8	118.3
蔬菜	Vegetables	115.6	110.0	113.6	109.6
叶菜类	Leafy Vegetables	113.8	114.4	107.9	117.7
瓜菜类	Melons as Vegetables		109.5	114.2	99.4
根茎类	Root, Tuber Vegetables	116.9	109.1	120.4	110.3
茄果类	Eggplant Fruit		108.8	111.4	115.7
葱蒜类	Garlic & Chives Kind	139.2	107.7	109.5	115.3
豆类	Vegetable Bean		109.7	112.9	109.3
水生菜类	Water Lettuce	106.8	100.5	97.8	91.2
水果	Fruits	111.9	112.3	118.1	117.7
柑橘类	Citrus	111.9	112.6	128.6	120.7
林业产品	**Forestry Products**	**105.9**	**117.3**	**108.2**	**114.3**
饲养动物及其产品	**Animal Husbandry Products**	**120.5**	**129.7**	**139.0**	**125.5**
牛	Cattle and Buffaloes	100.0	103.1	105.5	108.9
羊	Sheep and Goats	109.6	109.3	114.2	117.7
活猪	Pig	123.2	143.6	157.1	133.3
活家禽	Poultry	119.1	111.2	121.5	113.8
禽蛋	Eggs	111.4	106.2	107.1	112.4
渔业产品	**Fishery Products**	**101.4**	**104.7**	**109.0**	**108.1**
养殖淡水鱼	Breeding Freshwater Fish	101.4	105.1	109.0	106.7
捕捞淡水鱼	Fishing Freshwater Fish		104.2		111.5

4–13 农产品生产价格分季度指数（2012 年）
Producers' Price Indices of Farm Products by Quarter（2012）

续表 1（continued 1）　　上年同期=100（same period last year=100）

指　数	Index	2012 年			
		1 季度 1st Quarter	2 季度 2nd Quarter	3 季度 3rd Quarter	4 季度 4th Quarter
农产品生产价格指数	**Producers' Price Indices for Farm Products**	**119.0**	**108.5**	**103.2**	**99.5**
农业产品	**Planting Products**	**111.5**	**111.9**	**105.9**	**105.4**
谷物	Cereal	111.2	117.4	105.3	103.8
小麦	Wheat	108.3	120.8	102.1	101.6
稻谷	Rice	111.5	110.4	106.1	103.7
玉米	Corn	108.9	114.7	106.6	105.4
薯类	Tubers	111.2	110.0	106.5	111.0
油料	Oil–bearing Crops	108.0	105.1	104.3	103.7
油菜籽	Rapeseeds	108.2	104.6	104.2	102.7
大豆	Beans	108.1	104.5	105.1	103.4
未加工烟草	Raw Tobacco		120.0	109.7	114.9
蔬菜	Vegetables	112.3	116.5	107.9	105.9
叶菜类	Leafy Vegetables	110.7	117.8	103.3	104.5
瓜菜类	Melons as Vegetables	140.2	123.7	103.5	103.9
根茎类	Root, Tuber Vegetables	109.4	109.5	109.0	105.3
茄果类	Eggplant Fruit	121.9	110.5	113.1	108.1
葱蒜类	Garlic & Chives Kind	109.5	107.9	117.9	107.4
豆类	Vegetable Bean	106.5	115.0	107.8	105.9
水生菜类	Water Lettuce	103.7	99.2	105.8	109.5
水果	Fruits	98.2	91.2	104.3	108.3
柑橘类	Citrus	98.2	85.0	106.1	108.3
林业产品	**Forestry Products**	**104.7**	**103.3**	**102.0**	**102.3**
饲养动物及其产品	**Animal Husbandry Products**	**122.7**	**102.2**	**99.0**	**94.8**
牛	Cattle and Buffaloes	103.3	105.1	103.7	109.2
羊	Sheep and Goats	120.2	116.8	113.0	109.9
活猪	Pig	127.4	99.6	96.2	88.7
活家禽	Poultry	109.7	105.5	102.1	106.8
禽蛋	Eggs	107.5	103.9	102.6	103.2
渔业产品	**Fishery Products**	**103.3**	**108.3**	**112.1**	**104.8**
养殖淡水鱼	Breeding Freshwater Fish	103.3	112.8	112.1	103.4
捕捞淡水鱼	Fishing Freshwater Fish	101.8	105.4		98.7

4-13 农产品生产价格分季度指数（2013 年）
Producers' Price Indices of Farm Products by Quarter（2013）

续表 2（continued 2）　　上年同期=100（same period last year=100）

指 数	Index	2013 年			
		1 季度 1st Quarter	2 季度 2nd Quarter	3 季度 3rd Quarter	4 季度 4th Quarter
农产品生产价格指数	**Producers' Price Indices for Farm Products**	**105.33**	**102.09**	**104.38**	**101.60**
农业产品	**Planting Products**	**106.84**	**102.07**	**105.07**	**102.41**
谷物	Cereal	103.07	100.66	101.13	102.52
小麦	Wheat				
稻谷	Rice	102.67	103.23	100.61	102.21
玉米	Corn	107.08	97.54	102.09	103.27
薯类	Tubers	110.16	106.70	102.50	105.94
油料	Oil-bearing Crops	107.89	104.09	109.11	100.99
油菜籽	Rapeseeds	109.75	103.88	109.80	100.00
大豆	Beans	113.73	101.31	106.36	102.58
未加工烟草	Raw Tobacco			108.37	109.52
蔬菜	Vegetables	107.13	101.43	106.14	102.71
叶菜类	Leafy Vegetables	102.69	102.63	96.55	101.41
瓜菜类	Melons as Vegetables	105.56	102.18	115.52	102.25
根茎类	Root, Tuber Vegetables	112.24	100.00	105.13	103.83
茄果类	Eggplant Fruit	105.26	101.71	106.54	102.84
葱蒜类	Garlic & Chives Kind	102.92	101.33	104.73	100.08
豆类	Vegetable Bean		95.73	105.70	105.00
水生菜类	Water Lettuce	107.00	100.00	126.93	102.95
水果	Fruits	107.83	102.16	107.78	111.01
柑橘类	Citrus	107.83	100.00		113.21
林业产品	**Forestry Products**	**107.18**	**100.51**	**105.87**	**98.33**
饲养动物及其产品	**Animal Husbandry Products**	**104.07**	**100.62**	**103.56**	**101.22**
牛	Cattle and Buffaloes	102.27	109.63	103.42	109.97
羊	Sheep and Goats	111.45	103.75	108.16	113.38
活猪	Pig	102.40	99.14	103.18	99.88
活家禽	Poultry	109.51	102.75	102.73	102.05
禽蛋	Eggs	104.40	102.61	106.68	101.64
渔业产品	**Fishery Products**	**117.42**	**112.07**	**102.04**	**102.04**
养殖淡水鱼	Breeding Freshwater Fish			102.04	102.04
捕捞淡水鱼	Fishing Freshwater Fish	117.42	112.07		

4-13 农产品生产价格分季度指数（2014 年）
Producers' Price Indices of Farm Products by Quarter（2014）

续表 3（continued 3） 上年同期=100（same period last year=100）

指 数	Index	2014 年			
		1 季度 1st Quarter	2 季度 2nd Quarter	3 季度 3rd Quarter	4 季度 4th Quarter
农产品生产价格指数	**Producers' Price Indices for Farm Products**	**98.0**	**101.8**	**101.3**	**100.1**
农业产品	**Planting Products**	**103.4**	**103.3**	**102.1**	**102.9**
谷物	Cereal	98.6	100.3	101.6	100.1
小麦	Wheat	95.2	100.0	102.2	
稻谷	Rice	98.1	96.7	101.2	100.8
玉米	Corn	104.5	105.8	104.4	98.4
薯类	Tubers	105.2	103.4	107.5	106.4
油料	Oil-bearing Crops	101.5	102.8	103.7	99.1
油菜籽	Rapeseeds	102.7	104.4	105.4	97.6
大豆	Beans	102.3	104.2	102.9	104.8
未加工烟草	Raw Tobacco			91.0	101.8
蔬菜	Vegetables	104.6	105.2	103.1	104.7
叶菜类	Leafy Vegetables	104.7	107.0	104.7	108.8
瓜菜类	Melons as Vegetables	99.5	103.6	92.2	98.8
根茎类	Root, Tuber Vegetables	104.4	105.0	110.3	107.5
茄果类	Eggplant Fruit	104.5	103.8	103.5	105.8
葱蒜类	Garlic & Chives Kind	103.6	104.6	115.2	110.8
豆类	Vegetable Bean		100.9	109.0	102.1
水生菜类	Water Lettuce	124.5	115.4	99.2	105.7
水果	Fruits	108.9	106.1	101.9	101.4
柑橘类	Citrus	108.9	108.8		101.4
林业产品	**Forestry Products**	**105.8**	**105.2**	**100.1**	**104.4**
饲养动物及其产品	**Animal Husbandry Products**	**95.9**	**98.8**	**100.2**	**97.4**
牛	Cattle and Buffaloes	112.2	114.1	103.3	97.3
羊	Sheep and Goats	98.2	112.0	108.3	100.1
活猪	Pig	92.3	91.6	94.6	93.3
活家禽	Poultry	104.7	107.5	105.6	109.4
禽蛋	Eggs	102.3	106.1	105.6	104.8
渔业产品	**Fishery Products**	**101.5**	**101.4**	**102.5**	**105.4**
养殖淡水鱼	Breeding Freshwater Fish	101.5	101.2	102.5	104.7
捕捞淡水鱼	Fishing Freshwater Fish				107.0

4-13 农产品生产价格分季度指数（2015 年）
Producers' Price Indices of Farm Products by Quarter (2015)

续表 4 (continued 4)　　　　上年同期=100 (same period last year=100)

指 数	Index	2015 年 1 季度 1st Quarter	2 季度 2nd Quarter	3 季度 3rd Quarter	4 季度 4th Quarter
农产品生产价格指数	**Producers' Price Indices for Farm Products**	**99.83**	**101.29**	**109.66**	**105.57**
农业产品	**Planting Products**	**98.20**	**100.69**	**105.56**	**99.40**
谷物	Cereal	101.91	101.80	104.89	99.79
小麦	Wheat				
稻谷	Rice	102.09	103.33	104.62	103.57
玉米	Corn	100.00	100.00	105.58	92.62
薯类	Tubers	100.89	100.78	100.52	102.28
油料	Oil-bearing Crops	103.57	102.86	120.00	
油菜籽	Rapeseeds	103.57	102.86	120.00	
大豆	Beans	104.06		100.28	101.07
未加工烟草	Raw Tobacco			99.44	105.28
蔬菜	Vegetables	96.42	97.39	102.84	97.24
叶菜类	Leafy Vegetables	102.68	98.44	99.42	104.50
瓜菜类	Melons as Vegetables	107.61	88.59	99.76	100.00
根茎类	Root, Tuber Vegetables	92.50	98.48		93.13
茄果类	Eggplant Fruit	98.98	101.19	105.09	97.16
葱蒜类	Garlic & Chives Kind				
豆类	Vegetable Bean		105.49	108.42	
水生菜类	Water Lettuce	103.35		101.68	100.17
水果	Fruits	115.98	121.38	107.80	103.82
柑橘类	Citrus	115.98	127.21		103.82
林业产品	**Forestry Products**				**94.47**
饲养动物及其产品	**Animal Husbandry Products**	**100.44**	**102.23**	**115.73**	**111.01**
牛	Cattle and Buffaloes	99.85	100.23	100.56	98.52
羊	Sheep and Goats	93.73	101.34	91.03	90.94
活猪	Pig	98.87	101.16	127.13	115.35
活家禽	Poultry	103.89	103.66	103.10	101.75
禽蛋	Eggs	108.80	104.57	103.63	102.65
渔业产品	**Fishery Products**	**98.56**	**102.88**	**102.64**	**100.65**
养殖淡水鱼	Breeding Freshwater Fish	98.56	102.88	102.64	100.65
捕捞淡水鱼	Fishing Freshwater Fish				

4–13 农产品生产价格分季度指数（2016 年）
Producers' Price Indices of Farm Products by Quarter (2016)

续表 5（continued 5）　　上年同期=100（same period last year=100）

指　数	Index	2016 年			
		1 季度 1st Quarter	2 季度 2nd Quarter	3 季度 3rd Quarter	4 季度 4th Quarter
农产品生产价格指数	**Producers' Price Indices for Farm Products**	**116.34**	**110.33**	**107.77**	**106.53**
农业产品	**Planting Products**	**106.76**	**103.93**	**107.25**	**110.44**
谷物	Cereal	103.10	99.91	98.05	101.40
小麦	Wheat				
稻谷	Rice	104.12	103.19	104.00	103.92
玉米	Corn	92.37	96.05	83.18	96.62
薯类	Tubers	98.52	101.65	100.00	101.46
油料	Oil–bearing Crops		98.20	98.00	
油菜籽	Rapeseeds		98.20	98.00	
大豆	Beans		100.00	100.90	90.56
未加工烟草	Raw Tobacco		0.00	101.92	101.12
蔬菜	Vegetables	108.47	106.93	116.72	116.14
叶菜类	Leafy Vegetables	110.15	150.84	103.47	99.34
瓜菜类	Melons as Vegetables	104.44	104.01	119.56	102.48
根茎类	Root, Tuber Vegetables	106.12	124.21	138.89	139.76
茄果类	Eggplant Fruit	108.81	101.31	93.26	98.83
葱蒜类	Garlic & Chives Kind				
豆类	Vegetable Bean		100.00	98.22	100.00
水生菜类	Water Lettuce	92.05	92.82	88.11	98.50
水果	Fruits	89.78	103.65	109.74	109.02
柑橘类	Citrus	92.76	100.00	0.00	109.02
林业产品	**Forestry Products**	**115.56**	**113.53**	**101.04**	**102.92**
饲养动物及其产品	**Animal Husbandry Products**	**120.31**	**124.31**	**109.14**	**104.07**
牛	Cattle and Buffaloes	98.19	98.94	99.71	100.20
羊	Sheep and Goats	82.50	85.17	91.08	91.77
活猪	Pig	135.43	143.91	112.54	104.08
活家禽	Poultry	98.67	100.18	103.19	100.62
禽蛋	Eggs	100.10	99.14	101.56	100.00
渔业产品	**Fishery Products**	**101.80**	**101.58**	**104.21**	**104.17**
养殖淡水鱼	Breeding Freshwater Fish	101.80	101.58	104.21	104.17
捕捞淡水鱼	Fishing Freshwater Fish				

4-13 农产品生产价格分季度指数（2017年）
Producers' Price Indices of Farm Products by Quarter（2017）

续表6（continued 6） 上年同期=100（same period last year=100）

指 数	Index	2017年			
		1季度 1st Quarter	2季度 2nd Quarter	3季度 3rd Quarter	4季度 4th Quarter
农产品生产价格指数	**Producers' Price Indices for Farm Products**	**103.96**	**96.59**	**95.42**	**98.21**
农业产品	**Planting Products**	**107.45**	**102.71**	**97.91**	**104.54**
谷物	Cereal	99.54	100.24	99.82	106.43
小麦	Wheat				
稻谷	Rice	100.36	102.57	102.29	104.55
玉米	Corn	90.91	97.50	93.66	110.00
薯类	Tubers	100.25	97.84	101.46	97.35
油料	Oil-bearing Crops	100.00	101.09	109.97	
油菜籽	Rapeseeds	100.00	101.09	109.97	
大豆	Beans	91.22	100.00	110.58	102.35
未加工烟草	Raw Tobacco			68.56	98.80
蔬菜	Vegetables	109.39	103.34	89.32	105.36
叶菜类	Leafy Vegetables		106.10	109.28	90.00
瓜菜类	Melons as Vegetables	111.90	106.95	110.26	99.37
根茎类	Root, Tuber Vegetables	118.23	101.18	53.61	117.87
茄果类	Eggplant Fruit	99.12	108.61	107.09	93.47
葱蒜类	Garlic & Chives Kind				
豆类	Vegetable Bean		96.35	103.05	133.82
水生菜类	Water Lettuce	100.39	66.67	99.33	93.02
水果	Fruits	111.14	113.39	128.93	106.28
柑橘类	Citrus	111.14	115.09		106.28
林业产品	**Forestry Products**	**114.00**	**105.80**		**77.51**
饲养动物及其产品	**Animal Husbandry Products**	**102.50**	**81.80**	**91.38**	**94.92**
牛	Cattle and Buffaloes	98.74	99.72	98.96	100.42
羊	Sheep and Goats	98.45	103.76	92.97	96.32
活猪	Pig	99.53	70.72	80.48	88.30
活家禽	Poultry	106.38	96.48	113.52	117.34
禽蛋	Eggs	100.46	90.38	104.57	103.92
渔业产品	**Fishery Products**	**105.95**	**109.12**	**104.13**	**98.37**
养殖淡水鱼	Breeding Freshwater Fish	105.95	109.12	104.13	98.37
捕捞淡水鱼	Fishing Freshwater Fish				

4–13 农产品生产价格分季度指数（2018 年）
Producers' Price Indices of Farm Products by Quarter（2018）

续表 7（continued 7） 上年同期=100（same period last year=100）

指 数	Index	2018 年			
		1 季度 1st Quarter	2 季度 2nd Quarter	3 季度 3rd Quarter	4 季度 4th Quarter
农产品生产价格指数	**Producers' Price Indices for Farm Products**	**93.53**	**99.02**	**104.33**	**106.03**
农业产品	**Planting Products**	**98.11**	**103.06**	**110.92**	**109.45**
谷物	Cereal	100.25	102.10	99.43	104.66
小麦	Wheat				
稻谷	Rice	99.65	99.64	100.00	101.84
玉米	Corn	106.50	105.00	97.99	110.00
薯类	Tubers	100.97	103.20	100.00	107.79
油料	Oil–bearing Crops		104.46	100.00	
油菜籽	Rapeseeds		104.46	100.00	
大豆	Beans	89.13	105.67	100.26	113.27
未加工烟草	Raw Tobacco			151.32	96.37
蔬菜	Vegetables	97.28	106.05	122.99	111.10
叶菜类	Leafy Vegetables		96.15	105.08	93.96
瓜菜类	Melons as Vegetables		98.81	125.96	115.04
根茎类	Root, Tuber Vegetables	98.09	119.77	146.15	115.15
茄果类	Eggplant Fruit		□103.70	□110.52	□110.04
葱蒜类	Garlic & Chives Kind				
豆类	Vegetable Bean		113.52	107.95	
水生菜类	Water Lettuce	83.75	114.62	108.57	98.42
水果	Fruits	110.21	81.98	98.49	105.44
柑橘类	Citrus	110.21	73.75		105.44
林业产品	**Forestry Products**	**79.82**	**93.84**		**112.68**
饲养动物及其产品	**Animal Husbandry Products**	**91.77**	**91.40**	**95.32**	**103.71**
牛	Cattle and Buffaloes	101.83	101.83	103.22	103.71
羊	Sheep and Goats	107.87	129.33	132.36	135.83
活猪	Pig	81.39	78.56	92.11	105.99
活家禽	Poultry	107.65	111.17	100.76	96.70
禽蛋	Eggs	111.72	105.07	97.96	103.03
渔业产品	**Fishery Products**	**103.40**	**98.32**	**106.27**	**96.41**
养殖淡水鱼	Breeding Freshwater Fish	103.40	98.32	106.27	96.41
捕捞淡水鱼	Fishing Freshwater Fish				

4-14 全国各地区农产品生产价格指数（2002-2018年）
Producers' Price Indices of Farm Products by Region of the Nation（2002-2018）

上年=100（preceding year=100）

地 区	Region	2002年	2003年	2004年	2005年	2006年	2007年	2008年	2009年	2010年
全 国	**National Total**	**99.7**	**104.4**	**113.1**	**101.4**	**101.2**	**118.5**	**114.1**	**97.6**	**110.9**
东部地区	**Eastern Region**									
北 京	Beijing	104.1	102.5	105.8	103.5	99.1	114.4	112.3	98.3	106.5
天 津	Tianjin	104.2	104.4	108.1	103.4	103.4	107.8	107.1	103.0	110.2
河 北	Hebei	97.7	107.5	110.1	102.5	100.2	116.2	109.0	99.7	115.1
辽 宁	Liaoning	99.4	103.3	120.4	101.5	105.8	116.6	109.8	102.9	110.6
上 海	Shanghai	100.0	102.1	110.8	105.7	101.9	110.2	109.7	102.2	107.1
江 苏	Jiangsu	97.3	107.2	122.7	100.3	99.9	112.6	114.3	99.9	108.8
浙 江	Zhejiang	101.2	101.9	116.8	105.9	102.7	108.6	112.9	100.3	114.8
福 建	Fujian	99.1	101.7	106.8	103.9	102.7	112.6	110.7	98.0	111.5
山 东	Shandong	102.2	108.5	112.3	102.9	103.4	114.0	112.5	101.2	118.8
广 东	Guangdong	98.5	101.3	110.7	103.5	102.6	109.7	113.9	95.0	107.6
海 南	Hainan	100.0	104.3	106.4	102.2	105.6	104.7	112.5	101.9	107.9
中部地区	**Central Region**									
山 西	Shanxi	94.7	103.9	110.6	103.5	100.2	113.0	109.2	100.4	110.2
吉 林	Jilin	98.6	136.9	118.1	100.3	104.6	114.0	104.5	103.8	111.8
黑龙江	Heilongjiang	102.4	110.2	117.3	101.0	100.0	119.9	117.0	98.1	109.2
安 徽	Anhui	99.8	106.4	117.8	98.7	99.3	114.1	114.7	99.1	110.8
江 西	Jiangxi	100.0	105.1	119.5	100.5	101.4	115.0	114.2	96.8	107.5
河 南	Henan	99.7	111.8	121.9	100.7	100.9	117.7	115.0	99.1	112.5
湖 北	Hubei	100.9	106.9	121.7	100.3	99.5	117.0	117.0	96.3	112.3
湖 南	Hunan	99.9	111.7	127.3	99.5	100.7	130.6	126.7	90.6	109.9
西部地区	**Western Region**									
重 庆	Chongqing	101.1	103.8	125.5	100.0	93.6	121.8	120.4	89.0	103.2
四 川	Sichuan	101.8	103.5	120.4	103.2	102.7	120.8	118.4	96.9	105.9
贵 州	Guizhou	103.9	101.9	111.1	101.8	101.4	113.0	115.5	96.1	106.7
云 南	Yunnan	108.1	100.3	112.9	104.0	106.6	117.5	115.5	96.5	112.5
西 藏	Tibet									
陕 西	Shaanxi	101.1	105.5	111.7	104.9	103.2	115.4	111.2	95.8	121.7
甘 肃	Gansu	97.8	103.4	113.1	103.1	102.6	111.4	114.0	100.2	113.8
青 海	Qinghai	101.2	105.7	108.8	103.3	104.5	119.0	114.9	94.6	124.3
宁 夏	Ningxia	93.4	104.4	114.2	103.3	101.2	115.0	118.7	99.4	117.0
新 疆	Xinjiang	100.9	126.2	100.8	108.3	98.4	114.7	119.8	92.9	131.5
内蒙古	Inner Mongolia	99.3	106.5	112.0	103.2	103.6	114.9	111.0	99.8	111.4
广 西	Guangxi	100.0	104.5	118.9	100.0	106.8	121.5	113.0	89.3	107.6

4–14 全国各地区农产品生产价格指数（2002–2018 年）
Producers' Price Indices of Farm Products by Region of the Nation（2002–2018）

续表（continued） 上年=100（preceding year=100）

地 区	Region	2011 年	2012 年	2013 年	2014 年	2015 年	2016 年	2017 年	2018 年
全 国	**National Total**	**116.5**	**101.9**	**103.2**	**99.8**	**101.7**	**103.4**	**96.5**	**99.1**
东部地区	**Eastern Region**								
北 京	Beijing	110.7	102.2	104.7	99.7	99.8	99.7	96.2	103.6
天 津	Tianjin	105.0	105.6	105.4	102.9	100.7	103.0	95.5	104.2
河 北	Hebei	110.9	107.8	105.1	100.2	97.5	96.8	96.2	104.7
辽 宁	Liaoning	114.2	101.2	101.1	101.7	99.5	100.7	93.6	103.7
上 海	Shanghai	110.9	98.2	104.1	99.5	102.4	106.6	98.4	100.5
江 苏	Jiangsu	112.1	104.5	103.4	101.3	102.3	104.0	97.9	100.9
浙 江	Zhejiang	113.6	106.1	103.0	99.5	102.0	104.5	99.1	100.8
福 建	Fujian	113.3	102.5	103.0	100.3	101.2	108.3	98.9	102.6
山 东	Shandong	109.7	109.1	105.9	100.5	100.1	102.8	98.6	100.5
广 东	Guangdong	112.4	102.0	103.5	102.2	102.3	106.5	99.4	101.3
海 南	Hainan	115.3	98.0	100.0	105.6	99.1	106.7	101.9	97.3
中部地区	**Central Region**								
山 西	Shanxi	111.0	106.3	106.1	101.5	95.8	95.2	95.9	104.7
吉 林	Jilin	116.8	99.4	100.4	102.9	100.6	93.1	89.5	106.1
黑龙江	Heilongjiang	116.5	99.6	101.0	101.0	98.7	93.6	95.1	100.8
安 徽	Anhui	112.8	104.2	103.7	100.2	99.8	101.0	98.4	99.0
江 西	Jiangxi	114.3	102.3	102.3	100.3	103.7	104.1	97.3	97.4
河 南	Henan	111.5	102.4	102.6	97.5	100.7	103.2	94.9	97.9
湖 北	Hubei	111.7	104.2	101.8	100.0	99.5	106.2	99.3	96.6
湖 南	Hunan	121.9	101.8	102.1	98.6	104.1	104.7	98.0	95.4
西部地区	**Western Region**								
重 庆	Chongqing	120.2	105.3	103.0	100.2	102.4	109.8	96.8	99.7
四 川	Sichuan	117.8	101.4	102.6	99.9	103.3	105.6	97.8	100.2
贵 州	Guizhou	120.3	98.7	102.4	99.5	104.6	108.7	96.7	92.6
云 南	Yunnan	117.9	104.6	104.9	100.6	101.3	103.9	98.7	96.9
西 藏	Tibet								
陕 西	Shaanxi	113.8	105.7	107.4	102.1	96.3	98.0	98.4	100.9
甘 肃	Gansu	111.3	105.9	105.9	102.1	99.8	99.2	99.1	101.7
青 海	Qinghai	117.3	111.7	110.4	100.0	96.1	104.5	101.0	100.3
宁 夏	Ningxia	111.3	107.9	106.7	98.3	98.4	98.7	99.3	105.0
新 疆	Xinjiang	103.7	109.2	108.5	97.8	90.4	107.6	100.7	106.3
内蒙古	Inner Mongolia	112.8	102.4	103.3	102.7	98.0	95.1	95.6	102.0
广 西	Guangxi	124.5	98.5	102.5	98.1	102.0	106.1	98.2	97.3

4-15 工业生产者出厂价格主要分组指数（2000-2018 年）
Producer Price Indices （PPI） by Main Classification（2000-2018 年）

上年=100（preceding year=100）

项目名称	Item	2000 年	2001 年	2002 年	2003 年	2004 年	2005 年	2006 年	2007 年	2008 年	2009 年
总指数	**General Index**	**98.6**	**97.8**	**97.6**	**100.6**	**103.3**	**103.0**	**102.2**	**103.5**	**105.8**	**95.5**
按生产生活资料分	**By Means of Production and Consumer Goods**										
生产资料	Means of Production	99.5	101.5	98.6	101.9	104.6	104.0	102.8	103.7	106.7	94.2
采　掘	Mining & Quarrying Industry	93.4	105.7	104.3	102.7	122.5	127.7	103.6	107.1	130.4	97.5
原　料	Raw Materials Industry	102.3	104.0	99.2	103.0	107.8	106.1	104.1	106.0	105.9	91.5
加　工	Processing Industry	97.7	98.9	97.8	101.6	103.3	102.2	102.3	102.8	105.6	94.7
生活资料	Consumer Goods	97.5	91.4	95.2	97.7	99.1	100.5	100.7	102.8	103.3	99.0
食　品	Food	97.9	97.6	99.6	102.0	104.1	101.6	101.3	107.8	110.3	98.8
衣　着	Clothing	106.6	99.1	96.3	96.9	100.2	103.5	103.4	100.6	103.6	101.4
一般日用品	Articles for Daily Use	98.9	99.2	97.3	99.6	100.3	101.6	100.9	101.4	102.2	101.5
耐用消费品	Durable Consumer Goods	95.1	88.4	92.7	93.9	96.1	99.7	100.1	100.4	99.6	98.6
按工业部门分	**By Sector**										
冶金工业	Metallurgical Industry	106.0	98.8	95.8	110.2	114.9	105.8	105.5	108.9	107.9	83.5
电力工业	Electric Power Industry	101.2	106.1	100.6	103.3	101.0	102.7	103.6	103.7	102.2	102.1
煤炭及炼焦工业	Coal Industry	93.2	108.6	105.1	101.4	118.3	137.2	104.1	104.8	136.8	97.0
石油工业	Petroleum Industry	100.9	99.7	99.4	105.4	102.6	102.9	114.9	107.4	109.1	98.9
化学工业	Chemical Industry	101.8	102.8	100.6	100.6	106.9	110.8	100.6	105.1	111.3	90.7
机械工业	MachineManufacturingIndustry	96.5	94.0	95.4	96.7	99.0	99.8	101.1	100.9	101.5	97.6
建筑材料工业	Building Materials Industry	92.6	103.0	100.3	100.8	100.7	103.6	101.6	106.0	116.0	99.9
森林工业	Timber Industry		91.9	93.0	101.7	99.5	102.2	103.3	104.7	103.0	104.3
食品工业	Food Industry	97.6	97.5	99.3	101.6	106.3	100.9	101.5	108.6	113.3	97.9
纺织工业	Textile Industry	107.2	92.4	90.0	106.0	112.9	103.4	107.4	96.5	96.8	99.0
缝纫工业	Tailoring Industry	90.5	98.3	93.2	96.3	100.6	108.9	106.7	99.0	111.3	102.2
皮革工业	Leather Industry	100.0	101.6	98.7	98.5	97.1	99.4	99.9	100.4	96.8	100.5
造纸工业	Paper Industry	82.5	100.1	95.5	99.4	100.6	100.2	100.7	101.2	104.2	97.2
文教艺术用品工业	Cultural,Educational& Handicrafts Articles		94.9	104.7	99.8	99.4	99.9	99.7	99.7	99.7	99.5
其它工业	Others	103.2	114.0	126.1	106.9	104.4	107.7	103.2	103.0	104.0	99.4

注：国家统计局从 2011 年 1 月开始实施新的工业生产者价格统计调查制度方法。“工业品价格统计”改称为“工业生产者价格统计”，相应地将“工业品出厂价格指数”改称为“工业生产者出厂价格指数”。（下同）

Note：Since January 2011，NBS begins to conduct new statistical system and survey methods on PPI. “Prices Statistics on Industrial Goods” is renamed to “Prices Statistics on Industrial Producers”. Accordingly, “Producer Price Index of Industrial Products” is renamed to “Producer Price Index（PPI）for Manufactured Goods”.（the same below）

4-15 工业生产者出厂价格主要分组指数（2000-2018 年）
Producer Price Indices （PPI） by Main Classification（2000-2018 年）

续表（continued） 上年=100（preceding year=100）

项目名称	Item	2010 年	2011 年	2012 年	2013 年	2014 年	2015 年	2016 年	2017 年	2018 年
总指数	General Index	103.1	103.8	99.9	98.0	98.3	97.2	98.6	104.1	102.1
按生产生活资料分	By Means of Production and Consumer Goods									
生产资料	Means of Production	103.9	104.2	99.6	97.6	98.2	96.6	98.0	105.6	103.0
采　掘	Mining & Quarrying Industry	112.2	110.8	96.9	93.9	94.7	93.0	98.0	115.9	105.2
原　料	Raw Materials Industry	108.2	105.7	100.1	96.6	97.9	95.7	96.3	106.3	105.1
加　工	Processing Industry	102.4	103.4	99.6	98.1	98.5	97.0	98.3	105.2	102.5
生活资料	Consumer Goods	100.5	102.5	100.7	99.1	98.6	98.8	99.9	100.9	100.0
食　品	Food	102.5	107.2	102.4	101.0	100.5	100.6	100.6	101.3	100.7
衣　着	Clothing	103.2	104.7	101.5	101.0	100.9	100.4	99.4	100.9	100.0
一般日用品	Articles for Daily Use	100.4	101.4	98.5	99.4	100.9	99.2	99.0	100.5	99.8
耐用消费品	Durable Consumer Goods	99.1	100.1	100.4	97.7	96.7	97.5	99.8	100.8	99.7
按工业部门分	By Sector									
冶金工业	Metallurgical Industry	108.5	104.9	97.2	94.8	96.3	90.9	98.3	114.4	104.7
电力工业	Electric Power Industry	104.6	101.2	106.0	99.9	98.8	97.6	96.4	99.6	101.6
煤炭及炼焦工业	Coal Industry	115.2	115.3	95.6	91.2	92.4	90.8	95.5	123.5	104.3
石油工业	Petroleum Industry	107.0	111.4	100.5	100.6	101.8	100.7	93.7	99.5	104.4
化学工业	Chemical Industry	105.5	105.4	98.5	97.2	98.9	98.0	98.3	103.7	104.3
机械工业	MachineManufacturingIndustry	99.7	101.2	100.3	98.3	98.3	98.3	98.7	101.8	100.0
建筑材料工业	Building Materials Industry	98.3	106.5	98.8	98.0	100.3	96.6	99.0	109.5	114.0
森林工业	Timber Industry	101.5	102.8	100.4	100.6	100.9	100.2	100.0	99.7	99.9
食品工业	Food Industry	102.5	106.9	102.1	101.8	100.4	99.3	100.5	101.9	100.4
纺织工业	Textile Industry	126.0	109.9	96.1	99.8	98.6	96.3	98.0	103.1	99.8
缝纫工业	Tailoring Industry	102.2	103.7	100.6	100.8	100.7	99.3	97.8	101.6	101.1
皮革工业	Leather Industry	104.3	104.3	101.9	101.4	101.3	100.3	100.6	100.7	99.4
造纸工业	Paper Industry	104.2	105.7	100.1	98.0	97.3	97.9	99.4	114.2	108.6
文教艺术用品工业	Cultural,Educational& Handicrafts Articles	102.3	101.2	99.9	99.9	100.7	98.3	99.5	103.5	102.3
其它工业	Others	107.6	105.0	101.6	100.1	99.5	99.9	100.7	103.7	103.8

4-16 工业生产者出厂价格分类指数（2012-2018 年）
Producer Price Indices（PPI）for Industrial Products by category（2012-2018）

上年=100（preceding year=100）

项目名称	Item	2012 年	2013 年	2014 年	2015 年	2016 年	2017 年	2018 年
总指数	**General Index**	**99.9**	**98.0**	**98.3**	**07.2**	**90.0**	**104.1**	**102.1**
煤炭开采和洗选业	Mining and Washing of Coal	95.3	91.5	92.6	90.8	95.5	123.1	104.0
石油和天然气开采业	Extraction of Petroleum and Natural Gas	100.0	100.0	99.6	93.9	98.0	100.4	105.6
黑色金属矿采选业	Mining and Processing of Ferrous Metal Ores	98.9	90.7	93.4	88.7	91.4	108.4	100.5
有色金属矿采选业	Mining and Processing of Non-Ferrous Metal Ores	98.8	97.2	96.2	95.3	101.8	107.7	109.0
非金属矿采选业	Mining and Processing of Nonmetal Ores	102.6	99.5	99.4	99.3	99.4	105.2	109.0
农副食品加工业	Processing of Food from Agricultural Products	101.3	103.1	99.9	99.0	101.0	102.3	100.2
食品制造业	Processing of Foodstuff	102.7	100.4	102.2	101.1	100.5	100.9	100.2
酒、饮料和精制茶制造业	Manufacture of Liquor, Beverages and Refined Tea	102.3	100.5	100.7	97.7	99.1	102.9	101.9
烟草制品业	Manufacture of Tobacco	103.6	100.4	100.0	100.0	99.8	99.9	100.4
纺织业	Manufacture of Textile	96.5	100.0	99.0	96.6	98.2	103.1	99.8
纺织服装、服饰业	Manufacture of Textile Wearing Apparel, and Dress Adornment	99.6	100.4	99.8	98.9	97.8	102.0	101.3
皮革、毛皮、羽毛及其制品和制鞋业	Manufacture of Leather, Fur, Feather Related Products and Footware	101.9	101.4	100.4	99.5	100.1	100.1	99.2
木材加工及木、竹、藤、棕、草制品业	Processing of Timber, Manufacture of Wood, Bamboo, Rattan, Palm and Straw Products	99.8	100.2	100.1	97.5	99.3	98.7	99.2
家具制造业	Manufacture of Furniture	100.8	100.8	101.6	101.6	103.1	106.9	103.9
造纸和纸制品业	Manufacture of Paper and Paper Products	100.1	98.0	97.3	97.9	99.4	114.2	108.6
印刷和记录媒介复制业	Printing, Reproduction of Recording Media	99.4	98.7	99.3	97.9	99.3	102.2	101.4
文教、工美、体育和娱乐用品制造业	Manufacture of Culture, Education, Handicraft, Fine Arts, SportsandEntertainmentArticles	108.5	99.3	96.5	100.5	107.4	104.1	101.5
石油加工、炼焦和核燃料加工业	Processing of Petroleum, Coking, Processing of Nuclear Fuel	99.6	92.9	95.3	94.3	96.1	105.4	108.5
化学原料和化学制品制造业	Manufacture of Raw Chemical Materials and Chemical Products	97.3	96.2	98.3	97.5	97.9	105.1	106.0
医药制造业	Manufacture of Medicines	102.3	100.8	101.2	101.4	100.0	102.2	102.8
化学纤维制造业	Manufacture of Chemical Fibers	89.5	89.9	96.5	85.6	87.6	102.3	100.3
橡胶和塑料制品业	Manufacture of Rubber and Plastics	99.0	97.6	98.7	97.4	97.5	101.0	100.0
非金属矿物制品业	Manufacture of Non-metallic Mineral Products	98.8	97.9	100.2	96.7	98.8	109.5	113.8
黑色金属冶炼和压延加工业	Smelting and Pressing of Ferrous Metals	94.7	94.2	95.3	86.3	98.3	121.5	108.1
有色金属冶炼和压延加工业	Smelting and Pressing of Non-ferrous Metals	98.3	95.3	96.4	94.0	98.2	111.4	101.7
金属制品业	Manufacture of Metal Products	104.6	99.7	100.1	98.4	98.2	103.6	103.1
通用设备制造业	Manufacture of General Purpose Machinery	99.4	99.0	99.7	98.9	98.8	101.3	101.4
专用设备制造业	Manufacture of Special Purpose Machinery	100.8	99.5	100.0	98.9	96.0	100.3	101.1
汽车制造业	Manufacture of Motor Vehicles	100.0	98.2	97.6	97.9	99.1	100.2	99.7
铁路、船舶、航空航天和其他运输设备制造业	Manufacture of Railway, Ship, Aviation and Other Transporting Equipment	100.6	98.5	98.3	99.2	98.3	100.9	101.4
电气机械和器材制造业	Manufacture of Electrical Machinery and Equipment	100.7	97.9	99.3	98.8	98.7	101.9	100.7
计算机、通信和其他电子设备制造业	Manufacture of Communication Equipment, Computers and Other Electronic Equipment	99.3	96.9	97.6	97.6	98.5	104.1	98.9
仪器仪表制造业	Manufacture of Instrument and Apparatus	100.7	99.7	99.6	98.4	101.5	104.1	101.9
其他制造业	Other Manufacture	100.2	99.4	99.0	100.0	96.8	105.9	102.2
废弃资源综合利用业	Comprehensive Utilization of Waste Resources	96.5	89.1	96.7	80.5	96.8	134.0	137.2
金属制品、机械和设备修理业	Repair Services of Metal Products, Machinery and Equipment	99.5	96.4	97.3	97.9	83.9	102.9	104.5
电力、热力生产和供应业	Production and Supply of Electric Power and Heat Power	106.0	99.9	98.8	97.6	96.4	99.6	101.6
燃气生产和供应业	Production and Supply of Gas	100.7	101.7	102.6	103.1	90.8	99.9	101.4
水的生产和供应业	Production and Supply of Water	101.3	100.8	100.4	100.7	100.3	100.5	100.2

4–17 工业生产者出厂价格主要分组分月指数（2011 年）

Producer Price Indices （PPI） for Industrial Products by Main Classification & Month（2011）

年同期=100（same period last year=100）

类 别	Item	1 月 January	2 月 February	3 月 March	4 月 April	5 月 May	6 月 June
总指数	General Index	103.0	103.3	103.5	103.7	104.1	104.4
按生产生活资料分	By Means of Production and Consumer Goods						
生产资料	Means of Production	103.4	103.9	103.9	104.1	104.5	104.9
采 掘	Mining & Quarrying Industry	113.1	113.8	112.3	112.1	111.4	111.6
原 料	Raw Materials Industry	106.0	106.0	105.4	105.5	106.2	106.9
加 工	Processing Industry	102.2	102.8	103.0	103.2	103.6	104.0
生活资料	Consumer Goods	101.9	101.6	102.2	102.6	103.1	102.8
食 品	Food	104.5	104.9	106.1	107.3	107.6	108.3
衣 着	Clothing	105.0	105.7	105.4	104.7	105.2	105.2
一般日用品	Articles for Daily Use	103.3	102.7	103.3	103.5	102.5	101.5
耐用消费品	Durable Consumer Goods	99.7	99.1	99.4	99.7	100.6	100.1
按工业部门分	By Sector						
冶金工业	Metallurgical Industry	104.4	105.6	104.7	104.2	104.2	106.1
电力工业	Electric Power Industry	100.1	100.3	100.3	100.0	100.2	100.6
煤炭及炼焦工业	Coal Industry	117.1	118.1	117.6	117.4	116.4	116.3
石油工业	Petroleum Industry	113.9	113.9	114.3	115.6	115.5	115.2
化学工业	Chemical Industry	106.0	105.6	105.1	105.6	106.5	106.3
机械工业	Machine Manufacturing Industry	99.9	100.1	100.6	100.7	101.3	101.4
建筑材料工业	Building Materials Industry	103.6	103.5	104.0	106.7	108.3	109.7
森林工业	Timber Industry	102.8	102.4	102.5	102.5	102.4	102.6
食品工业	Food Industry	104.9	105.3	106.5	107.6	107.6	108.0
纺织工业	Textile Industry	121.0	122.3	121.0	117.0	114.0	111.6
缝纫工业	Tailoring Industry	102.4	105.1	105.0	104.0	104.1	104.1
皮革工业	Leather Industry	107.1	105.6	105.6	104.4	104.5	104.6
造纸工业	Paper Industry	105.9	106.9	106.7	106.8	106.2	105.5
文教艺术用品工业	Cultural,Educational& Handicrafts Articles	101.2	101.6	101.6	101.5	101.2	101.1
其它工业	Others	104.7	105.1	104.9	104.6	104.9	105.0

4-17 工业生产者出厂价格主要分组分月指数（2011 年）
Producer Price Indices （PPI） for Industrial Products by Main Classification & Month（2011）

续表（continued）　　　　年同期=100（same period last year=100）

类 别	Item	7 月 July	8 月 August	9 月 September	10 月 October	11 月 November	12 月 December
总指数	General Index	104.8	104.8	104.6	104.0	102.8	102.4
按生产生活资料分	By Means of Production and Consumer Goods						
生产资料	Means of Production	105.3	105.3	105.1	104.5	103.2	102.6
采　掘	Mining & Quarrying Industry	111.9	111.4	109.9	109.7	107.6	105.3
原　料	Raw Materials Industry	107.7	107.2	106.4	105.3	103.2	103.2
加　工	Processing Industry	104.3	104.4	104.5	103.9	102.9	102.3
生活资料	Consumer Goods	103.3	103.2	103.1	102.5	101.9	102.0
食　品	Food	108.7	108.8	108.9	108.0	106.7	106.5
衣　着	Clothing	105.3	105.0	104.8	103.6	103.8	103.1
一般日用品	Articles for Daily Use	101.2	100.9	100.6	99.5	98.7	98.7
耐用消费品	Durable Consumer Goods	100.8	100.6	100.6	100.3	100.0	100.3
按工业部门分	By Sector						
冶金工业	Metallurgical Industry	107.2	107.3	106.7	104.4	102.4	102.4
电力工业	Electric Power Industry	101.1	101.4	101.4	102.1	102.1	105.4
煤炭及炼焦工业	Coal Industry	117.1	116.4	115.3	114.2	110.9	107.6
石油工业	Petroleum Industry	114.5	112.8	109.3	105.7	104.5	103.3
化学工业	Chemical Industry	106.8	106.7	106.5	105.6	103.0	101.8
机械工业	Machine Manufacturing Industry	101.9	101.9	102.1	101.9	101.6	101.5
建筑材料工业	Building Materials Industry	109.0	109.4	108.8	107.6	105.8	102.4
森林工业	Timber Industry	102.9	103.1	103.3	103.4	103.0	102.8
食品工业	Food Industry	108.0	108.1	108.2	107.2	105.8	105.5
纺织工业	Textile Industry	109.8	106.6	104.4	102.3	98.7	96.2
缝纫工业	Tailoring Industry	104.4	103.7	103.4	103.1	102.7	102.8
皮革工业	Leather Industry	104.4	104.6	104.6	102.0	102.4	102.6
造纸工业	Paper Industry	105.0	105.6	106.5	105.1	105.1	103.2
文教艺术用品工业	Cultural,Educational& Handicrafts Articles	100.8	100.8	101.0	101.0	101.2	101.0
其它工业	Others	105.7	105.7	105.7	104.8	104.6	104.1

4-17 工业生产者出厂价格主要分组分月指数（2012 年）
Producer Price Indices （PPI） for Industrial Products by Main Classification & Month（2012）

年同期=100（same period last year=100）

类 别	Item	1 月 January	2 月 February	3 月 March	4 月 April	5 月 May	6 月 June
总指数	General Index	102.0	101.6	101.3	100.9	100.3	100.0
按生产生活资料分	By Means of Production and Consumer Goods						
生产资料	Means of Production	102.2	101.6	101.2	100.9	100.1	99.7
采 掘	Mining & Quarrying Industry	103.4	102.3	102.5	101.3	100.1	97.1
原 料	Raw Materials Industry	103.2	103.0	102.5	101.9	100.9	100.1
加 工	Processing Industry	101.9	101.2	100.8	100.5	99.9	99.7
生活资料	Consumer Goods	101.5	101.6	101.3	101.1	100.7	100.9
食 品	Food	105.5	104.5	104.0	103.6	103.2	102.6
衣 着	Clothing	102.6	102.0	102.2	102.0	101.8	101.4
一般日用品	Articles for Daily Use	97.5	97.8	97.4	97.1	98.1	99.0
耐用消费品	Durable Consumer Goods	100.3	101.0	100.9	100.8	99.9	100.5
按工业部门分	By Sector						
冶金工业	Metallurgical Industry	101.7	100.4	99.9	99.6	98.9	98.5
电力工业	Electric Power Industry	107.0	106.7	107.3	107.5	107.0	106.3
煤炭及炼焦工业	Coal Industry	105.0	102.7	102.1	100.9	98.9	96.0
石油工业	Petroleum Industry	102.9	103.1	102.1	100.6	100.0	99.0
化学工业	Chemical Industry	100.9	101.3	100.6	99.8	99.3	98.9
机械工业	Machine Manufacturing Industry	101.5	101.2	101.0	100.9	100.3	100.4
建筑材料工业	Building Materials Industry	101.7	102.4	101.9	100.1	97.7	97.0
森林工业	Timber Industry	100.6	100.7	100.6	100.3	100.4	100.2
食品工业	Food Industry	104.3	103.3	102.6	102.3	102.3	102.1
纺织工业	Textile Industry	94.8	94.1	93.3	94.1	94.0	94.9
缝纫工业	Tailoring Industry	102.0	100.6	100.7	100.7	100.4	100.4
皮革工业	Leather Industry	102.3	102.7	102.7	102.5	102.5	102.1
造纸工业	Paper Industry	102.2	100.9	101.1	100.9	100.2	99.7
文教艺术用品工业	Cultural,Educational& Handicrafts Articles	100.3	99.9	99.9	99.8	100.2	100.1
其它工业	Others	102.9	102.7	102.4	102.3	102.0	101.7

4-17 工业生产者出厂价格主要分组分月指数（2012年）
Producer Price Indices (PPI) for Industrial Products by Main Classification & Month (2012)

续表（continued） 年同期=100（same period last year=100）

类 别	Item	7月 July	8月 August	9月 September	10月 October	11月 November	12月 December
总指数	**General Index**	**99.6**	**99.0**	**98.5**	**98.4**	**98.6**	**98.6**
按生产生活资料分	**By Means of Production and Consumer Goods**						
生产资料	Means of Production	99.2	98.5	98.0	97.8	97.9	98.0
采 掘	Mining & Quarrying Industry	95.0	93.3	91.7	91.5	92.1	93.1
原 料	Raw Materials Industry	99.5	98.5	98.2	97.8	98.0	97.5
加 工	Processing Industry	99.4	98.8	98.3	98.1	98.3	98.4
生活资料	Consumer Goods	100.5	100.3	100.0	100.1	100.2	100.3
食 品	Food	101.6	101.0	100.5	100.6	100.7	100.8
衣 着	Clothing	101.3	101.3	101.4	101.2	100.8	100.4
一般日用品	Articles for Daily Use	98.7	98.6	98.4	99.2	99.9	100.0
耐用消费品	Durable Consumer Goods	100.4	100.3	100.1	100.1	100.0	100.0
按工业部门分	**By Sector**						
冶金工业	Metallurgical Industry	97.7	94.8	93.6	93.8	93.9	94.3
电力工业	Electric Power Industry	105.8	105.8	106.0	105.3	105.5	102.3
煤炭及炼焦工业	Coal Industry	93.1	91.1	89.4	89.0	89.6	90.3
石油工业	Petroleum Industry	98.9	99.2	99.3	99.9	100.3	100.5
化学工业	Chemical Industry	98.2	97.4	96.4	96.0	96.4	96.9
机械工业	Machine Manufacturing Industry	100.1	100.0	99.7	99.6	99.5	99.5
建筑材料工业	Building Materials Industry	97.5	97.4	97.2	96.8	97.8	98.3
森林工业	Timber Industry	100.1	100.3	100.2	100.1	100.4	100.2
食品工业	Food Industry	101.5	101.2	101.2	101.3	101.4	101.8
纺织工业	Textile Industry	95.6	97.0	97.9	98.5	99.3	100.2
缝纫工业	Tailoring Industry	100.5	100.6	100.7	100.8	100.3	99.8
皮革工业	Leather Industry	101.8	101.7	101.6	101.2	100.9	100.7
造纸工业	Paper Industry	99.9	99.6	99.2	99.1	98.6	100.0
文教艺术用品工业	Cultural,Educational& Handicrafts Articles	99.9	99.9	99.7	99.7	99.6	99.6
其它工业	Others	101.3	100.8	100.8	100.5	100.6	100.8

4–17　工业生产者出厂价格主要分组分月指数（2013 年）

Producer Price Indices （PPI） for Industrial Products by Main Classification & Month（2013）

上年同期=100（same period last year=100）

类　别	Item	1 月 January	2 月 February	3 月 March	4 月 April	5 月 May	6 月 June
总指数	**General Index**	**98.7**	**98.7**	**98.5**	**98.3**	**98.3**	**97.1**
按生产生活资料分	**By Means of Production and Consumer Goods**						
生产资料	Means of Production	98.1	98.2	97.9	97.8	97.8	96.6
采　掘	Mining & Quarrying Industry	93.4	93.7	93.6	93.1	93.0	91.4
原　料	Raw Materials Industry	97.6	97.5	97.2	96.6	96.6	95.5
加　工	Processing Industry	98.5	98.6	98.4	98.4	98.4	97.2
生活资料	Consumer Goods	100.3	100.2	100.0	99.9	99.9	98.5
食　品	Food	101.5	101.8	101.5	101.1	100.9	100.7
衣　着	Clothing	100.6	100.8	101.0	100.8	100.8	100.9
一般日用品	Articles for Daily Use	99.7	99.7	99.4	99.2	99.0	98.9
耐用消费品	Durable Consumer Goods	99.8	99.5	99.3	99.4	99.5	96.9
按工业部门分	**By Sector**						
冶金工业	Metallurgical Industry	94.2	94.8	94.5	94.4	94.4	93.1
电力工业	Electric Power Industry	101.0	100.8	100.5	100.6	100.5	99.9
煤炭及炼焦工业	Coal Industry	91.0	91.2	91.2	90.8	90.4	87.9
石油工业	Petroleum Industry	100.7	100.6	100.7	100.6	100.7	100.0
化学工业	Chemical Industry	97.7	97.7	97.3	96.7	96.7	96.1
机械工业	Machine Manufacturing Industry	99.5	99.4	99.2	99.2	99.1	97.6
建筑材料工业	Building Materials Industry	98.1	97.8	97.5	97.3	98.0	97.5
森林工业	Timber Industry	100.8	100.8	100.6	100.6	100.4	100.4
食品工业	Food Industry	102.3	102.9	102.8	102.3	102.0	101.5
纺织工业	Textile Industry	100.6	100.5	100.9	101.1	101.7	99.2
缝纫工业	Tailoring Industry	100.4	100.6	100.5	100.3	100.3	100.6
皮革工业	Leather Industry	101.1	101.1	101.4	101.5	101.4	101.4
造纸工业	Paper Industry	100.0	100.2	99.7	99.4	99.3	97.3
文教艺术用品工业	Cultural,Educational& Handicrafts Articles	99.7	99.6	99.6	99.7	99.7	99.9
其它工业	Others	100.8	100.7	100.9	100.8	100.9	100.1

4–17 工业生产者出厂价格主要分组分月指数（2013 年）
Producer Price Indices （PPI） for Industrial Products by Main Classification & Month（2013）

续表（continued） 年同期=100（same period last year=100）

类 别	Item	7 月 July	8 月 August	9 月 September	10 月 October	11 月 November	12 月 December
总指数	General Index	**97.0**	**97.3**	**97.7**	**97.9**	**98.0**	**98.0**
按生产生活资料分	By Means of Production and Consumer Goods						
生产资料	Means of Production	96.5	97.0	97.5	97.7	97.8	97.9
采 掘	Mining & Quarrying Industry	92.3	93.8	95.6	96.0	95.6	95.6
原 料	Raw Materials Industry	95.7	96.3	96.6	96.6	96.6	96.9
加 工	Processing Industry	97.0	97.4	97.9	98.1	98.3	98.3
生活资料	Consumer Goods	98.4	98.2	98.3	98.3	98.3	98.3
食 品	Food	100.8	100.8	100.7	100.6	100.6	100.6
衣 着	Clothing	100.9	101.0	101.0	101.2	101.3	101.6
一般日用品	Articles for Daily Use	99.1	99.4	99.6	99.9	99.8	99.7
耐用消费品	Durable Consumer Goods	96.7	96.2	96.4	96.4	96.4	96.4
按工业部门分	By Sector						
冶金工业	Metallurgical Industry	92.7	94.6	95.7	96.2	96.6	96.8
电力工业	Electric Power Industry	99.9	99.7	99.7	98.9	98.7	98.5
煤炭及炼焦工业	Coal Industry	89.2	91.1	92.8	93.0	92.9	93.2
石油工业	Petroleum Industry	100.0	100.3	100.8	100.9	100.9	101.2
化学工业	Chemical Industry	96.3	96.8	97.4	97.8	97.7	98.1
机械工业	Machine Manufacturing Industry	97.4	97.4	97.5	97.6	97.8	97.8
建筑材料工业	Building Materials Industry	97.4	97.7	98.2	98.8	98.8	98.6
森林工业	Timber Industry	100.6	100.5	100.6	100.6	100.7	100.8
食品工业	Food Industry	101.5	101.2	101.2	101.3	101.4	101.3
纺织工业	Textile Industry	99.3	99.4	99.2	99.1	98.7	98.4
缝纫工业	Tailoring Industry	100.6	101.0	100.7	101.2	101.6	102.1
皮革工业	Leather Industry	101.5	101.4	101.6	101.6	101.5	101.7
造纸工业	Paper Industry	96.8	96.4	96.3	96.6	97.0	96.8
文教艺术用品工业	Cultural,Educational& Handicrafts Articles	100.0	100.0	100.0	100.0	100.1	100.1
其它工业	Others	99.4	99.4	99.5	99.7	99.4	99.3

4–17 工业生产者出厂价格主要分组分月指数（2014 年）

Producer Price Indices （PPI） for Industrial Products by Main Classification & Month（2014）

年同期=100（same period last year=100）

类别	Item	1月 January	2月 February	3月 March	4月 April	5月 May	6月 June
总指数	**General Index**	**97.8**	**97.7**	**97.7**	**97.7**	**97.9**	**98.5**
按生产生活资料分	**By Means of Production and Consumer Goods**						
生产资料	Means of Production	97.6	97.5	97.4	97.4	97.6	98.6
采掘	Mining & Quarrying Industry	95.2	95.0	94.5	94.1	94.2	95.7
原料	Raw Materials Industry	96.4	96.2	96.3	97.1	97.6	98.6
加工	Processing Industry	98.1	98.0	97.9	97.7	97.8	98.7
生活资料	Consumer Goods	98.3	98.3	98.3	98.4	98.5	98.5
食品	Food	99.8	99.6	99.7	100.0	100.5	100.6
衣着	Clothing	101.3	101.3	101.1	101.1	101.2	101.2
一般日用品	Articles for Daily Use	100.3	100.5	100.7	100.6	100.8	100.7
耐用消费品	Durable Consumer Goods	96.5	96.6	96.6	96.5	96.5	96.4
按工业部门分	**By Sector**						
冶金工业	Metallurgical Industry	96.2	95.7	95.2	95.0	95.3	96.5
电力工业	Electric Power Industry	98.6	98.6	98.4	98.3	98.5	98.9
煤炭及炼焦工业	Coal Industry	92.6	92.3	91.9	91.6	91.9	94.2
石油工业	Petroleum Industry	101.2	101.3	101.4	101.5	101.2	102.0
化学工业	Chemical Industry	97.4	97.2	97.4	98.3	98.6	99.2
机械工业	Machine Manufacturing Industry	97.7	97.8	97.8	97.6	97.8	98.3
建筑材料工业	Building Materials Industry	98.9	99.3	99.6	100.2	100.3	101.0
森林工业	Timber Industry	100.8	100.9	101.0	100.9	101.1	101.1
食品工业	Food Industry	100.5	100.2	99.9	100.2	100.6	101.0
纺织工业	Textile Industry	98.4	98.3	98.4	98.2	97.9	100.2
缝纫工业	Tailoring Industry	101.1	101.1	101.1	101.3	101.5	101.3
皮革工业	Leather Industry	101.4	101.3	101.3	101.1	101.3	101.5
造纸工业	Paper Industry	96.5	96.4	96.2	96.3	96.6	97.7
文教艺术用品工业	Cultural,Educational& Handicrafts Articles	100.3	100.5	100.6	100.6	100.5	100.6
其它工业	Others	100.0	100.0	99.8	99.5	98.9	99.0

4-17 工业生产者出厂价格主要分组分月指数（2014 年）
Producer Price Indices （PPI） for Industrial Products by Main Classification & Month（2014）

续表（continued） 年同期=100（same period last year=100）

类 别	Item	7 月 July	8 月 August	9 月 September	10 月 October	11 月 November	12 月 December
总指数	**General Index**	**98.8**	**99.0**	**98.9**	**98.8**	**98.6**	**98.3**
按生产生活资料分	**By Means of Production and Consumer Goods**						
生产资料	Means of Production	98.8	98.9	98.9	98.8	98.5	98.1
采 掘	Mining & Quarrying Industry	95.6	95.2	94.8	94.5	93.8	93.2
原 料	Raw Materials Industry	98.7	99.0	99.2	99.2	98.8	98.1
加 工	Processing Industry	99.0	99.1	99.1	99.0	98.7	98.4
生活资料	Consumer Goods	98.7	99.0	98.9	98.9	98.9	98.8
食 品	Food	100.8	101.1	100.9	100.9	100.8	100.4
衣 着	Clothing	101.2	101.0	100.9	100.5	100.3	100.1
一般日用品	Articles for Daily Use	100.9	101.0	101.2	101.2	101.2	101.3
耐用消费品	Durable Consumer Goods	96.6	97.0	96.9	96.9	97.1	97.0
按工业部门分	**By Sector**						
冶金工业	Metallurgical Industry	97.4	97.7	97.7	97.2	96.5	95.6
电力工业	Electric Power Industry	98.9	98.9	98.7	99.3	99.3	99.4
煤炭及炼焦工业	Coal Industry	93.9	93.0	92.5	92.4	91.6	90.8
石油工业	Petroleum Industry	102.2	101.6	102.1	102.5	102.6	102.1
化学工业	Chemical Industry	99.5	99.9	100.3	100.1	99.7	99.1
机械工业	Machine Manufacturing Industry	98.5	98.7	98.8	98.8	98.7	98.7
建筑材料工业	Building Materials Industry	100.8	101.1	101.0	100.9	100.1	99.8
森林工业	Timber Industry	101.0	101.0	100.9	100.8	100.6	100.6
食品工业	Food Industry	101.2	101.3	100.6	100.3	100.2	99.3
纺织工业	Textile Industry	99.7	99.0	98.9	98.3	98.2	97.8
缝纫工业	Tailoring Industry	101.2	100.6	100.8	99.9	99.5	99.3
皮革工业	Leather Industry	101.4	101.6	101.5	101.4	101.2	101.0
造纸工业	Paper Industry	97.9	98.5	98.2	97.8	97.7	97.8
文教艺术用品工业	Cultural,Educational& Handicrafts Articles	100.6	100.6	100.8	100.8	100.6	101.2
其它工业	Others	99.3	99.2	99.1	99.2	99.9	100.4

4–17 工业生产者出厂价格主要分组分月指数（2015 年）
Producer Price Indices （PPI） for Industrial Products by Main Classification & Month （2015）

年同期=100（same period last year=100）

类 别	Item	1 月 January	2 月 February	3 月 March	4 月 April	5 月 May	6 月 June
总指数	General Index	98.0	97.8	97.6	97.4	97.2	97.4
按生产生活资料分	By Means of Production and Consumer Goods						
生产资料	Means of Production	97.8	97.6	97.4	97.2	96.9	96.8
采　掘	Mining & Quarrying Industry	92.8	92.2	92.1	92.5	92.5	93.6
原　料	Raw Materials Industry	97.6	97.4	97.2	96.7	96.2	95.8
加　工	Processing Industry	98.2	98.0	97.8	97.6	97.3	97.2
生活资料	Consumer Goods	98.3	98.2	98.1	98.1	98.2	99.3
食　品	Food	100.5	100.7	100.6	100.6	100.7	100.8
衣　着	Clothing	100.8	100.9	100.7	100.6	100.4	100.1
一般日用品	Articles for Daily Use	100.6	100.4	99.6	99.6	99.5	99.8
耐用消费品	Durable Consumer Goods	96.1	96.0	96.0	96.0	96.2	98.3
按工业部门分	By Sector						
冶金工业	Metallurgical Industry	94.9	94.4	93.9	93.0	92.3	91.5
电力工业	Electric Power Industry	99.4	99.4	99.4	99.3	98.7	96.2
煤炭及炼焦工业	Coal Industry	90.2	90.0	89.9	90.2	90.2	91.5
石油工业	Petroleum Industry	102.1	102.2	101.9	101.7	101.9	101.6
化学工业	Chemical Industry	98.6	98.1	98.2	98.1	98.0	98.7
机械工业	Machine Manufacturing Industry	98.3	98.3	98.2	98.2	98.0	98.8
建筑材料工业	Building Materials Industry	99.2	98.8	97.9	96.9	96.6	96.1
森林工业	Timber Industry	100.6	100.7	100.5	100.1	100.5	99.0
食品工业	Food Industry	99.5	99.5	99.6	99.5	99.4	99.1
纺织工业	Textile Industry	97.2	97.1	96.7	96.7	96.4	96.1
缝纫工业	Tailoring Industry	99.6	99.5	99.8	99.6	99.2	98.9
皮革工业	Leather Industry	101.0	101.1	100.5	100.5	100.3	100.1
造纸工业	Paper Industry	98.1	98.3	98.0	97.0	97.0	97.9
文教艺术用品工业	Cultural,Educational& Handicrafts Articles	100.5	100.3	98.3	98.0	97.9	98.2
其它工业	Others	100.0	100.1	100.1	99.9	100.3	100.1

4-17 工业生产者出厂价格主要分组分月指数（2015年）
Producer Price Indices （PPI）for Industrial Products by Main Classification & Month（2015）

续表（continued） 年同期=100（same period last year=100）

类 别	Item	7月 July	8月 August	9月 September	10月 October	11月 November	12月 December
总指数	General Index	97.3	97.0	96.8	96.6	96.4	96.3
按生产生活资料分	By Means of Production and Consumer Goods						
生产资料	Means of Production	96.5	96.2	96.0	95.6	95.5	95.3
采 掘	Mining & Quarrying Industry	94.3	94.5	93.8	93.1	92.7	92.4
原 料	Raw Materials Industry	95.7	95.4	94.7	94.4	94.0	93.5
加 工	Processing Industry	96.9	96.6	96.5	96.2	96.1	96.0
生活资料	Consumer Goods	99.4	99.3	99.2	99.1	99.0	99.1
食 品	Food	100.8	100.7	100.4	100.3	100.4	100.7
衣 着	Clothing	100.2	100.1	100.2	100.2	100.3	100.4
一般日用品	Articles for Daily Use	99.4	99.0	98.5	98.2	97.9	97.5
耐用消费品	Durable Consumer Goods	98.5	98.5	98.7	98.7	98.5	98.6
按工业部门分	By Sector						
冶金工业	Metallurgical Industry	90.3	89.2	88.5	87.6	87.4	86.9
电力工业	Electric Power Industry	96.4	96.3	96.5	96.7	96.6	96.6
煤炭及炼焦工业	Coal Industry	92.3	92.7	92.1	91.5	90.3	89.1
石油工业	Petroleum Industry	101.3	101.4	100.0	99.0	98.9	96.8
化学工业	Chemical Industry	98.7	98.4	97.6	97.4	97.2	97.0
机械工业	Machine Manufacturing Industry	98.6	98.5	98.6	98.3	98.3	98.2
建筑材料工业	Building Materials Industry	95.8	95.7	95.3	95.2	95.4	96.0
森林工业	Timber Industry	99.6	100.4	100.1	100.0	100.3	100.6
食品工业	Food Industry	99.4	99.3	99.0	99.0	98.8	99.3
纺织工业	Textile Industry	96.1	95.9	95.7	95.9	95.7	96.0
缝纫工业	Tailoring Industry	98.9	99.0	99.1	99.2	99.3	99.3
皮革工业	Leather Industry	100.1	99.9	99.9	99.9	100.0	100.2
造纸工业	Paper Industry	98.2	98.0	98.3	97.8	98.4	98.2
文教艺术用品工业	Cultural,Educational& Handicrafts Articles	98.2	98.1	97.8	97.8	97.5	97.3
其它工业	Others	100.1	100.2	100.2	99.9	99.0	98.5

4–17 工业生产者出厂价格主要分组分月指数（2016 年）

Producer Price Indices （PPI） for Industrial Products by Main Classification & Month（2016）

年同期=100（same period last year=100）

类 别	Item	1月 January	2月 February	3月 March	4月 April	5月 May	6月 June
总指数	General Index	96.4	96.3	96.8	97.2	97.6	98.2
按生产生活资料分	By Means of Production and Consumer Goods						
生产资料	Means of Production	95.0	94.8	95.5	96.1	96.8	97.4
采 掘	Mining & Quarrying Industry	93.3	92.0	92.6	94.1	94.5	95.3
原 料	Raw Materials Industry	93.7	93.2	93.9	94.1	94.3	95.7
加 工	Processing Industry	95.3	95.2	95.9	96.6	97.3	97.8
生活资料	Consumer Goods	99.4	99.5	99.7	99.6	99.6	99.9
食 品	Food	100.4	100.4	100.8	100.7	100.5	100.5
衣 着	Clothing	98.3	98.2	98.9	98.9	99.2	99.3
一般日用品	Articles for Daily Use	97.6	97.7	98.9	99.0	99.2	99.1
耐用消费品	Durable Consumer Goods	99.5	99.7	99.5	99.3	99.3	99.9
按工业部门分	By Sector						
冶金工业	Metallurgical Industry	87.3	88.3	90.5	94.6	95.9	96.9
电力工业	Electric Power Industry	96.1	95.4	95.2	94.5	94.7	97.3
煤炭及炼焦工业	Coal Industry	89.0	87.3	87.9	89.8	90.4	91.2
石油工业	Petroleum Industry	95.3	93.1	93.1	93.1	93.1	93.1
化学工业	Chemical Industry	97.2	97.3	97.9	98.2	97.9	97.8
机械工业	Machine Manufacturing Industry	97.7	97.4	97.7	97.6	98.0	98.5
建筑材料工业	Building Materials Industry	96.2	96.2	96.3	96.7	97.5	98.1
森林工业	Timber Industry	100.1	100.1	100.5	100.0	100.0	100.1
食品工业	Food Industry	99.8	99.8	100.3	100.3	100.1	100.4
纺织工业	Textile Industry	96.0	96.1	96.3	96.3	96.8	97.4
缝纫工业	Tailoring Industry	96.1	95.9	96.9	97.2	97.4	97.7
皮革工业	Leather Industry	100.0	99.9	100.3	100.2	100.4	100.4
造纸工业	Paper Industry	98.3	98.3	98.6	98.8	98.5	98.7
文教艺术用品工业	Cultural,Educational& Handicrafts Articles	97.0	97.0	99.7	100.0	100.0	99.8
其它工业	Others	98.5	99.4	100.2	100.3	100.5	100.5

4-17 工业生产者出厂价格主要分组分月指数（2016 年）
Producer Price Indices （PPI） for Industrial Products by Main Classification & Month（2016）

续表（continued）　　　　年同期=100（same period last year=100）

类 别	Item	7 月 July	8 月 August	9 月 September	10 月 October	11 月 November	12 月 December
总指数	General Index	98.7	99.0	99.4	100.2	101.1	102.4
按生产生活资料分	By Means of Production and Consumer Goods						
生产资料	Means of Production	98.2	98.6	99.0	100.2	101.5	103.2
采 掘	Mining & Quarrying Industry	95.8	96.5	99.9	104.9	107.9	111.1
原 料	Raw Materials Industry	96.0	96.3	97.4	98.8	100.6	102.8
加 工	Processing Industry	98.6	99.0	99.3	100.2	101.4	103.0
生活资料	Consumer Goods	99.9	99.9	100.2	100.2	100.3	100.5
食 品	Food	100.3	100.1	100.7	100.6	100.8	101.4
衣 着	Clothing	99.3	99.2	99.7	100.4	100.6	100.7
一般日用品	Articles for Daily Use	99.1	99.2	99.5	99.3	99.7	99.5
耐用消费品	Durable Consumer Goods	99.9	100.0	100.2	100.2	100.3	100.3
按工业部门分	By Sector						
冶金工业	Metallurgical Industry	98.9	101.1	101.9	104.8	109.1	113.7
电力工业	Electric Power Industry	97.0	96.8	97.5	97.2	97.4	97.3
煤炭及炼焦工业	Coal Industry	92.0	94.0	97.6	103.9	109.8	116.8
石油工业	Petroleum Industry	93.0	93.1	93.7	94.0	94.0	95.9
化学工业	Chemical Industry	97.9	97.7	98.4	99.0	99.8	101.0
机械工业	Machine Manufacturing Industry	99.0	99.2	99.3	99.6	99.9	100.5
建筑材料工业	Building Materials Industry	98.4	98.1	99.3	101.8	103.9	105.6
森林工业	Timber Industry	99.9	99.6	99.9	99.7	99.9	100.0
食品工业	Food Industry	100.3	100.2	100.8	100.8	101.2	102.0
纺织工业	Textile Industry	97.9	98.5	99.4	99.7	100.8	101.4
缝纫工业	Tailoring Industry	98.1	98.2	98.5	99.2	99.3	99.5
皮革工业	Leather Industry	100.2	100.0	100.6	101.4	101.9	101.9
造纸工业	Paper Industry	98.4	98.8	99.2	99.3	100.1	105.9
文教艺术用品工业	Cultural,Educational& Handicrafts Articles	99.6	99.6	99.9	99.9	100.6	100.6
其它工业	Others	101.4	101.3	101.2	101.6	102.4	101.6

4–17 工业生产者出厂价格主要分组分月指数（2017 年）

Producer Price Indices （PPI） for Industrial Products by Main Classification & Month（2017）

年同期=100（same period last year=100）

类别	Item	1月 January	2月 February	3月 March	4月 April	5月 May	6月 June
总指数	General Index	103.4	104.3	104.5	104.6	104.1	103.9
按生产生活资料分	By Means of Production and Consumer Goods						
生产资料	Means of Production	104.4	105.8	106.1	106.2	105.6	105.4
采掘	Mining & Quarrying Industry	112.7	115.9	120.5	119.0	118.6	119.6
原料	Raw Materials Industry	104.6	105.8	106.2	106.4	106.2	105.5
加工	Processing Industry	104.1	105.5	105.5	105.8	105.0	104.9
生活资料	Consumer Goods	101.1	100.9	101.0	100.9	100.9	100.7
食品	Food	101.5	101.7	101.4	101.0	101.0	100.9
衣着	Clothing	101.6	101.9	101.6	101.0	100.9	100.7
一般日用品	Articles for Daily Use	99.7	99.8	100.4	100.4	100.2	100.3
耐用消费品	Durable Consumer Goods	101.3	100.8	101.0	101.0	101.0	100.7
按工业部门分	By Sector						
冶金工业	Metallurgical Industry	114.6	118.0	117.2	114.6	112.4	112.0
电力工业	Electric Power Industry	97.7	98.5	99.0	99.6	99.7	100.1
煤炭及炼焦工业	Coal Industry	120.9	125.2	130.6	128.4	127.8	128.7
石油工业	Petroleum Industry	97.3	99.3	99.9	99.8	99.2	99.4
化学工业	Chemical Industry	102.1	103.0	103.6	103.3	103.1	102.4
机械工业	Machine Manufacturing Industry	101.5	101.9	101.9	102.6	102.3	102.1
建筑材料工业	Building Materials Industry	106.8	108.6	109.5	110.0	109.5	109.3
森林工业	Timber Industry	99.9	99.8	99.5	99.7	99.7	99.8
食品工业	Food Industry	102.0	102.0	102.7	102.3	102.2	101.8
纺织工业	Textile Industry	102.4	102.8	103.1	103.1	103.3	103.1
缝纫工业	Tailoring Industry	101.8	102.3	101.8	101.8	101.8	101.5
皮革工业	Leather Industry	102.0	102.1	102.0	100.7	100.5	100.5
造纸工业	Paper Industry	108.1	108.9	108.4	106.3	106.7	109.4
文教艺术用品工业	Cultural,Educational& Handicrafts Articles	101.4	102.3	102.4	102.4	102.4	104.3
其它工业	Others	102.3	102.1	102.2	102.8	103.0	103.1

4-17 工业生产者出厂价格主要分组分月指数（2017 年）
Producer Price Indices (PPI) for Industrial Products by Main Classification & Month (2017)

续表（continued）　　　　年同期=100（same period last year=100）

类 别	Item	7 月 July	8 月 August	9 月 September	10 月 October	11 月 November	12 月 December
总指数	**General Index**	**104.0**	**104.3**	**104.7**	**104.5**	**104.1**	**103.5**
按生产生活资料分	**By Means of Production and Consumer Goods**						
生产资料	Means of Production	105.5	105.9	106.4	106.1	105.5	104.7
采 掘	Mining & Quarrying Industry	118.7	118.6	117.3	112.8	110.5	108.4
原 料	Raw Materials Industry	105.6	106.3	107.8	107.7	107.5	106.3
加 工	Processing Industry	105.0	105.3	105.7	105.6	105.0	104.3
生活资料	Consumer Goods	100.7	100.8	100.9	100.9	100.9	100.9
食 品	Food	101.3	101.4	101.6	101.5	101.4	100.8
衣 着	Clothing	100.7	101.0	100.9	100.2	100.3	100.5
一般日用品	Articles for Daily Use	100.2	100.3	100.8	101.0	101.1	101.5
耐用消费品	Durable Consumer Goods	100.5	100.7	100.7	100.7	100.7	100.8
按工业部门分	**By Sector**						
冶金工业	Metallurgical Industry	112.0	114.5	116.9	116.7	114.1	110.5
电力工业	Electric Power Industry	100.4	100.6	99.6	99.9	99.9	100.0
煤炭及炼焦工业	Coal Industry	128.1	126.5	125.2	118.6	115.5	110.6
石油工业	Petroleum Industry	99.7	100.0	100.2	100.0	99.8	99.9
化学工业	Chemical Industry	102.4	103.1	104.8	105.2	105.6	105.7
机械工业	Machine Manufacturing Industry	102.1	101.9	101.6	101.5	101.4	101.2
建筑材料工业	Building Materials Industry	109.6	110.2	111.1	109.5	108.6	111.1
森林工业	Timber Industry	99.9	99.7	99.4	99.5	99.3	99.4
食品工业	Food Industry	101.8	101.8	101.7	101.7	101.6	100.8
纺织工业	Textile Industry	103.2	103.4	103.3	103.7	103.4	102.8
缝纫工业	Tailoring Industry	101.3	101.9	101.9	101.2	101.2	101.3
皮革工业	Leather Industry	100.5	100.7	100.3	99.5	99.7	100.0
造纸工业	Paper Industry	112.7	116.3	125.1	128.3	123.8	115.8
文教艺术用品工业	Cultural,Educational& Handicrafts Articles	104.3	104.3	105.3	104.7	104.1	104.2
其它工业	Others	102.0	104.3	105.0	104.9	106.6	106.5

4-17 工业生产者出厂价格主要分组分月指数（2018 年）
Producer Price Indices （PPI） for Industrial Products by Main Classification & Month（2018）

年同期=100（same period last year=100）

类 别	Item	1 月 January	2 月 February	3 月 March	4 月 April	5 月 May	6 月 June
总指数	General Index	103.0	102.3	101.9	101.6	102.0	102.3
按生产生活资料分	By Means of Production and Consumer Goods						
生产资料	Means of Production	104.4	103.2	102.7	102.3	102.9	103.4
采 掘	Mining & Quarrying Industry	109.4	108.4	104.6	103.3	104.2	103.7
原 料	Raw Materials Industry	105.1	105.0	104.9	105.0	106.2	107.8
加 工	Processing Industry	104.1	102.8	102.3	101.8	102.3	102.6
生活资料	Consumer Goods	100.0	100.2	100.0	100.1	100.0	100.0
食 品	Food	100.7	100.6	100.6	100.8	100.6	100.6
衣 着	Clothing	100.3	100.2	99.5	100.0	99.9	100.1
一般日用品	Articles for Daily Use	101.4	101.0	100.2	100.4	100.3	99.4
耐用消费品	Durable Consumer Goods	99.4	99.8	99.7	99.8	99.7	100.0
按工业部门分	By Sector						
冶金工业	Metallurgical Industry	109.9	106.6	105.5	104.8	106.1	107.3
电力工业	Electric Power Industry	99.7	99.7	99.6	100.4	101.7	103.2
煤炭及炼焦工业	Coal Industry	108.4	107.5	103.3	103.3	104.3	104.3
石油工业	Petroleum Industry	103.4	106.1	106.1	103.0	102.6	102.7
化学工业	Chemical Industry	105.1	104.6	104.3	104.3	104.7	105.3
机械工业	Machine Manufacturing Industry	100.4	99.9	99.7	99.2	99.3	99.5
建筑材料工业	Building Materials Industry	113.7	112.3	112.7	113.1	114.0	114.8
森林工业	Timber Industry	99.3	99.3	99.5	99.3	99.5	99.5
食品工业	Food Industry	100.8	100.9	99.8	100.2	100.0	100.0
纺织工业	Textile Industry	102.1	101.6	101.4	101.4	100.5	100.4
缝纫工业	Tailoring Industry	101.3	101.2	100.8	100.7	100.8	100.9
皮革工业	Leather Industry	100.0	99.8	98.6	99.7	99.5	99.7
造纸工业	Paper Industry	113.2	112.5	113.3	116.5	120.0	118.4
文教艺术用品工业	Cultural,Educational& Handicrafts Articles	103.7	102.8	103.2	103.2	103.5	101.6
其它工业	Others	106.7	105.9	105.4	105.9	105.5	104.8

4-17 工业生产者出厂价格主要分组分月指数（2018 年）
Producer Price Indices （PPI） for Industrial Products by Main Classification & Month （2018）

续表（continued） 年同期=100（same period last year=100）

类 别	Item	7 月 July	8 月 August	9 月 September	10 月 October	11 月 November	12 月 December
总指数	**General Index**	**102.4**	**102.3**	**102.1**	**101.9**	**101.7**	**101.3**
按生产生活资料分	**By Means of Production and Consumer Goods**						
生产资料	Means of Production	103.5	103.4	103.1	102.7	102.4	102.0
采 掘	Mining & Quarrying Industry	104.4	103.9	104.0	104.5	106.5	106.3
原 料	Raw Materials Industry	108.1	107.1	104.4	103.5	102.6	102.3
加 工	Processing Industry	102.7	102.8	102.8	102.5	102.3	101.8
生活资料	Consumer Goods	99.9	99.8	99.8	99.9	99.9	99.7
食 品	Food	100.3	100.4	100.8	101.0	101.0	101.1
衣 着	Clothing	100.2	100.0	100.2	100.2	100.0	99.8
一般日用品	Articles for Daily Use	99.2	99.2	99.1	99.4	99.2	99.1
耐用消费品	Durable Consumer Goods	100.0	99.7	99.6	99.6	99.6	99.3
按工业部门分	**By Sector**						
冶金工业	Metallurgical Industry	106.5	104.7	103.4	102.1	100.7	99.5
电力工业	Electric Power Industry	105.0	105.0	101.8	100.9	101.0	100.9
煤炭及炼焦工业	Coal Industry	104.5	104.2	103.4	103.5	102.8	102.2
石油工业	Petroleum Industry	102.5	101.9	102.3	104.1	108.3	109.3
化学工业	Chemical Industry	105.2	104.8	104.2	103.8	103.1	102.0
机械工业	Machine Manufacturing Industry	99.7	100.1	100.5	100.7	100.6	100.5
建筑材料工业	Building Materials Industry	115.6	116.3	115.3	114.4	114.4	112.0
森林工业	Timber Industry	99.7	100.1	100.4	100.4	101.0	100.8
食品工业	Food Industry	100.0	100.2	100.6	100.9	101.0	101.1
纺织工业	Textile Industry	100.0	99.3	98.9	97.8	97.1	97.3
缝纫工业	Tailoring Industry	101.1	100.7	101.3	101.4	101.6	101.5
皮革工业	Leather Industry	99.7	99.6	99.6	99.5	98.8	98.5
造纸工业	Paper Industry	113.9	109.0	100.8	96.8	97.1	97.9
文教艺术用品工业	Cultural,Educational& Handicrafts Articles	101.7	101.6	101.0	101.6	101.8	101.6
其它工业	Others	105.0	102.7	102.2	102.4	99.4	100.1

4–18 工业生产者出厂价格分类分月指数（2011 年）
Producer Price Indices （PPI） for Industrial Products by Sector & Month（2011）

上年同期=100（same period last year=100）

类 别	Item	1 月 January	2 月 February	3 月 March	4 月 April	5 月 May	6 月 June
总指数	**General Index**	**103.0**	**103.3**	**103.5**	**103.7**	**104.1**	**104.4**
煤炭开采和洗选业	Mining and Washing of Coal	117.9	119.0	118.6	118.4	117.3	116.9
石油和天然气开采业	Extraction of Petroleum and Natural Gas	101.5	101.5	101.5	101.5	101.5	100.5
黑色金属矿采选业	Mining and Processing of Ferrous Metal Ores	100.2	100.4	100.0	104.8	104.6	106.0
有色金属矿采选业	Mining and Processing of Non–Ferrous Metal Ores	102.0	101.8	103.2	102.5	102.1	101.5
非金属矿采选业	Mining and Processing of Nonmetal Ores	105.4	104.8	103.6	104.6	104.0	106.0
农副食品加工业	Processing of Food from Agricultural Products	107.0	107.7	109.6	111.3	111.3	111.6
食品制造业	Processing of Foodstuff	105.2	104.6	105.9	107.2	107.0	106.5
酒、饮料和精制茶制造业	Manufacture of Liquor, Beverages and Refined Tea	101.3	102.0	102.5	102.4	103.3	105.4
烟草制品业	Manufacture of Tobacco	101.8	101.8	101.8	101.8	101.8	101.8
纺织业	Manufacture of Textile	119.3	121.2	119.9	116.0	113.2	111.0
纺织服装、服饰业	Manufacture of Textile Wearing Apparel, and Dress Adornment	101.4	102.4	102.2	102.2	102.1	101.9
皮革、毛皮、羽毛及其制品和制鞋业	Manufacture of Leather, Fur, Feather Related Products and Footware	110.5	109.7	109.0	107.8	108.2	108.2
木材加工及木、竹、藤、棕、草制品业	Processing of Timber, Manufacture of Wood, Bamboo, Rattan, Palm and Straw Products	106.8	106.7	106.9	106.1	105.6	106.0
家具制造业	Manufacture of Furniture	102.1	101.6	101.6	102.1	103.1	102.7
造纸和纸制品业	Manufacture of Paper and Paper Products	105.9	106.9	106.7	106.8	106.2	105.5
印刷和记录媒介复制业	Printing, Reproduction of Recording Media	101.1	101.5	101.5	101.3	101.0	100.8
文教、工美、体育和娱乐用品制造业	Manufacture of Culture, Education, Handicraft, Fine Arts, Sports and Entertainment Articles	105.8	103.7	103.8	108.7	109.9	112.2
石油加工、炼焦和核燃料加工业	Processing of Petroleum, Coking, Processing of Nucle-ar Fuel	110.9	111.1	111.2	112.3	113.8	115.7
化学原料和化学制品制造业	Manufacture of Raw Chemical Materials and Chemical Products	107.2	106.3	105.2	106.2	107.3	106.9
医药制造业	Manufacture of Medicines	103.9	103.5	103.9	104.1	105.0	105.0
化学纤维制造业	Manufacture of Chemical Fibers	94.2	95.6	97.8	96.3	96.9	98.9
橡胶和塑料制品业	Manufacture of Rubber and Plastics	104.9	107.2	107.5	106.1	105.5	105.9
非金属矿物制品业	Manufacture of Non–metallic Mineral Products	102.9	103.0	103.6	106.1	108.0	109.4
黑色金属冶炼和压延加工业	Smelting and Pressing of Ferrous Metals	106.5	106.9	105.0	104.4	103.5	104.7
有色金属冶炼和压延加工业	Smelting and Pressing of Non–ferrous Metals	102.6	104.6	104.2	103.3	104.0	107.1
金属制品业	Manufacture of Metal Products	102.7	103.6	103.9	103.9	104.1	104.4
通用设备制造业	Manufacture of General Purpose Machinery	103.2	103.6	104.5	103.7	103.1	103.0
专用设备制造业	Manufacture of Special Purpose Machinery	100.5	100.9	101.0	101.7	101.8	101.9
汽车制造业	Manufacture of Motor Vehicles	97.6	97.3	97.4	97.6	97.8	97.7
铁路、船舶、航空航天和其他运输设备制造业	Manufacture of Railway, Ship, Aviation and Other Transporting Equipment	101.6	101.6	101.8	101.9	102.3	102.5
电气机械和器材制造业	Manufacture of Electrical Machinery and Equipment	103.3	103.5	103.7	103.8	107.0	107.5
计算机、通信和其他电子设备制造业	Manufacture of Communication Equipment, Computers and Other Electronic Equipment	99.7	100.8	102.7	103.6	104.7	104.7
仪器仪表制造业	Manufacture of Instrument and Apparatus	100.1	102.2	103.7	103.9	104.6	105.1
其他制造业	Other Manufacture	101.5	101.5	102.1	100.6	100.1	101.4
废弃资源综合利用业	Comprehensive Utilization of Waste Resources	99.4	98.8	100.2	100.5	100.5	99.4
金属制品、机械和设备修理业	Repair Services of Metal Products, Machinery and E-quipment	103.2	105.2	105.1	105.3	105.3	106.2
电力、热力生产和供应业	Production and Supply of Electric Power and Heat Power	100.1	100.3	100.3	100.0	100.2	100.6
燃气生产和供应业	Production and Supply of Gas	115.5	115.5	115.5	116.2	115.0	114.7
水的生产和供应业	Production and Supply of Water	109.4	109.6	109.5	109.7	109.0	105.4

4-18 工业生产者出厂价格分类分月指数（2011年）
Producer Price Indices (PPI) for Industrial Products by Sector & Month (2011)

续表（continued）　　上年同期=100（same period last year=100）

类别	Item	7月 July	8月 August	9月 September	10月 October	11月 November	12月 December
总指数	**General Index**	**104.8**	**104.8**	**104.6**	**104.0**	**102.8**	**102.4**
煤炭开采和洗选业	Mining and Washing of Coal	117.7	116.7	115.6	114.5	111.0	107.6
石油和天然气开采业	Extraction of Petroleum and Natural Gas	100.5	100.5	100.5	100.5	100.5	100.5
黑色金属矿采选业	Mining and Processing of Ferrous Metal Ores	109.4	109.1	108.0	107.0	107.0	107.5
有色金属矿采选业	Mining and Processing of Non-Ferrous Metal Ores	101.5	101.5	101.5	99.4	98.6	98.5
非金属矿采选业	Mining and Processing of Nonmetal Ores	107.2	105.8	104.5	104.3	104.2	103.2
农副食品加工业	Processing of Food from Agricultural Products	111.1	111.3	111.0	108.8	106.7	106.3
食品制造业	Processing of Foodstuff	107.7	108.0	109.4	107.8	106.8	106.6
酒、饮料和精制茶制造业	Manufacture of Liquor, Beverages and Refined Tea	105.2	104.9	105.0	105.1	104.3	105.2
烟草制品业	Manufacture of Tobacco	101.8	101.8	101.8	103.6	103.6	101.8
纺织业	Manufacture of Textile	109.5	106.4	104.4	102.4	99.0	96.7
纺织服装、服饰业	Manufacture of Textile Wearing Apparel, and Dress Adornment	101.8	101.5	101.6	101.7	101.9	102.1
皮革、毛皮、羽毛及其制品和制鞋业	Manufacture of Leather, Fur, Feather Related Products and Footware	107.9	107.5	106.8	104.6	104.3	103.0
木材加工及木、竹、藤、棕、草制品业	Processing of Timber, Manufacture of Wood, Bamboo, Rattan, Palm and Straw Products	106.1	106.0	106.2	106.3	105.9	105.3
家具制造业	Manufacture of Furniture	102.8	103.2	103.2	103.2	102.8	101.8
造纸和纸制品业	Manufacture of Paper and Paper Products	105.0	105.6	106.5	105.1	105.1	103.2
印刷和记录媒介复制业	Printing, Reproduction of Recording Media	100.6	100.6	100.7	100.8	100.9	100.8
文教、工美、体育和娱乐用品制造业	Manufacture of Culture, Education, Handicraft, Fine Arts, Sports and Entertainment Articles	112.5	115.1	114.8	114.8	114.7	115.5
石油加工、炼焦和核燃料加工业	Processing of Petroleum, Coking, Processing of Nucle-ar Fuel	116.3	117.0	116.5	114.3	111.3	110.0
化学原料和化学制品制造业	Manufacture of Raw Chemical Materials and Chemical Products	107.3	107.4	107.0	105.5	102.0	100.3
医药制造业	Manufacture of Medicines	105.7	105.2	106.5	106.8	106.0	105.9
化学纤维制造业	Manufacture of Chemical Fibers	99.7	100.6	99.6	100.1	99.1	103.0
橡胶和塑料制品业	Manufacture of Rubber and Plastics	106.6	106.1	105.9	105.6	104.4	104.2
非金属矿物制品业	Manufacture of Non-metallic Mineral Products	108.7	109.1	108.7	107.4	105.6	102.5
黑色金属冶炼和压延加工业	Smelting and Pressing of Ferrous Metals	106.8	107.6	107.7	105.9	103.2	102.8
有色金属冶炼和压延加工业	Smelting and Pressing of Non-ferrous Metals	107.8	107.7	105.9	102.8	100.5	100.9
金属制品业	Manufacture of Metal Products	105.8	105.8	106.4	105.6	105.4	105.1
通用设备制造业	Manufacture of General Purpose Machinery	102.6	102.5	102.9	102.8	102.1	101.2
专用设备制造业	Manufacture of Special Purpose Machinery	101.8	101.9	102.2	101.6	102.0	102.1
汽车制造业	Manufacture of Motor Vehicles	98.3	98.3	98.6	98.7	98.4	98.6
铁路、船舶、航空航天和其他运输设备制造业	Manufacture of Railway, Ship, Aviation and Other Transporting Equipment	102.7	103.5	103.1	102.8	102.6	102.7
电气机械和器材制造业	Manufacture of Electrical Machinery and Equipment	108.9	108.5	108.6	107.8	106.7	105.7
计算机、通信和其他电子设备制造业	Manufacture of Communication Equipment, Computers and Other Electronic Equipment	104.8	104.0	103.9	104.4	104.1	104.2
仪器仪表制造业	Manufacture of Instrument and Apparatus	105.1	104.9	105.0	104.9	104.8	104.5
其他制造业	Other Manufacture	101.5	101.3	101.6	101.5	101.0	100.9
废弃资源综合利用业	Comprehensive Utilization of Waste Resources	99.4	98.8	98.8	98.8	98.8	98.2
金属制品、机械和设备修理业	Repair Services of Metal Products, Machinery and E-quipment	106.2	105.5	107.4	102.3	103.1	103.1
电力、热力生产和供应业	Production and Supply of Electric Power and Heat Power	101.1	101.4	101.4	102.1	102.1	105.4
燃气生产和供应业	Production and Supply of Gas	113.2	111.1	105.9	102.0	102.0	100.7
水的生产和供应业	Production and Supply of Water	107.0	107.0	105.8	104.0	103.9	103.9

4–18 工业生产者出厂价格分类分月指数（2012 年）
Producer Price Indices （PPI） for Industrial Products by Sector & Month （2012）

上年同期=100（same period last year=100）

类 别	Item	1 月 January	2 月 February	3 月 March	4 月 April	5 月 May	6 月 June
总指数	**General Index**	**102.0**	**101.6**	**101.3**	**100.9**	**100.3**	**100.0**
煤炭开采和洗选业	Mining and Washing of Coal	105.2	102.7	101.9	100.6	98.7	95.7
石油和天然气开采业	Extraction of Petroleum and Natural Gas	100.0	100.0	100.0	100.0	100.0	100.0
黑色金属矿采选业	Mining and Processing of Ferrous Metal Ores	106.3	104.6	103.8	102.9	101.6	100.4
有色金属矿采选业	Mining and Processing of Non–Ferrous Metal Ores	97.8	99.7	98.5	99.0	99.1	99.6
非金属矿采选业	Mining and Processing of Nonmetal Ores	103.0	103.3	104.5	103.6	103.9	101.7
农副食品加工业	Processing of Food from Agricultural Products	105.0	102.4	101.3	100.6	100.8	101.1
食品制造业	Processing of Foodstuff	103.8	104.6	104.2	103.2	103.5	103.5
酒、饮料和精制茶制造业	Manufacture of Liquor, Beverages and Refined Tea	105.0	104.8	103.2	104.3	103.4	101.3
烟草制品业	Manufacture of Tobacco	101.8	102.7	104.0	104.5	104.5	104.5
纺织业	Manufacture of Textile	95.4	94.6	93.9	94.6	94.5	95.3
纺织服装、服饰业	Manufacture of Textile Wearing Apparel, and Dress Adornment	100.9	99.6	99.7	99.5	99.4	99.4
皮革、毛皮、羽毛及其制品和制鞋业	Manufacture of Leather, Fur, Feather Related Products and Footware	102.8	102.8	103.0	102.7	102.5	101.9
木材加工及木、竹、藤、棕、草制品业	Processing of Timber, Manufacture of Wood, Bamboo, Rattan, Palm and Straw Products	99.5	99.6	99.4	99.5	100.0	99.9
家具制造业	Manufacture of Furniture	101.7	101.6	101.5	101.2	100.8	100.7
造纸和纸制品业	Manufacture of Paper and Paper Products	102.2	100.9	101.1	100.9	100.2	99.7
印刷和记录媒介复制业	Printing, Reproduction of Recording Media	100.1	99.4	99.4	99.5	99.7	99.8
文教、工美、体育和娱乐用品制造业	Manufacture of Culture, Education, Handicraft, Fine Arts, Sports and Entertainment Articles	114.4	115.2	114.8	110.8	110.7	107.8
石油加工、炼焦和核燃料加工业	Processing of Petroleum, Coking, Processing of Nuclear Fuel	106.1	106.8	105.1	103.1	100.0	97.6
化学原料和化学制品制造业	Manufacture of Raw Chemical Materials and Chemical Products	99.8	100.7	99.9	98.7	98.1	97.8
医药制造业	Manufacture of Medicines	103.2	103.1	103.0	102.9	102.8	102.7
化学纤维制造业	Manufacture of Chemical Fibers	108.5	105.1	98.7	95.8	89.5	86.9
橡胶和塑料制品业	Manufacture of Rubber and Plastics	102.6	101.0	100.2	99.2	99.5	99.4
非金属矿物制品业	Manufacture of Non–metallic Mineral Products	101.7	102.3	101.6	100.1	97.7	97.1
黑色金属冶炼和压延加工业	Smelting and Pressing of Ferrous Metals	102.1	99.6	98.9	98.0	96.8	96.2
有色金属冶炼和压延加工业	Smelting and Pressing of Non–ferrous Metals	100.2	99.9	99.6	99.9	99.6	99.4
金属制品业	Manufacture of Metal Products	104.5	104.0	103.5	107.4	107.1	107.0
通用设备制造业	Manufacture of General Purpose Machinery	100.3	99.8	99.1	99.4	99.4	99.6
专用设备制造业	Manufacture of Special Purpose Machinery	101.6	101.1	101.0	101.0	101.1	101.1
汽车制造业	Manufacture of Motor Vehicles	99.2	99.7	99.9	100.0	99.9	100.4
铁路、船舶、航空航天和其他运输设备制造业	Manufacture of Railway, Ship, Aviation and Other Transporting Equipment	102.6	102.3	101.9	101.5	101.3	100.9
电气机械和器材制造业	Manufacture of Electrical Machinery and Equipment	104.5	103.3	104.1	103.2	100.4	99.8
计算机、通信和其他电子设备制造业	Manufacture of Communication Equipment, Computers and Other Electronic Equipment	104.3	102.8	100.9	99.5	98.3	98.3
仪器仪表制造业	Manufacture of Instrument and Apparatus	104.2	102.3	100.3	100.3	100.2	100.2
其他制造业	Other Manufacture	101.2	101.6	100.7	100.9	100.7	100.7
废弃资源综合利用业	Comprehensive Utilization of Waste Resources	98.0	99.2	98.7	99.6	98.4	96.4
金属制品、机械和设备修理业	Repair Services of Metal Products, Machinery and Equipment	103.0	102.5	102.4	101.9	101.5	100.5
电力、热力生产和供应业	Production and Supply of Electric Power and Heat Power	107.0	106.7	107.3	107.5	107.0	106.3
燃气生产和供应业	Production and Supply of Gas	100.7	100.7	100.7	100.1	100.4	100.4
水的生产和供应业	Production and Supply of Water	102.4	102.2	102.7	102.4	102.3	101.7

4-18 工业生产者出厂价格分类分月指数（2012 年）
Producer Price Indices (PPI) for Industrial Products by Sector & Month (2012)

续表（continued）　　上年同期=100（same period last year=100）

类 别	Item	7 月 July	8 月 August	9 月 September	10 月 October	11 月 November	12 月 December
总指数	**General Index**	**99.6**	**99.0**	**98.5**	**98.4**	**98.6**	**98.6**
煤炭开采和洗选业	Mining and Washing of Coal	92.7	90.6	88.9	88.5	89.3	90.0
石油和天然气开采业	Extraction of Petroleum and Natural Gas	100.0	100.0	100.0	100.0	100.0	100.0
黑色金属矿采选业	Mining and Processing of Ferrous Metal Ores	99.8	98.6	93.2	92.1	91.9	92.3
有色金属矿采选业	Mining and Processing of Non-Ferrous Metal Ores	99.1	97.5	97.5	99.1	99.0	99.3
非金属矿采选业	Mining and Processing of Nonmetal Ores	102.2	102.3	102.2	101.6	101.5	102.0
农副食品加工业	Processing of Food from Agricultural Products	100.3	99.7	100.2	100.9	101.0	101.9
食品制造业	Processing of Foodstuff	102.5	101.8	101.4	101.3	101.3	101.7
酒、饮料和精制茶制造业	Manufacture of Liquor, Beverages and Refined Tea	100.9	101.5	100.6	100.8	101.1	100.7
烟草制品业	Manufacture of Tobacco	104.5	104.5	104.5	102.6	102.6	102.6
纺织业	Manufacture of Textile	96.1	97.4	98.3	98.9	99.5	100.2
纺织服装、服饰业	Manufacture of Textile Wearing Apparel, and Dress Adornment	99.4	99.5	99.5	99.6	99.5	99.2
皮革、毛皮、羽毛及其制品和制鞋业	Manufacture of Leather, Fur, Feather Related Products and Footware	101.6	101.6	101.5	101.1	100.9	100.7
木材加工及木、竹、藤、棕、草制品业	Processing of Timber, Manufacture of Wood, Bamboo, Rattan, Palm and Straw Products	99.6	100.1	100.0	99.8	100.2	99.7
家具制造业	Manufacture of Furniture	100.7	100.4	100.2	100.2	100.3	100.4
造纸和纸制品业	Manufacture of Paper and Paper Products	99.9	99.6	99.2	99.1	98.6	100.0
印刷和记录媒介复制业	Printing, Reproduction of Recording Media	99.6	99.4	99.0	99.0	98.9	98.6
文教、工美、体育和娱乐用品制造业	Manufacture of Culture, Education, Handicraft, Fine Arts, Sports and Entertainment Articles	107.2	104.7	105.3	105.3	104.1	103.6
石油加工、炼焦和核燃料加工业	Processing of Petroleum, Coking, Processing of Nucle-ar Fuel	96.9	96.9	95.7	96.0	96.1	96.1
化学原料和化学制品制造业	Manufacture of Raw Chemical Materials and Chemical Products	97.1	95.7	94.8	94.2	94.8	95.5
医药制造业	Manufacture of Medicines	102.0	102.6	101.2	101.0	101.3	101.5
化学纤维制造业	Manufacture of Chemical Fibers	82.8	81.4	81.8	81.3	82.9	83.1
橡胶和塑料制品业	Manufacture of Rubber and Plastics	98.7	98.4	97.2	97.0	97.4	97.4
非金属矿物制品业	Manufacture of Non-metallic Mineral Products	97.6	97.5	97.3	96.9	98.0	98.3
黑色金属冶炼和压延加工业	Smelting and Pressing of Ferrous Metals	95.0	91.8	89.5	89.1	89.5	90.1
有色金属冶炼和压延加工业	Smelting and Pressing of Non-ferrous Metals	98.8	95.5	95.7	96.8	97.0	97.1
金属制品业	Manufacture of Metal Products	105.4	104.2	103.4	103.1	102.9	102.8
通用设备制造业	Manufacture of General Purpose Machinery	99.7	99.5	99.2	98.8	99.0	99.1
专用设备制造业	Manufacture of Special Purpose Machinery	101.2	100.9	100.2	100.0	100.0	100.0
汽车制造业	Manufacture of Motor Vehicles	100.3	100.3	100.2	100.2	100.1	100.0
铁路、船舶、航空航天和其他运输设备制造业	Manufacture of Railway, Ship, Aviation and Other Transporting Equipment	100.6	99.9	99.2	99.1	99.0	98.9
电气机械和器材制造业	Manufacture of Electrical Machinery and Equipment	99.1	98.8	98.5	98.7	98.9	99.5
计算机、通信和其他电子设备制造业	Manufacture of Communication Equipment, Computers and Other Electronic Equipment	98.0	98.6	98.5	98.0	97.6	97.1
仪器仪表制造业	Manufacture of Instrument and Apparatus	100.1	100.2	100.1	100.0	100.1	100.2
其他制造业	Other Manufacture	100.4	99.5	99.2	99.0	99.3	99.3
废弃资源综合利用业	Comprehensive Utilization of Waste Resources	94.4	94.7	94.9	95.1	94.1	94.6
金属制品、机械和设备修理业	Repair Services of Metal Products, Machinery and E-quipment	100.5	97.9	95.3	96.2	96.3	96.8
电力、热力生产和供应业	Production and Supply of Electric Power and Heat Power	105.8	105.8	106.0	105.3	105.5	102.3
燃气生产和供应业	Production and Supply of Gas	100.3	100.4	101.2	101.2	101.2	101.3
水的生产和供应业	Production and Supply of Water	100.2	100.2	100.1	100.1	100.2	101.0

4–18 工业生产者出厂价格分类分月指数（2013 年）

Producer Price Indices （PPI） for Industrial Products by Sector & Month（2013）

上年同期=100（same period last year=100）

类 别	Item	1 月 January	2 月 February	3 月 March	4 月 April	5 月 May	6 月 June
总指数	**General Index**	**98.7**	**98.7**	**98.5**	**98.3**	**98.3**	**97.1**
煤炭开采和洗选业	Mining and Washing of Coal	90.9	91.1	91.2	90.8	90.4	88.2
石油和天然气开采业	Extraction of Petroleum and Natural Gas	100.0	100.0	100.0	100.0	100.0	100.0
黑色金属矿采选业	Mining and Processing of Ferrous Metal Ores	91.4	91.5	91.5	90.7	90.7	90.3
有色金属矿采选业	Mining and Processing of Non–Ferrous Metal Ores	98.9	97.3	96.8	96.9	97.0	95.5
非金属矿采选业	Mining and Processing of Nonmetal Ores	100.6	101.2	100.9	99.8	99.4	98.9
农副食品加工业	Processing of Food from Agricultural Products	102.9	104.8	104.5	104.1	103.7	102.9
食品制造业	Processing of Foodstuff	101.7	101.3	101.0	100.5	100.2	99.9
酒、饮料和精制茶制造业	Manufacture of Liquor, Beverages and Refined Tea	100.2	99.7	101.3	100.7	100.5	100.1
烟草制品业	Manufacture of Tobacco	102.6	101.7	100.4	100.0	100.0	100.0
纺织业	Manufacture of Textile	100.8	100.7	101.0	101.1	101.6	99.3
纺织服装、服饰业	Manufacture of Textile Wearing Apparel, and Dress Adornment	99.4	99.7	99.8	99.9	100.0	100.6
皮革、毛皮、羽毛及其制品和制鞋业	Manufacture of Leather, Fur, Feather Related Products and Footware	100.7	100.8	101.5	101.9	101.9	101.8
木材加工及木、竹、藤、棕、草制品业	Processing of Timber, Manufacture of Wood, Bamboo, Rattan, Palm and Straw Products	101.1	101.1	100.4	100.4	99.9	99.8
家具制造业	Manufacture of Furniture	100.3	100.4	100.5	100.4	100.7	100.7
造纸和纸制品业	Manufacture of Paper and Paper Products	100.0	100.2	99.7	99.4	99.3	97.3
印刷和记录媒介复制业	Printing, Reproduction of Recording Media	98.6	98.8	99.1	99.0	98.9	98.8
文教、工美、体育和娱乐用品制造业	Manufacture of Culture, Education, Handicraft, Fine Arts, Sports and Entertainment Articles	103.3	103.0	103.0	100.6	101.1	100.5
石油加工、炼焦和核燃料加工业	Processing of Petroleum, Coking, Processing of Nuclear Fuel	95.9	95.2	95.1	94.4	93.9	90.8
化学原料和化学制品制造业	Manufacture of Raw Chemical Materials and Chemical Products	96.6	96.6	96.2	95.6	95.7	94.9
医药制造业	Manufacture of Medicines	102.1	102.1	101.6	101.2	100.8	100.7
化学纤维制造业	Manufacture of Chemical Fibers	83.0	82.8	85.4	84.3	89.2	90.3
橡胶和塑料制品业	Manufacture of Rubber and Plastics	97.9	97.3	97.0	96.7	96.7	96.3
非金属矿物制品业	Manufacture of Non–metallic Mineral Products	98.2	97.8	97.5	97.3	98.0	97.4
黑色金属冶炼和压延加工业	Smelting and Pressing of Ferrous Metals	90.5	93.0	92.8	93.3	93.6	91.7
有色金属冶炼和压延加工业	Smelting and Pressing of Non–ferrous Metals	97.1	96.2	95.6	95.2	95.1	94.2
金属制品业	Manufacture of Metal Products	102.7	102.4	102.3	98.5	98.5	97.8
通用设备制造业	Manufacture of General Purpose Machinery	98.9	99.0	99.0	98.9	99.0	98.5
专用设备制造业	Manufacture of Special Purpose Machinery	99.8	100.1	99.9	99.6	99.7	99.3
汽车制造业	Manufacture of Motor Vehicles	100.1	99.7	99.4	99.5	99.6	97.2
铁路、船舶、航空航天和其他运输设备制造业	Manufacture of Railway, Ship, Aviation and Other Transporting Equipment	98.9	99.0	99.0	99.1	99.0	98.0
电气机械和器材制造业	Manufacture of Electrical Machinery and Equipment	99.2	99.0	98.2	98.0	98.1	97.5
计算机、通信和其他电子设备制造业	Manufacture of Communication Equipment, Computers and Other Electronic Equipment	97.6	98.0	97.5	99.0	98.4	96.2
仪器仪表制造业	Manufacture of Instrument and Apparatus	100.3	100.0	100.0	99.9	99.7	99.4
其他制造业	Other Manufacture	99.6	99.4	99.8	99.2	98.8	98.5
废弃资源综合利用业	Comprehensive Utilization of Waste Resources	91.7	91.0	89.9	87.5	87.6	89.9
金属制品、机械和设备修理业	Repair Services of Metal Products, Machinery and Equipment	96.1	96.4	96.5	97.3	97.5	95.6
电力、热力生产和供应业	Production and Supply of Electric Power and Heat Power	101.0	100.8	100.5	100.6	100.5	99.9
燃气生产和供应业	Production and Supply of Gas	101.7	101.7	101.8	101.8	101.9	100.9
水的生产和供应业	Production and Supply of Water	100.9	101.0	100.8	100.9	101.0	101.0

4-18 工业生产者出厂价格分类分月指数（2013 年）
Producer Price Indices (PPI) for Industrial Products by Sector & Month (2013)

续表（continued）　　　　上年同期=100（same period last year=100）

类 别	Item	7 月 July	8 月 August	9 月 September	10 月 October	11 月 November	12 月 December
总指数	**General Index**	**97.0**	**97.3**	**97.7**	**97.9**	**98.0**	**98.0**
煤炭开采和洗选业	Mining and Washing of Coal	89.7	91.7	93.5	93.7	93.5	93.7
石油和天然气开采业	Extraction of Petroleum and Natural Gas	100.0	100.0	100.0	100.0	100.0	100.0
黑色金属矿采选业	Mining and Processing of Ferrous Metal Ores	86.7	87.2	91.6	92.9	92.8	91.9
有色金属矿采选业	Mining and Processing of Non-Ferrous Metal Ores	95.5	96.9	97.5	98.2	98.3	98.1
非金属矿采选业	Mining and Processing of Nonmetal Ores	98.6	98.2	99.2	99.5	99.2	98.7
农副食品加工业	Processing of Food from Agricultural Products	103.0	102.7	102.2	102.3	102.4	101.9
食品制造业	Processing of Foodstuff	99.6	99.3	100.0	100.3	100.4	100.3
酒、饮料和精制茶制造业	Manufacture of Liquor, Beverages and Refined Tea	100.4	99.9	100.6	100.3	100.4	101.3
烟草制品业	Manufacture of Tobacco	100.0	100.0	100.0	100.0	100.0	100.0
纺织业	Manufacture of Textile	99.4	99.4	99.2	99.3	99.1	98.9
纺织服装、服饰业	Manufacture of Textile Wearing Apparel, and Dress Adornment	100.8	101.0	100.9	100.9	100.7	100.9
皮革、毛皮、羽毛及其制品和制鞋业	Manufacture of Leather, Fur, Feather Related Products and Footware	101.3	101.2	101.3	101.5	101.3	101.8
木材加工及木、竹、藤、棕、草制品业	Processing of Timber, Manufacture of Wood, Bamboo, Rattan, Palm and Straw Products	100.1	100.0	100.0	99.9	99.9	100.0
家具制造业	Manufacture of Furniture	100.8	100.8	101.0	101.1	101.2	101.3
造纸和纸制品业	Manufacture of Paper and Paper Products	96.8	96.4	96.3	96.6	97.0	96.8
印刷和记录媒介复制业	Printing, Reproduction of Recording Media	98.6	98.6	98.7	98.6	98.4	98.7
文教、工美、体育和娱乐用品制造业	Manufacture of Culture, Education, Handicraft, Fine Arts, Sports and Entertainment Articles	98.4	98.0	97.4	97.2	95.5	94.5
石油加工、炼焦和核燃料加工业	Processing of Petroleum, Coking, Processing of Nuclear Fuel	90.2	90.5	91.5	91.9	92.3	93.0
化学原料和化学制品制造业	Manufacture of Raw Chemical Materials and Chemical Products	95.1	95.9	96.6	96.9	96.9	97.3
医药制造业	Manufacture of Medicines	100.5	100.2	100.0	100.4	100.2	100.3
化学纤维制造业	Manufacture of Chemical Fibers	94.0	94.7	94.1	94.4	95.3	95.5
橡胶和塑料制品业	Manufacture of Rubber and Plastics	96.5	97.0	98.3	98.9	99.1	99.3
非金属矿物制品业	Manufacture of Non-metallic Mineral Products	97.3	97.7	98.1	98.6	98.7	98.5
黑色金属冶炼和压延加工业	Smelting and Pressing of Ferrous Metals	91.6	94.4	97.0	97.8	97.9	98.1
有色金属冶炼和压延加工业	Smelting and Pressing of Non-ferrous Metals	93.8	95.0	94.7	95.0	95.7	95.9
金属制品业	Manufacture of Metal Products	97.6	98.6	99.1	99.3	99.7	99.8
通用设备制造业	Manufacture of General Purpose Machinery	98.5	98.8	99.1	99.4	99.4	99.3
专用设备制造业	Manufacture of Special Purpose Machinery	99.0	99.0	99.4	99.5	99.4	99.5
汽车制造业	Manufacture of Motor Vehicles	97.1	96.9	97.0	97.1	97.2	97.2
铁路、船舶、航空航天和其他运输设备制造业	Manufacture of Railway, Ship, Aviation and Other Transporting Equipment	98.0	97.8	98.2	98.3	98.3	98.3
电气机械和器材制造业	Manufacture of Electrical Machinery and Equipment	97.3	97.3	97.5	97.7	97.6	97.3
计算机、通信和其他电子设备制造业	Manufacture of Communication Equipment, Computers and Other Electronic Equipment	95.7	95.6	95.7	95.4	96.5	97.0
仪器仪表制造业	Manufacture of Instrument and Apparatus	99.5	99.5	99.5	99.5	99.4	99.2
其他制造业	Other Manufacture	98.5	99.4	99.4	99.7	99.7	100.3
废弃资源综合利用业	Comprehensive Utilization of Waste Resources	88.9	88.9	88.0	88.0	88.3	89.3
金属制品、机械和设备修理业	Repair Services of Metal Products, Machinery and Equipment	93.6	94.3	97.2	97.7	97.9	97.3
电力、热力生产和供应业	Production and Supply of Electric Power and Heat Power	99.9	99.7	99.7	98.9	98.7	98.5
燃气生产和供应业	Production and Supply of Gas	101.0	101.5	101.7	101.8	101.9	102.4
水的生产和供应业	Production and Supply of Water	101.0	100.8	100.8	100.8	100.8	100.1

4–18 工业生产者出厂价格分类分月指数（2014 年）
Producer Price Indices （PPI） for Industrial Products by Sector & Month（2014）

上年同期=100（same period last year=100）

类 别	Item	1 月 January	2 月 February	3 月 March	4 月 April	5 月 May	6 月 June
总指数	**General Index**	**97.8**	**97.7**	**97.7**	**97.7**	**97.9**	**98.5**
煤炭开采和洗选业	Mining and Washing of Coal	92.9	92.7	92.4	92.0	92.3	94.4
石油和天然气开采业	Extraction of Petroleum and Natural Gas	100.0	100.0	100.0	100.0	100.0	100.0
黑色金属矿采选业	Mining and Processing of Ferrous Metal Ores	92.4	92.3	90.9	90.7	91.0	91.1
有色金属矿采选业	Mining and Processing of Non–Ferrous Metal Ores	98.0	96.8	96.6	96.6	96.4	94.7
非金属矿采选业	Mining and Processing of Nonmetal Ores	99.0	98.3	97.7	98.4	99.1	99.3
农副食品加工业	Processing of Food from Agricultural Products	100.2	99.5	99.0	99.7	100.4	101.0
食品制造业	Processing of Foodstuff	101.3	100.9	101.3	101.6	101.8	101.8
酒、饮料和精制茶制造业	Manufacture of Liquor, Beverages and Refined Tea	101.0	101.5	100.8	100.8	100.8	101.3
烟草制品业	Manufacture of Tobacco	100.0	100.0	100.0	100.0	100.0	100.0
纺织业	Manufacture of Textile	98.8	98.8	98.9	98.8	98.5	100.6
纺织服装、服饰业	Manufacture of Textile Wearing Apparel, and Dress Adornment	100.2	100.2	99.9	100.3	100.3	100.0
皮革、毛皮、羽毛及其制品和制鞋业	Manufacture of Leather, Fur, Feather Related Products and Footware	101.9	101.8	101.1	100.7	100.1	100.1
木材加工及木、竹、藤、棕、草制品业	Processing of Timber, Manufacture of Wood, Bamboo, Rattan, Palm and Straw Products	99.9	100.0	100.1	100.1	100.2	100.3
家具制造业	Manufacture of Furniture	101.5	101.7	101.7	101.8	101.7	101.6
造纸和纸制品业	Manufacture of Paper and Paper Products	96.5	96.4	96.2	96.3	96.6	97.7
印刷和记录媒介复制业	Printing, Reproduction of Recording Media	99.0	99.1	98.8	99.0	99.1	99.1
文教、工美、体育和娱乐用品制造业	Manufacture of Culture, Education, Handicraft, Fine Arts, Sports and Entertainment Articles	94.7	94.7	94.7	95.1	94.4	94.7
石油加工、炼焦和核燃料加工业	Processing of Petroleum, Coking, Processing of Nucle-ar Fuel	93.8	93.7	93.3	93.3	93.7	96.2
化学原料和化学制品制造业	Manufacture of Raw Chemical Materials and Chemical Products	96.3	96.1	96.4	97.6	97.9	98.9
医药制造业	Manufacture of Medicines	99.9	100.0	100.4	100.6	101.0	101.0
化学纤维制造业	Manufacture of Chemical Fibers	96.6	96.6	96.6	99.7	99.8	97.6
橡胶和塑料制品业	Manufacture of Rubber and Plastics	98.8	98.5	98.5	98.9	98.7	98.9
非金属矿物制品业	Manufacture of Non–metallic Mineral Products	98.9	99.4	99.7	100.2	100.3	101.0
黑色金属冶炼和压延加工业	Smelting and Pressing of Ferrous Metals	96.9	96.1	95.5	95.2	95.0	96.2
有色金属冶炼和压延加工业	Smelting and Pressing of Non–ferrous Metals	95.2	94.9	94.1	93.9	94.5	96.0
金属制品业	Manufacture of Metal Products	99.7	99.9	99.8	99.7	99.9	100.4
通用设备制造业	Manufacture of General Purpose Machinery	99.4	99.5	99.5	99.5	99.6	99.8
专用设备制造业	Manufacture of Special Purpose Machinery	99.6	99.7	99.7	99.8	99.6	99.9
汽车制造业	Manufacture of Motor Vehicles	97.1	97.2	97.2	97.1	97.0	97.9
铁路、船舶、航空航天和其他运输设备制造业	Manufacture of Railway, Ship, Aviation and Other Transporting Equipment	98.2	97.9	97.9	97.7	97.7	97.7
电气机械和器材制造业	Manufacture of Electrical Machinery and Equipment	97.9	98.4	98.3	98.2	98.7	99.5
计算机、通信和其他电子设备制造业	Manufacture of Communication Equipment, Computers and Other Electronic Equipment	96.5	96.6	97.2	96.0	96.9	97.4
仪器仪表制造业	Manufacture of Instrument and Apparatus	99.3	99.4	99.7	99.7	99.6	99.8
其他制造业	Other Manufacture	100.1	98.9	98.6	98.8	99.4	99.1
废弃资源综合利用业	Comprehensive Utilization of Waste Resources	93.7	93.6	93.4	95.7	98.1	96.5
金属制品、机械和设备修理业	Repair Services of Metal Products, Machinery and E-quipment	97.1	96.7	95.7	94.7	95.2	97.9
电力、热力生产和供应业	Production and Supply of Electric Power and Heat Power	98.6	98.6	98.4	98.3	98.5	98.9
燃气生产和供应业	Production and Supply of Gas	102.0	102.1	102.2	102.2	101.8	102.9
水的生产和供应业	Production and Supply of Water	100.1	100.1	100.1	100.0	99.9	99.9

4–18 工业生产者出厂价格分类分月指数（2014 年）
Producer Price Indices （PPI） for Industrial Products by Sector & Month（2014）

续表（continued） 上年同期=100（same period last year=100）

类 别	Item	7 月 July	8 月 August	9 月 September	10 月 October	11 月 November	12 月 December
总指数	**General Index**	**98.8**	**99.0**	**98.9**	**98.8**	**98.6**	**98.3**
煤炭开采和洗选业	Mining and Washing of Coal	94.0	93.1	92.6	92.4	91.6	90.8
石油和天然气开采业	Extraction of Petroleum and Natural Gas	100.0	100.0	100.0	100.0	100.0	95.5
黑色金属矿采选业	Mining and Processing of Ferrous Metal Ores	95.0	95.7	96.7	95.7	95.4	95.0
有色金属矿采选业	Mining and Processing of Non–Ferrous Metal Ores	96.8	97.1	96.4	96.0	94.8	94.7
非金属矿采选业	Mining and Processing of Nonmetal Ores	99.5	100.3	99.8	100.2	100.3	101.4
农副食品加工业	Processing of Food from Agricultural Products	101.1	101.1	100.1	99.5	99.5	98.4
食品制造业	Processing of Foodstuff	102.7	103.0	102.6	102.6	103.3	102.9
酒、饮料和精制茶制造业	Manufacture of Liquor, Beverages and Refined Tea	101.0	101.6	101.0	101.1	99.8	98.2
烟草制品业	Manufacture of Tobacco	100.0	100.0	100.0	100.0	100.0	100.0
纺织业	Manufacture of Textile	100.2	99.5	99.3	98.6	98.5	98.1
纺织服装、服饰业	Manufacture of Textile Wearing Apparel, and Dress Adornment	99.8	99.4	99.6	99.3	99.1	98.9
皮革、毛皮、羽毛及其制品和制鞋业	Manufacture of Leather, Fur, Feather Related Products and Footware	100.3	99.9	99.5	99.7	99.9	99.9
木材加工及木、竹、藤、棕、草制品业	Processing of Timber, Manufacture of Wood, Bamboo, Rattan, Palm and Straw Products	100.1	100.1	100.1	100.1	100.1	100.1
家具制造业	Manufacture of Furniture	101.6	101.8	101.7	101.5	101.3	101.3
造纸和纸制品业	Manufacture of Paper and Paper Products	97.9	98.5	98.2	97.8	97.7	97.8
印刷和记录媒介复制业	Printing, Reproduction of Recording Media	99.3	99.4	99.7	99.5	99.6	100.1
文教、工美、体育和娱乐用品制造业	Manufacture of Culture, Education, Handicraft, Fine Arts, Sports and Entertainment Articles	96.8	97.3	96.8	97.1	98.6	101.2
石油加工、炼焦和核燃料加工业	Processing of Petroleum, Coking, Processing of Nucle-ar Fuel	97.1	96.8	96.7	96.6	96.5	96.6
化学原料和化学制品制造业	Manufacture of Raw Chemical Materials and Chemical Products	99.1	99.7	100.2	100.0	99.5	98.6
医药制造业	Manufacture of Medicines	101.4	101.5	102.1	101.9	102.1	102.3
化学纤维制造业	Manufacture of Chemical Fibers	97.4	96.2	95.6	95.4	93.4	92.9
橡胶和塑料制品业	Manufacture of Rubber and Plastics	98.9	99.0	98.9	98.5	98.5	98.4
非金属矿物制品业	Manufacture of Non metallic Mineral Products	100.7	100.9	100.9	100.8	100.0	99.6
黑色金属冶炼和压延加工业	Smelting and Pressing of Ferrous Metals	96.8	96.1	95.3	94.5	93.9	92.4
有色金属冶炼和压延加工业	Smelting and Pressing of Non–ferrous Metals	96.8	98.3	99.1	98.8	98.0	97.4
金属制品业	Manufacture of Metal Products	100.7	100.7	100.5	100.4	100.1	99.9
通用设备制造业	Manufacture of General Purpose Machinery	99.8	99.9	99.9	99.7	99.7	99.7
专用设备制造业	Manufacture of Special Purpose Machinery	100.2	100.4	100.4	100.3	100.3	100.2
汽车制造业	Manufacture of Motor Vehicles	97.9	98.1	98.0	97.9	97.9	97.9
铁路、船舶、航空航天和其他运输设备制造业	Manufacture of Railway, Ship, Aviation and Other Transporting Equipment	98.0	98.5	98.7	99.0	98.9	99.0
电气机械和器材制造业	Manufacture of Electrical Machinery and Equipment	100.0	100.1	100.1	100.1	100.1	99.9
计算机、通信和其他电子设备制造业	Manufacture of Communication Equipment, Computers and Other Electronic Equipment	98.2	98.6	98.8	99.0	98.5	98.3
仪器仪表制造业	Manufacture of Instrument and Apparatus	99.8	99.7	99.7	99.7	99.8	99.6
其他制造业	Other Manufacture	99.4	99.1	98.8	98.8	98.6	98.0
废弃资源综合利用业	Comprehensive Utilization of Waste Resources	99.4	99.9	99.8	98.4	97.7	95.1
金属制品、机械和设备修理业	Repair Services of Metal Products, Machinery and E-quipment	99.4	99.5	97.6	98.1	98.0	98.2
电力、热力生产和供应业	Production and Supply of Electric Power and Heat Power	98.9	98.9	98.7	99.3	99.3	99.4
燃气生产和供应业	Production and Supply of Gas	102.9	102.3	102.7	103.4	103.6	103.5
水的生产和供应业	Production and Supply of Water	100.6	100.7	100.8	100.9	100.8	101.2

4–18 工业生产者出厂价格分类分月指数（2015 年）
Producer Price Indices （PPI） for Industrial Products by Sector & Month（2015）

上年同期=100（same period last year=100）

类 别	Item	1 月 January	2 月 February	3 月 March	4 月 April	5 月 May	6 月 June
总指数	General Index	98.0	97.8	97.6	97.4	97.2	97.4
煤炭开采和洗选业	Mining and Washing of Coal	90.1	89.8	89.6	90.1	90.1	91.4
石油和天然气开采业	Extraction of Petroleum and Natural Gas	95.0	95.0	95.0	95.0	95.0	95.0
黑色金属矿采选业	Mining and Processing of Ferrous Metal Ores	93.9	91.6	92.7	91.4	90.8	89.8
有色金属矿采选业	Mining and Processing of Non–Ferrous Metal Ores	94.8	95.8	95.4	94.8	94.7	97.8
非金属矿采选业	Mining and Processing of Nonmetal Ores	101.2	100.5	100.2	99.7	99.3	99.2
农副食品加工业	Processing of Food from Agricultural Products	99.1	98.9	99.7	99.5	99.2	98.5
食品制造业	Processing of Foodstuff	101.7	101.8	101.3	101.3	101.3	101.3
酒、饮料和精制茶制造业	Manufacture of Liquor, Beverages and Refined Tea	98.1	98.6	97.3	97.3	97.8	98.1
烟草制品业	Manufacture of Tobacco	100.0	100.0	100.0	100.0	100.0	100.0
纺织业	Manufacture of Textile	97.5	97.4	96.9	97.0	96.6	96.4
纺织服装、服饰业	Manufacture of Textile Wearing Apparel, and Dress Adornment	99.3	99.2	99.5	99.3	98.8	98.7
皮革、毛皮、羽毛及其制品和制鞋业	Manufacture of Leather, Fur, Feather Related Products and Footware	100.2	100.2	99.9	99.5	99.8	99.3
木材加工及木、竹、藤、棕、草制品业	Processing of Timber, Manufacture of Wood, Bamboo, Rattan, Palm and Straw Products	100.2	100.1	100.2	100.1	100.0	95.9
家具制造业	Manufacture of Furniture	101.2	100.9	100.6	100.3	101.0	101.1
造纸和纸制品业	Manufacture of Paper and Paper Products	98.1	98.3	98.0	97.0	97.0	97.9
印刷和记录媒介复制业	Printing, Reproduction of Recording Media	99.5	99.5	97.6	97.3	97.2	97.7
文教、工美、体育和娱乐用品制造业	Manufacture of Culture, Education, Handicraft, Fine Arts, Sports and Entertainment Articles	100.9	101.1	100.8	100.6	100.4	100.4
石油加工、炼焦和核燃料加工业	Processing of Petroleum, Coking, Processing of Nucle-ar Fuel	96.4	96.4	96.3	95.1	95.3	94.8
化学原料和化学制品制造业	Manufacture of Raw Chemical Materials and Chemical Products	97.9	97.5	97.6	97.5	97.3	98.3
医药制造业	Manufacture of Medicines	102.1	101.8	101.3	101.3	101.3	102.1
化学纤维制造业	Manufacture of Chemical Fibers	91.1	91.1	89.6	87.9	87.4	89.8
橡胶和塑料制品业	Manufacture of Rubber and Plastics	98.5	97.8	97.5	97.7	97.9	97.7
非金属矿物制品业	Manufacture of Non–metallic Mineral Products	99.1	98.7	98.0	97.0	96.7	96.3
黑色金属冶炼和压延加工业	Smelting and Pressing of Ferrous Metals	91.8	90.9	89.4	87.6	86.9	85.6
有色金属冶炼和压延加工业	Smelting and Pressing of Non–ferrous Metals	96.6	96.5	97.1	97.8	97.0	96.4
金属制品业	Manufacture of Metal Products	99.8	99.7	99.1	99.2	98.9	98.7
通用设备制造业	Manufacture of General Purpose Machinery	99.6	99.4	98.9	98.9	99.0	99.0
专用设备制造业	Manufacture of Special Purpose Machinery	100.1	99.9	99.7	99.4	99.2	98.9
汽车制造业	Manufacture of Motor Vehicles	97.1	97.2	97.2	97.2	97.1	98.4
铁路、船舶、航空航天和其他运输设备制造业	Manufacture of Railway, Ship, Aviation and Other Transporting Equipment	99.2	99.3	99.1	99.2	99.2	99.7
电气机械和器材制造业	Manufacture of Electrical Machinery and Equipment	99.5	98.5	98.7	99.3	99.1	99.1
计算机、通信和其他电子设备制造业	Manufacture of Communication Equipment, Computers and Other Electronic Equipment	98.3	98.4	98.1	97.7	96.8	98.1
仪器仪表制造业	Manufacture of Instrument and Apparatus	99.5	99.7	99.1	99.2	98.9	98.5
其他制造业	Other Manufacture	98.0	98.9	99.0	99.5	99.9	100.5
废弃资源综合利用业	Comprehensive Utilization of Waste Resources	92.2	90.4	90.6	79.1	79.0	79.5
金属制品、机械和设备修理业	Repair Services of Metal Products, Machinery and E-quipment	98.6	98.4	98.8	98.4	97.9	97.3
电力、热力生产和供应业	Production and Supply of Electric Power and Heat Power	99.4	99.4	99.4	99.3	98.7	96.2
燃气生产和供应业	Production and Supply of Gas	103.9	104.1	103.9	103.9	103.8	104.4
水的生产和供应业	Production and Supply of Water	101.2	101.1	101.1	101.1	101.1	101.1

4-18 工业生产者出厂价格分类分月指数（2015 年）
Producer Price Indices （PPI） for Industrial Products by Sector & Month（2015）

续表（continued） 上年同期=100（same period last year=100）

类 别	Item	7 月 July	8 月 August	9 月 September	10 月 October	11 月 November	12 月 December
总指数	**General Index**	**97.3**	**97.0**	**96.8**	**96.6**	**96.4**	**96.3**
煤炭开采和洗选业	Mining and Washing of Coal	92.2	92.8	92.1	91.6	90.3	89.3
石油和天然气开采业	Extraction of Petroleum and Natural Gas	95.0	95.0	93.0	90.0	90.0	94.2
黑色金属矿采选业	Mining and Processing of Ferrous Metal Ores	89.2	88.2	85.2	85.1	83.6	82.6
有色金属矿采选业	Mining and Processing of Non-Ferrous Metal Ores	96.1	94.8	94.9	94.8	95.2	95.0
非金属矿采选业	Mining and Processing of Nonmetal Ores	99.5	99.1	98.9	98.3	98.4	97.2
农副食品加工业	Processing of Food from Agricultural Products	99.1	99.2	99.0	99.0	98.3	98.8
食品制造业	Processing of Foodstuff	100.7	100.5	100.6	100.4	101.1	101.3
酒、饮料和精制茶制造业	Manufacture of Liquor, Beverages and Refined Tea	98.5	97.6	96.6	96.4	97.3	98.4
烟草制品业	Manufacture of Tobacco	100.0	100.0	100.0	100.0	99.8	99.8
纺织业	Manufacture of Textile	96.3	96.2	96.1	96.3	96.1	96.4
纺织服装、服饰业	Manufacture of Textile Wearing Apparel, and Dress Adornment	98.6	98.9	98.5	98.6	98.7	98.8
皮革、毛皮、羽毛及其制品和制鞋业	Manufacture of Leather, Fur, Feather Related Products and Footware	99.3	99.4	99.6	99.1	98.7	98.4
木材加工及木、竹、藤、棕、草制品业	Processing of Timber, Manufacture of Wood, Bamboo, Rattan, Palm and Straw Products	95.9	96.1	95.8	95.2	95.2	95.3
家具制造业	Manufacture of Furniture	101.8	102.4	102.1	102.2	102.6	103.1
造纸和纸制品业	Manufacture of Paper and Paper Products	98.2	98.0	98.3	97.8	98.4	98.2
印刷和记录媒介复制业	Printing, Reproduction of Recording Media	97.8	97.9	97.6	97.5	97.8	97.4
文教、工美、体育和娱乐用品制造业	Manufacture of Culture, Education, Handicraft, Fine Arts, Sports and Entertainment Articles	100.5	100.5	101.0	100.9	99.2	100.0
石油加工、炼焦和核燃料加工业	Processing of Petroleum, Coking, Processing of Nucle-ar Fuel	94.4	94.4	93.1	92.4	92.2	90.2
化学原料和化学制品制造业	Manufacture of Raw Chemical Materials and Chemical Products	98.3	98.0	97.2	97.0	96.8	96.7
医药制造业	Manufacture of Medicines	102.0	101.8	101.1	101.1	100.9	100.3
化学纤维制造业	Manufacture of Chemical Fibers	85.3	85.0	80.7	78.5	80.1	79.1
橡胶和塑料制品业	Manufacture of Rubber and Plastics	97.7	97.3	97.2	96.8	96.2	96.1
非金属矿物制品业	Manufacture of Non-metallic Mineral Products	96.1	95.9	95.5	95.4	95.5	96.1
黑色金属冶炼和压延加工业	Smelting and Pressing of Ferrous Metals	84.2	83.8	83.7	83.2	83.7	83.9
有色金属冶炼和压延加工业	Smelting and Pressing of Non-ferrous Metals	95.0	93.1	91.4	89.9	89.0	87.6
金属制品业	Manufacture of Metal Products	98.2	97.8	97.6	97.4	97.2	97.1
通用设备制造业	Manufacture of General Purpose Machinery	98.9	98.7	98.7	98.7	98.6	98.5
专用设备制造业	Manufacture of Special Purpose Machinery	98.7	98.5	98.5	98.2	98.0	97.8
汽车制造业	Manufacture of Motor Vehicles	98.4	98.4	98.5	98.5	98.4	98.5
铁路、船舶、航空航天和其他运输设备制造业	Manufacture of Railway, Ship, Aviation and Other Transporting Equipment	99.6	99.4	99.2	98.8	98.8	98.6
电气机械和器材制造业	Manufacture of Electrical Machinery and Equipment	99.0	98.6	98.6	98.6	98.2	97.9
计算机、通信和其他电子设备制造业	Manufacture of Communication Equipment, Computers and Other Electronic Equipment	97.2	97.1	98.0	97.0	97.0	96.8
仪器仪表制造业	Manufacture of Instrument and Apparatus	97.5	97.4	97.2	96.8	97.7	99.1
其他制造业	Other Manufacture	100.3	100.1	101.0	100.9	101.1	101.1
废弃资源综合利用业	Comprehensive Utilization of Waste Resources	78.3	77.2	74.5	74.6	75.6	75.0
金属制品、机械和设备修理业	Repair Services of Metal Products, Machinery and E-quipment	97.0	97.0	98.3	97.4	97.8	98.1
电力、热力生产和供应业	Production and Supply of Electric Power and Heat Power	96.4	96.3	96.5	96.7	96.6	96.6
燃气生产和供应业	Production and Supply of Gas	104.4	104.4	102.9	102.1	101.8	98.1
水的生产和供应业	Production and Supply of Water	100.5	100.5	100.4	100.5	100.1	100.0

4–18 工业生产者出厂价格分类分月指数（2016 年）
Producer Price Indices （PPI） for Industrial Products by Sector & Month （2016）

上年同期=100（same period last year=100）

类 别	Item	1 月 January	2 月 February	3 月 March	4 月 April	5 月 May	6 月 June
总指数	**General Index**	**96.4**	**96.3**	**96.8**	**97.2**	**97.6**	**98.2**
煤炭开采和洗选业	Mining and Washing of Coal	89.1	87.4	88.0	89.8	90.4	91.3
石油和天然气开采业	Extraction of Petroleum and Natural Gas	97.1	96.6	96.8	96.8	96.5	96.6
黑色金属矿采选业	Mining and Processing of Ferrous Metal Ores	83.4	86.2	86.2	88.4	89.8	90.3
有色金属矿采选业	Mining and Processing of Non–Ferrous Metal Ores	93.9	94.8	96.4	95.9	95.8	99.9
非金属矿采选业	Mining and Processing of Nonmetal Ores	98.1	98.4	100.3	100.3	99.5	99.6
农副食品加工业	Processing of Food from Agricultural Products	99.9	99.9	100.5	100.6	100.5	101.0
食品制造业	Processing of Foodstuff	100.7	100.8	100.9	100.8	100.5	100.6
酒、饮料和精制茶制造业	Manufacture of Liquor, Beverages and Refined Tea	98.5	98.2	99.1	98.8	98.6	98.4
烟草制品业	Manufacture of Tobacco	99.9	100.0	100.1	99.9	99.7	99.8
纺织业	Manufacture of Textile	96.1	96.3	96.4	96.5	97.0	97.6
纺织服装、服饰业	Manufacture of Textile Wearing Apparel, and Dress Adornment	95.9	95.6	96.8	97.1	97.4	97.6
皮革、毛皮、羽毛及其制品和制鞋业	Manufacture of Leather, Fur, Feather Related Products and Footware	99.0	99.1	99.4	99.4	99.7	100.1
木材加工及木、竹、藤、棕、草制品业	Processing of Timber, Manufacture of Wood, Bamboo, Rattan, Palm and Straw Products	99.8	99.8	100.0	99.4	99.4	99.3
家具制造业	Manufacture of Furniture	100.5	100.8	101.8	101.1	101.7	101.9
造纸和纸制品业	Manufacture of Paper and Paper Products	98.3	98.3	98.6	98.8	98.5	98.7
印刷和记录媒介复制业	Printing, Reproduction of Recording Media	96.7	96.8	99.5	99.8	99.8	99.6
文教、工美、体育和娱乐用品制造业	Manufacture of Culture, Education, Handicraft, Fine Arts, Sports and Entertainment Articles	99.8	102.7	105.4	106.2	107.7	108.2
石油加工、炼焦和核燃料加工业	Processing of Petroleum, Coking, Processing of Nucle-ar Fuel	93.8	93.2	92.6	93.6	94.6	95.2
化学原料和化学制品制造业	Manufacture of Raw Chemical Materials and Chemical Products	96.6	96.3	97.2	97.8	97.5	97.1
医药制造业	Manufacture of Medicines	99.6	99.9	100.2	99.9	99.9	99.8
化学纤维制造业	Manufacture of Chemical Fibers	79.4	79.8	81.8	82.3	82.7	82.7
橡胶和塑料制品业	Manufacture of Rubber and Plastics	96.7	97.2	97.3	97.3	97.0	97.6
非金属矿物制品业	Manufacture of Non–metallic Mineral Products	96.2	96.1	96.1	96.5	97.3	97.8
黑色金属冶炼和压延加工业	Smelting and Pressing of Ferrous Metals	82.8	84.2	87.7	95.5	96.7	96.9
有色金属冶炼和压延加工业	Smelting and Pressing of Non–ferrous Metals	89.4	90.0	91.6	92.8	94.4	96.5
金属制品业	Manufacture of Metal Products	95.6	95.7	96.0	96.8	97.5	97.7
通用设备制造业	Manufacture of General Purpose Machinery	98.3	98.4	98.7	98.6	98.4	98.6
专用设备制造业	Manufacture of Special Purpose Machinery	94.0	94.4	94.6	94.9	95.0	95.7
汽车制造业	Manufacture of Motor Vehicles	98.7	98.7	98.8	98.5	98.6	99.1
铁路、船舶、航空航天和其他运输设备制造业	Manufacture of Railway, Ship, Aviation and Other Transporting Equipment	97.6	97.6	97.7	97.6	97.7	98.3
电气机械和器材制造业	Manufacture of Electrical Machinery and Equipment	98.3	98.5	98.5	98.2	98.0	98.2
计算机、通信和其他电子设备制造业	Manufacture of Communication Equipment, Computers and Other Electronic Equipment	96.6	95.6	96.3	96.1	97.6	98.2
仪器仪表制造业	Manufacture of Instrument and Apparatus	99.0	97.7	99.1	98.9	99.9	100.9
其他制造业	Other Manufacture	98.6	98.9	98.3	97.8	96.3	96.4
废弃资源综合利用业	Comprehensive Utilization of Waste Resources	75.7	77.4	82.0	97.4	99.8	96.7
金属制品、机械和设备修理业	Repair Services of Metal Products, Machinery and E-quipment	75.1	78.3	76.1	79.1	77.4	80.3
电力、热力生产和供应业	Production and Supply of Electric Power and Heat Power	96.1	95.4	95.2	94.5	94.7	97.3
燃气生产和供应业	Production and Supply of Gas	94.3	90.7	90.8	90.6	90.5	90.0
水的生产和供应业	Production and Supply of Water	100.1	100.2	100.3	100.1	100.1	100.1

4–18 工业生产者出厂价格分类分月指数（2016 年）
Producer Price Indices （PPI） for Industrial Products by Sector & Month （2016）

续表（continued） 上年同期=100（same period last year=100）

类 别	Item	7 月 July	8 月 August	9 月 September	10 月 October	11 月 November	12 月 December
总指数	**General Index**	**98.7**	**99.0**	**99.4**	**100.2**	**101.1**	**102.4**
煤炭开采和洗选业	Mining and Washing of Coal	92.0	94.0	97.4	103.8	109.7	116.7
石油和天然气开采业	Extraction of Petroleum and Natural Gas	96.5	96.3	98.7	101.5	101.5	101.6
黑色金属矿采选业	Mining and Processing of Ferrous Metal Ores	90.8	90.7	94.2	95.4	98.2	106.8
有色金属矿采选业	Mining and Processing of Non–Ferrous Metal Ores	103.5	106.4	106.9	107.9	110.6	111.0
非金属矿采选业	Mining and Processing of Nonmetal Ores	99.8	99.2	99.4	99.2	98.7	100.1
农副食品加工业	Processing of Food from Agricultural Products	101.0	100.8	101.4	101.4	102.0	103.4
食品制造业	Processing of Foodstuff	100.4	100.2	100.4	100.5	99.9	100.0
酒、饮料和精制茶制造业	Manufacture of Liquor, Beverages and Refined Tea	98.3	98.6	100.1	100.0	100.5	100.6
烟草制品业	Manufacture of Tobacco	99.6	99.5	99.8	99.7	99.9	100.0
纺织业	Manufacture of Textile	98.1	98.7	99.5	99.7	100.8	101.4
纺织服装、服饰业	Manufacture of Textile Wearing Apparel, and Dress Adornment	98.1	98.1	98.5	99.3	99.4	99.5
皮革、毛皮、羽毛及其制品和制鞋业	Manufacture of Leather, Fur, Feather Related Products and Footware	99.9	99.9	100.4	101.0	101.4	101.4
木材加工及木、竹、藤、棕、草制品业	Processing of Timber, Manufacture of Wood, Bamboo, Rattan, Palm and Straw Products	99.1	98.6	99.1	98.8	99.0	99.1
家具制造业	Manufacture of Furniture	102.7	103.1	104.0	105.5	106.8	107.6
造纸和纸制品业	Manufacture of Paper and Paper Products	98.4	98.8	99.2	99.3	100.1	105.9
印刷和记录媒介复制业	Printing, Reproduction of Recording Media	99.5	99.4	99.7	99.7	100.4	100.5
文教、工美、体育和娱乐用品制造业	Manufacture of Culture, Education, Handicraft, Fine Arts, Sports and Entertainment Articles	111.2	111.2	110.8	109.9	110.8	105.6
石油加工、炼焦和核燃料加工业	Processing of Petroleum, Coking, Processing of Nucle-ar Fuel	95.6	96.8	98.4	98.5	99.9	101.4
化学原料和化学制品制造业	Manufacture of Raw Chemical Materials and Chemical Products	97.5	97.1	97.7	98.8	99.8	101.7
医药制造业	Manufacture of Medicines	99.6	99.7	100.3	100.1	100.3	100.6
化学纤维制造业	Manufacture of Chemical Fibers	88.7	90.3	94.1	97.0	98.0	101.6
橡胶和塑料制品业	Manufacture of Rubber and Plastics	97.0	96.9	97.3	97.6	98.5	99.2
非金属矿物制品业	Manufacture of Non–metallic Mineral Products	98.1	97.8	99.0	101.6	103.8	105.4
黑色金属冶炼和压延加工业	Smelting and Pressing of Ferrous Metals	99.3	102.9	103.3	107.1	111.5	118.9
有色金属冶炼和压延加工业	Smelting and Pressing of Non–ferrous Metals	98.6	100.0	101.2	104.2	109.8	113.2
金属制品业	Manufacture of Metal Products	98.4	98.7	99.4	100.0	101.1	102.2
通用设备制造业	Manufacture of General Purpose Machinery	98.7	98.8	99.1	99.2	99.4	99.9
专用设备制造业	Manufacture of Special Purpose Machinery	96.0	96.3	96.7	97.8	98.1	98.6
汽车制造业	Manufacture of Motor Vehicles	99.2	99.2	99.4	99.4	99.6	99.7
铁路、船舶、航空航天和其他运输设备制造业	Manufacture of Railway, Ship, Aviation and Other Transporting Equipment	98.3	98.4	98.8	99.1	99.2	99.7
电气机械和器材制造业	Manufacture of Electrical Machinery and Equipment	98.3	98.5	98.8	98.8	99.5	100.3
计算机、通信和其他电子设备制造业	Manufacture of Communication Equipment, Computers and Other Electronic Equipment	99.7	99.9	99.4	100.1	100.6	101.8
仪器仪表制造业	Manufacture of Instrument and Apparatus	102.4	103.2	104.3	105.3	104.5	103.5
其他制造业	Other Manufacture	96.5	96.3	95.5	94.8	94.8	97.2
废弃资源综合利用业	Comprehensive Utilization of Waste Resources	96.7	99.0	108.0	109.7	113.3	119.3
金属制品、机械和设备修理业	Repair Services of Metal Products, Machinery and E-quipment	82.6	84.5	92.8	94.8	94.8	100.6
电力、热力生产和供应业	Production and Supply of Electric Power and Heat Power	97.0	96.8	97.5	97.2	97.4	97.3
燃气生产和供应业	Production and Supply of Gas	89.9	89.8	90.0	89.9	89.9	93.3
水的生产和供应业	Production and Supply of Water	100.0	100.3	100.5	100.4	100.4	100.5

4–18　工业生产者出厂价格分类分月指数（2017 年）
Producer Price Indices （PPI） for Industrial Products by Sector & Month（2017）

上年同期=100（same period last year=100）

类 别	Item	1 月 January	2 月 February	3 月 March	4 月 April	5 月 May	6 月 June
总指数	**General Index**	**103.4**	**104.3**	**104.5**	**104.6**	**104.1**	**103.9**
煤炭开采和洗选业	Mining and Washing of Coal	120.7	125.2	130.3	128.0	127.6	128.4
石油和天然气开采业	Extraction of Petroleum and Natural Gas	99.1	99.6	99.6	99.4	99.6	99.6
黑色金属矿采选业	Mining and Processing of Ferrous Metal Ores	110.0	109.4	109.7	110.6	110.1	109.7
有色金属矿采选业	Mining and Processing of Non–Ferrous Metal Ores	112.4	111.7	111.0	110.7	112.3	109.4
非金属矿采选业	Mining and Processing of Nonmetal Ores	101.3	102.2	102.1	103.7	105.4	106.2
农副食品加工业	Processing of Food from Agricultural Products	103.3	103.0	104.0	103.1	102.7	102.2
食品制造业	Processing of Foodstuff	100.2	100.8	100.9	100.7	100.8	100.9
酒、饮料和精制茶制造业	Manufacture of Liquor, Beverages and Refined Tea	101.2	101.7	102.2	102.6	103.3	103.0
烟草制品业	Manufacture of Tobacco	99.8	99.8	99.8	99.8	100.0	100.0
纺织业	Manufacture of Textile	102.3	102.8	103.0	103.0	103.2	103.0
纺织服装、服饰业	Manufacture of Textile Wearing Apparel, and Dress Adornment	102.2	102.8	102.3	102.3	102.2	101.9
皮革、毛皮、羽毛及其制品和制鞋业	Manufacture of Leather, Fur, Feather Related Products and Footware	101.3	101.2	101.1	100.1	99.9	99.8
木材加工及木、竹、藤、棕、草制品业	Processing of Timber, Manufacture of Wood, Bamboo, Rattan, Palm and Straw Products	98.8	98.5	98.2	98.7	98.9	99.2
家具制造业	Manufacture of Furniture	108.8	108.8	107.8	107.9	106.8	106.4
造纸和纸制品业	Manufacture of Paper and Paper Products	108.1	108.9	108.4	106.3	106.7	109.4
印刷和记录媒介复制业	Printing, Reproduction of Recording Media	101.3	101.9	102.0	102.0	102.0	102.8
文教、工美、体育和娱乐用品制造业	Manufacture of Culture, Education, Handicraft, Fine Arts, Sports and Entertainment Articles	106.8	105.0	103.9	104.2	103.8	105.4
石油加工、炼焦和核燃料加工业	Processing of Petroleum, Coking, Processing of Nuclear Fuel	103.0	102.4	107.6	107.3	103.7	104.6
化学原料和化学制品制造业	Manufacture of Raw Chemical Materials and Chemical Products	103.3	104.5	105.2	104.6	104.3	103.3
医药制造业	Manufacture of Medicines	100.9	101.4	101.6	101.6	101.6	101.6
化学纤维制造业	Manufacture of Chemical Fibers	102.1	101.9	101.1	101.6	101.9	104.0
橡胶和塑料制品业	Manufacture of Rubber and Plastics	99.9	100.3	100.9	101.5	101.0	100.5
非金属矿物制品业	Manufacture of Non–metallic Mineral Products	106.6	108.4	109.3	109.7	109.1	108.9
黑色金属冶炼和压延加工业	Smelting and Pressing of Ferrous Metals	121.4	128.4	126.2	120.9	117.7	118.8
有色金属冶炼和压延加工业	Smelting and Pressing of Non–ferrous Metals	112.6	113.5	113.3	112.6	110.7	108.3
金属制品业	Manufacture of Metal Products	102.7	103.4	103.8	103.2	102.9	103.4
通用设备制造业	Manufacture of General Purpose Machinery	100.5	101.0	101.3	101.5	101.4	101.2
专用设备制造业	Manufacture of Special Purpose Machinery	99.9	99.8	100.3	100.3	100.4	100.3
汽车制造业	Manufacture of Motor Vehicles	100.6	100.1	100.1	100.2	100.1	99.9
铁路、船舶、航空航天和其他运输设备制造业	Manufacture of Railway, Ship, Aviation and Other Transporting Equipment	100.4	100.6	100.8	100.8	100.9	100.9
电气机械和器材制造业	Manufacture of Electrical Machinery and Equipment	100.6	101.1	102.1	102.1	102.1	101.8
计算机、通信和其他电子设备制造业	Manufacture of Communication Equipment, Computers and Other Electronic Equipment	103.3	105.0	104.5	106.8	105.6	105.4
仪器仪表制造业	Manufacture of Instrument and Apparatus	103.8	105.4	105.0	104.8	104.7	104.5
其他制造业	Other Manufacture	98.0	100.6	102.5	103.7	105.9	106.8
废弃资源综合利用业	Comprehensive Utilization of Waste Resources	121.9	138.3	130.9	124.0	118.0	124.6
金属制品、机械和设备修理业	Repair Services of Metal Products, Machinery and Equipment	101.8	101.7	102.0	102.2	102.2	101.7
电力、热力生产和供应业	Production and Supply of Electric Power and Heat Power	97.7	98.5	99.0	99.6	99.7	100.1
燃气生产和供应业	Production and Supply of Gas	96.7	100.3	100.3	100.3	100.3	100.5
水的生产和供应业	Production and Supply of Water	100.4	100.5	100.5	100.5	100.5	100.7

4–18 工业生产者出厂价格分类分月指数（2017 年）
Producer Price Indices （PPI） for Industrial Products by Sector & Month （2017）

续表（continued）　　　　上年同期=100（same period last year=100）

类 别	Item	7 月 July	8 月 August	9 月 September	10 月 October	11 月 November	12 月 December
总指数	General Index	104.0	104.3	104.7	104.5	104.1	103.5
煤炭开采和洗选业	Mining and Washing of Coal	127.8	126.2	125.2	118.5	114.4	109.5
石油和天然气开采业	Extraction of Petroleum and Natural Gas	99.6	101.3	101.3	101.7	101.7	101.7
黑色金属矿采选业	Mining and Processing of Ferrous Metal Ores	109.0	109.5	107.8	108.3	107.4	100.4
有色金属矿采选业	Mining and Processing of Non–Ferrous Metal Ores	104.9	104.1	104.8	104.6	104.4	104.7
非金属矿采选业	Mining and Processing of Nonmetal Ores	105.9	106.1	106.3	107.1	107.7	108.5
农副食品加工业	Processing of Food from Agricultural Products	102.0	102.0	101.9	101.8	101.6	100.3
食品制造业	Processing of Foodstuff	101.1	101.0	101.3	101.3	101.2	101.1
酒、饮料和精制茶制造业	Manufacture of Liquor, Beverages and Refined Tea	103.2	103.3	103.3	103.5	103.5	103.5
烟草制品业	Manufacture of Tobacco	100.0	100.0	100.0	100.0	100.0	100.0
纺织业	Manufacture of Textile	103.1	103.3	103.2	103.6	103.3	102.7
纺织服装、服饰业	Manufacture of Textile Wearing Apparel, and Dress Adornment	101.7	102.3	102.3	101.5	101.4	101.5
皮革、毛皮、羽毛及其制品和制鞋业	Manufacture of Leather, Fur, Feather Related Products and Footware	99.9	100.1	99.9	99.3	99.5	99.7
木材加工及木、竹、藤、棕、草制品业	Processing of Timber, Manufacture of Wood, Bamboo, Rattan, Palm and Straw Products	99.3	99.0	98.5	98.7	98.5	98.5
家具制造业	Manufacture of Furniture	106.4	106.7	107.1	105.9	104.7	106.2
造纸和纸制品业	Manufacture of Paper and Paper Products	112.7	116.3	125.1	128.3	123.8	115.8
印刷和记录媒介复制业	Printing, Reproduction of Recording Media	102.8	102.9	103.1	102.4	101.9	102.0
文教、工美、体育和娱乐用品制造业	Manufacture of Culture, Education, Handicraft, Fine Arts, Sports and Entertainment Articles	101.0	101.5	103.8	104.3	104.1	106.4
石油加工、炼焦和核燃料加工业	Processing of Petroleum, Coking, Processing of Nucle-ar Fuel	105.1	104.5	103.8	104.6	109.3	108.9
化学原料和化学制品制造业	Manufacture of Raw Chemical Materials and Chemical Products	102.6	103.7	106.2	106.9	107.9	108.0
医药制造业	Manufacture of Medicines	102.5	102.8	103.2	103.2	103.3	103.2
化学纤维制造业	Manufacture of Chemical Fibers	105.2	104.8	104.6	102.8	100.0	97.8
橡胶和塑料制品业	Manufacture of Rubber and Plastics	101.1	101.3	101.7	101.9	101.1	100.9
非金属矿物制品业	Manufacture of Non–metallic Mineral Products	109.2	110.4	111.3	109.8	109.2	111.5
黑色金属冶炼和压延加工业	Smelting and Pressing of Ferrous Metals	119.3	122.3	124.5	123.6	120.9	115.4
有色金属冶炼和压延加工业	Smelting and Pressing of Non–ferrous Metals	108.0	110.7	114.4	114.6	110.8	107.6
金属制品业	Manufacture of Metal Products	103.2	103.7	103.9	104.2	104.2	104.6
通用设备制造业	Manufacture of General Purpose Machinery	101.2	101.1	101.4	101.5	101.6	101.7
专用设备制造业	Manufacture of Special Purpose Machinery	100.4	100.5	100.7	100.6	100.4	100.5
汽车制造业	Manufacture of Motor Vehicles	99.9	100.0	100.1	100.4	100.3	100.3
铁路、船舶、航空航天和其他运输设备制造业	Manufacture of Railway, Ship, Aviation and Other Transporting Equipment	101.0	101.0	101.1	101.1	101.4	101.5
电气机械和器材制造业	Manufacture of Electrical Machinery and Equipment	101.8	101.9	102.3	102.7	102.5	102.2
计算机、通信和其他电子设备制造业	Manufacture of Communication Equipment, Computers and Other Electronic Equipment	105.4	104.4	103.1	102.4	102.1	101.3
仪器仪表制造业	Manufacture of Instrument and Apparatus	104.4	103.9	103.7	103.4	103.1	103.0
其他制造业	Other Manufacture	107.9	108.5	109.3	109.9	110.1	107.7
废弃资源综合利用业	Comprehensive Utilization of Waste Resources	126.9	127.0	150.4	150.3	145.5	146.2
金属制品、机械和设备修理业	Repair Services of Metal Products, Machinery and E-quipment	102.6	103.5	104.1	104.3	104.4	103.9
电力、热力生产和供应业	Production and Supply of Electric Power and Heat Power	100.4	100.6	99.6	99.9	99.9	100.0
燃气生产和供应业	Production and Supply of Gas	100.8	100.8	100.8	99.3	99.3	99.1
水的生产和供应业	Production and Supply of Water	100.7	100.5	100.5	100.5	100.5	100.5

4-18 工业生产者出厂价格分类分月指数（2018 年）
Producer Price Indices （PPI） for Industrial Products by Sector & Month（2018）

上年同期=100（same period last year=100）

类 别	Item	1 月 January	2 月 February	3 月 March	4 月 April	5 月 May	6 月 June
总指数	**General Index**	**103.0**	**102.3**	**101.9**	**101.6**	**102.0**	**102.3**
煤炭开采和洗选业	Mining and Washing of Coal	107.5	106.4	102.9	102.7	103.7	103.8
石油和天然气开采业	Extraction of Petroleum and Natural Gas	112.8	112.8	112.8	102.5	101.7	101.7
黑色金属矿采选业	Mining and Processing of Ferrous Metal Ores	98.7	99.1	99.3	98.3	98.8	99.3
有色金属矿采选业	Mining and Processing of Non-Ferrous Metal Ores	110.4	113.8	113.2	112.9	111.4	109.2
非金属矿采选业	Mining and Processing of Nonmetal Ores	107.4	106.7	107.2	107.4	107.8	108.2
农副食品加工业	Processing of Food from Agricultural Products	100.5	100.8	99.1	99.6	99.5	99.4
食品制造业	Processing of Foodstuff	100.4	100.0	100.0	100.3	100.5	100.3
酒、饮料和精制茶制造业	Manufacture of Liquor, Beverages and Refined Tea	103.2	102.9	102.5	102.5	101.8	101.9
烟草制品业	Manufacture of Tobacco	100.0	100.0	100.0	100.0	100.0	100.0
纺织业	Manufacture of Textile	102.1	101.6	101.4	101.3	100.5	100.4
纺织服装、服饰业	Manufacture of Textile Wearing Apparel, and Dress Adornment	101.6	101.6	101.1	100.9	101.0	101.1
皮革、毛皮、羽毛及其制品和制鞋业	Manufacture of Leather, Fur, Feather Related Products and Footware	99.4	99.2	98.4	99.4	99.2	99.4
木材加工及木、竹、藤、棕、草制品业	Processing of Timber, Manufacture of Wood, Bamboo, Rattan, Palm and Straw Products	98.4	98.5	98.4	98.2	98.3	98.3
家具制造业	Manufacture of Furniture	105.0	105.9	106.4	106.3	105.6	105.1
造纸和纸制品业	Manufacture of Paper and Paper Products	113.2	112.5	113.3	116.5	120.0	118.4
印刷和记录媒介复制业	Printing, Reproduction of Recording Media	101.5	101.1	101.5	101.5	101.8	101.0
文教、工美、体育和娱乐用品制造业	Manufacture of Culture, Education, Handicraft, Fine Arts, Sports and Entertainment Articles	106.9	104.9	103.7	102.7	101.7	99.2
石油加工、炼焦和核燃料加工业	Processing of Petroleum, Coking, Processing of Nucle-ar Fuel	107.7	112.3	109.0	109.9	109.7	110.0
化学原料和化学制品制造业	Manufacture of Raw Chemical Materials and Chemical Products	107.1	106.5	106.3	105.8	106.5	107.7
医药制造业	Manufacture of Medicines	103.1	102.6	102.7	103.9	103.5	103.1
化学纤维制造业	Manufacture of Chemical Fibers	97.1	99.7	100.1	101.7	102.9	100.4
橡胶和塑料制品业	Manufacture of Rubber and Plastics	100.7	100.6	99.8	99.0	99.9	100.0
非金属矿物制品业	Manufacture of Non-metallic Mineral Products	114.1	112.7	113.1	113.7	114.5	115.1
黑色金属冶炼和压延加工业	Smelting and Pressing of Ferrous Metals	114.5	108.7	107.2	105.3	108.2	111.3
有色金属冶炼和压延加工业	Smelting and Pressing of Non-ferrous Metals	107.0	105.6	104.5	104.5	104.7	104.7
金属制品业	Manufacture of Metal Products	104.5	103.7	103.6	103.6	103.4	103.4
通用设备制造业	Manufacture of General Purpose Machinery	101.7	101.5	101.5	101.2	101.3	101.3
专用设备制造业	Manufacture of Special Purpose Machinery	100.5	100.8	100.8	100.8	101.0	100.9
汽车制造业	Manufacture of Motor Vehicles	99.2	99.7	99.9	99.9	100.0	100.2
铁路、船舶、航空航天和其他运输设备制造业	Manufacture of Railway, Ship, Aviation and Other Transporting Equipment	101.7	101.6	101.6	101.7	101.6	101.5
电气机械和器材制造业	Manufacture of Electrical Machinery and Equipment	102.2	102.0	101.2	101.2	101.1	101.3
计算机、通信和其他电子设备制造业	Manufacture of Communication Equipment, Computers and Other Electronic Equipment	100.0	98.0	97.2	95.7	96.2	96.5
仪器仪表制造业	Manufacture of Instrument and Apparatus	103.2	102.8	102.7	102.7	102.5	102.0
其他制造业	Other Manufacture	106.9	104.8	103.2	102.5	101.5	101.1
废弃资源综合利用业	Comprehensive Utilization of Waste Resources	146.6	129.5	126.8	131.9	138.2	141.7
金属制品、机械和设备修理业	Repair Services of Metal Products, Machinery and E-quipment	103.6	103.8	104.1	104.6	105.5	105.7
电力、热力生产和供应业	Production and Supply of Electric Power and Heat Power	99.7	99.7	99.6	100.4	101.7	103.2
燃气生产和供应业	Production and Supply of Gas	100.7	101.5	101.6	99.8	99.6	99.6
水的生产和供应业	Production and Supply of Water	100.5	100.4	100.4	100.4	100.4	100.2

4-18 工业生产者出厂价格分类分月指数（2018 年）
Producer Price Indices (PPI) for Industrial Products by Sector & Month (2018)

续表（continued）　　上年同期=100（same period last year=100）

类 别	Item	7 月 July	8 月 August	9 月 September	10 月 October	11 月 November	12 月 December
总指数	**General Index**	**102.4**	**102.3**	**102.1**	**101.9**	**101.7**	**101.3**
煤炭开采和洗选业	Mining and Washing of Coal	104.4	104.1	103.2	103.3	103.5	103.1
石油和天然气开采业	Extraction of Petroleum and Natural Gas	101.7	100.0	100.0	100.0	110.9	110.9
黑色金属矿采选业	Mining and Processing of Ferrous Metal Ores	100.9	101.4	102.3	101.9	103.6	102.6
有色金属矿采选业	Mining and Processing of Non-Ferrous Metal Ores	110.0	104.7	106.1	105.9	104.3	106.7
非金属矿采选业	Mining and Processing of Nonmetal Ores	108.5	109.4	111.0	110.8	111.7	111.0
农副食品加工业	Processing of Food from Agricultural Products	99.4	99.7	100.5	101.1	101.2	101.4
食品制造业	Processing of Foodstuff	99.9	100.2	100.2	100.0	100.0	100.1
酒、饮料和精制茶制造业	Manufacture of Liquor, Beverages and Refined Tea	101.6	101.5	101.4	101.3	101.3	100.9
烟草制品业	Manufacture of Tobacco	100.8	100.8	100.8	100.8	100.8	100.8
纺织业	Manufacture of Textile	100.0	99.3	98.9	97.9	97.2	97.4
纺织服装、服饰业	Manufacture of Textile Wearing Apparel, and Dress Adornment	101.3	100.9	101.6	101.6	101.7	101.7
皮革、毛皮、羽毛及其制品和制鞋业	Manufacture of Leather, Fur, Feather Related Products and Footware	99.5	99.3	99.2	99.3	98.9	98.6
木材加工及木、竹、藤、棕、草制品业	Processing of Timber, Manufacture of Wood, Bamboo, Rattan, Palm and Straw Products	98.7	99.4	99.9	99.9	101.1	100.9
家具制造业	Manufacture of Furniture	104.3	103.3	102.4	102.1	101.7	99.4
造纸和纸制品业	Manufacture of Paper and Paper Products	113.9	109.0	100.8	96.8	97.1	97.9
印刷和记录媒介复制业	Printing, Reproduction of Recording Media	101.1	101.0	101.2	101.8	101.9	101.8
文教、工美、体育和娱乐用品制造业	Manufacture of Culture, Education, Handicraft, Fine Arts, Sports and Entertainment Articles	100.2	99.6	97.7	100.0	99.9	101.8
石油加工、炼焦和核燃料加工业	Processing of Petroleum, Coking, Processing of Nuclear Fuel	107.8	107.8	108.3	109.5	106.2	105.7
化学原料和化学制品制造业	Manufacture of Raw Chemical Materials and Chemical Products	107.7	106.8	106.0	105.2	104.1	102.7
医药制造业	Manufacture of Medicines	102.2	102.4	102.5	102.6	102.3	102.2
化学纤维制造业	Manufacture of Chemical Fibers	97.6	98.5	101.3	103.0	103.0	98.4
橡胶和塑料制品业	Manufacture of Rubber and Plastics	99.9	100.2	100.5	100.2	99.9	99.0
非金属矿物制品业	Manufacture of Non-metallic Mineral Products	115.8	115.9	114.7	113.7	112.8	110.6
黑色金属冶炼和压延加工业	Smelting and Pressing of Ferrous Metals	111.4	109.7	108.4	106.9	104.5	101.0
有色金属冶炼和压延加工业	Smelting and Pressing of Non-ferrous Metals	102.8	100.4	98.4	96.9	96.1	96.5
金属制品业	Manufacture of Metal Products	103.4	103.0	102.8	102.6	102.2	101.5
通用设备制造业	Manufacture of General Purpose Machinery	101.4	101.5	101.2	101.4	101.2	101.1
专用设备制造业	Manufacture of Special Purpose Machinery	100.9	101.2	101.3	101.5	101.5	101.4
汽车制造业	Manufacture of Motor Vehicles	100.1	99.9	99.7	99.5	99.5	99.4
铁路、船舶、航空航天和其他运输设备制造业	Manufacture of Railway, Ship, Aviation and Other Transporting Equipment	101.4	101.5	101.3	101.2	101.0	100.7
电气机械和器材制造业	Manufacture of Electrical Machinery and Equipment	100.8	100.6	100.0	99.8	99.5	99.0
计算机、通信和其他电子设备制造业	Manufacture of Communication Equipment, Computers and Other Electronic Equipment	97.4	98.9	100.9	101.7	101.9	102.0
仪器仪表制造业	Manufacture of Instrument and Apparatus	101.8	101.6	101.2	101.1	100.7	100.3
其他制造业	Other Manufacture	100.9	101.1	101.3	101.5	101.2	101.2
废弃资源综合利用业	Comprehensive Utilization of Waste Resources	162.7	158.5	126.0	133.0	135.3	125.1
金属制品、机械和设备修理业	Repair Services of Metal Products, Machinery and Equipment	105.4	104.7	104.1	104.1	104.3	104.4
电力、热力生产和供应业	Production and Supply of Electric Power and Heat Power	105.0	105.0	101.8	100.9	101.0	100.9
燃气生产和供应业	Production and Supply of Gas	99.5	99.1	99.8	102.8	105.3	107.2
水的生产和供应业	Production and Supply of Water	100.2	100.0	100.0	100.0	100.0	100.0

4–19 全国各地区工业生产者出厂价格指数（2001–2018 年）
Producer Price Indices（PPI）for Industrial Products by Region of the Nation（2001–2018）

上年=100（preceding year=100）

地 区	Region	2001 年	2002 年	2003 年	2004 年	2005 年	2006 年	2007 年	2008 年	2009 年
全 国	National Total	98.7	97.7	102.4	106.1	104.9	103.0	103.0	106.9	94.6
东部地区	Eastern Region									
北 京	Beijing	99.4	96.6	101.5	103.0	101.3	99.0	99.6	103.3	94.4
天 津	Tianjin	95.8	95.4	102.5	104.1	100.1	100.6	101.2	104.1	92.5
河 北	Hebei	99.8	99.4	107.1	111.6	104.4	100.8	106.7	116.7	89.1
辽 宁	Liaoning	100.5	97.8	103.6	107.1	105.1	104.1	104.3	110.9	94.0
上 海	Shanghai	96.8	96.4	101.4	103.6	101.7	100.6	101.1	102.2	93.8
江 苏	Jiangsu	99.1	97.6	102.1	106.5	102.6	101.5	102.6	104.6	95.2
浙 江	Zhejiang	98.3	96.9	100.8	104.9	102.3	103.8	102.4	104.3	94.9
福 建	Fujian	98.1	97.2	100.7	102.6	100.2	99.2	100.8	102.7	95.5
山 东	Shandong	99.2	98.7	103.5	106.4	103.7	102.3	103.1	108.6	94.1
广 东	Guangdong	98.5	96.4	99.3	101.7	101.5	101.4	101.3	103.1	95.8
海 南	Hainan		98.7	99.2	100.0	99.4	100.8	102.6	104.5	90.6
中部地区	Central Region									
山 西	Shanxi	100.3	102.5	112.2	116.1	110.2	101.0	107.4	122.4	92.0
吉 林	Jilin	100.3	98.6	102.5	105.0	104.3	101.7	102.5	104.9	96.1
黑龙江	Heilongjiang	96.0	98.8	111.9	113.1	116.7	109.9	104.4	114.0	87.4
安 徽	Anhui	98.6	99.8	103.5	108.1	103.3	103.1	103.6	108.4	92.8
江 西	Jiangxi	98.1	98.5	104.0	109.7	108.8	109.7	106.1	106.4	93.0
河 南	Henan	100.5	98.6	105.0	110.2	106.1	104.3	105.1	112.1	94.9
湖 北	Hubei	98.9	98.2	103.5	105.6	104.5	102.9	103.8	106.1	95.6
湖 南	Hunan	99.7	99.5	102.6	108.0	106.0	104.3	106.0	109.3	94.3
西部地区	Western Region									
重 庆	Chongqing	97.8	97.6	100.6	103.3	103.0	102.2	103.5	105.8	95.5
四 川	Sichuan	99.3	97.7	100.5	105.4	104.0	101.9	103.9	109.3	96.5
贵 州	Guizhou	101.8	99.3	103.4	108.0	107.2	104.3	104.8	112.4	95.1
云 南	Yunnan	99.6	98.2	101.4	108.8	104.5	104.6	105.7	105.8	91.5
西 藏	Tibet								105.6	98.2
陕 西	Shaanxi	100.4	100.6	105.6	107.5	110.4	109.6	102.8	108.4	96.1
甘 肃	Gansu	98.5	97.9	110.0	114.3	109.6	109.8	105.2	104.9	91.0
青 海	Qinghai	93.7	97.6	105.9	111.2	110.2	110.0	103.9	107.6	91.3
宁 夏	Ningxia	100.3	99.7	105.4	109.7	106.2	106.2	103.6	112.9	93.9
新 疆	Xinjiang	96.3	97.4	115.1	116.4	116.6	114.4	105.4	116.4	85.5
内蒙古	Inner Mongolia	101.1	99.3	103.2	105.1	105.1	103.0	105.6	112.5	96.2
广 西	Guangxi	106.5	95.6	102.8	109.7	104.9	109.7	104.5	109.0	93.5

4-19 全国各地区工业生产者出厂价格指数（2001-2018 年）
Producer Price Indices（PPI）for Industrial Products by Region of the Nation（2001-2018）

续表（continued） 上年=100（preceding year=100）

地 区	Region	2010 年	2011 年	2012 年	2013 年	2014 年	2015 年	2016 年	2017 年	2018 年
全 国	National Total	105.5	106.0	98.3	98.1	98.1	94.8	98.6	106.3	103.5
东部地区	Eastern Region									
北 京	Beijing	102.2	102.3	98.4	97.4	99.1	96.9	98.1	100.7	100.0
天 津	Tianjin	105.1	103.8	97.0	97.0	96.3	90.3	97.9	108.4	105.4
河 北	Hebei	109.0	107.7	94.7	96.6	95.2	89.1	99.9	115.0	106.2
辽 宁	Liaoning	107.4	106.5	99.9	99.0	98.2	93.9	98.8	108.1	104.8
上 海	Shanghai	102.3	102.9	98.4	98.2	98.9	96.1	98.8	103.5	101.7
江 苏	Jiangsu	107.3	106.2	97.1	98.0	98.3	95.3	98.1	104.8	102.8
浙 江	Zhejiang	106.2	105.0	97.3	98.2	98.8	96.4	98.3	104.8	103.4
福 建	Fujian	103.2	103.9	98.7	98.4	98.6	97.0	99.1	104.1	102.8
山 东	Shandong	107.1	106.0	98.4	98.4	98.4	95.2	98.5	105.5	103.7
广 东	Guangdong	103.2	103.7	99.5	98.8	98.9	96.8	99.4	103.3	101.8
海 南	Hainan	107.7	108.8	100.8	99.5	97.6	89.8	96.0	108.8	108.2
中部地区	Central Region									
山 西	Shanxi	109.5	107.5	94.5	90.7	91.4	87.7	96.8	119.4	106.7
吉 林	Jilin	105.2	105.4	99.1	98.7	99.1	95.3	98.4	103.1	102.8
黑龙江	Heilongjiang	115.0	112.0	100.0	98.0	97.1	86.0	95.1	109.3	109.0
安 徽	Anhui	109.0	108.3	98.3	98.2	97.4	93.9	98.5	108.0	103.0
江 西	Jiangxi	115.2	111.3	96.5	98.5	97.8	93.7	98.6	107.9	104.2
河 南	Henan	107.8	107.2	99.4	98.5	98.1	95.4	99.0	106.8	103.6
湖 北	Hubei	104.9	106.6	100.3	99.2	98.4	96.7	99.0	105.6	104.2
湖 南	Hunan	106.9	108.5	99.1	98.5	98.4	96.3	98.9	105.8	103.2
西部地区	Western Region									
重 庆	Chongqing	103.1	103.8	99.9	98.0	98.3	97.2	98.6	104.1	102.1
四 川	Sichuan	105.0	107.3	98.6	98.7	98.7	96.4	98.9	106.5	103.6
贵 州	Guizhou	104.7	105.4	101.0	97.4	98.3	96.1	97.9	107.2	101.8
云 南	Yunnan	108.8	104.7	97.9	97.5	97.8	94.9	97.6	105.2	102.4
西 藏	Tibet	105.8	104.3	99.7	99.8	99.0	93.2	102.9	110.0	100.1
陕 西	Shaanxi	108.7	107.2	100.7	97.3	97.1	90.8	97.6	110.8	105.4
甘 肃	Gansu	115.0	111.0	96.8	96.9	96.7	87.0	94.9	114.5	109.5
青 海	Qinghai	109.3	107.4	96.9	97.0	96.1	93.1	98.5	116.7	104.8
宁 夏	Ningxia	109.1	109.5	97.4	96.0	96.3	93.7	99.1	112.1	107.3
新 疆	Xinjiang	125.2	114.8	96.9	96.5	96.2	82.4	94.5	113.7	111.2
内蒙古	Inner Mongolia	106.7	107.8	100.2	97.0	97.3	94.0	98.9	110.6	103.2
广 西	Guangxi	112.0	108.5	97.8	98.2	98.4	97.0	99.1	107.6	103.2

4–20 工业生产者购进价格主要分组指数（2000–2018 年）
Purchasing Price Indices for Industrial Producers by Main Classification（2000–2018）

上年=100（preceding year=100）

项目名称	Item	2000 年	2001 年	2002 年	2003 年	2004 年	2005 年	2006 年	2007 年	2008 年
总指数	**General Index**	**105.6**	**99.7**	**99.1**	**104.9**	**113.0**	**108.2**	**104.8**	**106.2**	**112.2**
燃料、动力类	Fuel and Power	101.8	102.3	102.0	103.6	109.4	113.8	106.8	104.9	116.1
黑色金属材料类	Ferrous Metals	104.4	98.6	97.5	109.3	125.1	110.8	97.5	106.1	121.4
钢材	Rolled Steel	105.4	98.9	98.2	107.2	122.6	110.5	96.5	105.3	121.2
其它	Others			97.3	111.8	128.1	111.1	99.9	107.6	121.8
有色金属材料类	Nonferrous Metals	118.8	93.9	96.5	106.8	128.4	109.5	127.9	109.3	95.6
化工原料类	Raw Chemical Materials	105.3	101.3	97.5	104.5	111.1	109.6	103.9	104.3	106.7
木材及纸浆类	Timber and Paper Pulp		100.3	99.1	100.5	104.6	101.8	103.5	103.7	107.8
建筑材料及非金属矿类	Building Materials and Non–metal Ore	101.0	97.1	98.7	101.2	102.3	110.2	99.4	105.3	122.3
其他工业原材料及半成品类	Other Industrial Raw Materials and Semi–finished Products	103.0	98.6	100.1	102.0	104.5	100.6	102.1	107.8	112.3
农副产品类	Agricultural Produces	104.1	102.0	97.4	108.1	116.3	102.4	104.4	109.3	113.1
纺织原料类	Textile Materials	108.0	102.5	94.2	100.7	101.9	105.7	104.3	105.2	102.9

4–20 工业生产者购进价格主要分组指数（2000–2018 年）
Purchasing Price Indices for Industrial Producers by Main Classification（2000–2018）

续表（continued）

上年=100（preceding year=100）

项目名称	Item	2009 年	2010 年	2011 年	2012 年	2013 年	2014 年	2015 年	2016 年	2017 年	2018 年
总指数	**General Index**	**95.0**	**106.9**	**105.7**	**99.5**	**97.6**	**98.1**	**97.1**	**98.4**	**104.4**	**102.5**
燃料、动力类	Fuel and Power	100.5	108.7	107.2	102.2	98.0	98.2	96.8	97.6	105.6	101.7
黑色金属材料类	Ferrous Metals	86.3	107.1	107.3	96.1	94.6	94.9	90.5	97.1	107.6	103.8
钢材	Rolled Steel	85.4	104.1	105.5	96.4	96.3	96.4	93.1	98.4	108.0	104.2
其它	Others	89.6	111.3	110.6	95.5	91.2	92.1	85.7	91.7	106.1	102.1
有色金属材料类	Nonferrous Metals	84.7	116.4	107.0	96.4	95.9	96.7	95.4	97.5	110.2	102.4
化工原料类	Raw Chemical Materials	89.6	108.6	108.0	98.1	97.4	98.6	96.1	97.8	103.2	103.5
木材及纸浆类	Timber and Paper Pulp	101.1	107.3	104.0	100.2	99.5	99.3	99.3	99.3	106.8	105.4
建筑材料及非金属矿类	Building Materials and Non–metal Ore	98.9	103.5	105.6	99.8	98.7	99.4	98.7	98.0	104.6	113.2
其他工业原材料及半成品类	Other Industrial Raw Materials and Semi–finished Products	97.3	103.0	103.2	100.5	98.2	98.4	98.7	98.8	102.9	101.6
农副产品类	Agricultural Produces	101.1	112.4	110.4	101.6	102.7	104.0	101.6	99.9	102.2	100.5
纺织原料类	Textile Materials	98.5	113.5	124.6	97.7	99.3	100.7	100.7	99.4	103.8	101.3

4-21 工业生产者购进价格分月指数（2011 年）
Purchasing Price Indices for Industrial Producers by Month (2011)

上年同期=100（same period last year=100）

类 别	Item	1月 January	2月 February	3月 March	4月 April	5月 May	6月 June
总指数	**General Index**	**105.2**	**105.2**	**105.5**	**105.4**	**106.0**	**106.6**
燃料、动力类	Fuel and Power	108.6	107.0	107.1	106.7	107.0	107.7
黑色金属材料类	Ferrous Metals	106.0	107.4	107.8	106.1	108.8	109.2
钢材	Rolled Steel	105.7	107.0	107.5	105.3	104.8	106.2
其它	Others	106.7	108.3	108.5	107.5	116.5	115.1
有色金属材料类	Nonferrous Metals	105.0	106.3	105.6	104.5	106.1	108.8
化工原料类	Raw Chemical Materials	107.4	107.2	107.7	108.6	108.5	109.1
木材及纸浆类	Timber and Paper Pulp	105.2	104.8	104.5	104.7	104.6	104.4
建筑材料及非金属矿类	Building Materials and Non-metal Ore	104.9	104.5	105.0	106.0	106.5	107.4
其他工业原材料及半成品类	Other Industrial Raw Materials and Semi-finished Products	102.3	102.2	102.8	103.1	103.3	103.5
农副产品类	Agricultural Produces	109.8	111.2	112.6	112.2	111.4	111.7
纺织原料类	Textile Materials	137.7	137.5	132.6	132.9	130.8	130.7

4-21 工业生产者购进价格分月指数（2011 年）
Purchasing Price Indices for Industrial Producers by Month (2011)

续表（continued）

上年同期=100（same period last year=100）

类 别	Item	7月 July	8月 August	9月 September	10月 October	11月 November	12月 December
总指数	**General Index**	**107.3**	**107.2**	**106.7**	**105.9**	**104.2**	**103.3**
燃料、动力类	Fuel and Power	108.1	107.8	107.6	107.4	106.4	105.4
黑色金属材料类	Ferrous Metals	108.6	108.9	108.3	106.9	105.3	104.0
钢材	Rolled Steel	106.4	106.8	105.9	105.1	103.6	102.3
其它	Others	112.6	113.1	112.8	110.4	108.5	107.1
有色金属材料类	Nonferrous Metals	112.4	111.1	110.2	107.8	103.3	102.8
化工原料类	Raw Chemical Materials	110.1	110.4	109.9	108.8	105.4	103.4
木材及纸浆类	Timber and Paper Pulp	103.7	103.6	103.4	103.6	102.9	102.6
建筑材料及非金属矿类	Building Materials and Non-metal Ore	106.4	107.3	106.6	105.7	104.0	102.4
其他工业原材料及半成品类	Other Industrial Raw Materials and Semi-finished Products	103.9	104.0	103.9	103.8	103.3	102.7
农副产品类	Agricultural Produces	112.3	111.0	111.2	109.0	107.3	106.2
纺织原料类	Textile Materials	129.8	129.6	119.2	111.9	101.8	100.7

4-21 工业生产者购进价格分月指数（2012 年）
Purchasing Price Indices for Industrial Producers by Month (2012)

上年同期=100（same period last year=100）

类 别	Item	1 月 January	2 月 February	3 月 March	4 月 April	5 月 May	6 月 June
总指数	**General Index**	**102.2**	**101.6**	**100.9**	**100.4**	**99.9**	**99.5**
燃料、动力类	Fuel and Power	104.8	105.1	104.9	104.3	103.8	103.1
黑色金属材料类	Ferrous Metals	101.9	100.3	99.2	98.9	96.7	96.1
钢材	Rolled Steel	100.6	99.1	97.9	97.9	97.3	96.8
其它	Others	104.3	102.4	101.5	100.8	95.5	94.8
有色金属材料类	Nonferrous Metals	100.6	99.0	98.0	97.1	97.1	96.2
化工原料类	Raw Chemical Materials	102.6	101.5	100.4	99.0	98.1	97.5
木材及纸浆类	Timber and Paper Pulp	101.7	101.4	101.2	100.9	100.5	99.9
建筑材料及非金属矿类	Building Materials and Non-metal Ore	102.2	100.5	100.1	99.1	99.1	99.3
其他工业原材料及半成品类	Other Industrial Raw Materials and Semi-finished Products	102.0	101.9	101.2	101.1	100.8	100.6
农副产品类	Agricultural Produces	104.4	103.4	102.0	101.0	101.3	100.5
纺织原料类	Textile Materials	97.8	97.7	97.0	96.3	97.5	96.9

4-21 工业生产者购进价格分月指数（2012 年）
Purchasing Price Indices for Industrial Producers by Month (2012)

续表（continued）

上年同期=100（same period last year=100）

类 别	Item	7 月 July	8 月 August	9 月 September	10 月 October	11 月 November	12 月 December
总指数	**General Index**	**98.9**	**98.3**	**97.8**	**97.8**	**98.1**	**98.3**
燃料、动力类	Fuel and Power	101.9	100.8	100.1	99.7	99.6	99.1
黑色金属材料类	Ferrous Metals	96.0	94.2	93.3	91.6	92.8	92.5
钢材	Rolled Steel	96.5	94.3	93.4	93.3	94.4	94.9
其它	Others	95.0	94.1	92.9	88.2	90.0	87.9
有色金属材料类	Nonferrous Metals	94.9	93.8	92.9	95.0	95.9	96.6
化工原料类	Raw Chemical Materials	96.8	96.4	95.7	95.7	96.3	97.1
木材及纸浆类	Timber and Paper Pulp	99.9	99.7	99.4	99.0	99.2	99.1
建筑材料及非金属矿类	Building Materials and Non-metal Ore	99.6	100.1	99.6	99.3	99.4	99.3
其他工业原材料及半成品类	Other Industrial Raw Materials and Semi-finished Products	100.3	99.9	99.7	99.6	99.5	99.6
农副产品类	Agricultural Produces	100.5	100.5	100.5	101.2	102.0	102.1
纺织原料类	Textile Materials	97.2	97.3	98.2	97.5	99.0	99.6

4-21 工业生产者购进价格分月指数（2013 年）
Purchasing Price Indices for Industrial Producers by Month (2013)

上年同期=100（same period last year=100）

类 别	Item	1 月 January	2 月 February	3 月 March	4 月 April	5 月 May	6 月 June
总指数	**General Index**	**98.3**	**98.3**	**98.2**	**98.0**	**97.9**	**96.7**
燃料、动力类	Fuel and Power	98.5	98.1	97.9	97.3	97.1	97.0
黑色金属材料类	Ferrous Metals	93.3	94.2	94.3	94.3	94.9	92.8
钢材	Rolled Steel	95.7	96.4	96.4	96.3	96.3	94.4
其它	Others	88.8	90.0	90.4	90.5	92.3	89.8
有色金属材料类	Nonferrous Metals	96.9	97.1	96.8	96.3	96.0	94.6
化工原料类	Raw Chemical Materials	97.1	97.7	97.6	97.6	97.5	97.0
木材及纸浆类	Timber and Paper Pulp	99.3	99.4	99.2	99.3	99.6	99.7
建筑材料及非金属矿类	Building Materials and Non-metal Ore	99.0	100.1	99.9	99.7	98.9	97.8
其他工业原材料及半成品类	Other Industrial Raw Materials and Semi-finished Products	99.5	99.1	99.1	98.9	98.9	97.4
农副产品类	Agricultural Produces	102.7	102.8	102.8	102.6	102.3	102.6
纺织原料类	Textile Materials	99.5	100.0	100.2	100.1	100.0	98.4

4-21 工业生产者购进价格分月指数（2013 年）
Purchasing Price Indices for Industrial Producers by Month (2013)

续表（continued）

上年同期=100（same period last year=100）

类 别	Item	7 月 July	8 月 August	9 月 September	10 月 October	11 月 November	12 月 December
总指数	**General Index**	**96.7**	**97.1**	**97.4**	**97.6**	**97.7**	**97.8**
燃料、动力类	Fuel and Power	97.5	98.0	98.6	98.8	98.7	98.7
黑色金属材料类	Ferrous Metals	93.0	94.2	94.6	96.8	96.0	96.9
钢材	Rolled Steel	94.6	96.4	97.5	97.9	97.3	97.0
其它	Others	89.9	89.9	89.3	94.5	93.4	96.5
有色金属材料类	Nonferrous Metals	94.6	95.4	95.6	95.4	95.8	95.7
化工原料类	Raw Chemical Materials	97.1	97.1	97.5	97.6	97.6	97.8
木材及纸浆类	Timber and Paper Pulp	99.5	99.5	99.6	99.5	99.4	99.4
建筑材料及非金属矿类	Building Materials and Non-metal Ore	97.8	97.8	98.0	98.4	98.2	98.5
其他工业原材料及半成品类	Other Industrial Raw Materials and Semi-finished Products	97.3	97.4	97.6	97.7	97.7	97.6
农副产品类	Agricultural Produces	101.1	101.1	101.0	101.5	106.1	105.9
纺织原料类	Textile Materials	98.8	98.8	98.9	99.2	99.1	99.2

4-21 工业生产者购进价格分月指数（2014 年）
Purchasing Price Indices for Industrial Producers by Month (2014)

上年同期=100（same period last year=100）

类 别	Item	1 月 January	2 月 February	3 月 March	4 月 April	5 月 May	6 月 June
总指数	**General Index**	**97.7**	**97.6**	**97.4**	**97.5**	**97.4**	**98.2**
燃料、动力类	Fuel and Power	98.5	98.6	98.2	98.5	98.5	98.1
黑色金属材料类	Ferrous Metals	96.3	96.3	95.6	95.2	93.9	94.8
钢材	Rolled Steel	96.3	95.9	95.6	95.5	95.6	97.0
其它	Others	96.4	97.0	95.8	94.8	90.9	90.8
有色金属材料类	Nonferrous Metals	95.7	95.1	94.5	94.6	95.2	96.8
化工原料类	Raw Chemical Materials	97.8	97.8	97.5	97.5	97.9	98.7
木材及纸浆类	Timber and Paper Pulp	99.4	99.5	99.5	99.4	99.2	99.2
建筑材料及非金属矿类	Building Materials and Non-metal Ore	98.8	98.8	98.9	99.2	99.0	99.5
其他工业原材料及半成品类	Other Industrial Raw Materials and Semi-finished Products	97.7	97.7	97.7	97.7	97.7	98.7
农副产品类	Agricultural Produces	105.0	104.1	103.5	103.5	104.3	104.0
纺织原料类	Textile Materials	99.5	99.1	98.9	99.6	99.5	101.3

4-21 工业生产者购进价格分月指数（2014 年）
Purchasing Price Indices for Industrial Producers by Month (2014)

续表（continued）

上年同期=100（same period last year=100）

类 别	Item	7 月 July	8 月 August	9 月 September	10 月 October	11 月 November	12 月 December
总指数	**General Index**	**98.6**	**98.7**	**98.8**	**98.6**	**98.4**	**98.1**
燃料、动力类	Fuel and Power	98.2	98.1	98.0	98.0	97.9	97.8
黑色金属材料类	Ferrous Metals	95.0	95.1	94.6	94.3	94.3	93.3
钢材	Rolled Steel	97.3	97.1	96.9	96.6	97.1	96.8
其它	Others	90.9	91.5	90.3	90.0	89.2	87.0
有色金属材料类	Nonferrous Metals	97.9	98.1	98.7	98.2	97.9	97.8
化工原料类	Raw Chemical Materials	99.4	99.9	100.0	99.6	99.4	98.2
木材及纸浆类	Timber and Paper Pulp	99.2	99.2	99.1	99.3	99.3	99.5
建筑材料及非金属矿类	Building Materials and Non-metal Ore	99.7	100.1	100.1	100.0	99.8	99.4
其他工业原材料及半成品类	Other Industrial Raw Materials and Semi-finished Products	98.9	98.9	98.9	98.9	99.0	98.9
农副产品类	Agricultural Produces	104.0	106.4	106.3	105.7	100.8	100.6
纺织原料类	Textile Materials	101.5	101.4	102.1	101.6	102.2	101.9

4-21 工业生产者购进价格分月指数（2015 年）
Purchasing Price Indices for Industrial Producers by Month (2015)

上年同期=100（same period last year=100）

类 别	Item	1月 January	2月 February	3月 March	4月 April	5月 May	6月 June
总指数	General Index	**97.7**	**97.6**	**97.3**	**97.4**	**97.4**	**97.5**
燃料、动力类	Fuel and Power	97.4	97.1	97.1	96.6	96.6	97.3
黑色金属材料类	Ferrous Metals	92.6	91.5	89.4	90.6	90.7	90.7
钢材	Rolled Steel	96.1	95.7	94.9	94.2	93.6	93.4
其它	Others	86.3	84.0	79.6	84.0	85.2	85.5
有色金属材料类	Nonferrous Metals	97.0	98.0	97.6	98.1	98.2	97.7
化工原料类	Raw Chemical Materials	97.2	96.6	96.7	96.8	96.9	96.9
木材及纸浆类	Timber and Paper Pulp	99.5	99.4	99.2	99.2	99.2	99.3
建筑材料及非金属矿类	Building Materials and Non-metal Ore	99.1	99.5	99.3	98.9	98.9	98.8
其他工业原材料及半成品类	Other Industrial Raw Materials and Semi-finished Products	98.7	98.7	98.6	98.5	98.6	98.7
农副产品类	Agricultural Produces	101.1	101.5	101.6	102.2	101.4	101.4
纺织原料类	Textile Materials	101.5	101.4	101.8	101.2	101.4	101.3

4-21 工业生产者购进价格分月指数（2015 年）
Purchasing Price Indices for Industrial Producers by Month (2015)

续表（continued）

上年同期=100（same period last year=100）

类 别	Item	7月 July	8月 August	9月 September	10月 October	11月 November	12月 December
总指数	General Index	**97.3**	**96.8**	**96.7**	**96.5**	**96.3**	**96.2**
燃料、动力类	Fuel and Power	97.2	97.1	96.8	96.6	96.1	95.5
黑色金属材料类	Ferrous Metals	90.4	90.1	90.7	89.6	89.8	90.3
钢材	Rolled Steel	93.0	92.1	92.0	91.5	90.7	90.1
其它	Others	85.6	86.3	88.3	85.8	88.1	90.7
有色金属材料类	Nonferrous Metals	96.3	94.1	93.1	92.8	91.6	90.8
化工原料类	Raw Chemical Materials	96.2	95.4	95.1	94.9	95.1	95.5
木材及纸浆类	Timber and Paper Pulp	99.4	99.4	99.4	99.4	99.2	99.0
建筑材料及非金属矿类	Building Materials and Non-metal Ore	98.6	98.3	98.2	98.2	98.4	98.3
其他工业原材料及半成品类	Other Industrial Raw Materials and Semi-finished Products	98.7	98.6	98.8	98.7	98.6	98.7
农副产品类	Agricultural Produces	104.5	101.8	101.6	101.1	100.8	100.7
纺织原料类	Textile Materials	100.7	100.7	99.9	100.0	99.2	99.2

4–21 工业生产者购进价格分月指数（2016 年）

Purchasing Price Indices for Industrial Producers by Month (2016)

上年同期=100（same period last year=100）

类 别	Item	1 月 January	2 月 February	3 月 March	4 月 April	5 月 May	6 月 June
总指数	**General Index**	**96.3**	**96.2**	**96.7**	**97.0**	**97.4**	**97.9**
燃料、动力类	Fuel and Power	95.9	95.6	95.5	96.0	96.1	96.3
黑色金属材料类	Ferrous Metals	89.7	89.9	93.3	93.8	95.7	97.4
钢材	Rolled Steel	91.2	91.9	93.3	95.5	97.5	98.2
其它	Others	84.1	81.9	93.4	87.0	88.6	93.9
有色金属材料类	Nonferrous Metals	91.7	91.4	92.6	93.6	94.7	95.8
化工原料类	Raw Chemical Materials	96.1	96.2	96.6	97.1	97.1	97.0
木材及纸浆类	Timber and Paper Pulp	98.5	98.4	98.9	98.7	98.9	98.9
建筑材料及非金属矿类	Building Materials and Non-metal Ore	98.0	97.1	97.2	97.0	97.0	97.1
其他工业原材料及半成品类	Other Industrial Raw Materials and Semi-finished Products	98.0	97.9	98.0	98.1	98.4	98.7
农副产品类	Agricultural Produces	98.1	98.7	99.7	99.9	100.0	100.4
纺织原料类	Textile Materials	98.5	98.3	98.0	98.0	97.8	98.8

4–21 工业生产者购进价格分月指数（2016 年）

Purchasing Price Indices for Industrial Producers by Month (2016)

续表（continued）

上年同期=100（same period last year=100）

类 别	Item	7 月 July	8 月 August	9 月 September	10 月 October	11 月 November	12 月 December
总指数	**General Index**	**98.2**	**98.6**	**98.9**	**99.7**	**100.9**	**102.5**
燃料、动力类	Fuel and Power	96.3	96.9	97.5	99.3	101.8	105.0
黑色金属材料类	Ferrous Metals	98.0	98.3	98.9	101.5	103.3	106.5
钢材	Rolled Steel	98.6	100.0	100.6	102.2	104.6	108.3
其它	Others	95.6	91.3	92.0	98.4	97.6	99.4
有色金属材料类	Nonferrous Metals	97.5	99.4	99.8	101.3	105.8	107.6
化工原料类	Raw Chemical Materials	97.2	97.8	98.1	98.9	99.8	101.5
木材及纸浆类	Timber and Paper Pulp	98.8	99.2	99.3	99.6	100.3	102.2
建筑材料及非金属矿类	Building Materials and Non-metal Ore	97.3	97.4	97.8	98.7	99.7	101.6
其他工业原材料及半成品类	Other Industrial Raw Materials and Semi-finished Products	98.9	99.1	99.1	99.4	99.8	100.7
农副产品类	Agricultural Produces	99.0	99.0	99.4	100.3	101.5	102.9
纺织原料类	Textile Materials	98.8	99.9	100.3	101.1	101.3	101.7

4–21 工业生产者购进价格分月指数（2017 年）
Purchasing Price Indices for Industrial Producers by Month (2017)

上年同期=100（same period last year=100）

类 别	Item	1 月 January	2 月 February	3 月 March	4 月 April	5 月 May	6 月 June
总指数	**General Index**	**103.8**	**104.8**	**105.2**	**104.9**	**104.5**	**104.2**
燃料、动力类	Fuel and Power	107.2	108.1	108.6	107.8	107.7	106.4
黑色金属材料类	Ferrous Metals	108.9	110.2	110.3	109.4	106.8	106.0
钢材	Rolled Steel	110.0	110.1	110.3	108.5	106.3	106.0
其它	Others	104.2	110.7	110.4	113.1	108.7	106.0
有色金属材料类	Nonferrous Metals	109.4	110.7	111.5	110.8	109.3	108.8
化工原料类	Raw Chemical Materials	102.8	104.0	104.2	103.5	102.9	102.6
木材及纸浆类	Timber and Paper Pulp	103.4	105.2	105.2	105.1	104.6	105.1
建筑材料及非金属矿类	Building Materials and Non–metal Ore	101.5	102.7	103.4	104.0	103.9	104.1
其他工业原材料及半成品类	Other Industrial Raw Materials and Semi–finished Products	101.6	102.6	102.9	103.0	103.0	103.0
农副产品类	Agricultural Produces	103.1	103.9	103.2	102.7	102.5	101.6
纺织原料类	Textile Materials	102.1	103.1	103.7	104.0	104.4	104.1

4–21 工业生产者购进价格分月指数（2017 年）
Purchasing Price Indices for Industrial Producers by Month (2017)

续表（continued）

上年同期=100（same period last year=100）

类 别	Item	7 月 July	8 月 August	9 月 September	10 月 October	11 月 November	12 月 December
总指数	**General Index**	**104.2**	**104.3**	**104.7**	**104.8**	**104.2**	**103.6**
燃料、动力类	Fuel and Power	106.9	105.1	104.0	103.3	102.0	100.4
黑色金属材料类	Ferrous Metals	106.1	107.1	107.7	107.5	106.2	105.2
钢材	Rolled Steel	106.6	107.2	108.4	108.5	107.5	106.4
其它	Others	103.9	106.7	104.7	103.7	101.0	100.4
有色金属材料类	Nonferrous Metals	108.0	109.6	112.2	113.2	110.6	108.9
化工原料类	Raw Chemical Materials	102.7	102.8	103.2	103.5	103.2	102.7
木材及纸浆类	Timber and Paper Pulp	106.0	107.2	109.7	111.0	110.6	108.9
建筑材料及非金属矿类	Building Materials and Non–metal Ore	104.1	105.5	106.3	106.0	105.8	107.8
其他工业原材料及半成品类	Other Industrial Raw Materials and Semi–finished Products	102.9	103.1	103.4	103.5	103.4	103.0
农副产品类	Agricultural Produces	101.4	101.7	101.7	101.9	101.7	101.0
纺织原料类	Textile Materials	104.4	103.8	104.0	103.9	104.4	104.1

4–21 工业生产者购进价格分月指数（2018 年）
Purchasing Price Indices for Industrial Producers by Month (2018)

上年同期=100（same period last year=100）

类 别	Item	1月 January	2月 February	3月 March	4月 April	5月 May	6月 June
总指数	**General Index**	**103.2**	**102.5**	**102.3**	**102.4**	**102.6**	**102.9**
燃料、动力类	Fuel and Power	99.8	100.2	100.5	101.5	101.9	102.4
黑色金属材料类	Ferrous Metals	104.6	105.0	104.7	104.0	104.8	104.7
钢材	Rolled Steel	106.0	105.8	105.0	105.0	105.5	105.7
其它	Others	99.0	102.1	103.3	100.0	101.9	100.6
有色金属材料类	Nonferrous Metals	107.4	105.8	104.3	103.8	104.2	104.5
化工原料类	Raw Chemical Materials	102.8	102.0	101.9	102.7	103.5	104.3
木材及纸浆类	Timber and Paper Pulp	107.6	106.1	106.2	106.7	107.9	107.9
建筑材料及非金属矿类	Building Materials and Non-metal Ore	111.7	112.4	112.4	112.6	113.3	113.7
其他工业原材料及半成品类	Other Industrial Raw Materials and Semi-finished Products	102.6	101.7	101.4	101.4	101.3	101.5
农副产品类	Agricultural Produces	100.8	99.8	99.6	100.1	99.6	99.5
纺织原料类	Textile Materials	103.3	102.7	102.2	102.0	101.5	101.3

4–21 工业生产者购进价格分月指数（2018 年）
Purchasing Price Indices for Industrial Producers by Month (2018)

续表（continued）

上年同期=100（same period last year=100）

类 别	Item	7月 July	8月 August	9月 September	10月 October	11月 November	12月 December
总指数	**General Index**	**102.8**	**102.8**	**102.5**	**102.2**	**102.0**	**101.5**
燃料、动力类	Fuel and Power	101.7	102.9	103.5	102.8	102.1	102.0
黑色金属材料类	Ferrous Metals	104.4	103.7	103.4	103.1	102.5	100.7
钢材	Rolled Steel	105.0	104.4	103.4	103.1	101.8	99.9
其它	Others	101.6	100.5	103.3	103.3	105.3	104.1
有色金属材料类	Nonferrous Metals	103.9	102.0	99.5	98.1	97.8	98.3
化工原料类	Raw Chemical Materials	104.5	104.7	104.6	104.5	104.1	103.0
木材及纸浆类	Timber and Paper Pulp	107.0	106.0	103.8	102.4	101.9	101.8
建筑材料及非金属矿类	Building Materials and Non-metal Ore	114.0	113.4	112.9	113.6	115.3	112.7
其他工业原材料及半成品类	Other Industrial Raw Materials and Semi-finished Products	101.7	101.8	101.6	101.5	101.4	101.1
农副产品类	Agricultural Produces	100.0	100.7	101.1	101.2	101.6	102.1
纺织原料类	Textile Materials	101.0	100.5	100.1	100.3	100.0	100.2

4–22 全国各地区工业生产者购进价格指数（2001–2018 年）
Purchasing Price Indices for Industrial Producers by Region of the Nation（2001–2018）

上年=100（preceding year=100）

地 区	Region	2001 年	2002 年	2003 年	2004 年	2005 年	2006 年	2007 年	2008 年	2009 年
全 国	National Total	99.8	97.7	104.8	111.4	108.3	106.0	104.4	110.5	92.1
东部地区	Eastern Region									
北 京	Beijing	100.4	97.1	104.7	114.2	111.4	105.5	105.0	115.8	88.6
天 津	Tianjin	98.8	95.9	108.7	115.4	104.9	104.7	105.7	112.9	90.2
河 北	Hebei	101.0	97.2	109.4	118.4	107.0	105.0	107.8	115.9	93.5
辽 宁	Liaoning	100.0	98.4	105.1	112.1	108.1	104.2	104.8	111.5	93.3
上 海	Shanghai	98.7	97.7	106.4	116.4	106.8	104.7	104.1	110.3	89.8
江 苏	Jiangsu	99.5	98.6	106.5	116.3	107.6	106.4	105.0	115.0	91.9
浙 江	Zhejiang	99.6	97.3	105.8	113.4	105.4	105.6	105.3	110.6	92.6
福 建	Fujian	96.6	97.6	106.3	113.3	108.1	103.9	104.3	110.2	93.2
山 东	Shandong	100.0	98.2	105.8	113.4	105.9	104.3	104.8	113.1	95.5
广 东	Guangdong	99.1	96.3	104.1	110.7	105.0	103.6	103.3	107.9	93.8
海 南	Hainan		101.5	102.2	105.9	104.2	101.5	105.0	111.6	85.3
中部地区	Central Region									
山 西	Shanxi	101.8	102.7	107.8	114.5	108.2	102.6	105.3	118.3	96.6
吉 林	Jilin	101.8	97.8	104.8	110.5	107.0	103.8	105.2	111.3	95.3
黑龙江	Heilongjiang	99.5	99.3	107.6	115.2	111.8	105.6	105.0	114.1	93.4
安 徽	Anhui	100.2	98.2	106.7	115.0	107.1	103.9	105.1	112.4	95.3
江 西	Jiangxi	99.3	98.6	106.5	114.5	110.0	108.6	107.9	114.2	90.7
河 南	Henan	101.8	97.6	107.8	115.7	108.3	105.3	106.4	111.9	97.1
湖 北	Hubei	100.2	97.7	108.2	113.1	107.0	104.9	104.5	110.9	93.4
湖 南	Hunan	101.1	99.3	106.7	114.4	109.4	106.5	106.1	112.0	92.6
西部地区	Western Region									
重 庆	Chongqing	99.7	99.1	104.9	113.0	108.2	104.8	106.2	112.2	95.0
四 川	Sichuan	100.2	99.2	101.6	110.3	109.3	104.5	105.7	112.4	95.3
贵 州	Guizhou	100.2	97.5	106.0	112.0	107.4	107.3	107.5	112.5	93.5
云 南	Yunnan	99.4	97.6	102.7	109.6	106.5	107.6	108.2	111.6	95.0
西 藏	Tibet									
陕 西	Shaanxi	100.5	98.6	104.8	110.4	107.5	106.7	106.3	111.2	98.4
甘 肃	Gansu	101.4	98.4	105.6	112.5	109.9	108.8	104.3	110.2	90.5
青 海	Qinghai	99.1	102.8	102.0	108.5	105.3	102.8	104.4	110.4	99.8
宁 夏	Ningxia	102.5	97.8	106.2	117.3	109.7	108.5	107.1	121.8	94.7
新 疆	Xinjiang	99.0	94.9	114.8	118.2	110.7	111.1	103.8	117.8	90.6
内蒙古	Inner Mongolia	101.3	99.4	102.9	109.2	109.8	105.9	104.8	111.7	99.1
广 西	Guangxi	103.7	95.6	101.2	116.3	108.2	111.4	106.1	110.6	95.1

4-22 全国各地区工业生产者购进价格指数（2001-2018 年）
Purchasing Price Indices for Industrial Producers by Region of the Nation（2001-2018）

续表（continued） 上年=100（preceding year=100）

地 区	Region	2010 年	2011 年	2012 年	2013 年	2014 年	2015 年	2016 年	2017 年	2018 年
全 国	National Total	109.6	109.1	98.2	98.0	97.8	93.9	98.0	108.1	104.1
东部地区	Eastern Region									
北 京	Beijing	110.5	108.4	98.7	97.8	98.8	93.7	98.5	104.4	100.8
天 津	Tianjin	110.0	109.7	97.1	97.4	97.1	92.4	98.3	111.1	106.2
河 北	Hebei	110.9	110.9	96.2	97.6	95.6	90.3	98.3	114.5	104.0
辽 宁	Liaoning	108.6	108.3	99.0	98.5	98.0	93.5	97.9	108.0	104.5
上 海	Shanghai	111.2	107.5	94.7	96.5	95.9	90.6	97.7	108.9	105.2
江 苏	Jiangsu	112.8	108.9	95.8	97.1	97.0	92.1	98.0	109.7	104.6
浙 江	Zhejiang	112.0	108.3	96.7	97.7	98.2	94.5	97.8	109.6	105.1
福 建	Fujian	107.7	108.0	97.7	98.4	98.3	96.1	98.0	105.3	102.8
山 东	Shandong	109.3	109.2	99.2	98.4	98.2	95.0	98.0	107.3	103.6
广 东	Guangdong	107.3	107.3	99.5	98.2	98.8	95.3	98.0	105.3	102.5
海 南	Hainan	110.3	115.3	99.6	97.0	99.0	88.5	94.8	112.4	110.8
中部地区	Central Region									
山 西	Shanxi	109.0	108.1	98.1	95.5	96.2	93.1	98.1	115.2	105.5
吉 林	Jilin	108.6	106.1	99.3	99.4	99.2	96.6	97.8	103.4	103.5
黑龙江	Heilongjiang	114.5	111.1	98.8	98.7	97.6	88.2	96.0	110.2	109.0
安 徽	Anhui	111.8	110.8	98.2	96.9	97.2	93.5	98.4	109.2	105.3
江 西	Jiangxi	111.8	112.4	98.3	98.4	98.4	93.6	97.7	107.2	103.2
河 南	Henan	110.2	110.1	99.2	99.3	98.4	95.4	99.2	107.3	104.0
湖 北	Hubei	110.4	111.5	98.9	98.2	97.8	92.8	98.3	108.3	104.8
湖 南	Hunan	110.0	110.8	100.1	98.4	97.9	94.5	98.0	107.2	103.5
西部地区	Western Region									
重 庆	Chongqing	106.9	105.7	99.5	97.6	98.1	97.1	98.4	104.4	102.5
四 川	Sichuan	106.1	112.6	100.0	99.2	98.7	96.7	98.8	108.3	105.3
贵 州	Guizhou	109.8	115.0	102.3	96.4	98.6	97.5	98.5	109.7	103.4
云 南	Yunnan	109.0	108.0	99.3	98.8	99.0	96.9	95.9	106.2	104.4
西 藏	Tibet									
陕 西	Shaanxi	109.7	109.6	100.0	99.3	98.5	95.2	95.9	106.4	104.2
甘 肃	Gansu	112.9	115.1	98.7	97.8	97.6	87.0	94.6	115.5	109.8
青 海	Qinghai	108.6	107.0	98.6	98.8	97.6	97.7	96.2	108.0	104.5
宁 夏	Ningxia	114.1	112.8	99.5	97.0	97.0	92.1	96.9	112.9	106.5
新 疆	Xinjiang	123.9	117.8	97.9	97.8	97.5	84.3	95.5	112.8	109.2
内蒙古	Inner Mongolia	105.0	106.1	102.0	99.3	98.4	95.9	97.4	106.3	102.4
广 西	Guangxi	111.2	110.0	99.2	98.9	98.2	95.7	98.3	106.5	103.4

4-23 固定资产投资价格指数（1994–2018 年）
Price Indices for Investment in Fixed Assets（1994–2018）

上年=100（preceding year=100）

年份 Year	固定资产投资价格指数 Price Indices for Investment in Fixed Assets"	建筑安装、装饰工程 Construction and Installation	设备、工器具 Equipments and Instruments	其他费用 Others
1994	108.9	109.4	107.4	109.8
1995	104.2	101.2	107.8	114.0
1996	108.1	108.5	100.4	129.1
1997	101.7	103.2	97.6	103.4
1998	98.7	100.0	94.9	99.5
1999	100.5	100.7	97.7	104.4
2000	102.5	103.1	97.0	108.7
2001	100.8	101.4	96.8	103.3
2002	100.7	101.9	96.2	100.4
2003	102.9	104.7	96.7	101.3
2004	105.1	107.0	98.8	102.7
2005	102.3	102.2	99.7	104.6
2006	101.7	101.1	100.7	104.3
2007	105.5	106.0	100.2	107.8
2008	110.2	113.7	100.6	106.6
2009	97.8	97.0	97.7	100.2
2010	102.1	102.7	99.6	101.9
2011	105.9	107.8	101.1	102.5
2012	101.8	102.1	99.1	101.9
2013	100.5	100.5	98.7	101.5
2014	100.3	100.4	99.7	100.4
2015	98.2	97.5	99.4	100.8
2016	98.9	98.5	98.8	100.6
2017	105.3	106.9	100.6	100.4
2018	105.0	106.3	101.0	100.5

4-24 住宅销售价格指数（2011–2018 年）
Sales Price Indices of Houses（2011–2018）

项目 Item	新建商品住宅销售价格指数 Sales Price Indices of New Commercial Houses	90 平方米以下 below 90㎡	90–144 平方米 90–144㎡	144 平方米以上 over 144㎡	二手住宅销售价格指数 Sales Price Indices of Second–hand Houses	90 平方米以下 below 90㎡	90–144 平方米 90–144㎡	144 平方米以上 over 144㎡
2011	104.2	105.5	103.7	103.0	100.6	98.7	102.0	102.5
2012	99.2	100.2	98.5	98.8	99.6	99.2	99.6	101.0
2013	106.9	107.2	106.8	106.4	102.6	102.5	102.7	102.9
2014	102.2	102.1	101.9	102.8	100.9	101.4	100.8	100.0
2015	94.9	95.3	95.0	94.1	97.1	97.0	97.5	96.7
2016	103.7	103.1	103.7	104.6	103.9	103.8	104.9	101.9
2017	110.6	112.8	110.3	107.6	107.7	107.6	108.4	105.9
2018	108.9	110.1	108.0	108.7	107.9	107.8	108.5	106.7

主要指标解释

居民消费价格指数 居民消费价格，是指城乡居民购买并用于日常生活消费的商品和服务项目的价格。居民消费价格调查的任务是调查、搜集和整理这些商品和服务项目的价格，并编制居民消费价格指数，旨在反映一定时期内居民所消费商品及服务项目的价格水平变动趋势和变动程度。居民消费价格水平的变动率在一定程度上反映了通货膨胀（或紧缩）的程度。编制居民消费价格指数的目的，是了解各地价格变动的基本情况，分析研究价格变动对社会经济和居民生活的影响，满足各级政府制定政策和计划、进行宏观调控的需要，以及为国民经济核算提供参考依据。

商品零售价格指数 商品的零售价格是商品在流通过程中最后一个环节的价格，是工业、商业、餐饮业和其他零售企业向城乡居民、机关团体出售生活消费品和办公用品的价格。通过系统地调查、搜集和整理市场商品零售价格资料，编制商品零售价格指数，以此反映市场商品零售价格的变动趋势和变动程度。其目的在于掌握商品价格的变动趋势，为国家宏观调控和国民经济核算提供参考依据。

工业生产者价格指数 是反映工业产品价格变化趋势和变动幅度的统计指标，是工业品价格在不同时间和空间条件下平均变动的相对数。工业生产者价格包括工业品第一次出售时的出厂价格和企业作为中间投入的原材料、燃料、动力购进价格，是进行国民经济核算和经济管理的重要依据。

固定资产投资价格指数 是反映全社会固定资产投资中涉及的各类投资品和取费项目价格的变动趋势和变动幅度。编制固定资产投资价格指数可以消除按现价计算的固定资产投资指标中的价格变动因素，真实地反映全社会及各类工程固定资产投资的规模、速度、结构和效益。

住宅销售价格指数 是综合反映住宅商品价格水平总体变化趋势和变化幅度的相对数。中国住宅销售价格指数由 70 个大中城市的新建商品住宅销售价格指数和二手住宅销售价格指数组成。

农产品生产价格指数 是反映一定时期内，农产品生产者出售农产品价格水平变动趋势及幅度的相对数。该指数可以客观反映全国农产品生产价格水平和结构变动情况，满足农业与国民经济核算需要。其中某代表品生产价格指数是通过对全部有出售该产品行为的调查单位的个体指数进行几何平均数求得的，类价格指数是通过对其所属的类（或代表品）的价格指数进行加权平均求得的。季度累计价格指数的计算方法与分级指数的计算方法相同。

五

农业农村

Agriculture and Rural Areas

5-1 农村基层组织及人口（1978-2018 年）
Rural Primary-level Organizations and Population（1978-2018）

年份 Year	乡镇个数（个） Number of Township and Town Governments (unit)	#镇个数（个） Towns (unit)	村委会个数（个） Number of Villagers' Committees (unit)	乡村户数（万户） Number of Rural Households (10 000 households)	乡村人口（万人） Rural Population (10 000 persons)
1978	2072	71	21013	530.01	2316.54
1979	2071	72	21018	529.53	2307.28
1980	2100	111	21084	534.19	2294.08
1981	2100	74	21099	542.44	2336.67
1982	2100	74	21099	551.24	2351.77
1983	2107	78	21091	555.96	2276.10
1984	2096	82	21084	564.08	2276.50
1985	2088	123	21092	573.00	2355.39
1986	2085	143	21090	596.13	2365.34
1987	2081	147	21091	626.70	2391.29
1988	2081	151	21093	650.27	2412.04
1989	2073	167	21095	671.51	2427.70
1990	2069	171	21086	686.26	2446.38
1991	2069	180	21089	697.61	2471.48
1992	1683	360	21093	699.94	2476.10
1993	1477	521	21095	700.88	2463.53
1994	1415	574	21060	710.34	2482.05
1995	1452	623	20864	706.86	2454.17
1996	1268	636	20877	709.86	2464.23
1997	1440	649	20853	708.64	2452.75
1998	1483	653	20647	709.84	2445.12
1999	1452	624	20630	710.99	2442.47
2000	1472	650	20589	710.28	2440.32
2001	1237	663	18264	714.67	2438.79
2002	1233	664	16453	718.31	2443.21
2003	1183	642	14357	718.65	2436.47
2004	1035	614	10143	714.99	2425.25
2005	958	594	10015	718.84	2430.93
2006	905	586	9718	714.86	2418.40
2007	891	580	9035	717.49	2413.95
2008	872	569	8964	724.06	2405.64
2009	862	571	8743	723.55	2385.95
2010	931	577	8692	727.77	2366.66
2011	912	588	8592	721.14	2324.50
2012	913	609	8480	724.14	2303.09
2013	916	607	8428	717.99	2267.73
2014				714.50	2246.31
2015				713.87	2225.75
2016				709.44	2196.19
2017				707.94	2171.22
2018				707.05	2158.30

5–2 乡村从业人员及行业分布（1978–2018 年）
Rural Employed Persons and Its Distribution of Industry（1978–2018）

单位：万人（10000persons）

年份 Year	从业人员数 Number of Employment	按主要行业分 By Main Industry					
		农林牧渔业 Farming, Forestry, Animal Husbandry and Fishery	工业 Industry	建筑业 Construction Industry	交运仓储和邮政业 Transport, Storage and Telecommunica-tion Industry	批发零售住宿餐饮业 Wholesale and Retail Trade, Hotel and Catering Service	其他 Others
1978	926.32	867.59	23.18	9.76	1.76	3.24	20.78
1979	949.52	892.74	23.34	9.10	1.89	3.38	19.07
1980	980.75	923.73	22.66	8.69	2.14	3.43	20.10
1981	1006.17	947.98	22.94	9.70	2.38	4.24	18.99
1982	1031.39	967.78	24.03	10.19	2.63	4.73	22.02
1983	1063.45	989.45	24.30	11.37	3.29	6.51	28.52
1984	1087.42	990.59	28.02	17.43	4.45	10.25	36.68
1985	1114.34	980.05	45.50	29.11	6.01	10.91	42.76
1986	1154.26	1001.27	48.53	34.43	6.76	12.34	50.93
1987	1184.92	1014.10	51.91	40.49	7.57	13.80	57.03
1988	1218.03	1038.31	53.95	42.60	7.85	14.75	60.58
1989	1249.12	1065.43	52.17	42.45	8.68	14.47	65.92
1990	1273.06	1085.57	50.09	42.93	9.07	15.39	70.00
1991	1314.79	1107.06	51.25	45.58	9.23	17.06	84.62
1992	1350.71	1107.18	53.99	49.78	9.82	19.26	110.67
1993	1352.26	1062.48	59.82	60.65	11.16	20.89	137.25
1994	1356.59	1039.95	56.89	62.62	12.25	22.36	162.53
1995	1349.34	1014.47	55.78	65.80	13.42	23.73	176.14
1996	1330.44	991.66	56.07	65.27	14.02	24.07	179.36
1997	1320.91	962.55	56.06	65.78	14.95	26.32	195.26
1998	1316.95	943.66	51.87	68.42	15.77	27.88	209.35
1999	1342.99	955.09	57.68	71.77	17.87	30.77	209.80
2000	1352.60	921.50	59.25	75.58	18.53	33.46	244.27
2001	1345.15	884.62	57.93	78.35	18.99	34.85	270.42
2002	1342.17	852.72	68.00	92.67	21.34	41.49	265.94
2003	1340.25	813.19	78.29	102.52	22.57	36.00	287.68
2004	1361.54	800.83	94.78	112.05	21.71	34.78	297.39
2005	1366.91	775.88	109.79	124.98	23.99	36.91	295.36
2006	1382.62	741.67	130.89	145.43	26.46	40.32	297.85
2007	1378.29	699.28	156.14	165.14	28.07	44.33	285.33
2008	1379.90	676.10	171.39	168.29	29.15	47.84	287.13
2009	1379.94	649.69	183.90	178.04	30.39	50.54	287.38
2010	1379.35	626.12	193.36	191.59	33.23	54.09	280.96
2011	1369.98	604.04					
2012	1365.29	586.86					
2013	1328.79	563.69					
2014	1312.96	562.54					
2015	1309.23	556.95					
2016	1302.54	550.45					
2017	1281.69	546.32					
2018	1258.41	538.62					

注：此表批发零售住宿餐饮业栏 2003 年开始未包含住宿餐饮业人员数据。
Note：From 2003 data of 'Sales and Retail Sales Trade and Catering Industry' does not contain hotels and catering services.

5-3 乡村从业人员从业结构（1978-2018 年）
Composition of Rural Employed Persons by Distribution of Industry（1978-2018）

单位：%（%）

年份 Year	从业人员数 Number of Employment	按主要行业分 By Main Industry					
		农林牧渔业 Farming, Forestry, Animal Husbandry and Fishery	工业 Industry	建筑业 Construction Industry	交运仓储和邮政业 Transport, Storage and Telecommunica-tion Industry	批发零售住宿餐饮业 Wholesale and Retail Trade, Hotel and Catering Service	其他 Others
1978	100.00	93.66	2.50	1.05	0.19	0.35	2.24
1979	100.00	94.02	2.46	0.96	0.20	0.36	2.01
1980	100.00	94.19	2.31	0.89	0.22	0.35	2.05
1981	100.00	94.21	2.28	0.96	0.24	0.42	1.89
1982	100.00	93.83	2.33	0.99	0.26	0.46	2.13
1983	100.00	93.04	2.29	1.07	0.31	0.61	2.68
1984	100.00	91.10	2.58	1.60	0.41	0.94	3.37
1985	100.00	87.95	4.08	2.61	0.54	0.98	3.84
1986	100.00	86.75	4.20	2.98	0.59	1.07	4.41
1987	100.00	85.58	4.38	3.42	0.64	1.16	4.81
1988	100.00	85.24	4.43	3.50	0.64	1.21	4.97
1989	100.00	85.29	4.18	3.40	0.69	1.16	5.28
1990	100.00	85.27	3.93	3.37	0.71	1.21	5.50
1991	100.00	84.20	3.90	3.47	0.70	1.30	6.44
1992	100.00	81.97	4.00	3.69	0.73	1.43	8.19
1993	100.00	78.57	4.42	4.49	0.83	1.55	10.15
1994	100.00	76.66	4.19	4.62	0.90	1.65	11.98
1995	100.00	75.18	4.13	4.88	0.99	1.76	13.05
1996	100.00	74.54	4.21	4.91	1.05	1.81	13.48
1997	100.00	72.87	4.24	4.98	1.13	1.99	14.78
1998	100.00	71.65	3.94	5.20	1.20	2.12	15.90
1999	100.00	71.12	4.29	5.34	1.33	2.29	15.62
2000	100.00	68.13	4.38	5.59	1.37	2.47	18.06
2001	100.00	65.76	4.31	5.82	1.41	2.59	20.10
2002	100.00	63.53	5.07	6.90	1.59	3.09	19.81
2003	100.00	60.67	5.84	7.65	1.68	2.69	21.46
2004	100.00	58.82	6.96	8.23	1.59	2.55	21.84
2005	100.00	56.76	8.03	9.14	1.76	2.70	21.61
2006	100.00	53.64	9.47	10.52	1.91	2.92	21.54
2007	100.00	50.74	11.33	11.98	2.04	3.22	20.70
2008	100.00	49.00	12.42	12.20	2.11	3.47	20.81
2009	100.00	47.08	13.33	12.90	2.20	3.66	20.83
2010	100.00	45.39	14.02	13.89	2.41	3.92	20.37
2011	100.00	44.09					
2012	100.00	42.98					
2013	100.00	42.42					
2014	100.00	42.85					
2015	100.00	42.54					
2016	100.00	42.26					
2017	100.00	42.62					
2018	100.00	42.80					

注：此表批发零售住宿餐饮业栏 2003 年开始未包含餐饮业人员数据。
Note：From 2003 data of 'Sales and Retail Sales Trade and Catering Industry' does not contain Catering Services.

5-4 农村基础设施情况（1996-2018 年）
Information of Rural Infrastructure（1996-2018）

单位：个、%（unit、%）

年份 Year	行政村个数 Number of Administrative Villages	自来水受益村 Villages Benefited from Tap-water		通汽车村 Number of Villages Accessible to Auto Vehicles		通电话村 Number of Villages Accessible to Telephones	
		数量 Number	比重 Proportion	数量 Number	比重 Proportion	数量 Number	比重 Proportion
1996	20877	5912	28.3	14497	69.4	2976	14.3
1997	20853	6051	29.0	15830	75.9	5050	24.2
1998	20647	7077	34.3	16550	80.2	8710	42.2
1999	20630	7721	37.4	17348	84.1	13190	63.9
2000	20589	7866	38.2	17993	87.4	16610	80.7
2001	18264	6556	35.9	16280	89.1	15586	85.3
2002	16453	6804	41.4	14990	91.1	14684	89.2
2003	14357	6690	46.6	13450	93.7	13213	92.0
2004	10143	5064	49.9	9755	96.2	9853	97.1
2005	10015	4982	49.7	9691	96.8	9688	96.7
2006	9718	5015	51.6	9512	97.9	9582	98.6
2007	9035	4991	55.2	8871	98.2	8965	99.2
2008	8964	5100	56.9	8872	99.0	8947	99.8
2009	8743	5379	61.5	8655	99.0	8726	99.8
2010	8692	5612	64.6	8660	99.6	8686	99.9
2011	8592	5864	68.2	8569	99.7	8581	99.9
2012	8480	6173	72.8	8474	99.9	8478	99.9
2013	8428	6446	76.5	8421	99.9	8428	100.0
2014		6708					
2015		7074					
2016		7325					
2017		7552					
2018		7622					

5-5 农林牧渔业总产值（1978-2018年）
Gross Output Value of Farming, Forestry,Animal Husbandry and Fishery（1978-2018）

单位：亿元（100 million yuan）

年 份 Year	农林牧渔业总产值 Gross Output Value					
	合计 Total	农业 Farming	林业 Forestry	牧业 Animal Husbandry	渔业 Fishery	农林牧渔服务业 Serivces in Support of Agriculture, Forestry, animal Husbandry and Fishery
1978	36.25	26.29	2.12	7.57	0.27	
1979	41.92	29.22	2.80	9.53	0.36	
1980	43.36	29.68	2.93	10.25	0.49	
1981	49.62	33.37	3.85	11.71	0.69	
1982	55.84	37.33	4.35	13.25	0.90	
1983	60.69	39.59	4.20	15.72	1.19	
1984	67.31	44.36	4.09	17.43	1.43	
1985	75.56	47.76	4.97	20.88	1.96	
1986	82.18	51.70	4.93	23.11	2.44	
1987	93.00	56.41	5.53	28.28	2.78	
1988	112.69	64.18	6.00	39.34	3.17	
1989	127.64	70.68	7.10	46.33	3.53	
1990	150.30	85.81	7.75	51.88	4.86	
1991	165.53	93.84	8.70	56.52	6.48	
1992	180.26	99.50	10.67	61.25	8.84	
1993	216.94	119.77	11.33	74.98	10.86	
1994	292.39	155.27	11.63	112.74	12.76	
1995	384.69	227.89	12.28	130.42	14.10	
1996	424.99	271.38	11.55	131.17	10.89	
1997	439.35	267.89	11.73	146.89	12.84	
1998	428.88	254.94	15.09	144.48	14.38	
1999	416.88	249.62	11.56	140.95	14.74	
2000	412.63	244.74	10.82	141.99	15.08	
2001	431.17	250.40	11.20	154.40	15.16	
2002	460.98	264.08	13.51	166.20	17.19	
2003	488.57	270.12	14.58	177.64	18.33	7.90
2004	612.77	332.95	18.48	230.94	21.25	9.16
2005	662.19	358.30	19.97	249.50	23.80	10.63
2006	575.24	323.01	22.31	204.22	15.91	9.80
2007	711.67	405.15	17.85	259.83	18.44	10.40
2008	851.74	464.00	21.80	333.51	21.15	11.28
2009	886.15	517.76	25.81	305.87	24.27	12.44
2010	980.45	600.03	30.40	309.18	27.21	13.63
2011	1204.16	717.28	38.09	398.10	34.94	15.75
2012	1327.34	801.18	43.48	419.84	44.99	17.85
2013	1418.27	855.50	48.02	441.01	53.82	19.92
2014	1485.78	906.43	53.56	438.62	64.93	22.24
2015	1609.05	963.03	60.44	484.45	74.91	26.22
2016	1851.60	1123.83	73.43	538.69	85.32	30.32
2017	1902.47	1165.69	85.17	522.48	94.81	34.32
2018	2052.41	1292.68	101.14	520.05	100.39	38.14

注：1.本表按当年价格计算。2.2006年及以后使用的是农普衔接数。

Note: 1. Data in this table are calculated at current prices. 2. Data after 2006 are adjusted according to the Second National Agricultural Census.

5-6 农林牧渔业总产值指数（1979-2018 年）

Gross Output Indices of Agriculture, Forestry,Animal Husbandry and Fishery（1979-2018）

上年=100（preceding year=100）

年份 Year	农林牧渔业总产值指数 Indices of Gross Output					
	合计 Total	农业 Farming	林业 Forestry	牧业 Animal Husbandry	渔业 Fishery	农林牧渔服务业 Serivces in Support of Agriculture, Forestry, animal Husbandry and Fishery
1979	115.6	111.2	132.3	125.9	132.7	
1980	103.4	101.6	104.7	107.5	137.7	
1981	114.4	112.4	131.3	114.2	140.4	
1982	112.5	111.9	113.1	113.2	130.8	
1983	108.7	106.0	96.6	118.6	131.2	
1984	110.9	112.1	97.4	110.9	120.2	
1985	112.3	107.7	121.3	119.8	137.2	
1986	108.8	108.3	99.3	110.7	124.8	
1987	113.2	109.1	112.1	122.4	113.9	
1988	121.2	113.8	108.6	139.1	114.0	
1989	113.3	110.1	118.2	117.8	111.5	
1990	117.8	121.4	109.2	112.0	137.4	
1991	110.1	109.3	112.2	109.0	133.4	
1992	108.9	106.0	122.7	108.4	136.4	
1993	120.3	120.4	106.2	122.4	122.8	
1994	134.8	129.6	102.6	150.4	117.5	
1995	131.6	146.8	105.5	115.7	110.5	
1996	110.5	119.1	94.1	100.6	77.3	
1997	103.4	98.7	101.6	112.0	117.9	
1998	97.6	95.2	128.7	98.4	112.0	
1999	97.2	97.9	76.6	97.6	102.5	
2000	99.0	98.0	93.6	100.7	102.3	
2001	104.5	102.3	103.5	108.7	100.6	
2002	106.9	105.5	120.6	107.6	113.4	
2003	106.0	102.3	107.9	106.9	106.6	
2004	125.4	123.3	126.7	130.0	115.9	115.8
2005	108.1	107.6	108.1	108.0	112.0	116.1
2006	86.9	90.1	111.7	81.9	66.9	92.2
2007	123.7	125.4	80.0	127.2	115.9	106.1
2008	119.7	114.5	122.1	128.4	114.7	108.5
2009	104.0	111.6	118.4	91.7	114.8	110.2
2010	110.6	115.9	117.8	101.1	112.1	109.6
2011	122.8	119.5	125.3	128.8	128.4	115.5
2012	110.2	111.7	114.1	105.5	128.8	113.4
2013	106.9	106.8	110.4	105.0	119.6	111.6
2014	104.8	106.0	111.5	99.5	120.6	111.6
2015	108.3	106.2	112.8	110.4	115.4	117.9
2016	115.1	116.7	121.5	111.2	113.9	115.7
2017	102.7	103.7	116.0	97.0	111.1	113.2
2018	107.9	110.9	118.8	99.5	105.9	111.1

注：1.本表按当年价格计算。2.2006 年及以后使用的是农普衔接数。

Note: 1. Data in this table are calculated at current prices. 2. Data after 2006 are adjusted according to the Second National Agricultural Census.

5-7 农林牧渔业总产值结构（1978-2018 年）
Composition of Gross Output Value of Farming, Forestry, Animal Husbandry and Fishery（1978-2018）

单位：%（%）

年 份 Year	农林牧渔业总产值构成 Composition of Gross Output					
	合计 Total	农业 Farming	林业 Forestry	牧业 Animal Husbandry	渔业 Fishery	农林牧渔服务业 Serivces in Support of Agriculture, Forestry, animal Husbandry and Fishery
1978	100.0	72.5	5.8	20.9	0.7	
1979	100.0	69.7	6.7	22.7	0.9	
1980	100.0	68.5	6.8	23.6	1.1	
1981	100.0	67.2	7.8	23.6	1.4	
1982	100.0	66.9	7.8	23.7	1.6	
1983	100.0	65.2	6.9	25.9	2.0	
1984	100.0	65.9	6.1	25.9	2.1	
1985	100.0	63.2	6.6	27.6	2.6	
1986	100.0	62.9	6.0	28.1	3.0	
1987	100.0	60.7	5.9	30.4	3.0	
1988	100.0	56.9	5.3	34.9	2.8	
1989	100.0	55.4	5.6	36.3	2.8	
1990	100.0	57.1	5.2	34.5	3.2	
1991	100.0	56.7	5.3	34.1	3.9	
1992	100.0	55.2	5.9	34.0	4.9	
1993	100.0	55.2	5.2	34.6	5.0	
1994	100.0	53.1	4.0	38.6	4.4	
1995	100.0	59.2	3.2	33.9	3.7	
1996	100.0	63.9	2.7	30.9	2.6	
1997	100.0	61.0	2.7	33.4	2.9	
1998	100.0	59.4	3.5	33.7	3.4	
1999	100.0	59.9	2.8	33.8	3.5	
2000	100.0	59.3	2.6	34.4	3.7	
2001	100.0	58.1	2.6	35.8	3.5	
2002	100.0	57.3	2.9	36.1	3.7	
2003	100.0	55.3	3.0	36.4	3.8	1.6
2004	100.0	54.3	3.0	37.7	3.5	1.5
2005	100.0	54.1	3.0	37.7	3.6	1.6
2006	100.0	56.2	3.9	35.5	2.8	1.7
2007	100.0	56.9	2.5	36.5	2.6	1.5
2008	100.0	54.5	2.6	39.2	2.5	1.3
2009	100.0	58.4	2.9	34.5	2.7	1.4
2010	100.0	61.2	3.1	31.5	2.8	1.4
2011	100.0	59.6	3.2	33.1	2.9	1.3
2012	100.0	60.4	3.3	31.6	3.4	1.3
2013	100.0	60.3	3.4	31.1	3.8	1.4
2014	100.0	61.0	3.6	29.5	4.4	1.5
2015	100.0	59.9	3.8	30.1	4.7	1.6
2016	100.0	60.7	4.0	29.1	4.6	1.6
2017	100.0	61.3	4.5	27.5	5.0	1.8
2018	100.0	63.0	4.9	25.3	4.9	1.9

注：1.本表按当年价格计算。2.2006 年及以后使用的是农普衔接数。

Note: 1. Data in this table are calculated at current prices. 2. Data after 2006 are adjusted according to the Second National Agricultural Census.

5–8 农林牧渔业增加值（1996–2018 年）
Value Added of Farming, Forestry, Animal Husbandry and Fishery（1996–2018）

单位：亿元（100 million yuan）

年 份 Year	农林牧渔业增加值 Value Added					
	合计 Total	农业 Farming	林业 Forestry	牧业 Animal Husbandry	渔业 Fishery	农林牧渔服务业 Serivces in Support of Agriculture, Forestry, animal Husbandry and Fishery
1996	284.89					
1997	304.51					
1998	298.67					
1999	284.28					
2000	283.00					
2001	293.03					
2002	315.78	204.31	10.78	86.66	14.04	
2003	336.36	209.95	11.62	94.37	14.99	5.42
2004	431.40	265.69	14.59	126.60	16.82	7.68
2005	459.83	280.88	15.19	136.83	18.69	8.25
2006	386.40	243.80	16.30	107.20	12.40	6.70
2007	476.63	305.87	12.81	136.36	14.40	7.20
2008	563.09	350.30	15.69	172.55	16.51	8.04
2009	589.83	386.71	18.37	157.04	18.93	8.78
2010	659.10	447.90	22.21	158.15	21.22	9.62
2011	805.25	535.43	27.82	203.63	27.26	11.11
2012	892.26	598.06	31.76	214.75	35.09	12.59
2013	955.30	638.60	35.07	225.58	41.98	14.06
2014	1006.44	676.63	39.12	224.36	50.64	15.69
2015	1086.24	718.76	44.33	246.17	58.46	18.52
2016	1258.40	841.39	53.61	275.32	66.65	21.42
2017	1300.33	873.21	62.15	266.99	73.74	24.24
2018	1405.03	963.81	73.33	263.65	77.49	26.76

注：1.本表按当年价格计算。2.2006 年及以后使用的是农普衔接数。

Note: 1. Data in this table are calculated at current prices. 2. Data after 2006 are adjusted according to the Second National Agricultural Census.

5-9 农林牧渔业增加值指数（1997–2018 年）
Indices of Value Added of Farming, Forestry,Animal Husbandry and Fishery（1997–2018）

上年=100（preceding year=100）

年份 Year	农林牧渔业增加值指数 Indices of Value Added					
	合计 Total	农业 Farming	林业 Forestry	牧业 Animal Husbandry	渔业 Fishery	农林牧渔服务业 Serivces in Support of Agriculture, Forestry, animal Husbandry and Fishery
1997	106.9					
1998	98.1					
1999	95.2					
2000	99.5					
2001	103.5					
2002	107.8					
2003	106.5	102.8	107.8	108.9	106.8	
2004	128.3	126.5	125.6	134.1	112.2	141.7
2005	106.6	105.7	104.1	108.1	111.2	107.4
2006	84.0	86.8	107.3	78.3	66.3	81.2
2007	123.4	125.5	78.6	127.2	116.1	107.5
2008	118.1	114.5	122.5	126.5	114.7	111.6
2009	104.7	110.4	117.1	91.0	114.7	109.3
2010	111.7	115.8	120.9	100.7	112.1	109.6
2011	122.2	119.5	125.3	128.8	128.4	115.5
2012	110.8	111.7	114.1	105.5	128.8	113.4
2013	107.1	106.8	110.4	105.0	119.6	111.6
2014	105.4	106.0	111.6	99.5	120.6	111.6
2015	107.9	106.2	113.3	109.7	115.4	118.1
2016	115.8	117.1	121.0	111.8	114.0	115.7
2017	103.3	103.8	115.9	97.0	110.6	113.2
2018	108.1	110.4	118.0	98.7	105.1	110.4

注：1.本表按当年价格计算。2.2006 年及以后使用的是农普衔接数。

Note: 1. Data in this table are calculated at current prices. 2. Data after 2006 are adjusted according to the Second National Agricultural Census.

5–10 农林牧渔业增加值构成（2002–2018 年）

Composition of Value Added of Farming, Forestry, Animal Husbandry and Fishery（2002–2018）

单位：%（%）

年 份 Year	农林牧渔业增加值构成 Composition of Value Added					
	合计 Total	农业 Farming	林业 Forestry	牧业 Animal Husbandry	渔业 Fishery	农林牧渔服务业 Serivces in Support of Agriculture, Forestry, animal Husbandry and Fishery
2002	100.00	64.70	3.41	27.44	4.45	
2003	100.00	62.42	3.45	28.06	4.46	1.61
2004	100.00	61.59	3.38	29.35	3.90	1.78
2005	100.00	61.08	3.30	29.76	4.07	1.79
2006	100.00	63.10	4.22	27.74	3.21	1.73
2007	100.00	64.17	2.69	28.61	3.02	1.51
2008	100.00	62.21	2.79	30.64	2.93	1.43
2009	100.00	65.56	3.11	26.62	3.21	1.49
2010	100.00	67.96	3.37	23.99	3.22	1.46
2011	100.00	66.49	3.46	25.29	3.38	1.38
2012	100.00	67.03	3.56	24.07	3.93	1.41
2013	100.00	66.85	3.67	23.61	4.39	1.47
2014	100.00	67.23	3.89	22.29	5.03	1.56
2015	100.00	66.17	4.08	22.66	5.38	1.71
2016	100.00	66.86	4.26	21.88	5.30	1.70
2017	100.00	67.15	4.78	20.53	5.67	1.86
2018	100.00	68.60	5.22	18.76	5.52	1.90

注：1.本表按当年价格计算。2.2006 年及以后使用的是农普衔接数。

Note: 1. Data in this table are calculated at current prices. 2. Data after 2006 are adjusted according to the Second National Agricultural Census.

5-11 农林牧渔业劳动生产率与增加值率（1978-2018年）
Labor Productivity Rate and Value Added Rate of Farming, Forestry, Animal Husbandry and Fishery（1978-2018）

年 份 Year	农林牧渔业总产值（亿元） Gross Output Value of Farming, Forestry, Animal Husbandry and Fishery（100 million yuan）	农林牧渔业中间消耗（亿元） Mid-consumption of Farming, Forestry, Animal Husbandry and Fishery（100 million yuan）	农林牧渔业增加值（亿元） Value Added of Farming, Forestry, Animal Husbandry and Fishery（100 million yuan）	农林牧渔业增加值指数（上年=100） Indices of Value Added of Farming, Forestry, Animal Husbandry and Fishery（preceding year=100）	农林牧渔业增加值率（%） Rate of Value Added of Farming, Forestry, Animal Husbandry and Fishery（%）	农林牧渔业从业人员人均增加值（元） Per Employee Value Added of Farming, Forestry, Animal Husbandry and Fishery（yuan）
1978	36.25	11.44	24.81		68.4	286
1979	41.92	13.16	28.76	115.9	68.6	322
1980	43.36	10.86	32.50	113.0	75.0	352
1981	49.62	13.42	36.20	111.4	73.0	382
1982	55.84	15.38	40.46	111.8	72.5	418
1983	60.69	15.46	45.23	111.8	74.5	457
1984	67.31	16.92	50.39	111.4	74.9	509
1985	75.56	22.17	53.39	106.0	70.7	545
1986	82.18	22.54	59.64	111.7	72.6	596
1987	93.00	30.76	62.24	104.4	66.9	614
1988	112.69	38.29	74.40	119.5	66.0	717
1989	127.64	46.32	81.32	109.3	63.7	763
1990	150.30	50.72	99.58	122.5	66.3	917
1991	165.53	56.93	108.60	109.1	65.6	981
1992	180.26	63.91	116.35	107.1	64.5	1051
1993	216.94	76.30	140.64	120.9	64.8	1324
1994	292.39	98.28	194.11	138.0	66.4	1867
1995	384.69	123.17	261.52	134.7	68.0	2578
1996	424.99	140.10	284.89	108.9	67.0	2873
1997	439.35	134.84	304.51	106.9	69.3	3164
1998	428.88	130.21	298.67	98.1	69.6	3165
1999	416.88	132.60	284.28	95.2	68.2	2976
2000	412.63	129.63	283.00	99.5	68.6	3071
2001	431.17	138.14	293.03	103.5	68.0	3312
2002	460.98	145.20	315.78	107.8	68.5	3703
2003	488.57	152.21	336.36	106.5	68.8	4136
2004	612.77	181.37	431.40	128.3	70.4	5387
2005	662.19	202.36	459.83	106.6	69.4	5926
2006	575.24	188.84	386.40	92.6	67.2	5210
2007	711.67	235.04	476.63	123.4	67.0	6816
2008	851.74	288.65	563.09	120.9	66.1	8329
2009	886.15	296.32	589.83	104.8	66.6	9079
2010	980.45	321.35	659.10	113.0	67.2	10527
2011	1204.16	398.91	805.25	123.2	66.9	13331
2012	1327.34	435.08	892.26	111.3	67.2	15204
2013	1418.27	462.98	955.30	108.2	67.4	16947
2014	1485.78	479.34	1006.44	105.9	67.7	17892
2015	1609.05	522.81	1086.24	108.5	67.5	19503
2016	1851.60	593.20	1258.40	113.3	68.0	22861
2017	1902.47	602.14	1300.33	104.1	68.3	23802
2018	2052.41	647.37	1405.03	104.5	68.5	26086

注：1.本表按当年价格计算。2.2006年及以后使用的是农普衔接数。

Note: 1. Data in this table are calculated at current prices. 2. Data after 2006 are adjusted according to the Second National Agricultural Census.

5-12 农业生产条件（1978-2018 年）
Conditions of Agricultural Production（1978-2018）

年份 Year	有效灌溉面积（万亩） Effective Irrigated Area（10 000 mu）	农业机械总动力（万千瓦） Total Power of Agricultural Machinery（10 000 kw）	农村用电量（万千瓦小时） Electricity Consumption in Rural Areas（10 000 kwh）	化肥施用量（折纯）（吨） Consumption of Chemical Fertilizer（net）（tons）	农膜使用量（吨） Consumption of Farm Plastic Film（tons）	农药使用量（吨） Consumption of Chemical Pesticides（tons）
1978	844.1	101	28542	216278	3371	6357
1979	878.4	124	33122	255515	3371	7027
1980	906.3	155	37953	292101	3718	7062
1981	908.0	172	45636	304544	3926	7226
1982	909.7	176	51322	303319	4285	7823
1983	911.3	192	56838	314770	4595	7542
1984	913.0	204	52804	315511	4683	7194
1985	914.7	219	63309	317583	5029	7275
1986	901.9	240	71471	366913	5121	7867
1987	889.0	259	83229	382551	5668	7785
1988	876.2	278	79637	382889	6111	8060
1989	863.4	291	89611	447162	6507	8078
1990	870.3	300	97091	481255	8028	8723
1991	878.3	316	104430	520805	9727	10105
1992	884.4	324	115831	527472	10672	10489
1993	888.9	343	134027	545141	11822	12709
1994	892.9	366	160197	585547	12828	12910
1995	896.9	386	174847	620165	14289	14628
1996	901.3	410	196788	655535	15314	16936
1997	917.1	454	227302	696375	15909	16831
1998	921.2	506	242934	711802	17712	18221
1999	930.7	558	260029	710327	18620	18418
2000	939.0	586	278728	720017	19575	18514
2001	947.9	628	301140	725794	19444	19065
2002	961.7	666	338717	733727	25337	19336
2003	974.5	696	366535	715935	24245	19540
2004	925.2	728	384627	770183	26834	19466
2005	927.2	776	428943	791951	27472	19541
2006	932.0	820	460291	805929	28226	19579
2007	950.6	860	484478	843203	30053	20372
2008	988.3	903	550949	881429	30914	20972
2009	1008.0	967	614832	911657	34712	22004
2010	1027.9	1071	647738	918186	36602	20854
2011	1039.3	1140	703706	959761	39332	20324
2012	1081.5	1162	738000	960218	40928	19480
2013	1012.8	1199	761193	966435	42860	18354
2014	1015.9	1243	783145	972642	43824	18437
2015	1030.8	1300	781397	977270	45162	18199
2016	1035.9	1319	786938	961606	45265	17604
2017	1041.5	1353	801802	954649	45479	17467
2018	1045.4	1428	795272	931699	44625	17191

5-13 农作物播种面积及结构（1978–2018 年）
Sown Areas of Farm Crops and Its Composition（1978–2018）

单位：公顷、%、次（hectare、%、time）

年份 Year	农作物播种面积 Sown Areas of Farm Crops	其中 By purpose		农作物播种面积构成 Composition of Sown Areas of Farm Crops		耕地复种指数 Resown Index of Cultivated Areas
		粮食作物 Grain Crops	经济作物 Cash Crops	粮食作物 Grain Crops	经济作物 Cash Crops	
1978	3498061	3177221	219746	90.83	6.28	2.00
1979	3503427	3182736	216639	90.85	6.18	2.02
1980	3345304	3048196	195745	91.12	5.85	1.93
1981	3426283	3051138	263106	89.05	7.68	1.98
1982	3420431	3002794	309551	87.79	9.05	1.99
1983	3274572	2921223	243651	89.21	7.44	1.91
1984	3219810	2849537	273357	88.50	8.49	1.90
1985	3214717	2748498	360776	85.50	11.22	1.93
1986	3232433	2710205	421376	83.84	13.04	1.95
1987	3241258	2697509	439056	83.22	13.55	1.96
1988	3287399	2727164	446491	82.96	13.58	1.99
1989	3381959	2788700	472185	82.46	13.96	2.05
1990	3438950	2847370	473968	82.80	13.78	2.08
1991	3526637	2889404	519796	81.93	14.74	2.14
1992	3522037	2874889	522116	81.63	14.82	2.14
1993	3513064	2870480	510493	81.71	14.53	2.14
1994	3493884	2877837	487821	82.37	13.96	2.14
1995	3526684	2876853	512996	81.57	14.55	2.16
1996	3585745	2889834	558473	80.59	15.57	2.21
1997	3605420	2881902	578753	79.93	16.05	2.24
1998	3614446	2900656	558301	80.25	15.45	2.26
1999	3592496	2862143	580264	79.67	16.15	2.25
2000	3590815	2773404	647366	77.24	18.03	2.27
2001	3555871	2714600	672125	76.34	18.90	2.29
2002	3464566	2606866	697285	75.24	20.13	2.50
2003	3307179	2410369	733363	72.88	22.17	2.44
2004	3435957	2516507	746014	73.24	21.71	2.45
2005	3444733	2501263	770145	72.61	22.36	2.46
2006	3073880	2155500	730710	70.12	23.77	2.22
2007	3104939	2148543	956396	69.20	30.80	2.26
2008	3109135	2131012	978123	68.54	31.46	
2009	3110741	2111605	999135	67.88	32.12	
2010	3129847	2097420	1032427	67.01	32.99	
2011	3225774	2089469	1136306	64.77	35.23	
2012	3320301	2085011	1235290	62.80	37.20	
2013	3318492	2059450	1259041	62.06	37.94	
2014	3288585	2034685	1253900	61.87	38.13	
2015	3311315	2020951	1290364	61.03	38.97	
2016	3333052	2039069	1293983	61.18	38.82	
2017	3339556	2030710	1308846	60.81	39.19	
2018	3348490	2017846	1330644	60.26	39.74	

注：本表 2006 年始粮食数据根据农普数据衔接。

5-14 粮食播种面积（1978–2018 年）
Sown Areas of Grain Crops（1978–2018）

单位：公顷（hectare）

年份 Year	粮食播种面积 Sown Areas of Grain Crops	1.谷物 Cereal	稻谷 Rice	玉米 Corn	小麦 Wheat	2.薯类 Tubers	红苕 Sweet Potato	3.豆类 Soybeans
1978	3177221	1996228	849243	529908	499371	907719	499988	273274
1979	3182736	2036531	813766	558676	571185	872027	504295	274178
1980	3048196	2011466	828317	563021	548898	798054	483016	238676
1981	3051138	2036370	823186	582184	565063	786727	485645	228041
1982	3002794	2018351	812376	574167	568073	760521	476244	223922
1983	2921223	1973780	820755	549742	537813	737417	453573	210026
1984	2849537	1939272	824188	536836	512576	698867	430140	211398
1985	2748498	1881141	820140	509473	484987	658549	411822	208808
1986	2710205	1854051	819858	498179	474509	650827	409666	205327
1987	2697509	1840617	807797	497082	469040	656006	421156	200886
1988	2727164	1865190	821305	495840	480098	668028	420377	193946
1989	2788700	1914782	836231	496121	510960	686688	433931	187230
1990	2847370	1951433	821986	514534	541069	710665	440660	185272
1991	2889404	1972589	816684	519094	564016	730941	451382	185874
1992	2874889	1950332	819262	507808	560724	736846	448311	187711
1993	2870480	1934683	804560	506843	558338	756482	455085	179315
1994	2877837	1938787	800342	517136	545076	752030	467243	187020
1995	2876853	1923230	799482	514595	550291	767418	462391	186205
1996	2889834	1929946	802279	514835	555130	765959	460824	193929
1997	2881902	1918793	797955	510877	556235	770452	463488	192657
1998	2900656	1921857	794636	526068	548282	780473	469749	198326
1999	2862143	1892908	788576	519898	531598	774842	462575	194393
2000	2773404	1793481	776636	500658	466175	760801	451929	219122
2001	2714600	1722159	763964	488690	422131	773517	471069	218924
2002	2606866	1666042	757195	472433	388148	721823	414963	219001
2003	2410369	1539598	738486	429966	322734	666801	383808	203970
2004	2516507	1566568	749300	460415	280528	725660	419621	224279
2005	2501263	1537094	747949	460342	279667	729629	410369	234540
2006	2155500	1293270	672300	440500	164800	676000	361350	186230
2007	2148543	1288092	644265	451348	178281	672727	398752	187723
2008	2131012	1279878	658847	451006	154363	666602	394588	184532
2009	2111605	1257262	661205	452283	125806	670915	372164	183427
2010	2097420	1233169	658084	452877	104484	674290	370826	189961
2011	2089469	1220231	656816	455801	90529	679108	371926	190129
2012	2085011	1208593	654772	457542	78842	681111	350397	195307
2013	2059450	1189549	652372	451662	64733	671666	339947	198235
2014	2034685	1175526	650782	450806	51948	667543	337462	191616
2015	2020951	1161400	647088	451876	41110	663899	333627	195652
2016	2039069	1169399	660909	453868	34343	671866	337235	197803
2017	2030710	1156771	658942	447340	30126	673735	338702	200205
2018	2017846	1143853	656446	442333	24786	672552	338309	201441

注：本表 2006 年始粮食数据根据农普数据衔接。

5-15 粮食产量（1978-2018年）
Output of Grain Crops（1978-2018）

单位：万吨（10000tons）

年份 Year	粮食产量 Output of Grain Crops	1.谷物 Cereal	稻谷 Rice	玉米 Corn	小麦 Wheat	2.薯类 Tubers	红苕 Sweet Potato	3.豆类 Soybeans
1978	814.71	600.07	345.07	131.43	94.92	185.57	134.80	29.07
1979	871.71	629.47	341.30	153.42	114.45	216.22	169.20	26.01
1980	835.43	634.35	341.59	158.28	111.65	178.87	130.03	22.20
1981	883.87	679.97	387.40	177.41	115.15	179.28	127.17	24.61
1982	974.02	756.56	409.75	182.37	138.72	191.96	141.76	25.49
1983	998.30	780.64	455.23	162.57	138.62	191.21	145.97	26.45
1984	1048.36	843.50	500.30	186.78	132.98	180.57	133.57	24.28
1985	948.97	761.20	461.73	158.99	118.93	165.51	122.29	22.26
1986	1004.92	809.69	493.41	168.83	125.10	170.20	127.18	25.02
1987	1004.51	786.35	499.56	144.24	120.39	195.82	152.74	22.34
1988	958.02	770.84	503.00	144.01	105.56	166.64	126.43	20.53
1989	1044.88	831.67	541.81	165.14	107.30	195.96	149.34	17.25
1990	1085.07	888.08	550.40	192.59	130.81	177.05	123.19	19.93
1991	1115.28	881.49	535.90	192.23	142.28	212.25	155.17	21.53
1992	1050.24	835.57	509.07	168.35	150.17	196.18	137.46	18.48
1993	1052.72	816.19	479.90	180.87	153.66	214.63	146.87	21.90
1994	1134.10	882.09	523.13	192.13	148.50	226.06	157.03	25.94
1995	1153.68	888.21	532.63	185.74	156.86	235.09	165.72	30.38
1996	1172.14	900.41	542.64	197.91	143.85	251.63	167.09	20.10
1997	1184.63	920.57	552.44	208.87	144.49	242.17	157.81	21.90
1998	1155.36	876.07	519.38	196.64	145.65	257.11	171.57	22.17
1999	1143.05	871.04	533.01	202.73	121.49	250.07	169.82	21.93
2000	1131.21	850.39	525.43	196.24	121.38	256.23	171.31	24.60
2001	1035.35	768.03	466.45	190.20	99.97	244.00	164.59	23.32
2002	1082.15	790.45	484.42	202.48	93.83	263.92	188.61	27.78
2003	1087.20	796.17	494.30	206.26	83.84	258.82	184.17	32.21
2004	1144.57	828.26	509.55	227.80	78.38	278.20	185.36	38.11
2005	1168.19	845.77	521.43	233.13	78.65	282.36	180.47	40.06
2006	808.40	596.06	344.90	200.50	47.60	183.10	97.87	29.24
2007	1064.07	774.17	485.13	232.38	52.90	256.11	167.55	33.79
2008	1112.17	811.20	517.26	243.00	46.23	266.25	169.16	34.72
2009	1083.78	778.48	495.70	240.32	37.74	268.60	164.50	36.69
2010	1080.63	781.25	499.16	246.07	31.24	261.33	153.55	38.06
2011	1064.16	757.65	475.36	250.36	27.27	267.90	157.68	38.61
2012	1060.51	753.53	475.36	249.61	23.89	267.66	150.26	39.32
2013	1055.15	753.52	477.16	249.32	20.06	262.44	146.40	39.20
2014	1043.89	744.64	475.46	246.02	15.96	260.21	147.70	39.03
2015	1051.05	745.81	476.56	248.86	13.25	265.67	153.53	39.58
2016	1078.20	758.46	487.58	252.78	11.28	280.19	163.88	39.54
2017	1079.87	756.40	486.99	252.62	9.78	283.25	165.67	40.22
2018	1079.34	753.59	486.92	251.33	8.15	284.89	166.34	40.86

注：本表2006年始粮食数据根据农普数据衔接。

5–16　主要粮食作物单位面积产量（1978–2018 年）
Output of Grain Crops Per Mu（1978–2018）

单位：公斤/亩（kg/mu）

年份 Year	粮食单位面积产量 Output of Grain Crops	1.谷物 Cereal	稻谷 Rice	玉米 Corn	小麦 Wheat	2.薯类 Tubers	红苕 Sweet Potato	3.豆类 Soybeans
1978	170.95	200.40	270.89	165.35	126.72	136.29	179.74	70.92
1979	182.59	206.06	279.60	183.08	133.59	165.30	223.68	63.25
1980	182.72	210.25	274.93	187.42	135.61	149.42	179.47	62.01
1981	193.12	222.61	313.74	203.16	135.86	151.92	174.58	71.95
1982	216.25	249.89	336.26	211.75	162.80	168.27	198.44	75.90
1983	227.83	263.67	369.77	197.15	171.84	172.87	214.55	83.97
1984	245.27	289.97	404.68	231.95	172.96	172.25	207.02	76.57
1985	230.18	269.76	375.33	208.05	163.48	167.55	197.97	71.08
1986	247.19	291.14	401.22	225.93	175.76	174.35	206.97	81.24
1987	248.26	284.81	412.28	193.45	171.12	199.00	241.78	74.14
1988	234.19	275.52	408.29	193.63	146.59	166.30	200.51	70.57
1989	249.79	289.56	431.95	221.91	140.00	190.25	229.44	61.43
1990	254.05	303.39	446.40	249.54	161.18	166.09	186.38	71.73
1991	257.33	297.91	437.46	246.88	168.18	193.59	229.18	77.23
1992	243.54	285.62	414.25	221.02	178.55	177.50	204.42	65.64
1993	244.49	281.25	397.65	237.91	183.48	189.15	215.16	81.43
1994	262.72	303.31	435.76	247.69	181.63	200.40	224.05	92.48
1995	267.35	307.89	444.15	240.63	190.03	204.23	238.94	108.77
1996	270.41	311.03	450.91	256.28	172.75	219.01	241.73	69.08
1997	274.04	319.84	461.54	272.56	173.18	209.54	226.99	75.77
1998	265.54	303.90	435.74	249.19	177.10	219.62	243.49	74.53
1999	266.24	306.77	450.61	259.96	152.36	215.16	244.75	75.22
2000	271.92	316.10	451.03	261.31	173.58	224.53	252.70	74.83
2001	254.27	297.31	407.04	259.47	157.88	210.30	232.93	71.03
2002	276.74	316.30	426.50	285.72	161.15	243.75	303.01	84.56
2003	300.70	344.75	446.23	319.80	173.19	258.77	319.89	105.28
2004	303.22	352.47	453.35	329.85	186.27	255.59	294.49	113.28
2005	311.36	366.83	464.76	337.62	187.48	257.99	293.18	113.86
2006	250.03	307.26	342.01	303.44	192.56	180.57	180.56	104.67
2007	330.17	400.68	502.00	343.24	197.80	253.80	280.13	119.99
2008	347.93	422.54	523.40	359.20	199.66	266.27	285.81	125.42
2009	342.17	412.79	499.80	354.23	200.02	266.90	294.68	133.36
2010	343.48	422.35	505.67	362.23	199.32	258.37	276.06	133.56
2011	339.53	413.94	482.49	366.18	200.80	262.99	282.63	135.40
2012	339.09	415.65	483.99	363.69	201.98	261.99	285.88	134.23
2013	341.56	422.30	487.62	368.00	206.55	260.49	287.11	131.82
2014	342.03	422.30	487.07	363.82	204.81	259.87	291.78	135.81
2015	346.72	428.11	490.98	367.16	214.80	266.78	306.80	134.85
2016	352.51	432.39	491.83	371.29	218.87	278.02	323.97	133.27
2017	354.51	435.92	492.70	376.48	216.38	280.28	326.10	133.94
2018	356.60	439.21	494.50	378.79	219.29	282.40	327.78	135.22

注：本表 2006 年始粮食数据根据农普数据衔接。

5-17 主要经济作物播种面积（1978-2018年）
Sown Areas of Major Cash Crops（1978-2018）

单位：公顷（hectare）

年份 Year	油料 Oil-bearing Crops	油菜籽 Rapeseeds	麻类 Fiber Crops	糖料 Sugar Crops	烟叶 Tobacco	烤烟 Flue-cured Tobacco	蔬菜 Vegetables
1978	92351	71374	3671	11149	26582		95954
1979	108335	81265	5129	10969	14782		90678
1980	116577	89369	5751	9907	10416		78400
1981	148986	118422	7100	9972	17635		105589
1982	162114	130770	4549	10678	30682		117805
1983	130527	102713	3852	10375	19449		114323
1984	130945	98232	3983	8292	22592		126918
1985	176866	137367	16396	8681	30956		140569
1986	183859	143792	29591	8195	40897		159811
1987	180579	143292	44245	7855	41729		160867
1988	185171	150612	30722	7774	54056		171444
1989	188593	154505	18923	7242	75726		177979
1990	203171	168751	12107	6628	66607		183873
1991	224412	188989	9316	6962	70859		197049
1992	215622	179402	7750	4969	81258		200686
1993	184964	147692	7154	4198	82461		222621
1994	174643	135505	8105	3396	54997		225902
1995	201550	162572	7539	3067	58939		236283
1996	202483	159584	7174	2784	77657	63859	257106
1997	191800	152222	6826	2145	99482	82561	267203
1998	192330	148896	5314	2009	56603	41648	290397
1999	197151	151801	4737	2096	63969	49650	301389
2000	226384	173185	6128	2332	70775	55212	327094
2001	225046	167911	6796	2481	55210	40056	366330
2002	236325	173930	6859	2881	56012	43463	373072
2003	236724	176836	7108	2829	57237	46605	386990
2004	244129	173815	7573	2800	52995	41361	390235
2005	252421	187333	8456	2789	51508	41530	399972
2006	187290	133680	10515	2791	48879	38500	417414
2007	182562	134535	11270	2866	43550	33420	461585
2008	204991	148323	11380	2930	47750	39450	472221
2009	231362	170449	11228	2992	52579	43890	480862
2010	249840	187159	10346	3026	42735	34914	514914
2011	253502	190223	9027	3241	46165	38911	610722
2012	266088	197102	6835	3208	49989	38011	681815
2013	291351	219798	5793	2778	49323	42948	680395
2014	293047	221348	5657	2484	45964	39878	682339
2015	301146	229326	5340	2210	45829	40136	700731
2016	310441	236856	4485	2170	43451	39438	714671
2017	318516	244284	4162	2124	34904	30657	727170
2018	325072	250151	3844	2186	32402	28094	739183

5–18 主要经济作物产量（1978–2018 年）
Output of Major Cash Crops（1978–2018）

单位：吨（ton）

年份 Year	油料 Oil–bearing Crops	油菜籽 Rapeseeds	麻类 Fiber Crops	糖料 Sugar Crops	烟叶 Tobacco	烤烟 Flue–cured Tobacco	蔬菜 Vegetables
1978	77118	60310	1659	312034	22528	6855	2439529
1979	91314	70294	3433	406432	10239	5127	2344061
1980	115738	92841	6172	366448	8098	2992	2298578
1981	159868	124422	8530	291337	20686	4137	2922414
1982	220378	183808	7126	405414	37239	13626	3387654
1983	145813	115822	4931	310043	19628	8281	3376951
1984	145217	102829	8438	294537	24134	8396	3586734
1985	181214	136319	25787	302414	36239	20360	3908601
1986	209114	158537	21719	314239	46724	29183	4219393
1987	208934	161365	35995	294315	44992	25124	4390009
1988	192527	149418	31013	293233	68928	45585	4609285
1989	187824	143842	18932	244115	62093	52041	4693117
1990	220215	177399	12707	205543	74393	48868	4996119
1991	269213	228099	11487	260714	98156	74498	5330009
1992	251814	213975	9716	143328	124705	95961	5413806
1993	217034	172246	9257	123034	113208	86345	5582304
1994	192613	153138	11471	93947	68904	50168	5698265
1995	251217	205415	11092	87634	77981	57436	5939064
1996	236044	186629	10898	82660	132355	110446	6370253
1997	233414	183367	11175	80765	164736	134195	6684420
1998	251129	190331	7541	72824	79970	57522	7113007
1999	240859	173302	6826	75883	95653	72005	7371081
2000	310559	226055	8406	90557	104082	76921	7754156
2001	299617	219097	8857	100818	80064	53200	7799590
2002	350444	258443	12139	120586	87052	64355	8083098
2003	382742	285101	9620	113460	86048	68365	8401712
2004	417501	309876	10209	117734	85036	64470	8635651
2005	427121	318138	12362	114608	90173	71665	8904721
2006	289431	234687	11846	101574	91945	72576	7998819
2007	305777	230487	15210	111679	71513	48643	9085629
2008	350682	262166	16695	109958	85513	68992	10293215
2009	399733	303808	15557	112786	99900	82300	10620590
2010	438143	333828	14606	112926	81030	63880	11547990
2011	457854	340695	12897	113135	93608	75928	13859553
2012	491646	363358	10137	112914	102908	76062	15083578
2013	520004	384045	9461	103041	96604	82384	15448183
2014	554631	418419	9046	96159	84391	70943	16299571
2015	581160	441947	8460	90530	86759	73757	17078563
2016	608526	462397	7434	89101	83921	72672	17954900
2017	623962	474285	6957	87926	69053	58942	18626281
2018	637002	486026	6450	90890	62441	52016	19327250

5-19 主要经济作物单位面积产量（1978-2018 年）
Output of Major Cash Crops Per Mu（1978-2018）

单位：公斤/亩（kg/mu）

年份 Year	油料 Oil-bearing Crops	油菜籽 Rapeseeds	麻类 Fiber Crops	糖料 Sugar Crops	烟叶 Tobacco	烤烟 Flue-cured Tobacco	蔬菜 Vegetables
1978	55.7	56.3	30.1	1865.8	56.5		1694.9
1979	56.2	57.7	44.6	2470.2	46.2		1723.4
1980	66.2	69.3	71.5	2465.9	51.8		1954.6
1981	71.5	70.0	80.1	1947.7	78.2		1845.2
1982	90.6	93.7	104.4	2531.1	80.9		1917.1
1983	74.5	75.2	85.3	1992.2	67.3		1969.2
1984	73.9	69.8	141.2	2368.0	71.2		1884.0
1985	68.3	66.2	104.9	2322.4	78.0		1853.7
1986	75.8	73.5	48.9	2556.3	76.2		1760.2
1987	77.1	75.1	54.2	2497.9	71.9		1819.3
1988	69.3	66.1	67.3	2514.6	85.0		1792.3
1989	66.4	62.1	66.7	2247.2	54.7		1757.9
1990	72.3	70.1	70.0	2067.4	74.5		1811.4
1991	80.0	80.5	82.2	2496.5	92.3		1803.3
1992	77.9	79.5	83.6	1923.0	102.3		1798.4
1993	78.2	77.8	86.3	1953.9	91.5		1671.7
1994	73.5	75.3	94.4	1844.3	83.5		1681.6
1995	83.1	84.2	98.1	1904.9	88.2		1675.7
1996	77.7	78.0	101.3	1979.4	113.6	115.3	1651.8
1997	81.1	80.3	109.1	2510.2	110.4	108.4	1667.8
1998	87.0	85.2	94.6	2416.6	94.2	92.1	1632.9
1999	81.4	76.1	96.1	2413.6	99.7	96.7	1630.5
2000	91.5	87.0	91.4	2588.8	98.0	92.9	1580.4
2001	88.8	87.0	86.9	2709.1	96.7	88.5	1419.4
2002	98.9	99.1	118.0	2790.4	103.6	98.7	1444.4
2003	107.8	107.5	90.2	2673.7	100.2	97.8	1447.4
2004	114.0	118.9	89.9	2803.2	107.0	103.9	1475.3
2005	112.8	113.2	97.5	2739.5	116.7	115.0	1484.2
2006	103.0	117.0	75.1	2426.2	125.4	125.7	1277.5
2007	111.7	114.2	90.0	2598.2	109.5	97.0	1312.2
2008	114.0	117.8	97.8	2502.1	119.4	116.6	1453.2
2009	115.2	118.8	92.4	2513.3	126.7	125.0	1472.4
2010	116.9	118.9	94.1	2487.7	126.4	122.0	1495.1
2011	120.4	119.4	95.2	2326.8	135.2	130.1	1512.9
2012	123.2	122.9	98.9	2346.6	137.2	133.4	1474.8
2013	119.0	116.5	108.9	2472.8	130.6	127.9	1513.6
2014	126.2	126.0	106.6	2580.9	122.4	118.6	1592.5
2015	128.7	128.5	105.6	2730.8	126.2	122.5	1624.8
2016	130.7	130.1	110.5	2737.0	128.8	122.8	1674.9
2017	130.6	129.4	111.4	2759.5	131.9	128.2	1707.7
2018	130.6	129.5	111.9	2771.5	128.5	123.4	1743.1

5-20 茶、桑、果生产情况（1978-2018 年）
Production of Tea, Silkworm Cocoons and Fruit（1978-2018）

单位：万吨、万亩（10000tons、10000mu）

年份 Year	茶叶产量 Tea	蚕茧产量 Silkworm Cocoons	水果产量 Fruits	柑桔 Citrus	果园面积 Area of Orchards	柑桔园 Citrus	茶园面积 Area of Tea Plantations
1978	0.80	1.5	7.9	5.4	20.5	14.4	47.5
1979	0.90	2.1	10.2	7.2	23.0	16.0	47.7
1980	0.92	2.6	15.7	12.4	27.0	19.0	48.5
1981	1.19	2.6	15.2	10.5	29.2	21.4	50.1
1982	1.20	3.1	13.2	9.4	33.2	25.8	48.4
1983	1.38	3.1	21.3	17.3	34.2	27.0	47.7
1984	1.53	3.3	23.0	18.0	41.7	34.0	46.5
1985	1.62	3.3	24.7	19.9	48.7	39.6	47.5
1986	1.69	3.3	28.6	22.1	58.8	48.4	46.3
1987	1.83	3.6	29.6	23.9	63.0	49.9	47.3
1988	1.87	4.2	20.5	14.1	68.0	53.0	47.7
1989	1.86	4.2	37.2	29.7	71.6	56.0	46.4
1990	1.81	4.4	35.1	27.9	70.5	55.3	43.9
1991	1.83	4.8	40.8	31.1	79.7	65.1	44.8
1992	1.72	5.1	41.4	33.5	84.0	68.6	42.5
1993	1.95	5.5	56.9	42.7	91.3	71.2	44.8
1994	2.19	5.7	52.9	42.2	94.3	73.0	41.1
1995	1.75	2.7	59.3	45.2	99.1	76.8	38.6
1996	1.55	2.7	56.6	43.3	106.7	81.7	38.9
1997	1.50	2.8	60.7	45.7	113.0	84.4	36.9
1998	1.53	2.9	74.1	54.6	133.5	90.3	34.7
1999	1.44	2.4	71.7	52.7	135.3	90.0	34.7
2000	1.45	2.9	81.7	58.4	146.4	94.7	35.7
2001	1.41	3.2	82.6	59.9	166.9	103.2	34.8
2002	1.41	3.4	91.0	65.7	221.1	138.9	36.2
2003	1.42	2.8	105.8	75.2	247.1	144.4	35.1
2004	1.61	2.9	137.2	80.0	247.1	147.1	36.0
2005	1.65	3.1	154.6	90.9	268.9	163.4	38.7
2006	1.71	2.7	145.7	84.7	284.0	164.9	40.3
2007	1.87	2.9	161.1	97.1	276.9	158.9	38.8
2008	2.44	2.4	178.54	106.8	295.3	169.4	40.5
2009	2.24	1.9	198.77	119.7	319.1	179.6	43.0
2010	2.51	2.0	225.09	133.0	348.6	198.0	46.7
2011	2.78	2.0	249.16	148.0	376.3	213.5	50.5
2012	3.13	2.1	280.31	167.0	406.7	235.8	51.5
2013	3.41	1.8	311.87	189.8	433.0	233.3	53.1
2014	3.37	1.8	342.97	205.4	466.9	286.2	56.2
2015	3.50	1.8	372.28	216.4	443.3	266.9	59.8
2016	3.66	1.6	369.24	223.5	408.1	280.1	59.3
2017	3.88	1.4	403.38	250.6	435.5	300.6	59.9
2018	4.20	1.4	431.27	261.2	461.1	318.5	63.5

5-21 畜禽存栏情况（1978-2018 年）
Production of Livestock and Fowl in Stock（1978-2018）

单位：万头、万只（10000heads）

年份 Year	生猪 Hogs	能繁殖母猪 Productive Sow	家禽 Poultry
1978	915.0		1212.1
1979	1088.8		1296.9
1980	1165.0		1421.4
1981	1160.4		1422.4
1982	1231.2		1493.5
1983	1275.5		1774.3
1984	1327.8		1866.6
1985	1353.0		1952.4
1986	1377.4		2069.6
1987	1418.7		2193.8
1988	1448.5		2226.7
1989	1471.7		2333.6
1990	1429.1		2370.9
1991	1440.6		2631.7
1992	1444.2		2842.2
1993	1439.0		2887.7
1994	1476.0		3404.6
1995	1489.6		3499.9
1996	1477.1	124.7	3912.9
1997	1475.3	131.5	4652.5
1998	1493.0	128.4	4657.1
1999	1512.2	123.2	4936.5
2000	1509.9	117.8	5171.4
2001	1533.6	120.7	5391.9
2002	1548.9	128.0	6328.0
2003	1583.0	131.6	7813.4
2004	1640.7	141.6	10560.4
2005	1708.8	140.6	10653.3
2006	1377.4	128.8	8218.8
2007	1402.1	143.4	9054.8
2008	1521.1	149.0	9591.1
2009	1534.9	147.8	10207.5
2010	1468.9	140.0	10078.4
2011	1431.4	136.8	10562.3
2012	1395.6	136.3	11208.0
2013	1355.3	134.9	11295.3
2014	1319.1	129.5	11292.5
2015	1270.6	125.7	11506.4
2016	1204.7	118.7	11612.6
2017	1191.6	117.0	11554.8
2018	1167.2	113.8	11678.5

注：2006 年以来数据根据第三次农业普查进行了调整。

5–22 畜禽出栏情况（1978–2018 年）
Production Condition of Livestock and Fowl out Stock（1978–2018）

单位：万头、万只（10000heads）

年份 Year	生猪 Hogs	家禽 Poultry
1978	531.6	1124.3
1979	716.7	1214.3
1980	797.6	1347.9
1981	868.4	1369.4
1982	894.4	1437.9
1983	972.3	1619.1
1984	1036.4	1732.4
1985	1140.1	1966.3
1986	1190.2	2512.9
1987	1243.8	2540.6
1988	1345.8	2794.6
1989	1375.4	3074.1
1990	1375.8	3197.0
1991	1429.4	3603.1
1992	1469.5	4129.1
1993	1493.0	4496.6
1994	1555.7	6062.5
1995	1610.1	6232.3
1996	1637.5	7167.1
1997	1699.7	8557.5
1998	1720.1	8968.3
1999	1703.2	9452.3
2000	1725.0	10209.1
2001	1746.9	10821.9
2002	1781.7	11492.1
2003	1828.5	12731.6
2004	1909.3	13737.4
2005	2006.4	15087.6
2006	1732.8	12328.2
2007	1757.2	12750.1
2008	1843.7	15746.7
2009	1916.6	16914.5
2010	1895.7	18218.6
2011	1877.6	18952.0
2012	1877.6	19802.5
2013	1898.6	20246.1
2014	1912.1	20238.1
2015	1857.1	20362.1
2016	1767.7	20569.8
2017	1751.1	21315.9
2018	1758.2	21349.2

注：2006 年以来数据根据第三次农业普查进行了调整。

5-23 主要畜产品产量（1978-2018 年）
Output of Major Livestock and Poultry Products（1978-2018）

单位：万吨（10000ton）

年份 Year	猪肉 Pork	禽肉 Poultry Meat	禽蛋 Poultry Eggs
1978	37.38	1.70	4.46
1979	50.38	1.83	4.98
1980	55.92	2.03	5.51
1981	60.90	2.06	5.97
1982	62.73	2.17	6.69
1983	68.19	2.46	7.57
1984	72.69	2.63	8.31
1985	79.95	2.77	8.77
1986	83.15	3.53	9.44
1987	86.89	3.57	9.98
1988	94.02	3.93	10.17
1989	96.09	4.32	11.24
1990	96.12	4.49	12.01
1991	99.87	5.06	12.94
1992	102.66	5.80	14.61
1993	104.30	6.32	15.71
1994	108.48	8.52	17.32
1995	112.27	8.76	19.18
1996	114.18	10.07	20.85
1997	119.66	11.98	23.50
1998	121.61	12.56	24.46
1999	120.61	13.23	26.29
2000	122.45	14.19	27.89
2001	124.87	15.15	29.79
2002	127.48	16.09	31.58
2003	131.82	17.92	35.36
2004	136.43	19.36	36.55
2005	144.46	21.44	39.15
2006	124.83	18.74	30.30
2007	128.40	19.72	31.69
2008	136.58	25.14	31.86
2009	140.20	26.94	33.95
2010	139.13	28.67	34.47
2011	138.02	29.63	33.99
2012	138.00	30.96	35.69
2013	139.79	31.28	35.92
2014	140.94	31.42	37.06
2015	136.79	31.61	38.16
2016	130.62	31.72	39.10
2017	129.97	32.20	40.31
2018	132.16	32.34	41.46

注：2006 年以来数据根据第三次农业普查进行了调整。

5–24 水产品养殖面积与产量（1978–2018 年）
Aquatic Breeding Area and Products （1978–2018）

单位：万亩、万吨（10000mu、10000tons）

年份 Year	水产品养殖面积 Culture Area				水产品产量 Aquatic Products		
	合计 Total	池塘 Ponds	水库 Reservoirs	河沟 Brooks	合计 Total	养殖产量 Breeding Production	捕捞产量 Halieutics Output
1978	51.45	20.97	24.33	0.47	1.44	1.25	0.18
1979	52.44	20.96	25.29	0.66	1.59	1.43	0.16
1980	56.16	21.56	25.75	0.83	1.77	1.57	0.20
1981	56.67	20.45	25.68	0.84	1.98	1.74	0.24
1982	60.29	23.00	26.15	0.66	2.42	2.13	0.29
1983	64.77	25.75	25.39	1.07	2.98	2.68	0.30
1984	69.01	27.40	25.95	1.37	3.52	3.15	0.36
1985	85.00	30.39	39.29	1.35	4.28	3.88	0.40
1986	86.81	32.40	26.78	1.42	4.78	4.37	0.41
1987	85.22	32.45	27.16	1.36	5.19	4.71	0.48
1988	88.99	32.28	27.10	1.48	5.84	5.29	0.55
1989	94.17	33.86	27.61	1.73	6.57	5.99	0.58
1990	94.52	34.38	27.63	1.75	6.55	5.94	0.61
1991	100.21	33.34	27.28	1.86	7.18	6.53	0.65
1992	100.44	34.42	28.26	1.82	7.45	6.79	0.66
1993	107.55	36.36	26.54	2.01	8.92	8.20	0.73
1994	105.92	38.28	26.93	1.99	10.35	9.37	0.72
1995	140.26	49.15	30.32	2.42	12.13	11.01	0.86
1996	153.40	52.41	31.96	2.81	14.07	12.91	0.90
1997	143.22	53.17	34.31	2.70	16.07	14.99	1.06
1998	80.76	43.85	32.42	3.12	17.86	16.37	1.49
1999	82.13	44.91	32.45	3.21	19.13	17.85	1.28
2000	84.75	44.45	35.90	3.29	20.03	18.75	1.28
2001	102.59	45.18	32.37	21.77	19.70	18.44	1.26
2002	103.82	46.07	32.37	21.89	21.16	19.93	1.23
2003	102.84	47.54	34.82	18.20	22.49	21.27	1.22
2004	103.32	48.59	34.71	18.18	23.93	22.63	1.29
2005	104.52	49.25	35.24	18.21	25.06	23.76	1.30
2006	52.29	27.45	24.60	0.15	16.40	15.50	0.90
2007	55.71	29.33	24.86	0.78	18.52	17.54	0.98
2008	49.39	26.95	16.22	0.53	19.06	18.07	0.99
2009	79.29	43.01	24.47	3.07	20.39	19.40	0.99
2010	114.59	62.64	39.83	11.23	22.43	21.33	1.10
2011	121.87	68.10	41.14	11.81	27.56	26.26	1.30
2012	126.51	71.72	41.97	11.87	33.07	31.58	1.49
2013	132.06	76.54	42.83	11.73	38.50	37.02	1.48
2014	140.40	80.72	43.39	15.59	44.34	42.31	2.03
2015	145.01	84.26	43.20	16.85	48.09	46.05	2.04
2016	120.21	75.34	42.74	2.13	49.06	47.09	1.97
2017	123.31	78.43	42.74	2.13	51.51	49.62	1.89
2018	124.54	79.56	42.94	2.03	52.96	51.07	1.88

5-25 主要农作物产品产量（1978-2018 年）
Output of Major Agricultural and Subsidiary Products（1978-2018）

单位：吨（ton）

年份 Year	粮食 Grain	稻谷 Rice	蔬菜 Vegetables	油料 Oil-bearing Crops	水果 Fruits	水产品 Aquatic Products
1978	8147124	3450743	2439529	77118	79148	14362
1979	8717105	3412959	2344061	91314	102035	15877
1980	8354304	3415928	2298578	115738	156943	17734
1981	8838662	3874043	2922414	159868	151724	19841
1982	9740178	4097533	3387654	220378	131617	24233
1983	9983024	4552317	3376951	145813	212635	29773
1984	10483598	5003031	3586734	145217	230047	35152
1985	9489734	4617324	3908601	181214	247034	42838
1986	10049167	4934142	4219393	209114	286134	47805
1987	10045128	4995618	4390009	208934	295728	51854
1988	9580177	5030015	4609285	192527	205033	58419
1989	10448847	5418132	4693117	187824	371924	65707
1990	10850650	5504018	4996119	220215	350842	65482
1991	11152754	5359013	5330009	269213	407533	71813
1992	10502382	5090735	5413806	251814	413834	74459
1993	10527245	4799036	5582304	217034	568527	89227
1994	11340991	5231338	5698265	192613	528743	103492
1995	11536828	5326334	5939064	251217	592936	121289
1996	11721384	5426385	6370253	236044	566177	140656
1997	11846286	5524370	6684420	233414	607242	160692
1998	11553604	5193805	7113007	251129	740977	178607
1999	11430451	5330086	7371081	240859	717046	191313
2000	11312145	5254279	7754156	310559	816841	200345
2001	10353518	4664508	7799590	299617	826121	196967
2002	10821456	4844176	8083098	350444	1134114	211568
2003	10872037	4942970	8401712	382742	1285880	224893
2004	11445661	5095471	8635651	417501	1372247	239255
2005	11681864	5214283	8904721	427121	1546266	250568
2006	8084000	3449000	7998819	289431	1457446	164046
2007	10640660	4851318	9085629	305777	1610598	185260
2008	11121659	5172606	10293215	350682	1785382	190600
2009	10837780	4957044	10620590	399733	1987731	203900
2010	10806347	4991637	11547990	438143	2250858	224300
2011	10641642	4753640	13859553	457854	2491583	275600
2012	10605149	4753577	15083578	491646	2803114	330720
2013	10551524	4771649	15448183	520004	3118699	385000
2014	10438871	4754606	16299571	554631	3429746	443409
2015	10510549	4765632	17078563	581160	3722795	480863
2016	10781955	4875788	17954900	608526	3692436	508427
2017	10798713	4869921	18626281	623962	4033758	515130
2018	10793424	4869190	19327250	637002	4312655	529581

注：本表 2006 年始数据根据农普数据衔接。

5-26 主要农作物产品年增长率（1978-2018 年）
Yearly Growth Rate of Major Agricultural and Subsidiary Products（1978-2018）

单位：上年=100（preceding year=100）

年份 Year	粮食 Grain	稻谷 Rice	蔬菜 Vegetables	油料 Oil-bearing Crops	水果 Fruits	水产品 Aquatic Products
1978	100.00	100.00	100.00	100.00	100.00	100.00
1979	107.00	98.91	96.09	118.41	128.92	110.55
1980	95.84	100.09	98.06	126.75	153.81	111.70
1981	105.80	113.41	127.14	138.13	96.67	111.88
1982	110.20	105.77	115.92	137.85	86.75	122.14
1983	102.49	111.10	99.68	66.16	161.56	122.86
1984	105.01	109.90	106.21	99.59	108.19	118.07
1985	90.52	92.29	108.97	124.79	107.38	121.87
1986	105.90	106.86	107.95	115.40	115.83	111.59
1987	99.96	101.25	104.04	99.91	103.35	108.47
1988	95.37	100.69	104.99	92.15	69.33	112.66
1989	109.07	107.72	101.82	97.56	181.40	112.48
1990	103.85	101.59	106.46	117.25	94.33	99.66
1991	102.78	97.37	106.68	122.25	116.16	109.67
1992	94.17	94.99	101.57	93.54	101.55	103.68
1993	100.24	94.27	103.11	86.19	137.38	119.83
1994	107.73	109.01	102.08	88.75	93.00	115.99
1995	101.73	101.82	104.23	130.43	112.14	117.20
1996	101.60	101.88	107.26	93.96	95.49	115.97
1997	101.07	101.81	104.93	98.89	107.25	114.24
1998	97.53	94.02	106.41	107.59	122.02	111.15
1999	98.93	102.62	103.63	95.91	96.77	107.11
2000	98.96	98.58	105.20	128.94	113.92	104.72
2001	91.53	88.78	100.59	96.48	101.14	98.31
2002	104.52	103.85	103.63	116.96	137.28	107.41
2003	100.47	102.04	103.94	109.22	113.38	106.30
2004	105.28	103.09	102.78	109.08	106.72	106.39
2005	102.06	102.33	103.12	102.30	112.68	104.73
2006	69.20	66.15	89.83	67.76	94.26	65.47
2007	131.63	140.66	113.59	105.65	110.54	112.93
2008	104.52	106.62	113.29	114.69	110.85	102.88
2009	97.45	95.83	103.18	113.99	111.33	106.98
2010	99.71	100.70	108.73	109.61	113.24	110.00
2011	98.48	95.23	120.02	104.50	110.69	122.87
2012	99.66	100.00	108.83	107.38	112.50	120.00
2013	99.49	100.38	102.42	105.77	111.26	116.41
2014	98.93	99.64	105.51	106.66	109.97	115.17
2015	100.69	100.23	104.78	104.78	108.54	108.45
2016	102.58	102.31	105.13	104.71	99.18	105.73
2017	100.16	99.88	103.74	102.54	109.24	101.32
2018	99.95	99.98	103.76	102.09	106.91	102.81

注：本表 2006 年始数据根据农普数据衔接。

5-27 畜禽产品年增长率（1978-2018 年）
Yearly Growth Rate of Livestock and Poultry Products（1978-2018）

单位：上年=100（preceding year=100）

年份 Year	猪肉 Pork	禽肉 Poultry Meat	禽蛋 Poultry Eggs
1978	100.0	100.0	100.0
1979	134.8	108.0	111.7
1980	111.0	111.0	110.6
1981	108.9	101.6	108.5
1982	103.0	105.0	112.0
1983	108.7	113.5	113.2
1984	106.6	107.0	109.8
1985	110.0	105.0	105.6
1986	104.0	127.8	107.6
1987	104.5	101.1	105.7
1988	108.2	110.0	101.9
1989	102.2	109.9	110.5
1990	100.0	104.0	106.9
1991	103.9	112.7	107.8
1992	102.8	114.6	112.9
1993	101.6	108.9	107.5
1994	104.0	134.8	110.3
1995	103.5	102.8	110.8
1996	101.7	115.0	108.7
1997	104.8	119.0	112.7
1998	101.6	104.8	104.1
1999	99.2	105.3	107.5
2000	101.5	107.3	106.1
2001	102.0	106.8	106.8
2002	102.1	106.2	106.0
2003	103.4	111.4	112.0
2004	103.5	108.0	103.4
2005	105.9	110.8	107.1
2006	86.4	87.4	77.4
2007	102.9	105.2	104.6
2008	106.4	127.5	100.5
2009	102.7	107.2	106.6
2010	99.2	106.4	101.5
2011	99.2	103.3	98.6
2012	100.0	104.5	105.0
2013	101.3	101.0	100.6
2014	100.8	100.4	103.2
2015	97.1	100.6	103.0
2016	95.5	100.3	102.5
2017	99.5	101.5	103.1
2018	101.7	100.4	102.9

注：2006 年以来数据根据第三次农业普查进行了调整。

5–28 主要农作物产品人均占有量（1978–2018 年）
Per Capita Possesion of Major Agricultural and Subsidiary Products（1978–2018）

单位：公斤/人（kg/person）

年份 Year	粮食 Grain	稻谷 Rice	蔬菜 Vegetables	油料 Oil–bearing Crops	水果 Fruits	水产品 Aquatic Products
1978	309.1	130.9	92.6	2.9	3.0	0.5
1980	313.5	128.2	86.3	4.3	5.9	0.7
1985	342.8	166.8	141.2	6.5	8.9	1.5
1986	357.9	175.7	150.3	7.4	10.2	1.7
1987	353.1	175.6	154.3	7.3	10.4	1.8
1988	333.4	175.1	160.4	6.7	7.1	2.0
1989	360.7	187.0	162.0	6.5	12.8	2.3
1990	371.5	188.4	171.0	7.5	12.0	2.2
1991	379.5	182.3	181.4	9.2	13.9	2.4
1992	355.9	172.5	183.5	8.5	14.0	2.5
1993	355.1	161.9	188.3	7.3	19.2	3.0
1994	379.9	175.2	190.9	6.5	17.7	3.5
1995	384.3	177.4	197.9	8.4	19.8	4.0
1996	387.8	179.5	210.7	7.8	18.7	4.7
1997	389.3	181.5	219.7	7.7	20.0	5.3
1998	377.6	169.7	232.5	8.2	24.2	5.8
1999	372.0	173.5	239.9	7.8	23.3	6.2
2000	366.0	170.0	250.9	10.0	26.4	6.5
2001	334.2	150.6	251.8	9.7	26.7	6.4
2002	347.5	155.6	259.6	11.3	36.4	6.8
2003	347.3	157.9	268.4	12.2	41.1	7.2
2004	364.0	162.1	274.7	13.3	43.6	7.6
2005	368.6	164.5	281.0	13.5	48.8	7.9
2006	252.7	107.8	250.1	9.0	45.6	5.1
2007	328.9	149.9	280.8	9.5	49.8	5.7
2008	341.5	158.8	316.0	10.8	54.8	5.8
2009	330.9	151.3	324.2	12.2	60.7	6.2
2010	327.1	151.1	349.6	13.3	68.1	6.8
2011	319.6	142.8	416.2	13.8	74.8	8.3
2012	317.2	142.2	451.1	14.7	83.8	9.9
2013	314.2	142.1	460.0	15.5	92.9	11.5
2014	309.3	140.9	482.9	16.4	101.6	13.1
2015	311.7	141.3	506.5	17.2	110.4	14.3
2016	317.9	143.7	529.3	17.9	108.9	15.0
2017	318.6	143.7	549.5	18.4	119.0	15.2
2018	317.1	143.1	567.8	18.7	126.7	15.6

注：1.本表人均产量按户籍人口计算。2.2006 年始粮食、油料、肉类、水产品、禽蛋采用农普衔接数计算。

Note:1. Per capita output in this table are calculated by the household population. 2. Data of grain, oil–bearing crops, meat, aquatic products and poultry eggs after 2006 are adjusted according to the Second National Agricultural Census.

5-29 畜禽产品人均占有量（1978-2018 年）
Per Capita Possesion of Major Livestock and Poultry Products（1978-2018）

单位：公斤/人（kg/person）

年份 Year	猪肉 Pork	禽肉 Poultry Meat	禽蛋 Poultry Eggs
1978	14.2	0.6	1.7
1980	21.0	0.8	2.1
1985	28.9	1.0	3.2
1986	29.6	1.3	3.4
1987	30.5	1.3	3.5
1988	32.7	1.4	3.5
1989	33.2	1.5	3.9
1990	32.9	1.5	4.1
1991	34.0	1.7	4.4
1992	34.8	2.0	5.0
1993	35.2	2.1	5.3
1994	36.3	2.9	5.8
1995	37.4	2.9	6.4
1996	37.8	3.3	6.9
1997	39.3	3.9	7.7
1998	39.7	4.1	8.0
1999	39.3	4.3	8.6
2000	39.6	4.6	9.0
2001	40.3	4.9	9.6
2002	40.9	5.2	10.1
2003	42.1	5.7	11.3
2004	43.4	6.2	11.6
2005	45.6	6.8	12.4
2006	39.0	5.9	9.5
2007	39.7	6.1	9.8
2008	41.9	7.7	9.8
2009	42.8	8.2	10.4
2010	42.1	8.7	10.4
2011	41.4	8.9	10.2
2012	41.3	9.3	10.7
2013	41.6	9.3	10.7
2014	41.8	9.3	11.0
2015	40.6	9.4	11.3
2016	38.5	9.4	11.5
2017	38.3	9.5	11.9
2018	38.8	9.5	12.2

注：本表人均产量按户籍人口计算。2006 年以来数据根据第三次农业普查进行了调整。

Note:Per capita output in this table are calculated by the household population.

5-30 各区县基层组织及人口（2011 年）
Primary-level Organizations and Population by Region of Chongqing（2011）

单位：个、万人（unit、10 000 persons）

地 区	Region	乡镇个数 Number of Township and Town Governments	行政村个数 Number of Villagers' Committees	乡村人口 Rural Population	乡村从业人员 Rural Employees	一产业 Primary Industry
重庆市	Chongqing	912	8616	2324.50	1369.98	604.04
渝中区	Yuzhong District					
大渡口区	Dadukou District	3	32	3.36	2.08	0.87
江北区	Jiangbei District	3	51	4.12	2.29	1.22
沙坪坝区	Shapingba District	11	86	14.18	8.69	2.59
九龙坡区	Jiulongpo District	11	100	21.04	12.85	4.30
南岸区	Nan' an District	8	60	26.63	5.96	2.15
北碚区	Beibei District	12	118	31.38	20.85	6.97
渝北区	Yubei District	17	216	45.42	29.74	14.48
巴南区	Ba' nan District	22	197	55.78	34.79	13.02
涪陵区	Fuling District	25	319	80.95	52.78	22.68
长寿区	Changshou District	18	226	66.33	42.62	15.32
江津区	Jiangjin District	23	184	116.16	69.48	26.58
合川区	Hechuan District	30	331	118.83	75.36	35.51
永川区	Yongchuan District	23	208	72.60	36.74	11.46
南川区	Nanchuan District	34	185	61.83	34.95	14.44
綦江区	Qijiang District	28	365	91.13	49.42	19.99
大足区	Dazu District	27	232	68.98	37.44	18.86
潼南区	Tongnan District	22	281	81.55	49.16	23.30
铜梁区	Tongliang District	28	269	65.42	40.00	13.89
荣昌区	Rongchang District	21	92	64.51	41.99	17.86
璧山区	Bishan District	15	150	45.58	33.12	11.24
万州区	Wanzhou District	51	448	127.55	72.85	33.60
梁平区	Liangping District	34	316	80.28	47.42	19.96
城口县	Chengkou County	25	184	22.15	11.04	5.19
丰都县	Fengdu County	30	277	65.55	36.54	19.56
垫江县	Dianjiang County	24	243	75.23	50.44	23.31
忠 县	Zhongxian County	27	318	78.17	43.28	16.51
开州区	Kaizhou District	33	435	140.69	78.63	30.53
云阳县	Yunyang County	38	396	102.13	52.02	22.47
奉节县	Fengjie County	29	332	90.14	43.88	18.69
巫山县	Wushan County	24	308	53.42	30.41	14.12
巫溪县	Wuxi County	32	298	44.64	26.80	11.86
黔江区	Qianjiang District	27	156	48.21	28.64	15.97
武隆区	Wulong District	25	186	37.48	23.21	11.90
石柱县	Shizhu County	31	214	43.22	27.43	19.37
秀山县	Xiushan County	24	235	45.77	34.43	15.22
酉阳县	Youyang County	38	270	72.97	45.31	30.36
彭水县	Pengshui County	39	298	61.14	37.34	18.70

5-30 各区县基层组织及人口（2012年）
Primary-level Organizations and Population by Region of Chongqing（2012）

续表1（continued 1）　　单位：个、万人（unit、10 000 persons）

地区	Region	乡镇个数 Number of Township and Town Governments	行政村个数 Number of Villagers' Committees	乡村人口 Rural Population	乡村从业人员 Rural Employees	一产业 Primary Industry
重庆市	**Chongqing**	**913**	**8480**	**2303.09**	**1365.29**	**586.86**
渝中区	Yuzhong District					
大渡口区	Dadukou District	3	32	3.09	1.87	0.81
江北区	Jiangbei District	3	42	3.92	2.30	0.94
沙坪坝区	Shapingba District	12	86	13.83	7.33	2.12
九龙坡区	Jiulongpo District	11	100	21.34	12.74	4.01
南岸区	Nan' an District	8	59	27.24	5.65	1.97
北碚区	Beibei District	12	118	31.21	20.48	6.45
渝北区	Yubei District	17	213	42.41	28.71	13.01
巴南区	Ba' nan District	22	197	56.07	35.22	12.96
涪陵区	Fuling District	25	315	81.21	53.47	22.12
长寿区	Changshou District	18	227	65.73	42.78	15.09
江津区	Jiangjin District	24	184	112.35	69.01	26.41
合川区	Hechuan District	30	327	118.61	75.29	34.10
永川区	Yongchuan District	23	208	72.78	36.98	11.55
南川区	Nanchuan District	34	185	51.24	34.76	11.73
綦江区	Qijiang District	28	365	89.15	48.96	19.34
大足区	Dazu District	26	212	80.49	37.63	18.88
潼南区	Tongnan District	22	281	81.57	48.52	22.71
铜梁区	Tongliang District	28	269	62.93	40.92	13.76
荣昌区	Rongchang District	21	92	61.94	41.79	16.98
璧山区	Bishan District	15	149	45.91	33.12	10.95
万州区	Wanzhou District	51	448	123.51	72.49	32.42
梁平区	Liangping District	32	313	83.26	49.52	20.45
城口县	Chengkou County	25	184	22.19	10.95	4.82
丰都县	Fengdu County	30	277	65.99	37.18	18.76
垫江县	Dianjiang County	24	241	74.67	50.45	23.31
忠　县	Zhongxian County	27	317	76.64	42.82	16.49
开州区	Kaizhou District	33	435	141.96	79.81	30.73
云阳县	Yunyang County	38	396	101.01	51.01	21.35
奉节县	Fengjie County	29	332	90.86	44.24	18.27
巫山县	Wushan County	24	309	53.02	29.94	14.06
巫溪县	Wuxi County	32	292	42.58	26.63	11.81
黔江区	Qianjiang District	27	156	46.05	28.16	13.68
武隆区	Wulong District	25	186	37.46	23.15	11.93
石柱县	Shizhu County	31	214	42.14	26.74	18.89
秀山县	Xiushan County	26	208	43.50	34.43	15.36
酉阳县	Youyang County	38	270	77.39	45.24	30.37
彭水县	Pengshui County	39	241	57.82	34.99	18.27

5-30 各区县基层组织及人口（2013 年）
Primary-level Organizations and Population by Region of Chongqing（2013）

续表 2（continued 2） 单位：个、万人（unit、10 000 persons）

地 区	Region	乡镇个数 Number of Township and Town Governments	行政村个数 Number of Villagers' Committees	乡村人口 Rural Population	乡村从业人员 Rural Employees	一产业 Primary Industry
重庆市	**Chongqing**	**916**	**8428**	**2267.73**	**1328.79**	**563.69**
万州区	Wanzhou District	51	448	121.92	71.35	31.71
黔江区	Qianjiang District	30	156	46.03	28.16	13.67
涪陵区	Fuling District	25	315	80.94	53.46	22.11
渝中区	Yuzhong District					
大渡口区	Dadukou District	3	32	2.91	1.95	0.74
江北区	Jiangbei District	3	40	3.01	1.28	0.56
沙坪坝区	Shapingba District	12	86	13.71	6.94	1.72
九龙坡区	Jiulongpo District	11	100	21.48	12.67	3.82
南岸区	Nan' an District	8	59	30.51	5.63	1.69
北碚区	Beibei District	12	118	31.28	20.08	5.77
渝北区	Yubei District	17	212	43.21	28.41	12.21
巴南区	Ba' nan District	22	198	56.47	35.23	12.49
长寿区	Changshou District	18	223	65.04	31.24	13.21
江津区	Jiangjin District	24	180	111.29	68.53	26.24
合川区	Hechuan District	30	327	107.34	74.70	33.62
永川区	Yongchuan District	23	208	73.49	37.39	12.65
南川区	Nanchuan District	34	185	50.54	33.38	11.70
綦江区	Qijiang District	28	365	88.48	47.87	16.44
大足区	Dazu District	26	209	76.22	24.99	10.73
璧山区	BishanDistrict	15	142	45.89	34.42	10.80
铜梁区	Tongliang District	28	269	62.28	41.00	13.84
潼南区	Tongnan District	22	281	79.28	48.50	22.69
荣昌区	Rongchang District	21	92	47.86	41.83	17.39
开州区	Kaizhou District	33	434	140.11	79.74	29.83
梁平区	Liangping District	32	310	83.95	49.24	20.16
武隆区	Wulong District	25	186	37.47	23.11	11.89
城口县	Chengkou County	25	176	22.28	10.79	4.83
丰都县	Fengdu County	30	277	65.69	36.79	18.67
垫江县	Dianjiang County	24	235	74.48	50.63	20.98
忠 县	Zhongxian County	27	312	76.00	42.13	16.07
云阳县	Yunyang County	38	393	97.53	46.13	20.13
奉节县	Fengjie County	29	332	90.65	44.37	17.90
巫山县	Wushan County	24	307	52.73	29.39	13.72
巫溪县	Wuxi County	32	289	46.86	26.36	11.59
石柱县	Shizhu County	31	213	41.46	26.33	18.64
秀山县	Xiushan County	26	208	43.58	34.33	15.03
酉阳县	Youyang County	38	270	77.73	45.14	30.16
彭水县	Pengshui County	39	241	58.03	35.31	18.30

5–30 各区县基层组织及人口（2014 年）
Primary–level Organizations and Population by Region of Chongqing（2014）

续表 3（continued 3）　　　　单位：个、万人（unit、10 000 persons）

地　区	Region	乡镇个数 Number of Township and Town Governments	行政村个数 Number of Villagers' Committees	乡村人口 Rural Population	乡村从业人员 Rural Employees	一产业 Primary Industry
重庆市	**Chongqing**			**2246.31**	**1312.96**	**562.54**
万州区	Wanzhou District			120.57	70.27	31.25
黔江区	Qianjiang District			46.32	28.37	12.30
涪陵区	Fuling District			80.80	53.36	22.06
渝中区	Yuzhong District					
大渡口区	Dadukou District			2.58	1.33	0.49
江北区	Jiangbei District			2.29	1.35	0.56
沙坪坝区	Shapingba District			13.51	7.07	1.69
九龙坡区	Jiulongpo District			21.35	12.44	3.56
南岸区	Nan' an District			31.84	5.56	1.63
北碚区	Beibei District			30.48	19.58	5.55
渝北区	Yubei District			40.07	25.94	10.76
巴南区	Ba' nan District			55.57	34.31	12.16
长寿区	Changshou District			62.87	30.14	10.08
江津区	Jiangjin District			110.14	67.76	25.94
合川区	Hechuan District			102.05	74.27	33.48
永川区	Yongchuan District			75.24	38.72	13.24
南川区	Nanchuan District			48.57	32.98	11.50
綦江区	Qijiang District			87.56	47.97	19.53
大足区	Dazu District			76.19	25.02	10.74
璧山区	BishanDistrict			44.24	33.45	10.24
铜梁区	Tongliang District			61.95	40.07	13.12
潼南区	Tongnan District			77.38	46.79	20.45
荣昌区	Rongchang District			47.75	41.47	16.52
开州区	Kaizhou District			140.09	79.71	29.64
梁平区	Liangping District			83.96	49.18	19.92
武隆区	Wulong District			37.77	22.79	11.52
城口县	Chengkou County			22.38	10.84	4.83
丰都县	Fengdu County			65.57	35.08	18.66
垫江县	Dianjiang County			74.27	50.63	20.76
忠　县	Zhongxian County			75.00	40.28	15.25
云阳县	Yunyang County			96.53	45.32	23.01
奉节县	Fengjie County			91.68	45.10	17.51
巫山县	Wushan County			51.81	29.31	13.69
巫溪县	Wuxi County			46.88	25.81	11.52
石柱县	Shizhu County			41.64	26.44	22.14
秀山县	Xiushan County			43.57	34.30	15.03
酉阳县	Youyang County			77.88	44.75	30.13
彭水县	Pengshui County			57.96	35.20	22.10

5-30 各区县基层组织及人口（2015 年）
Primary-level Organizations and Population by Region of Chongqing（2015）

续表 4（continued 4） 单位：个、万人（unit、10 000 persons）

地 区	Region	乡镇个数 Number of Township and Town Governments	行政村个数 Number of Villagers' Committees	乡村人口 Rural Population	乡村从业人员 Rural Employees	一产业 Primary Industry
重庆市	**Chongqing**			**2225.75**	**1309.23**	**556.95**
万州区	Wanzhou District			118.95	70.06	30.94
黔江区	Qianjiang District			46.60	29.44	12.29
涪陵区	Fuling District			80.58	54.60	21.40
渝中区	Yuzhong District					
大渡口区	Dadukou District			2.35	1.32	0.44
江北区	Jiangbei District			2.06	1.24	0.52
沙坪坝区	Shapingba District			13.41	7.08	1.63
九龙坡区	Jiulongpo District			21.31	12.11	3.39
南岸区	Nan' an District			31.93	5.42	1.71
北碚区	Beibei District			28.43	17.74	5.11
渝北区	Yubei District			38.98	25.11	10.08
巴南区	Ba' nan District			46.06	29.74	10.81
长寿区	Changshou District			62.67	30.09	10.24
江津区	Jiangjin District			109.56	67.53	25.86
合川区	Hechuan District			101.63	73.14	32.52
永川区	Yongchuan District			75.25	43.80	15.46
南川区	Nanchuan District			46.62	31.75	11.18
綦江区	Qijiang District			87.48	47.77	19.19
大足区	Dazu District			75.62	25.82	11.00
璧山区	BishanDistrict			43.80	33.54	10.46
铜梁区	Tongliang District			61.45	43.21	12.82
潼南区	Tongnan District			78.95	40.98	18.08
荣昌区	Rongchang District			47.88	41.42	16.42
开州区	Kaizhou District			141.98	82.42	30.84
梁平区	Liangping District			83.37	49.14	19.79
武隆区	Wulong District			37.26	22.98	11.35
城口县	Chengkou County			22.18	10.85	4.93
丰都县	Fengdu County			65.47	34.95	18.52
垫江县	Dianjiang County			74.10	50.61	20.68
忠 县	Zhongxian County			74.31	39.09	14.77
云阳县	Yunyang County			96.03	45.01	22.55
奉节县	Fengjie County			90.69	44.53	17.26
巫山县	Wushan County			52.01	29.25	13.63
巫溪县	Wuxi County			46.93	26.02	11.61
石柱县	Shizhu County			41.45	26.32	22.41
秀山县	Xiushan County			42.92	34.84	15.07
酉阳县	Youyang County			77.79	45.22	30.08
彭水县	Pengshui County			57.70	35.10	21.93

5-30 各区县基层组织及人口（2016 年）
Primary-level Organizations and Population by Region of Chongqing（2016）

续表 5（continued 5）　　　　单位：个、万人（unit、10 000 persons）

地 区	Region	乡镇个数 Number of Township and Town Governments	行政村个数 Number of Villagers' Committees	乡村人口 Rural Population	乡村从业人员 Rural Employees	一产业 Primary Industry
重庆市	**Chongqing**			**2196.19**	**1302.54**	**550.45**
万州区	Wanzhou District			117.60	69.64	30.72
黔江区	Qianjiang District			46.84	29.53	11.73
涪陵区	Fuling District			80.60	54.69	21.42
渝中区	Yuzhong District					
大渡口区	Dadukou District			2.27	1.14	0.48
江北区	Jiangbei District			2.03	1.13	0.45
沙坪坝区	Shapingba District			13.35	7.08	1.54
九龙坡区	Jiulongpo District			20.58	11.51	3.21
南岸区	Nan' an District			33.52	18.02	1.72
北碚区	Beibei District			24.69	15.05	4.63
渝北区	Yubei District			38.08	24.09	9.55
巴南区	Ba' nan District			44.78	28.84	10.71
长寿区	Changshou District			61.32	29.34	10.04
江津区	Jiangjin District			108.11	66.74	25.55
合川区	Hechuan District			100.71	73.15	32.47
永川区	Yongchuan District			74.85	40.04	15.02
南川区	Nanchuan District			45.66	30.92	11.07
綦江区	Qijiang District			87.50	47.68	19.07
大足区	Dazu District			75.04	25.96	10.91
璧山区	BishanDistrict			43.61	33.62	10.34
铜梁区	Tongliang District			61.31	40.07	11.98
潼南区	Tongnan District			72.67	38.28	17.15
荣昌区	Rongchang District			47.14	41.70	16.42
开州区	Kaizhou District			142.27	82.48	30.76
梁平区	Liangping District			83.20	49.06	19.33
武隆区	Wulong District			37.34	23.05	11.35
城口县	Chengkou County			21.92	10.72	5.52
丰都县	Fengdu County			65.44	34.93	18.51
垫江县	Dianjiang County			73.74	50.11	20.66
忠 县	Zhongxian County			72.19	38.43	14.40
云阳县	Yunyang County			95.57	44.65	22.35
奉节县	Fengjie County			87.84	44.64	17.46
巫山县	Wushan County			52.22	29.14	13.57
巫溪县	Wuxi County			46.77	25.92	11.52
石柱县	Shizhu County			38.60	26.04	22.17
秀山县	Xiushan County			41.51	34.78	14.83
酉阳县	Youyang County			77.91	45.36	30.03
彭水县	Pengshui County			57.44	35.02	21.78

5-30 各区县基层组织及人口（2017年）

Primary-level Organizations and Population by Region of Chongqing (2017)

续表6 (continued 6)　　　　单位：个、万人 (unit、10 000 persons)

地　区	Region	乡镇个数 Number of Township and Town Governments	行政村个数 Number of Villagers' Committees	乡村人口 Rural Population	乡村从业人员 Rural Employees	一产业 Primary Industry
重庆市	**Chongqing**			**2171.22**	**1281.69**	**546.32**
万州区	Wanzhou District			116.92	68.90	30.34
黔江区	Qianjiang District			46.05	29.53	11.58
涪陵区	Fuling District			80.62	54.76	21.44
渝中区	Yuzhong District					
大渡口区	Dadukou District			2.14	0.95	0.44
江北区	Jiangbei District			1.74	0.93	0.38
沙坪坝区	Shapingba District			12.97	5.91	2.12
九龙坡区	Jiulongpo District			19.63	11.01	3.11
南岸区	Nan' an District			29.41	14.95	1.44
北碚区	Beibei District			25.85	15.53	4.76
渝北区	Yubei District			35.54	22.52	8.72
巴南区	Ba' nan District			44.49	28.43	10.51
长寿区	Changshou District			60.31	28.76	9.58
江津区	Jiangjin District			107.37	66.31	25.38
合川区	Hechuan District			100.61	73.15	32.47
永川区	Yongchuan District			75.25	40.71	18.28
南川区	Nanchuan District			44.73	30.22	10.95
綦江区	Qijiang District			86.14	46.61	18.65
大足区	Dazu District			75.02	24.34	10.14
璧山区	BishanDistrict			36.72	31.91	9.86
铜梁区	Tongliang District			61.00	41.61	12.00
潼南区	Tongnan District			72.89	37.99	17.74
荣昌区	Rongchang District			47.87	41.31	16.21
开州区	Kaizhou District			136.42	81.26	30.19
梁平区	Liangping District			82.80	47.97	19.18
武隆区	Wulong District			37.43	23.05	11.06
城口县	Chengkou County			21.34	9.80	5.43
丰都县	Fengdu County			64.19	32.56	17.11
垫江县	Dianjiang County			73.63	50.09	20.73
忠　县	Zhongxian County			71.05	37.81	14.17
云阳县	Yunyang County			95.51	44.50	22.29
奉节县	Fengjie County			85.21	43.80	16.89
巫山县	Wushan County			53.48	28.59	14.13
巫溪县	Wuxi County			46.52	25.34	11.34
石柱县	Shizhu County			38.53	25.99	22.13
秀山县	Xiushan County			46.57	34.86	15.10
酉阳县	Youyang County			77.88	45.40	29.12
彭水县	Pengshui County			56.59	34.32	21.35

5-30 各区县基层组织及人口（2018年）
Primary-level Organizations and Population by Region of Chongqing（2018）

续表7（continued 7）　　　　单位：个、万人（unit、10 000 persons)

地　区	Region	乡镇个数 Number of Township and Town Governments	行政村个数 Number of Villagers' Committees	乡村人口 Rural Population	乡村从业人员 Rural Employees	一产业 Primary Industry
重庆市	**Chongqing**			**2158.30**	**1258.41**	**538.62**
万州区	Wanzhou District			116.50	68.20	30.10
黔江区	Qianjiang District			46.93	29.72	11.39
涪陵区	Fuling District			80.64	54.84	21.47
渝中区	Yuzhong District					
大渡口区	Dadukou District			2.03	0.93	0.42
江北区	Jiangbei District			1.73	0.95	0.38
沙坪坝区	Shapingba District			12.49	5.73	2.05
九龙坡区	Jiulongpo District			19.10	10.70	2.96
南岸区	Nan' an District			31.30	14.80	1.45
北碚区	Beibei District			22.97	13.99	4.46
渝北区	Yubei District			34.50	21.25	7.83
巴南区	Ba' nan District			45.44	28.01	10.15
长寿区	Changshou District			59.58	25.48	10.92
江津区	Jiangjin District			106.98	66.03	25.26
合川区	Hechuan District			101.98	73.14	32.00
永川区	Yongchuan District			74.78	41.64	18.47
南川区	Nanchuan District			43.91	29.51	10.80
綦江区	Qijiang District			85.30	46.05	18.29
大足区	Dazu District			74.90	24.24	10.11
璧山区	BishanDistrict			35.79	30.74	9.50
铜梁区	Tongliang District			60.61	40.06	11.34
潼南区	Tongnan District			72.87	37.99	17.55
荣昌区	Rongchang District			48.55	40.96	15.82
开州区	Kaizhou District			135.63	78.44	30.39
梁平区	Liangping District			82.78	47.42	19.03
武隆区	Wulong District			37.41	22.74	10.85
城口县	Chengkou County			21.18	9.75	5.34
丰都县	Fengdu County			62.85	30.90	16.47
垫江县	Dianjiang County			74.13	48.08	20.56
忠　县	Zhongxian County			71.03	37.80	14.14
云阳县	Yunyang County			95.18	44.40	22.22
奉节县	Fengjie County			84.66	43.78	16.85
巫山县	Wushan County			53.52	27.66	13.74
巫溪县	Wuxi County			42.28	24.86	11.18
石柱县	Shizhu County			38.69	24.84	20.20
秀山县	Xiushan County			46.41	33.88	15.10
酉阳县	Youyang County			77.84	45.22	29.00
彭水县	Pengshui County			55.82	33.66	20.86

5-31 各区县农林牧渔业总产值（2017年）
Gross Output Value of Agriculture, Forestry, Animal Husbandry and Fishery by Region of Chongqing（2017）

单位：亿元（100 million yuan）

区 县	Region	农林牧渔业总产值 Gross Output Value	农业 Agriculture	林业 Forestry	牧业 Animal Husbandry	渔业 Fishery	农林牧渔专业及辅助性活动 Agriculture, Forestry, Animal Husbandry and Fishery Services	农林牧渔业总产值指数（可比价）（上年=100） Indices of Gross Output Value (constant prices) (preceding year=100)
重庆市	Chongqing	1902.47	1165.69	85.17	522.48	94.81	34.32	103.7
万州区	Wanzhou District	99.52	67.00	5.40	20.30	5.05	1.77	102.9
黔江区	Qianjiang District	34.95	19.35	2.18	12.44	0.36	0.63	102.7
涪陵区	Fuling District	89.43	61.56	4.34	17.23	4.61	1.69	103.4
渝中区	Yuzhong District	0.00	0.00	0.00	0.00	0.00	0.00	
大渡口区	Dadukou District	1.34	0.93	0.24	0.02	0.05	0.10	88.9
江北区	Jiangbei District	1.42	0.74	0.47	0.08	0.10	0.04	95.0
沙坪坝区	Shapingba District	5.69	3.79	0.12	0.27	0.58	0.94	101.1
九龙坡区	Jiulongpo District	8.25	6.52	0.12	0.41	0.71	0.49	98.0
南岸区	Nan' an District	4.93	4.18	0.12	0.15	0.34	0.13	88.1
北碚区	Beibei District	19.89	17.33	0.27	1.22	0.61	0.46	98.7
渝北区	Yubei District	31.17	22.50	1.74	4.40	1.46	1.07	98.2
巴南区	Ba' nan District	53.27	39.65	1.16	7.28	4.15	1.03	100.2
长寿区	Changshou District	65.99	33.82	1.24	23.48	6.04	1.42	105.0
江津区	Jiangjin District	120.43	87.15	2.59	25.06	4.29	1.34	104.6
合川区	Hechuan District	105.38	60.18	2.92	31.88	9.27	1.13	104.7
永川区	Yongchuan District	83.00	48.25	2.66	24.30	6.78	1.02	103.8
南川区	Nanchuan District	63.45	40.32	3.32	16.71	1.83	1.28	104.2
綦江区	Qijiang District	83.85	57.61	5.14	18.12	1.91	1.06	103.8
大足区	Dazu District	65.23	39.18	3.49	17.08	4.80	0.68	101.1
璧山区	Bishan District	40.50	19.99	0.52	16.13	3.50	0.37	104.6
铜梁区	Tongliang District	60.87	29.31	1.34	23.05	6.03	1.12	105.7
潼南区	Tongnan District	77.14	53.33	3.40	14.92	4.83	0.65	105.5
荣昌区	Rongchang District	68.63	35.15	2.51	27.08	2.40	1.49	103.8
开州区	Kaizhou District	88.86	49.86	3.24	27.76	6.46	1.54	102.7
梁平区	Liangping District	59.82	33.68	2.34	19.77	3.24	0.78	104.4
武隆区	Wulong District	34.30	21.73	1.60	9.27	0.69	1.01	101.4
城口县	Chengkou County	13.16	6.70	1.50	4.53	0.16	0.27	103.6
丰都县	Fengdu County	48.86	25.51	3.98	16.38	2.38	0.61	109.1
垫江县	Dianjiang County	64.20	40.36	1.41	17.81	3.00	1.62	105.5
忠 县	Zhongxian County	58.40	34.21	1.97	19.12	2.29	0.81	103.5
云阳县	Yunyang County	69.07	35.51	3.85	24.09	2.42	3.20	105.0
奉节县	Fengjie County	61.45	42.22	1.31	16.05	0.78	1.08	103.6
巫山县	Wushan County	36.07	20.45	4.54	10.16	0.30	0.62	103.1
巫溪县	Wuxi County	28.28	14.85	3.30	9.48	0.24	0.41	102.3
石柱县	Shizhu County	34.76	24.54	1.67	6.76	1.40	0.40	103.8
秀山县	Xiushan County	34.69	19.72	2.21	10.53	1.12	1.11	103.9
酉阳县	Youyang County	45.07	24.39	4.27	15.38	0.50	0.53	102.6
彭水县	Pengshui County	41.14	24.12	2.69	13.78	0.13	0.42	104.5

注：本表使用第三次农业普查衔接数。

5-31 各区县农林牧渔业总产值（2018 年）
Gross Output Value of Agriculture, Forestry, Animal Husbandry and Fishery by Region of Chongqing（2018）

续表（continued）　　　　单位：亿元（100 million yuan）

区 县	Region	农林牧渔业总产值 Gross Output Value	农业 Agriculture	林业 Forestry	牧业 Animal Husbandry	渔业 Fishery	农林牧渔专业及辅助性活动 Agriculture, Forestry, Animal Husbandry and Fishery Services	农林牧渔业总产值指数（可比价）（上年=100）Indices of Gross Output Value (constant prices) (preceding year=100)
重庆市	**Chongqing**	**2052.41**	**1292.68**	**101.14**	**520.05**	**100.39**	**38.14**	**104.8**
万州区	Wanzhou District	107.93	74.46	6.30	20.04	5.21	1.92	105.3
黔江区	Qianjiang District	38.05	22.04	2.59	12.31	0.41	0.70	104.7
涪陵区	Fuling District	96.67	67.89	5.13	17.04	4.79	1.82	105.0
渝中区	Yuzhong District	0.00	0.00	0.00	0.00	0.00	0.00	
大渡口区	Dadukou District	1.37	0.93	0.28	0.02	0.05	0.10	100.0
江北区	Jiangbei District	1.48	0.73	0.54	0.08	0.09	0.04	99.7
沙坪坝区	Shapingba District	5.94	3.98	0.13	0.26	0.60	0.97	100.3
九龙坡区	Jiulongpo District	8.70	6.89	0.15	0.40	0.75	0.52	100.4
南岸区	Nan' an District	5.05	4.34	0.13	0.13	0.32	0.13	98.6
北碚区	Beibei District	20.45	17.90	0.28	1.15	0.62	0.50	98.7
渝北区	Yubei District	32.86	23.93	2.00	4.28	1.48	1.17	101.3
巴南区	Ba' nan District	55.95	42.41	1.26	6.97	4.18	1.12	101.3
长寿区	Changshou District	68.49	36.70	1.35	22.14	6.80	1.50	101.9
江津区	Jiangjin District	131.03	96.01	3.32	25.22	4.93	1.55	105.3
合川区	Hechuan District	113.65	63.91	3.66	34.66	10.06	1.36	105.0
永川区	Yongchuan District	90.12	54.65	3.15	24.29	6.95	1.09	105.0
南川区	Nanchuan District	69.79	45.32	4.13	16.84	2.08	1.42	105.4
綦江区	Qijiang District	91.23	64.79	5.82	17.48	2.00	1.14	104.6
大足区	Dazu District	70.62	43.36	4.19	17.30	5.01	0.76	104.8
璧山区	Bishan District	43.14	23.21	0.61	15.46	3.42	0.44	104.8
铜梁区	Tongliang District	63.85	32.48	1.58	22.43	6.11	1.25	103.7
潼南区	Tongnan District	83.64	58.61	4.33	14.72	5.24	0.75	105.1
荣昌区	Rongchang District	73.34	39.69	3.11	26.33	2.51	1.71	104.4
开州区	Kaizhou District	96.10	55.84	3.91	27.83	6.72	1.79	105.1
梁平区	Liangping District	65.11	38.78	2.76	19.53	3.21	0.84	104.9
武隆区	Wulong District	37.37	24.08	1.89	9.52	0.75	1.14	105.7
城口县	Chengkou County	14.27	7.44	1.79	4.56	0.17	0.31	106.1
丰都县	Fengdu County	52.65	28.36	5.00	16.15	2.47	0.67	104.6
垫江县	Dianjiang County	69.34	44.48	1.69	18.08	3.34	1.76	105.7
忠 县	Zhongxian County	63.51	38.70	2.32	18.95	2.61	0.94	105.7
云阳县	Yunyang County	74.72	39.56	4.35	24.53	2.54	3.74	105.2
奉节县	Fengjie County	67.24	47.68	1.49	16.01	0.88	1.18	105.6
巫山县	Wushan County	39.42	22.55	5.53	10.28	0.34	0.73	105.6
巫溪县	Wuxi County	30.64	16.60	3.79	9.55	0.27	0.43	105.2
石柱县	Shizhu County	38.06	27.38	1.95	6.82	1.48	0.43	105.5
秀山县	Xiushan County	37.54	22.07	2.42	10.58	1.30	1.17	105.3
酉阳县	Youyang County	48.18	27.52	5.00	14.53	0.55	0.58	104.2
彭水县	Pengshui County	44.88	27.40	3.20	13.62	0.15	0.51	105.5

注：本表使用第三次农业普查衔接数。

5-32 各区县农林牧渔业增加值（2017 年）
Added Value of Agriculture, Forestry, Animal Husbandry and Fishery by Region of Chongqing（2017）

单位：亿元（100 million yuan）

区 县	Region	农林牧渔业增加值 Added Value	农业 Agriculture	林业 Forestry	牧业 Animal Husbandry	渔业 Fishery	农林牧渔专业及辅助性活动 Agriculture, Forestry, Animal Husbandry and Fishery Services	农林牧渔业增加值指数（可比价）（上年=100） Indices of Added Value (constant prices) (preceding year=100)
重庆市	**Chongqing**	**1300.33**	**873.21**	**62.15**	**266.99**	**73.74**	**24.24**	**104.1**
万州区	Wanzhou District	69.86	50.49	3.94	10.26	3.93	1.25	104.5
黔江区	Qianjiang District	21.71	13.46	1.59	5.94	0.28	0.44	104.7
涪陵区	Fuling District	61.62	44.70	3.17	8.97	3.59	1.19	104.2
渝中区	Yuzhong District	0.00	0.00	0.00	0.00	0.00	0.00	0
大渡口区	Dadukou District	1.03	0.73	0.18	0.01	0.04	0.07	89.0
江北区	Jiangbei District	1.07	0.59	0.34	0.04	0.08	0.03	87.3
沙坪坝区	Shapingba District	4.33	2.98	0.09	0.15	0.45	0.66	94.4
九龙坡区	Jiulongpo District	6.35	5.13	0.09	0.23	0.55	0.34	93.6
南岸区	Nan' an District	3.82	3.29	0.09	0.08	0.27	0.09	90.4
北碚区	Beibei District	15.32	13.64	0.20	0.69	0.48	0.33	99.2
渝北区	Yubei District	23.34	17.71	1.27	2.47	1.13	0.76	98.8
巴南区	Ba' nan District	40.09	31.20	0.84	4.09	3.23	0.73	100.3
长寿区	Changshou District	44.83	25.71	0.91	12.52	4.69	1.00	104.2
江津区	Jiangjin District	86.67	66.94	1.89	13.55	3.34	0.95	104.1
合川区	Hechuan District	72.90	46.61	2.13	16.15	7.21	0.80	104.4
永川区	Yongchuan District	57.83	37.25	1.94	12.65	5.27	0.72	103.9
南川区	Nanchuan District	44.57	31.12	2.42	8.70	1.43	0.90	104.6
綦江区	Qijiang District	58.08	42.71	3.75	9.38	1.49	0.75	104.1
大足区	Dazu District	45.71	30.25	2.54	8.70	3.73	0.48	104.1
璧山区	Bishan District	27.27	15.51	0.38	8.40	2.72	0.26	103.8
铜梁区	Tongliang District	41.42	22.95	0.98	12.01	4.69	0.79	104.5
潼南区	Tongnan District	54.47	40.01	2.48	7.77	3.75	0.46	104.0
荣昌区	Rongchang District	46.75	27.50	1.83	14.50	1.86	1.05	103.9
开州区	Kaizhou District	59.46	36.96	2.36	14.03	5.03	1.08	104.4
梁平区	Liangping District	40.25	25.48	1.71	9.99	2.52	0.55	104.8
武隆区	Wulong District	21.58	14.74	1.17	4.43	0.54	0.71	105.0
城口县	Chengkou County	8.62	4.92	1.10	2.29	0.13	0.19	104.2
丰都县	Fengdu County	32.54	19.04	2.90	8.32	1.85	0.43	104.6
垫江县	Dianjiang County	42.96	29.46	1.03	9.00	2.33	1.15	105.0
忠 县	Zhongxian County	38.99	25.53	1.44	9.66	1.78	0.58	104.5
云阳县	Yunyang County	46.08	26.96	2.81	12.18	1.88	2.26	104.6
奉节县	Fengjie County	41.18	31.01	0.96	7.84	0.61	0.77	105.2
巫山县	Wushan County	23.90	14.97	3.31	4.94	0.24	0.44	104.8
巫溪县	Wuxi County	18.50	10.95	2.41	4.67	0.19	0.29	105.1
石柱县	Shizhu County	22.54	16.73	1.22	3.23	1.09	0.28	104.9
秀山县	Xiushan County	22.03	13.73	1.61	5.03	0.87	0.79	105.1
酉阳县	Youyang County	27.64	16.23	3.12	7.53	0.39	0.37	104.8
彭水县	Pengshui County	24.99	16.04	1.96	6.58	0.10	0.30	104.7

注：本表使用第三次农业普查衔接数。

5-32 各区县农林牧渔业增加值（2018 年）
Added Value of Agriculture, Forestry, Animal Husbandry and Fishery by Region of Chongqing（2018）

续表（continued） 单位：亿元（100 million yuan）

区 县	Region	农林牧渔业增加值 Added Value	农业 Agriculture	林业 Forestry	牧业 Animal Husbandry	渔业 Fishery	农林牧渔专业及辅助性活动 Agriculture, Forestry, Animal Husbandry and Fishery Services	农林牧渔业增加值指数（可比价）（上年=100） Indices of Added Value (constant prices) (preceding year=100)
重庆市	**Chongqing**	**1405.03**	**963.81**	**73.33**	**263.65**	**77.49**	**26.76**	**104.5**
万州区	Wanzhou District	75.77	55.79	4.57	10.05	4.02	1.34	104.9
黔江区	Qianjiang District	23.87	15.35	1.88	5.84	0.31	0.49	105.2
涪陵区	Fuling District	66.58	49.07	3.73	8.80	3.70	1.27	104.7
渝中区	Yuzhong District	0.00	0.00	0.00	0.00	0.00	0.00	0
大渡口区	Dadukou District	1.04	0.73	0.20	0.01	0.03	0.07	99.3
江北区	Jiangbei District	1.10	0.57	0.39	0.04	0.07	0.03	98.7
沙坪坝区	Shapingba District	4.50	3.11	0.10	0.14	0.47	0.68	99.8
九龙坡区	Jiulongpo District	6.67	5.40	0.11	0.22	0.58	0.36	99.9
南岸区	Nan' an District	3.90	3.40	0.09	0.07	0.25	0.09	98.1
北碚区	Beibei District	15.68	14.00	0.21	0.64	0.48	0.35	98.1
渝北区	Yubei District	24.53	18.73	1.45	2.38	1.14	0.82	100.8
巴南区	Ba' nan District	42.02	33.21	0.91	3.88	3.23	0.79	100.9
长寿区	Changshou District	46.75	27.76	0.97	11.73	5.24	1.05	101.9
江津区	Jiangjin District	94.20	73.38	2.41	13.53	3.81	1.09	104.8
合川区	Hechuan District	78.64	49.63	2.65	17.65	7.76	0.95	104.9
永川区	Yongchuan District	62.94	42.00	2.28	12.53	5.36	0.77	104.6
南川区	Nanchuan District	49.13	34.88	2.93	8.71	1.61	0.99	105.0
綦江区	Qijiang District	63.18	47.72	4.22	8.91	1.54	0.80	104.1
大足区	Dazu District	49.56	33.36	3.03	8.76	3.87	0.53	104.5
璧山区	Bishan District	29.11	17.77	0.44	7.94	2.64	0.31	104.3
铜梁区	Tongliang District	43.61	25.32	1.14	11.55	4.72	0.88	103.4
潼南区	Tongnan District	59.06	43.75	3.14	7.60	4.05	0.52	104.7
荣昌区	Rongchang District	50.16	30.83	2.25	13.93	1.94	1.20	104.0
开州区	Kaizhou District	64.42	41.22	2.83	13.95	5.17	1.25	104.8
梁平区	Liangping District	44.15	29.28	2.00	9.79	2.49	0.60	105.1
武隆区	Wulong District	23.48	16.30	1.36	4.44	0.58	0.80	104.9
城口县	Chengkou County	9.28	5.40	1.30	2.24	0.13	0.22	104.6
丰都县	Fengdu County	35.31	21.09	3.70	8.14	1.91	0.47	104.7
垫江县	Dianjiang County	46.38	32.28	1.23	9.06	2.58	1.24	105.2
忠 县	Zhongxian County	42.55	28.70	1.69	9.50	2.01	0.66	105.5
云阳县	Yunyang County	49.94	29.91	3.15	12.30	1.96	2.62	104.9
奉节县	Fengjie County	45.26	34.91	1.08	7.76	0.68	0.83	105.4
巫山县	Wushan County	26.17	16.42	4.01	4.97	0.26	0.51	105.3
巫溪县	Wuxi County	20.12	12.19	2.75	4.67	0.21	0.30	105.0
石柱县	Shizhu County	24.68	18.59	1.42	3.23	1.14	0.30	105.1
秀山县	Xiushan County	23.90	15.32	1.75	4.99	1.01	0.82	105.0
酉阳县	Youyang County	29.94	18.32	3.59	7.20	0.42	0.41	105.0
彭水县	Pengshui County	27.45	18.15	2.36	6.47	0.12	0.35	105.3

注：本表使用第三次农业普查衔接数。

5-33 各区县主要农作物播种面积 (2011 年)
Sown Area of Major Farm Crops by Region of Chongqing (2011)

单位：公顷 (hectare)

地 区	Region	粮食 Grain	稻谷 Rice	蔬菜 Vegetables	油料 Oil-bearing Crops
重庆市	**Chongqing**	**2089469**	**656816**	**618631**	**256886**
万州区	Wanzhou District	101720	33766	38050	8992
黔江区	Qianjiang District	52986	9875	9285	9612
涪陵区	Fuling District	90395	32945	65575	2892
渝中区	Yuzhong District				
大渡口区	Dadukou District	294	7	2495	0
江北区	Jiangbei District	2233	555	1112	38
沙坪坝区	Shapingba District	3369	1112	4972	27
九龙坡区	Jiulongpo District	4320	1739	6360	503
南岸区	Nan' an District	1731	397	2510	0
北碚区	Beibei District	14413	4466	15765	639
渝北区	Yubei District	32870	9060	12340	1857
巴南区	Ba' nan District	53466	19028	20373	1276
长寿区	Changshou District	64158	21890	12338	4331
江津区	Jiangjin District	98905	43550	29771	6087
合川区	Hechuan District	117183	44912	23486	10161
永川区	Yongchuan District	63982	37692	23477	7597
南川区	Nanchuan District	49986	25425	11587	9650
綦江区	Qijiang District	64176	11861	27771	4516
大足区	Dazu District	63204	28167	15258	14548
璧山区	Bishan District	29243	14849	18228	1955
铜梁区	Tongliang District	54700	26842	17166	4664
潼南区	Tongnan District	55402	23355	52345	19839
荣昌区	Rongchang District	47707	20943	14946	9041
开州区	Kaizhou District	120579	29826	15257	13764
梁平区	Liangping District	64788	28453	14332	7508
武隆区	Wulong District	46279	7434	20558	4399
城口县	Chengkou County	26457	929	4746	1547
丰都县	Fengdu County	70887	20808	15277	10651
垫江县	Dianjiang County	61938	27782	7768	8161
忠 县	Zhongxian County	83947	31907	9941	13490
云阳县	Yunyang County	91252	20751	19515	7631
奉节县	Fengjie County	82209	11119	13980	10856
巫山县	Wushan County	58266	3389	8600	10989
巫溪县	Wuxi County	56281	2416	6967	5336
石柱县	Shizhu County	47410	12735	18775	5373
秀山县	Xiushan County	50692	18403	12717	14282
酉阳县	Youyang County	82736	17610	15799	13186
彭水县	Pengshui County	79305	10819	9192	11488

注：本表中粮食作物使用第三次农业普查衔接数。

5-33 各区县主要农作物播种面积（2012 年）
Sown Area of Major Farm Crops by Region of Chongqing（2012）

续表 1（continued 1） 单位：公顷（hectare）

地 区	Region	粮食 Grain	稻谷 Rice	蔬菜 Vegetables	油料 Oil-bearing Crops
重庆市	**Chongqing**	**2085011**	**654772**	**652660**	**271016**
万州区	Wanzhou District	104396	33372	40323	9436
黔江区	Qianjiang District	51400	9723	9687	10129
涪陵区	Fuling District	91216	33130	69651	3139
渝中区	Yuzhong District				
大渡口区	Dadukou District	285	4	2523	0
江北区	Jiangbei District	1153	382	795	29
沙坪坝区	Shapingba District	2884	1032	4550	31
九龙坡区	Jiulongpo District	4344	1573	6097	498
南岸区	Nan’an District	1632	364	2159	0
北碚区	Beibei District	14031	4395	17333	745
渝北区	Yubei District	28719	8621	15900	1653
巴南区	Ba’nan District	48693	18460	21568	1301
长寿区	Changshou District	62937	21778	13061	4548
江津区	Jiangjin District	98104	43794	31360	6491
合川区	Hechuan District	116786	45102	24666	10572
永川区	Yongchuan District	63700	38348	24040	7894
南川区	Nanchuan District	49496	25405	12120	9815
綦江区	Qijiang District	68723	10994	29052	661
大足区	Dazu District	61945	27871	15761	16388
璧山区	Bishan District	27780	14729	18848	2359
铜梁区	Tongliang District	53698	26578	18861	5051
潼南区	Tongnan District	54776	23143	54684	21113
荣昌区	Rongchang District	44833	21300	15558	9759
开州区	Kaizhou District	121181	29625	16394	14796
梁平区	Liangping District	65853	28318	15063	7696
武隆区	Wulong District	47407	7000	22257	4709
城口县	Chengkou County	27472	721	4793	1662
丰都县	Fengdu County	70800	20809	16470	11284
垫江县	Dianjiang County	62801	28304	8302	8603
忠 县	Zhongxian County	85005	32785	10391	13632
云阳县	Yunyang County	92373	20646	21108	8111
奉节县	Fengjie County	81778	11155	14610	11438
巫山县	Wushan County	57760	3255	8805	11547
巫溪县	Wuxi County	56985	2384	7283	5639
石柱县	Shizhu County	48509	12713	19629	5469
秀山县	Xiushan County	51053	18434	13162	14434
酉阳县	Youyang County	84417	17706	16328	13939
彭水县	Pengshui County	80087	10819	9467	12288

注：本表中粮食作物使用第三次农业普查衔接数。

5-33 各区县主要农作物播种面积 (2013 年)
Sown Area of Major Farm Crops by Region of Chongqing (2013)

续表 2（continued 2） 单位：公顷（hectare）

地区	Region	粮食 Grain	稻谷 Rice	蔬菜 Vegetables	油料 Oil-bearing Crops
重庆市	**Chongqing**	**2059450**	**652372**	**681707**	**283508**
万州区	Wanzhou District	103975	32927	42032	9876
黔江区	Qianjiang District	50856	9581	10168	10278
涪陵区	Fuling District	90792	33129	72564	3228
渝中区	Yuzhong District				
大渡口区	Dadukou District	277	3	2467	0
江北区	Jiangbei District	1109	363	592	26
沙坪坝区	Shapingba District	2695	967	4433	33
九龙坡区	Jiulongpo District	3952	1376	5869	508
南岸区	Nan' an District	1303	250	1848	0
北碚区	Beibei District	13386	4418	16850	622
渝北区	Yubei District	27300	8229	18389	1771
巴南区	Ba' nan District	47054	17479	21538	1364
长寿区	Changshou District	62286	21611	13758	4807
江津区	Jiangjin District	97623	43874	32746	7278
合川区	Hechuan District	116420	45120	26106	11456
永川区	Yongchuan District	64423	38831	25483	8734
南川区	Nanchuan District	49029	25137	12947	10113
綦江区	Qijiang District	57567	8758	30587	4815
大足区	Dazu District	62412	28201	16268	16705
璧山区	Bishan District	27423	14662	19845	2690
铜梁区	Tongliang District	53021	26627	19867	5712
潼南区	Tongnan District	54196	23188	57594	21669
荣昌区	Rongchang District	44775	21773	16304	10430
开州区	Kaizhou District	120458	29404	17056	15667
梁平区	Liangping District	65223	28271	15713	8024
武隆区	Wulong District	47322	6813	23067	4907
城口县	Chengkou County	27125	689	4841	1690
丰都县	Fengdu County	69803	20720	17211	11733
垫江县	Dianjiang County	63191	29177	9897	9234
忠县	Zhongxian County	84860	33687	11038	14020
云阳县	Yunyang County	91708	20734	22342	8711
奉节县	Fengjie County	81184	11146	15267	12053
巫山县	Wushan County	57090	3235	9100	12104
巫溪县	Wuxi County	57646	2375	7580	5689
石柱县	Shizhu County	47084	12689	20197	5593
秀山县	Xiushan County	51054	18535	13729	15063
酉阳县	Youyang County	83669	17630	16455	14275
彭水县	Pengshui County	80158	10760	9960	12631

注：本表中粮食作物使用第三次农业普查衔接数。

5-33 各区县主要农作物播种面积 (2014 年)
Sown Area of Major Farm Crops by Region of Chongqing (2014)

续表 3（continued 3）　　　　单位：公顷（hectare）

地　区	Region	粮食 Grain	稻谷 Rice	蔬菜 Vegetables	油料 Oil-bearing Crops
重庆市	**Chongqing**	**2034685**	**650782**	**708068**	**299963**
万州区	Wanzhou District	101272	32520	43610	10105
黔江区	Qianjiang District	50635	9437	10378	9811
涪陵区	Fuling District	88550	33276	74645	3346
渝中区	Yuzhong District				
大渡口区	Dadukou District	272	2	2273	0
江北区	Jiangbei District	1423	291	483	10
沙坪坝区	Shapingba District	2797	897	4354	32
九龙坡区	Jiulongpo District	3678	1153	5255	538
南岸区	Nan' an District	841	190	1610	0
北碚区	Beibei District	12353	3703	16146	582
渝北区	Yubei District	24479	7646	18533	1926
巴南区	Ba' nan District	43502	15973	22003	1359
长寿区	Changshou District	61316	21768	14121	5119
江津区	Jiangjin District	96342	43842	34057	8451
合川区	Hechuan District	114649	45123	26926	12094
永川区	Yongchuan District	65054	39739	26706	9587
南川区	Nanchuan District	50487	25253	13400	10990
綦江区	Qijiang District	56032	7790	31785	5030
大足区	Dazu District	61956	28668	16858	17325
璧山区	Bishan District	27389	14544	20969	2756
铜梁区	Tongliang District	53449	26888	20822	6297
潼南区	Tongnan District	55651	23445	60010	23758
荣昌区	Rongchang District	44588	21774	17104	11051
开州区	Kaizhou District	118122	29183	18675	16201
梁平区	Liangping District	63778	28220	16828	8462
武隆区	Wulong District	46849	6822	23770	5230
城口县	Chengkou County	26418	660	5179	1735
丰都县	Fengdu County	69215	20743	17677	11843
垫江县	Dianjiang County	63592	29872	11361	9712
忠　县	Zhongxian County	84244	34682	11707	14340
云阳县	Yunyang County	89465	20588	23351	8953
奉节县	Fengjie County	81791	11176	16000	13217
巫山县	Wushan County	55882	3100	9518	12556
巫溪县	Wuxi County	57652	2339	8280	6121
石柱县	Shizhu County	46867	12618	21404	5613
秀山县	Xiushan County	50709	18480	14495	17689
酉阳县	Youyang County	83208	17567	17375	15050
彭水县	Pengshui County	80177	10809	10400	13073

注：本表中粮食作物使用第三次农业普查衔接数。

5–33 各区县主要农作物播种面积 (2015 年)
Sown Area of Major Farm Crops by Region of Chongqing (2015)

续表 4 (continued 4) 单位：公顷 (hectare)

地 区	Region	粮食 Grain	稻谷 Rice	蔬菜 Vegetables	油料 Oil-bearing Crops
重庆市	**Chongqing**	**2020951**	**647088**	**731667**	**309315**
万州区	Wanzhou District	101949	32254	45431	10384
黔江区	Qianjiang District	49390	9341	10541	10099
涪陵区	Fuling District	88291	32676	75927	3511
渝中区	Yuzhong District				
大渡口区	Dadukou District	270	1	1677	0
江北区	Jiangbei District	643	196	482	10
沙坪坝区	Shapingba District	2494	843	4381	28
九龙坡区	Jiulongpo District	3168	942	5025	538
南岸区	Nan' an District	675	119	1254	0
北碚区	Beibei District	10973	3145	15740	566
渝北区	Yubei District	23477	7140	18667	2064
巴南区	Ba' nan District	40823	15327	23617	1386
长寿区	Changshou District	60728	21806	14627	5409
江津区	Jiangjin District	96007	43644	35216	8616
合川区	Hechuan District	114152	45123	28424	12725
永川区	Yongchuan District	65396	39546	27525	10279
南川区	Nanchuan District	48798	25177	14263	10991
綦江区	Qijiang District	54645	6948	32675	5097
大足区	Dazu District	61996	28799	17448	17990
璧山区	Bishan District	27174	14394	21613	2849
铜梁区	Tongliang District	53672	26875	21812	6497
潼南区	Tongnan District	53133	23378	61650	24559
荣昌区	Rongchang District	44452	21570	17659	11427
开州区	Kaizhou District	118332	28972	19601	16543
梁平区	Liangping District	64200	28235	17639	8807
武隆区	Wulong District	47788	6835	24571	5518
城口县	Chengkou County	26559	634	5302	1770
丰都县	Fengdu County	68295	20737	18192	11714
垫江县	Dianjiang County	64080	30309	12459	9815
忠 县	Zhongxian County	84358	35842	12193	14855
云阳县	Yunyang County	89832	20714	24120	9370
奉节县	Fengjie County	80927	11139	16895	13851
巫山县	Wushan County	55696	2968	9919	13015
巫溪县	Wuxi County	57828	2256	8813	6427
石柱县	Shizhu County	46499	12469	22347	5708
秀山县	Xiushan County	50942	18510	15232	17777
酉阳县	Youyang County	82872	17416	17964	15646
彭水县	Pengshui County	80437	10807	10767	13473

注：本表中粮食作物使用第三次农业普查衔接数。

5–33 各区县主要农作物播种面积（2016年）
Sown Area of Major Farm Crops by Region of Chongqing（2016）

续表5（continued 5）　　单位：公顷（hectare）

地区	Region	粮食 Grain	稻谷 Rice	蔬菜 Vegetables	油料 Oil–bearing Crops
重庆市	**Chongqing**	**2039069**	**660909**	**714671**	**310441**
万州区	Wanzhou District	102104	31979	45031	9869
黔江区	Qianjiang District	48013	9210	10417	9334
涪陵区	Fuling District	91818	33153	75409	2911
渝中区	Yuzhong District				
大渡口区	Dadukou District	258	2	680	9
江北区	Jiangbei District	641	191	322	8
沙坪坝区	Shapingba District	2798	772	2026	188
九龙坡区	Jiulongpo District	3515	820	3659	665
南岸区	Nan' an District	608	74	490	7
北碚区	Beibei District	10379	3045	9152	721
渝北区	Yubei District	21897	6863	13570	1200
巴南区	Ba' nan District	39096	14778	16092	687
长寿区	Changshou District	61118	21950	13760	5585
江津区	Jiangjin District	95897	43971	36125	9098
合川区	Hechuan District	115568	45120	29000	14231
永川区	Yongchuan District	65818	39547	27709	10647
南川区	Nanchuan District	48504	25110	14131	8381
綦江区	Qijiang District	69220	25009	28346	5609
大足区	Dazu District	62750	29606	18057	18547
璧山区	Bishan District	27225	14290	22047	3866
铜梁区	Tongliang District	54238	27162	21492	6846
潼南区	Tongnan District	56430	26187	62547	24984
荣昌区	Rongchang District	44946	21528	17977	10399
开州区	Kaizhou District	119036	28754	20136	18440
梁平区	Liangping District	64475	28209	18143	8080
武隆区	Wulong District	48506	6822	25322	5306
城口县	Chengkou County	26521	607	5166	1546
丰都县	Fengdu County	67958	20730	18679	10481
垫江县	Dianjiang County	64827	30769	21720	9361
忠　县	Zhongxian County	78366	28442	12553	16066
云阳县	Yunyang County	90497	20986	21885	13625
奉节县	Fengjie County	80677	11104	16297	13739
巫山县	Wushan County	55529	2833	10031	10281
巫溪县	Wuxi County	58212	2213	9173	5695
石柱县	Shizhu County	46478	12396	19240	3593
秀山县	Xiushan County	51590	18532	15623	16870
酉阳县	Youyang County	82821	17331	18432	17748
彭水县	Pengshui County	80736	10813	14233	15817

注：本表使用第三次农业普查衔接数。

5-33 各区县主要农作物播种面积 (2017 年)
Sown Area of Major Farm Crops by Region of Chongqing (2017)

续表 6 (continued 6) 单位：公顷 (hectare)

地 区	Region	粮食 Grain	稻谷 Rice	蔬菜 Vegetables	油料 Oil-bearing Crops
重庆市	**Chongqing**	**2030710**	**658942**	**727170**	**318516**
万州区	Wanzhou District	101498	31889	46075	10141
黔江区	Qianjiang District	48022	9201	10718	9399
涪陵区	Fuling District	91820	33202	76407	2848
渝中区	Yuzhong District				
大渡口区	Dadukou District	206	2	646	1
江北区	Jiangbei District	529	134	289	8
沙坪坝区	Shapingba District	2702	755	1930	186
九龙坡区	Jiulongpo District	3192	719	3561	627
南岸区	Nan' an District	433	15	418	5
北碚区	Beibei District	9550	2642	8930	734
渝北区	Yubei District	20668	6676	13275	1294
巴南区	Ba' nan District	37849	14220	16354	710
长寿区	Changshou District	61283	21990	13312	5811
江津区	Jiangjin District	96037	44107	36715	9476
合川区	Hechuan District	115102	45030	29987	14833
永川区	Yongchuan District	65416	39536	28077	11269
南川区	Nanchuan District	48555	25092	14574	8400
綦江区	Qijiang District	69417	25053	27499	7679
大足区	Dazu District	62401	29643	18564	18968
璧山区	Bishan District	27059	14097	22626	3879
铜梁区	Tongliang District	54440	27266	21983	6987
潼南区	Tongnan District	56071	26162	63409	24834
荣昌区	Rongchang District	44543	21391	18547	10572
开州区	Kaizhou District	117917	28724	20703	18560
梁平区	Liangping District	64710	28268	18579	8191
武隆区	Wulong District	48485	6814	25824	5464
城口县	Chengkou County	26601	609	5334	1776
丰都县	Fengdu County	67686	20683	19281	10179
垫江县	Dianjiang County	64733	30696	22560	9426
忠 县	Zhongxian County	78167	28369	12893	16463
云阳县	Yunyang County	90464	20930	22596	14407
奉节县	Fengjie County	80769	11148	16843	14077
巫山县	Wushan County	55222	2749	10217	10503
巫溪县	Wuxi County	58476	2180	9439	6227
石柱县	Shizhu County	46106	12350	19569	3596
秀山县	Xiushan County	51281	18514	16029	16854
酉阳县	Youyang County	82449	17263	18906	17970
彭水县	Pengshui County	80849	10823	14502	16165

注：本表使用第三次农业普查衔接数。

5-33 各区县主要农作物播种面积 (2018 年)
Sown Area of Major Farm Crops by Region of Chongqing (2018)

续表 7 (continued 7) 单位：公顷 (hectare)

地 区	Region	粮食 Grain	稻谷 Rice	蔬菜 Vegetables	油料 Oil-bearing Crops
重庆市	**Chongqing**	**2017846**	**656446**	**739183**	**325072**
万州区	Wanzhou District	100636	31684	46839	10233
黔江区	Qianjiang District	48146	9208	10921	9759
涪陵区	Fuling District	91765	33202	77569	3060
渝中区	Yuzhong District				
大渡口区	Dadukou District	194	1	647	0
江北区	Jiangbei District	517	155	295	6
沙坪坝区	Shapingba District	2610	739	1937	139
九龙坡区	Jiulongpo District	3149	749	3567	625
南岸区	Nan' an District	434	23	407	0
北碚区	Beibei District	9282	2606	8631	572
渝北区	Yubei District	20707	6670	13358	1305
巴南区	Ba' nan District	37208	14109	16596	688
长寿区	Changshou District	61331	22101	13592	5894
江津区	Jiangjin District	95998	44172	37212	9489
合川区	Hechuan District	113639	44612	30771	15116
永川区	Yongchuan District	64992	39536	28307	11629
南川区	Nanchuan District	48570	25097	15024	8342
綦江区	Qijiang District	69454	25068	27742	8329
大足区	Dazu District	61783	29647	19010	19450
璧山区	Bishan District	26892	14017	22852	3624
铜梁区	Tongliang District	54581	27266	22183	7145
潼南区	Tongnan District	56100	26171	63701	24845
荣昌区	Rongchang District	44534	21396	18908	10902
开州区	Kaizhou District	115912	28422	21153	19019
梁平区	Liangping District	64745	28375	19051	8275
武隆区	Wulong District	48557	6815	26183	5670
城口县	Chengkou County	26182	460	5386	1897
丰都县	Fengdu County	66843	20735	19902	10391
垫江县	Dianjiang County	63741	30059	23286	9697
忠 县	Zhongxian County	75865	28040	13405	16731
云阳县	Yunyang County	90464	20967	23085	14915
奉节县	Fengjie County	80659	11149	17338	14364
巫山县	Wushan County	55056	2602	10410	10816
巫溪县	Wuxi County	58730	2077	9628	6491
石柱县	Shizhu County	45011	12187	19795	3511
秀山县	Xiushan County	51172	18546	16226	17197
酉阳县	Youyang County	82383	17260	19272	18223
彭水县	Pengshui County	80000	10524	14994	16723

注：本表使用第三次农业普查衔接数。

5-34 各区县主要农作物产品产量（2011 年）
Output of Major Agricultural and Subsidiary Products by Region of Chongqing（2011）

单位：吨（ton）

地 区	Region	粮食 Grain	稻谷 Rice	蔬菜 Vegetables	油料 Oil-bearing Crops	水果 Fruits	水产品 Aquatic Products
重庆市	**Chongqing**	**10641642**	**4753640**	**14079653**	**465073**	**2611604**	**275600**
万州区	Wanzhou District	497207	226872	778592	15556	244795	16769
黔江区	Qianjiang District	229243	61607	154895	14524	30115	1186
涪陵区	Fuling District	424930	207605	1639685	5349	104800	16502
渝中区	Yuzhong District						
大渡口区	Dadukou District	721	39	63400		660	533
江北区	Jiangbei District	6564	2815	15737	62	2885	468
沙坪坝区	Shapingba District	12281	6751	94756	35	2592	3998
九龙坡区	Jiulongpo District	19024	9385	122925	805	13138	3696
南岸区	Nan’an District	10496	3229	47094		5714	3309
北碚区	Beibei District	57910	22458	394104	1052	17711	4169
渝北区	Yubei District	155097	63613	229240	2880	100435	5415
巴南区	Ba’nan District	303323	146917	507121	2092	41253	13752
长寿区	Changshou District	342786	177868	261597	8619	142913	20714
江津区	Jiangjin District	628230	347954	678551	10950	186625	13408
合川区	Hechuan District	700512	330582	571795	17989	78026	22776
永川区	Yongchuan District	451495	318110	495252	15320	110698	24491
南川区	Nanchuan District	302478	188974	323317	18221	50358	7649
綦江区	Qijiang District	254292	58309	636948	7418	31193	6962
大足区	Dazu District	422795	246750	286471	31951	38358	11689
璧山区	Bishan District	167857	111822	546841	3305	86731	11019
铜梁区	Tongliang District	327132	206494	509125	9412	27081	14182
潼南区	Tongnan District	338431	181096	1524226	33135	51496	10314
荣昌区	Rongchang District	276750	169443	378028	20881	29250	8043
开州区	Kaizhou District	571205	192113	341544	23558	309430	12892
梁平区	Liangping District	347387	208701	375983	13157	71106	7323
武隆区	Wulong District	168490	42755	392239	7296	20554	1775
城口县	Chengkou County	88273	5575	37944	3005	2051	408
丰都县	Fengdu County	323683	126545	271929	17930	47904	5071
垫江县	Dianjiang County	376783	207914	287619	15750	53905	10744
忠 县	Zhongxian County	425451	241461	205159	28086	204194	4813
云阳县	Yunyang County	403113	130285	346098	15431	119632	2849
奉节县	Fengjie County	416203	72714	228925	19216	226737	2364
巫山县	Wushan County	216678	21779	187077	13696	52815	567
巫溪县	Wuxi County	198588	15085	170022	9633	6931	842
石柱县	Shizhu County	234321	88569	268592	9896	13007	1805
秀山县	Xiushan County	296033	136427	232110	27462	65336	1719
酉阳县	Youyang County	347334	109900	219542	23088	15781	1083
彭水县	Pengshui County	298543	65124	255171	18313	5394	301

注：本表中粮食作物使用第三次农业普查衔接数。

5-34 各区县主要农作物产品产量（2012 年）
Output of Major Agricultural and Subsidiary Products by Region of Chongqing（2012）

续表 1（continued 1） 单位：吨（ton）

地 区	Region	粮食 Grain	稻谷 Rice	蔬菜 Vegetables	油料 Oil-bearing Crops	水果 Fruits	水产品 Aquatic Products
重庆市	**Chongqing**	**10605149**	**4753577**	**15093438**	**501142**	**2911934**	**330720**
万州区	Wanzhou District	502240	223558	837501	16564	278330	19983
黔江区	Qianjiang District	220877	60631	171338	15193	31891	1401
涪陵区	Fuling District	437123	208200	1772500	5683	112300	19619
渝中区	Yuzhong District						
大渡口区	Dadukou District	719	27	64250		715	460
江北区	Jiangbei District	3898	1935	9148	47	2124	421
沙坪坝区	Shapingba District	11857	7062	85643	40	3610	4474
九龙坡区	Jiulongpo District	17596	8330	119034	824	13978	4081
南岸区	Nan' an District	9714	2525	40850		5423	3226
北碚区	Beibei District	62232	27200	416017	1238	17505	5414
渝北区	Yubei District	139012	59890	314276	2686	113044	5730
巴南区	Ba' nan District	287647	144146	545604	2081	43308	16753
长寿区	Changshou District	338084	173165	278903	9061	160435	23887
江津区	Jiangjin District	623409	347261	715280	11863	199872	16606
合川区	Hechuan District	694466	329260	609512	18818	88984	29469
永川区	Yongchuan District	463159	329099	522695	16765	126953	28838
南川区	Nanchuan District	293824	184103	333317	19291	57048	8605
綦江区	Qijiang District	316977	74651	671271	8472	32723	6986
大足区	Dazu District	401031	232198	298553	36526	43536	14007
璧山区	Bishan District	162484	109940	599333	3690	98428	12469
铜梁区	Tongliang District	314392	203975	569147	9862	28273	17850
潼南区	Tongnan District	334406	184150	1631391	38120	53245	12817
荣昌区	Rongchang District	273522	178070	400390	22307	29060	9556
开州区	Kaizhou District	578479	189708	367160	25600	353750	17310
梁平区	Liangping District	350835	209851	399662	13966	72685	9224
武隆区	Wulong District	169390	41165	421960	8061	21014	1952
城口县	Chengkou County	84423	4383	42496	3172	2055	451
丰都县	Fengdu County	322543	125297	298724	19546	51751	6253
垫江县	Dianjiang County	376860	213111	310485	17127	59249	12359
忠 县	Zhongxian County	440079	254947	214841	28467	228332	6225
云阳县	Yunyang County	400611	127261	379766	16786	147147	3589
奉节县	Fengjie County	398610	67818	243448	20797	264828	2930
巫山县	Wushan County	206620	19702	195176	14998	58588	722
巫溪县	Wuxi County	191193	14012	178500	10190	8245	1002
石柱县	Shizhu County	230725	85103	281508	10060	13783	2288
秀山县	Xiushan County	294295	135669	244197	28375	67098	2106
酉阳县	Youyang County	354629	110906	244943	24876	16680	1300
彭水县	Pengshui County	297186	65268	264620	19990	5944	357

注：本表中粮食作物使用第三次农业普查衔接数。

5-34 各区县主要农作物产品产量（2013 年）
Output of Major Agricultural and Subsidiary Products by Region of Chongqing（2013）

续表 2（continued 2）

单位：吨（ton）

地 区	Region	粮食 Grain	稻谷 Rice	蔬菜 Vegetables	油料 Oil–bearing Crops	水果 Fruits	水产品 Aquatic Products
重庆市	Chongqing	10551524	4771649	16006420	531375	3188578	385000
万州区	Wanzhou District	502914	222710	886485	17575	318294	19859
黔江区	Qianjiang District	218373	59496	182306	15548	33678	1605
涪陵区	Fuling District	434272	208114	1885381	5891	121852	19309
渝中区	Yuzhong District						
大渡口区	Dadukou District	751	18	62000		996	359
江北区	Jiangbei District	3889	1805	7776	44	1695	388
沙坪坝区	Shapingba District	11234	6549	81966	43	4396	4451
九龙坡区	Jiulongpo District	16732	7537	113998	875	13295	3586
南岸区	Nan' an District	7263	1734	34578		5956	3629
北碚区	Beibei District	65725	30939	405480	1044	21706	4548
渝北区	Yubei District	128571	54797	374171	2911	129166	6025
巴南区	Ba' nan District	281202	137845	548402	2215	48653	18949
长寿区	Changshou District	337987	174052	296004	9666	167083	26573
江津区	Jiangjin District	620951	350430	757362	13184	216409	15882
合川区	Hechuan District	709104	338601	646463	20428	102010	35582
永川区	Yongchuan District	466483	334678	562600	18522	136250	33830
南川区	Nanchuan District	293586	181734	356400	20001	62419	8580
綦江区	Qijiang District	260548	58561	710565	8546	34965	11576
大足区	Dazu District	402077	234675	313771	38030	51398	16919
璧山区	Bishan District	163602	111036	635367	4177	112515	14835
铜梁区	Tongliang District	315831	209768	603209	11398	31542	23865
潼南区	Tongnan District	335783	186838	1727345	40937	60524	17019
荣昌区	Rongchang District	274924	181839	426463	23919	29930	10277
开州区	Kaizhou District	580550	191886	388308	28366	373800	23654
梁平区	Liangping District	351508	213708	422350	14661	75675	10599
武隆区	Wulong District	169936	38998	452550	8413	23391	2159
城口县	Chengkou County	83938	4350	46623	3247	2060	495
丰都县	Fengdu County	317503	125000	316550	20999	52874	6480
垫江县	Dianjiang County	388970	224889	370343	18709	62240	14189
忠 县	Zhongxian County	446627	263000	228592	29371	269267	8142
云阳县	Yunyang County	398899	130227	406351	15591	164373	9484
奉节县	Fengjie County	397706	69216	256108	22406	281943	3171
巫山县	Wushan County	207872	19774	206710	16859	62123	636
巫溪县	Wuxi County	192109	14498	185960	10382	9246	993
石柱县	Shizhu County	224282	84648	307465	10344	14734	2633
秀山县	Xiushan County	288464	130353	259400	29692	66661	2928
酉阳县	Youyang County	346545	103608	261518	25979	18178	1429
彭水县	Pengshui County	304812	63736	279500	21402	7281	362

注：本表中粮食作物使用第三次农业普查衔接数。

5-34 各区县主要农作物产品产量（2014 年）
Output of Major Agricultural and Subsidiary Products by Region of Chongqing（2014）

续表 3（continued 3） 单位：吨（ton）

地 区	Region	粮食 Grain	稻谷 Rice	蔬菜 Vegetables	油料 Oil-bearing Crops	水果 Fruits	水产品 Aquatic Products
重庆市	**Chongqing**	**10438871**	**4754606**	**16891140**	**569359**	**3476148**	**443409**
万州区	Wanzhou District	486947	219241	952558	18204	337515	22300
黔江区	Qianjiang District	216319	58546	190296	15291	37787	1858
涪陵区	Fuling District	423630	213278	2011702	6190	123705	20550
渝中区	Yuzhong District						
大渡口区	Dadukou District	789	13	57900		968	326
江北区	Jiangbei District	3444	1677	7099	16	1429	410
沙坪坝区	Shapingba District	10838	6176	80409	41	4798	4800
九龙坡区	Jiulongpo District	15537	6777	104661	1071	14501	3786
南岸区	Nan' an District	4664	1385	32314		5402	2815
北碚区	Beibei District	57319	25893	390873	958	20836	4853
渝北区	Yubei District	117906	51131	379800	3454	133082	7300
巴南区	Ba' nan District	253525	126564	565050	2181	48693	20500
长寿区	Changshou District	333472	169586	313767	10278	204577	26500
江津区	Jiangjin District	609454	349662	797250	15057	233980	19850
合川区	Hechuan District	701925	335450	684948	21685	114838	39184
永川区	Yongchuan District	469785	339215	593282	20524	148090	39002
南川区	Nanchuan District	294183	180606	374888	22023	67662	10044
綦江区	Qijiang District	251856	50877	745118	9055	37602	12000
大足区	Dazu District	399372	234744	331349	40685	54479	20000
璧山区	Bishan District	162900	109157	677119	4464	130060	16733
铜梁区	Tongliang District	321849	211551	636610	12627	36966	28580
潼南区	Tongnan District	336311	186370	1805145	44166	68789	26144
荣昌区	Rongchang District	276057	181626	451463	24705	31350	11510
开州区	Kaizhou District	567914	191572	415659	29569	405351	25000
梁平区	Liangping District	338424	211080	453182	15486	86468	15100
武隆区	Wulong District	173562	40727	485534	9033	25055	2654
城口县	Chengkou County	83373	4151	49886	3265	2160	536
丰都县	Fengdu County	321170	127500	339593	21543	56062	7300
垫江县	Dianjiang County	383923	226456	404680	20193	68727	17000
忠 县	Zhongxian County	449987	267544	245121	30755	285412	10800
云阳县	Yunyang County	395033	128155	437296	17340	188835	10776
奉节县	Fengjie County	387791	67896	272525	25347	304630	4200
巫山县	Wushan County	205293	18908	223581	16928	71681	750
巫溪县	Wuxi County	206425	15405	202623	11043	10875	1135
石柱县	Shizhu County	223498	84574	326321	10424	15479	3100
秀山县	Xiushan County	287261	130713	276980	35316	70970	3920
酉阳县	Youyang County	362363	115939	279758	27744	19153	1660
彭水县	Pengshui County	304770	64461	294800	22698	8181	433

注：本表中粮食作物使用第三次农业普查衔接数。

5-34 各区县主要农作物产品产量（2015 年）
Output of Major Agricultural and Subsidiary Products by Region of Chongqing（2015）

续表 4（continued 4）　　　　单位：吨（ton）

地 区	Region	粮食 Grain	稻谷 Rice	蔬菜 Vegetables	油料 Oil-bearing Crops	水果 Fruits	水产品 Aquatic Products
重庆市	**Chongqing**	**10510549**	**4765632**	**17804742**	**598721**	**3758483**	**480863**
万州区	Wanzhou District	493991	219189	1018898	19009	372606	23750
黔江区	Qianjiang District	215945	57952	200200	16037	40726	1950
涪陵区	Fuling District	434947	212722	2071135	6581	130110	20960
渝中区	Yuzhong District						
大渡口区	Dadukou District	832	9	44180		868	302
江北区	Jiangbei District	3294	1472	7012	19	1411	383
沙坪坝区	Shapingba District	10517	5864	80892	37	4907	4810
九龙坡区	Jiulongpo District	14348	5659	101486	1077	14999	3843
南岸区	Nan’an District	3496	538	25828		5481	2632
北碚区	Beibei District	53569	23056	380125	937	21280	4870
渝北区	Yubei District	115488	50965	391000	3763	139303	8092
巴南区	Ba’nan District	242033	121831	615455	2252	49557	21350
长寿区	Changshou District	331219	170451	337200	10864	222000	30320
江津区	Jiangjin District	619017	349138	843052	15679	254134	24046
合川区	Hechuan District	699714	336980	732118	23405	122158	41057
永川区	Yongchuan District	474081	337396	622800	21798	155776	41031
南川区	Nanchuan District	293085	182735	406083	22129	73468	11000
綦江区	Qijiang District	252656	45867	778409	9353	40263	12243
大足区	Dazu District	403416	236896	357192	43790	58388	21559
璧山区	Bishan District	163663	108608	703022	4655	139876	17906
铜梁区	Tongliang District	328931	211266	674907	13385	41768	31700
潼南区	Tongnan District	329404	185964	1882905	46884	77457	31861
荣昌区	Rongchang District	279230	180864	480415	25682	33064	11900
开州区	Kaizhou District	563280	191191	443766	30703	434762	26300
梁平区	Liangping District	342748	211871	482358	16251	95926	16409
武隆区	Wulong District	179968	41883	521576	9781	27174	3042
城口县	Chengkou County	84414	4280	51726	3325	2174	559
丰都县	Fengdu County	323218	129660	366825	21619	59334	8218
垫江县	Dianjiang County	398437	232853	442232	20507	77081	18500
忠 县	Zhongxian County	455476	276728	258895	32117	318867	12300
云阳县	Yunyang County	396993	129364	466093	18866	206776	11378
奉节县	Fengjie County	399128	72489	294313	27017	322298	4673
巫山县	Wushan County	205125	18597	239710	18824	80967	880
巫溪县	Wuxi County	207747	14869	216200	12072	12043	1143
石柱县	Shizhu County	223144	84120	352320	10709	15804	3450
秀山县	Xiushan County	292607	131128	299222	36080	75370	4200
酉阳县	Youyang County	362788	116368	301972	29114	21596	1800
彭水县	Pengshui County	312599	64809	313220	24400	8711	446

注：本表中粮食作物使用第三次农业普查衔接数。

5-34 各区县主要农作物产品产量（2016 年）
Output of Major Agricultural and Subsidiary Products by Region of Chongqing（2016）

续表 5（continued 5） 单位：吨（ton）

地 区	Region	粮食 Grain	稻谷 Rice	蔬菜 Vegetables	油料 Oil-bearing Crops	水果 Fruits	水产品 Aquatic Products
重庆市	**Chongqing**	**10781955**	**4875788**	**17954900**	**608526**	**3692436**	**490692**
万州区	Wanzhou District	491205	219948	1034844	18549	393368	23786
黔江区	Qianjiang District	223339	57197	206444	15825	49073	1896
涪陵区	Fuling District	434148	215443	2131640	5402	136422	20191
渝中区	Yuzhong District						
大渡口区	Dadukou District	1277	16	17728	18	545	284
江北区	Jiangbei District	3036	1217	6471	15	1953	373
沙坪坝区	Shapingba District	11091	5336	37444	283	5314	4761
九龙坡区	Jiulongpo District	13844	4552	73152	1496	16061	3735
南岸区	Nan' an District	2856	399	8722	13	4383	2504
北碚区	Beibei District	50489	21803	218921	1232	24371	4809
渝北区	Yubei District	116221	50156	297945	2226	56002	8115
巴南区	Ba' nan District	231576	114378	424235	1128	48590	21817
长寿区	Changshou District	332065	171210	328380	11560	163156	31572
江津区	Jiangjin District	629155	349567	886723	16975	179375	25136
合川区	Hechuan District	709664	339377	768123	25659	134203	42357
永川区	Yongchuan District	475404	336410	647221	22242	103785	41731
南川区	Nanchuan District	306200	184676	413346	17204	51025	11122
綦江区	Qijiang District	402256	176327	672230	10319	60549	12420
大足区	Dazu District	412721	239807	380192	40698	41249	21270
璧山区	Bishan District	167101	107608	687207	6723	112299	18573
铜梁区	Tongliang District	341576	213085	657659	13469	57420	33096
潼南区	Tongnan District	366873	206618	1906431	49332	117664	33218
荣昌区	Rongchang District	295885	180839	505240	22452	17650	11476
开州区	Kaizhou District	575941	198129	470213	35028	394182	27109
梁平区	Liangping District	343518	213611	513358	15332	99863	17398
武隆区	Wulong District	184055	42774	558824	9558	56560	3189
城口县	Chengkou County	86701	4199	51627	3157	4249	505
丰都县	Fengdu County	325163	131953	391503	19921	72046	8349
垫江县	Dianjiang County	408547	237047	671148	19533	88066	19093
忠 县	Zhongxian County	408239	219035	273305	37284	364225	12690
云阳县	Yunyang County	397447	130578	441468	29827	304227	11400
奉节县	Fengjie County	400748	72385	347134	26813	301920	4535
巫山县	Wushan County	205332	17632	250243	16589	88532	913
巫溪县	Wuxi County	224006	14777	233136	11582	28699	1155
石柱县	Shizhu County	224715	85017	398268	6598	15179	3586
秀山县	Xiushan County	297286	131951	331588	33639	46074	4265
酉阳县	Youyang County	363590	115852	366063	32038	37626	1817
彭水县	Pengshui County	318684	64880	346724	28809	16530	446

注：本表使用第三次农业普查衔接数。

5–34 各区县主要农作物产品产量（2017 年）
Output of Major Agricultural and Subsidiary Products by Region of Chongqing（2017）

续表 6（continued 6）　　　　单位：吨（ton）

地 区	Region	粮食 Grain	稻谷 Rice	蔬菜 Vegetables	油料 Oil-bearing Crops	水果 Fruits	水产品 Aquatic Products
重庆市	**Chongqing**	**10798713**	**4869921**	**18626281**	**623962**	**4033758**	**515130**
万州区	Wanzhou District	492436	220186	1073468	19030	407005	25165
黔江区	Qianjiang District	225231	57690	218472	15681	54809	2013
涪陵区	Fuling District	437813	216224	2180705	5512	143767	20008
渝中区	Yuzhong District						
大渡口区	Dadukou District	937	12	16681	1	517	267
江北区	Jiangbei District	2545	931	5448	16	1635	310
沙坪坝区	Shapingba District	10823	5223	35644	244	4903	4728
九龙坡区	Jiulongpo District	12559	4092	70861	1427	12954	3760
南岸区	Nan’an District	2070	96	7826	6	4093	2338
北碚区	Beibei District	45835	18620	211606	1244	24138	4897
渝北区	Yubei District	110300	47845	290942	2471	55451	8174
巴南区	Ba’nan District	218997	106867	437865	1168	48165	22183
长寿区	Changshou District	335205	172791	322625	11764	175505	34739
江津区	Jiangjin District	628761	348097	927782	17678	203031	25807
合川区	Hechuan District	706527	337597	808458	26139	135172	46072
永川区	Yongchuan District	476137	339490	671904	23348	117237	43460
南川区	Nanchuan District	306956	185141	440224	17254	53585	11096
綦江区	Qijiang District	405761	176798	664168	13769	56801	12519
大足区	Dazu District	415029	240678	399094	42057	46515	23367
璧山区	Bishan District	166513	106357	709125	6770	125590	19221
铜梁区	Tongliang District	345131	213865	682909	14282	57710	34241
潼南区	Tongnan District	367178	206417	1953603	49787	163801	34785
荣昌区	Rongchang District	294727	180164	527952	22921	24966	11744
开州区	Kaizhou District	577709	199522	500323	35617	447210	29359
梁平区	Liangping District	346730	215156	537934	15616	120993	19285
武隆区	Wulong District	185132	42613	590988	9988	60944	3517
城口县	Chengkou County	87659	4245	55936	3517	5881	508
丰都县	Fengdu County	326963	132750	415398	19549	69012	8896
垫江县	Dianjiang County	409936	235636	715160	19772	99643	20241
忠 县	Zhongxian County	410682	220334	290113	37749	371201	13603
云阳县	Yunyang County	399813	130550	467547	31216	305727	11711
奉节县	Fengjie County	404056	73122	367768	27335	324056	4676
巫山县	Wushan County	206173	17171	256336	17166	115535	925
巫溪县	Wuxi County	226507	14752	246603	11745	39628	1221
石柱县	Shizhu County	225344	85395	418597	6628	14801	3768
秀山县	Xiushan County	297647	132179	352254	33761	70443	4205
酉阳县	Youyang County	365006	116004	388913	32248	50500	1854
彭水县	Pengshui County	321884	65312	365049	29485	20834	467

注：本表使用第三次农业普查衔接数。

5-34 各区县主要农作物产品产量（2018 年）
Output of Major Agricultural and Subsidiary Products by Region of Chongqing（2018）

续表 7（continued 7） 单位：吨（ton）

地 区	Region	粮食 Grain	稻谷 Rice	蔬菜 Vegetables	油料 Oil-bearing Crops	水果 Fruits	水产品 Aquatic Products
重庆市	**Chongqing**	**10793424**	**4869190**	**19327250**	**637002**	**4312656**	**529631**
万州区	Wanzhou District	491524	220290	1106990	19219	432247	23210
黔江区	Qianjiang District	227914	58038	232640	16266	59365	2390
涪陵区	Fuling District	440272	216224	2269912	5903	155751	19100
渝中区	Yuzhong District						
大渡口区	Dadukou District	876	10	16486		509	278
江北区	Jiangbei District	2533	1084	5404	13	1431	287
沙坪坝区	Shapingba District	10530	5138	35756	181	5494	4747
九龙坡区	Jiulongpo District	12601	4278	71154	1424	13354	3839
南岸区	Nan' an District	2075	99	7639	0	4138	2268
北碚区	Beibei District	44968	18432	201134	968	24575	4890
渝北区	Yubei District	110583	47942	291755	2513	57566	8293
巴南区	Ba' nan District	216907	107177	452752	1142	50566	22530
长寿区	Changshou District	336244	174440	337372	11851	187985	38080
江津区	Jiangjin District	630792	349883	964452	17752	214553	26810
合川区	Hechuan District	702827	337780	848529	26788	143004	48585
永川区	Yongchuan District	476516	340000	698400	23761	125490	43464
南川区	Nanchuan District	307190	185314	461146	17198	58497	11500
綦江区	Qijiang District	408237	177833	677226	14898	60814	13132
大足区	Dazu District	414519	240788	417396	43013	51535	23490
璧山区	Bishan District	165728	105567	732388	6421	133565	17303
铜梁区	Tongliang District	347991	213865	697986	14608	62874	35150
潼南区	Tongnan District	370035	207885	1976212	49332	189976	36806
荣昌区	Rongchang District	297170	181365	551514	23809	26697	12165
开州区	Kaizhou District	572087	197198	524789	36765	468143	30560
梁平区	Liangping District	347578	215672	563635	15859	128672	20048
武隆区	Wulong District	186202	42977	615234	10557	66540	3920
城口县	Chengkou County	87193	2900	57681	3863	6096	513
丰都县	Fengdu County	324423	133762	439766	19650	74508	9164
垫江县	Dianjiang County	405570	233665	751181	20347	107936	22000
忠 县	Zhongxian County	406356	220312	308570	38189	394993	14700
云阳县	Yunyang County	401344	130990	491632	32240	316546	12086
奉节县	Fengjie County	407291	73226	393540	27870	354841	5055
巫山县	Wushan County	207380	17183	264144	17938	124778	938
巫溪县	Wuxi County	228897	14152	258710	12357	42494	1415
石柱县	Shizhu County	221681	82099	436057	6437	15939	3980
秀山县	Xiushan County	297833	132417	370663	34941	74912	4520
酉阳县	Youyang County	366788	115952	410734	32463	53723	1940
彭水县	Pengshui County	314769	63254	386672	30469	22549	475

注：本表使用第三次农业普查衔接数。

5-35 各区县主要农作物产品人均产量（2011 年）
Per Capita Output of Major Agricultural and Subsidiary Products by Region of Chongqing（2011）

单位：公斤/人（kg/person）

地 区	Region	粮食 Grain	稻谷 Rice	蔬菜 Vegetables	油料 Oil-bearing Crops	水果 Fruits	水产品 Aquatic Products
重庆市	**Chongqing**	**457.8**	**204.5**	**605.7**	**20.0**	**112.4**	**11.9**
万州区	Wanzhou District	389.8	177.9	610.4	12.2	191.9	13.1
黔江区	Qianjiang District	475.5	127.8	321.3	30.1	62.5	2.5
涪陵区	Fuling District	524.9	256.5	2025.6	6.6	129.5	20.4
渝中区	Yuzhong District						
大渡口区	Dadukou District	21.5	1.2	1889.4	0.0	19.7	15.9
江北区	Jiangbei District	159.2	68.3	381.6	1.5	70.0	11.3
沙坪坝区	Shapingba District	86.6	47.6	668.2	0.2	18.3	28.2
九龙坡区	Jiulongpo District	90.4	44.6	584.3	3.8	62.5	17.6
南岸区	Nan' an District	39.4	12.1	176.8	0.0	21.5	12.4
北碚区	Beibei District	184.6	71.6	1256.0	3.4	56.4	13.3
渝北区	Yubei District	341.5	140.0	504.7	6.3	221.1	11.9
巴南区	Ba' nan District	543.8	263.4	909.1	3.8	74.0	24.7
长寿区	Changshou District	516.8	268.2	394.4	13.0	215.5	31.2
江津区	Jiangjin District	540.8	299.6	584.2	9.4	160.7	11.5
合川区	Hechuan District	589.5	278.2	481.2	15.1	65.7	19.2
永川区	Yongchuan District	621.9	438.2	682.2	21.1	152.5	33.7
南川区	Nanchuan District	489.2	305.6	522.9	29.5	81.4	12.4
綦江区	Qijiang District	279.0	64.0	699.0	8.1	34.2	7.6
大足区	Dazu District	612.9	357.7	415.3	46.3	55.6	16.9
璧山区	Bishan District	368.2	245.3	1199.7	7.3	190.3	24.2
铜梁区	Tongliang District	500.1	315.6	778.2	14.4	41.4	21.7
潼南区	Tongnan District	415.0	222.1	1869.0	40.6	63.1	12.6
荣昌区	Rongchang District	429.0	262.7	586.0	32.4	45.3	12.5
开州区	Kaizhou District	406.0	136.6	242.8	16.7	219.9	9.2
梁平区	Liangping District	432.7	260.0	468.3	16.4	88.6	9.1
武隆区	Wulong District	449.6	114.1	1046.6	19.5	54.8	4.7
城口县	Chengkou County	398.4	25.2	171.3	13.6	9.3	1.8
丰都县	Fengdu County	493.8	193.1	414.9	27.4	73.1	7.7
垫江县	Dianjiang County	500.8	276.4	382.3	20.9	71.7	14.3
忠 县	Zhongxian County	544.3	308.9	262.4	35.9	261.2	6.2
云阳县	Yunyang County	394.7	127.6	338.9	15.1	117.1	2.8
奉节县	Fengjie County	461.7	80.7	254.0	21.3	251.5	2.6
巫山县	Wushan County	405.6	40.8	350.2	25.6	98.9	1.1
巫溪县	Wuxi County	444.9	33.8	380.9	21.6	15.5	1.9
石柱县	Shizhu County	542.2	204.9	621.5	22.9	30.1	4.2
秀山县	Xiushan County	646.8	298.1	507.1	60.0	142.8	3.8
酉阳县	Youyang County	476.0	150.6	300.9	31.6	21.6	1.5
彭水县	Pengshui County	488.3	106.5	417.4	30.0	8.8	0.5

注：本表数据按乡村人口计算。

Note:Data in this table are calculated by rural population.

5-35 各区县主要农作物产品人均产量（2012 年）
Per Capita Output of Major Agricultural and Subsidiary Products by Region of Chongqing（2012）

续表 1（continued 1） 单位：公斤/人（kg/person）

地 区	Region	粮食 Grain	稻谷 Rice	蔬菜 Vegetables	油料 Oil-bearing Crops	水果 Fruits	水产品 Aquatic Products
重庆市	**Chongqing**	**460.5**	**206.4**	**655.4**	**21.8**	**126.4**	**14.4**
万州区	Wanzhou District	406.6	181.0	678.1	13.4	225.3	16.2
黔江区	Qianjiang District	479.6	131.7	372.0	33.0	69.2	3.0
涪陵区	Fuling District	538.2	256.4	2182.5	7.0	138.3	24.2
渝中区	Yuzhong District						
大渡口区	Dadukou District	23.2	0.9	2077.7	0.0	23.1	14.9
江北区	Jiangbei District	99.4	49.3	233.2	1.2	54.1	10.7
沙坪坝区	Shapingba District	85.7	51.1	619.2	0.3	26.1	32.3
九龙坡区	Jiulongpo District	82.4	39.0	557.7	3.9	65.5	19.1
南岸区	Nan' an District	35.7	9.3	150.0	0.0	19.9	11.8
北碚区	Beibei District	199.4	87.1	1332.9	4.0	56.1	17.3
渝北区	Yubei District	327.8	141.2	741.1	6.3	266.6	13.5
巴南区	Ba' nan District	513.0	257.1	973.1	3.7	77.2	29.9
长寿区	Changshou District	514.3	263.4	424.3	13.8	244.1	36.3
江津区	Jiangjin District	554.9	309.1	636.7	10.6	177.9	14.8
合川区	Hechuan District	585.5	277.6	513.9	15.9	75.0	24.8
永川区	Yongchuan District	636.4	452.2	718.2	23.0	174.4	39.6
南川区	Nanchuan District	573.4	359.3	650.5	37.6	111.3	16.8
綦江区	Qijiang District	355.6	83.7	753.0	9.5	36.7	7.8
大足区	Dazu District	498.2	288.5	370.9	45.4	54.1	17.4
璧山区	Bishan District	353.9	239.5	1305.6	8.0	214.4	27.2
铜梁区	Tongliang District	499.6	324.1	904.4	15.7	44.9	28.4
潼南区	Tongnan District	410.0	225.8	2000.0	46.7	65.3	15.7
荣昌区	Rongchang District	441.6	287.5	646.5	36.0	46.9	15.4
开州区	Kaizhou District	407.5	133.6	258.6	18.0	249.2	12.2
梁平区	Liangping District	421.4	252.0	480.0	16.8	87.3	11.1
武隆区	Wulong District	452.2	109.9	1126.5	21.5	56.1	5.2
城口县	Chengkou County	380.4	19.7	191.5	14.3	9.3	2.0
丰都县	Fengdu County	488.8	189.9	452.7	29.6	78.4	9.5
垫江县	Dianjiang County	504.7	285.4	415.8	22.9	79.3	16.6
忠 县	Zhongxian County	574.2	332.6	280.3	37.1	297.9	8.1
云阳县	Yunyang County	396.6	126.0	376.0	16.6	145.7	3.6
奉节县	Fengjie County	438.7	74.6	267.9	22.9	291.5	3.2
巫山县	Wushan County	389.7	37.2	368.1	28.3	110.5	1.4
巫溪县	Wuxi County	449.0	32.9	419.2	23.9	19.4	2.4
石柱县	Shizhu County	547.5	202.0	668.0	23.9	32.7	5.4
秀山县	Xiushan County	676.5	311.9	561.3	65.2	154.2	4.8
酉阳县	Youyang County	458.2	143.3	316.5	32.1	21.6	1.7
彭水县	Pengshui County	514.0	112.9	457.6	34.6	10.3	0.6

注：本表数据按乡村人口计算。

Note:Data in this table are calculated by rural population.

5-35 各区县主要农作物产品产量（2013 年）
Output of Major Agricultural and Subsidiary Products by Region of Chongqing（2013）

续表 2（continued 2）　　单位：公斤/人（kg/person）

地 区	Region	粮食 Grain	稻谷 Rice	蔬菜 Vegetables	油料 Oil-bearing Crops	水果 Fruits	水产品 Aquatic Products
重庆市	**Chongqing**	**465.3**	**210.4**	**705.8**	**23.4**	**140.6**	**17.0**
万州区	Wanzhou District	412.5	182.7	727.1	14.4	261.1	16.3
黔江区	Qianjiang District	474.4	129.3	396.0	33.8	73.2	3.5
涪陵区	Fuling District	536.5	257.1	2329.2	7.8	150.5	23.9
渝中区	Yuzhong District						
大渡口区	Dadukou District	25.8	0.6	2128.0	0.0	34.2	12.3
江北区	Jiangbei District	129.1	59.9	258.1	1.5	56.3	12.9
沙坪坝区	Shapingba District	82.0	47.8	598.0	0.3	32.1	32.5
九龙坡区	Jiulongpo District	77.9	35.1	530.7	4.1	61.9	16.7
南岸区	Nan' an District	23.8	5.7	113.3	0.0	19.5	11.9
北碚区	Beibei District	210.1	98.9	1296.3	3.3	69.4	14.5
渝北区	Yubei District	297.6	126.8	866.0	6.7	298.9	13.9
巴南区	Ba' nan District	497.9	244.1	971.1	3.9	86.2	33.6
长寿区	Changshou District	519.7	267.6	455.1	14.9	256.9	40.9
江津区	Jiangjin District	558.0	314.9	680.5	11.8	194.5	14.3
合川区	Hechuan District	660.6	315.4	602.2	19.0	95.0	33.1
永川区	Yongchuan District	634.8	455.4	765.6	25.2	185.4	46.0
南川区	Nanchuan District	580.9	359.6	705.1	39.6	123.5	17.0
綦江区	Qijiang District	294.5	66.2	803.1	9.7	39.5	13.1
大足区	Dazu District	527.6	307.9	411.7	49.9	67.4	22.2
璧山区	Bishan District	356.5	242.0	1384.5	9.1	245.2	32.3
铜梁区	Tongliang District	507.1	336.8	968.5	18.3	50.6	38.3
潼南区	Tongnan District	423.6	235.7	2178.9	51.6	76.3	21.5
荣昌区	Rongchang District	574.4	379.9	891.1	50.0	62.5	21.5
开州区	Kaizhou District	414.4	137.0	277.2	20.2	266.8	16.9
梁平区	Liangping District	418.7	254.6	503.1	17.5	90.1	12.6
武隆区	Wulong District	453.5	104.1	1207.7	22.5	62.4	5.8
城口县	Chengkou County	376.8	19.5	209.3	14.6	9.2	2.2
丰都县	Fengdu County	483.3	190.3	481.9	32.0	80.5	9.9
垫江县	Dianjiang County	522.2	301.9	497.2	25.1	83.6	19.1
忠 县	Zhongxian County	587.7	346.1	300.8	38.6	354.3	10.7
云阳县	Yunyang County	409.0	133.5	416.6	16.0	168.5	9.7
奉节县	Fengjie County	438.7	76.4	282.5	24.7	311.0	3.5
巫山县	Wushan County	394.3	37.5	392.1	32.0	117.8	1.2
巫溪县	Wuxi County	409.9	30.9	396.8	22.2	19.7	2.1
石柱县	Shizhu County	540.9	204.1	741.5	24.9	35.5	6.3
秀山县	Xiushan County	661.9	299.1	595.2	68.1	153.0	6.7
酉阳县	Youyang County	445.8	133.3	336.4	33.4	23.4	1.8
彭水县	Pengshui County	525.3	109.8	481.6	36.9	12.5	0.6

注：本表数据按乡村人口计算。

Note:Data in this table are calculated by rural population.

5-35 各区县主要农作物产品产量（2014 年）
Output of Major Agricultural and Subsidiary Products by Region of Chongqing（2014）

续表 3（continued 3） 单位：公斤/人（kg/person）

地 区	Region	粮食 Grain	稻谷 Rice	蔬菜 Vegetables	油料 Oil-bearing Crops	水果 Fruits	水产品 Aquatic Products
重庆市	**Chongqing**	**464.7**	**211.7**	**752.0**	**25.3**	**154.7**	**19.7**
万州区	Wanzhou District	403.9	181.8	790.0	15.1	279.9	18.5
黔江区	Qianjiang District	467.0	126.4	410.8	33.0	81.6	4.0
渝中区	Yuzhong District						
大渡口区	Dadukou District	30.6	0.5	2242.9	0.0	37.5	12.6
江北区	Jiangbei District	150.6	73.3	310.4	0.7	62.5	17.9
沙坪坝区	Shapingba District	80.2	45.7	595.2	0.3	35.5	35.5
九龙坡区	Jiulongpo District	72.8	31.7	490.2	5.0	67.9	17.7
南岸区	Nan' an District	14.6	4.4	101.5	0.0	17.0	8.8
北碚区	Beibei District	188.1	85.0	1282.4	3.1	68.4	15.9
渝北区	Yubei District	294.3	127.6	948.0	8.6	332.2	18.2
巴南区	Ba' nan District	456.3	227.8	1016.9	3.9	87.6	36.9
涪陵区	Fuling District	524.3	264.0	2489.8	7.7	153.1	25.4
长寿区	Changshou District	530.4	269.7	499.1	16.3	325.4	42.1
江津区	Jiangjin District	553.3	317.5	723.8	13.7	212.4	18.0
合川区	Hechuan District	687.8	328.7	671.2	21.2	112.5	38.4
永川区	Yongchuan District	624.4	450.9	788.5	27.3	196.8	51.8
南川区	Nanchuan District	605.6	371.8	771.8	45.3	139.3	20.7
綦江区	Qijiang District	287.6	58.1	851.0	10.3	42.9	13.7
大足区	Dazu District	524.2	308.1	434.9	53.4	71.5	26.3
璧山区	Bishan District	368.2	246.8	1530.7	10.1	294.0	37.8
铜梁区	Tongliang District	519.5	341.5	1027.6	20.4	59.7	46.1
潼南区	Tongnan District	434.6	240.8	2332.7	57.1	88.9	33.8
荣昌区	Rongchang District	578.1	380.4	945.4	51.7	65.7	24.1
开州区	Kaizhou District	405.4	136.7	296.7	21.1	289.3	17.8
梁平区	Liangping District	403.1	251.4	539.8	18.4	103.0	18.0
武隆区	Wulong District	459.6	107.8	1285.6	23.9	66.3	7.0
城口县	Chengkou County	372.6	18.6	222.9	14.6	9.7	2.4
丰都县	Fengdu County	489.8	194.4	517.9	32.9	85.5	11.1
垫江县	Dianjiang County	516.9	304.9	544.9	27.2	92.5	22.9
忠 县	Zhongxian County	599.9	356.7	326.8	41.0	380.5	14.4
云阳县	Yunyang County	409.2	132.8	453.0	18.0	195.6	11.2
奉节县	Fengjie County	423.0	74.1	297.3	27.6	332.3	4.6
巫山县	Wushan County	396.3	36.5	431.6	32.7	138.4	1.4
巫溪县	Wuxi County	440.4	32.9	432.2	23.6	23.2	2.4
石柱县	Shizhu County	536.7	203.1	783.7	25.0	37.2	7.4
秀山县	Xiushan County	659.3	300.0	635.7	81.1	162.9	9.0
酉阳县	Youyang County	486.9	154.4	359.2	35.6	24.6	2.1
彭水县	Pengshui County	536.6	108.9	508.6	39.2	14.1	0.7

注：本表数据按乡村人口计算。

Note:Data in this table are calculated by rural population.

5-35 各区县主要农作物产品产量（2015 年）
Output of Major Agricultural and Subsidiary Products by Region of Chongqing（2015）

续表 4（continued 4） 单位：公斤/人（kg/person）

地 区	Region	粮食 Grain	稻谷 Rice	蔬菜 Vegetables	油料 Oil-bearing Crops	水果 Fruits	水产品 Aquatic Products
重庆市	**Chongqing**	**472.2**	**214.1**	**799.9**	**26.9**	**168.9**	**21.6**
万州区	Wanzhou District	415.3	184.3	856.6	16.0	313.2	20.0
黔江区	Qianjiang District	463.4	124.4	429.6	34.4	87.4	4.2
涪陵区	Fuling District	539.8	264.0	2570.4	8.2	161.5	26.0
渝中区	Yuzhong District						
大渡口区	Dadukou District	35.4	0.4	1879.5		36.9	12.8
江北区	Jiangbei District	160.1	71.6	340.9	0.9	68.6	18.6
沙坪坝区	Shapingba District	78.4	43.7	603.1	0.3	36.6	35.9
九龙坡区	Jiulongpo District	67.3	26.6	476.3	5.1	70.4	18.0
南岸区	Nan' an District	10.9	1.7	80.9	0.0	17.2	8.2
北碚区	Beibei District	188.5	81.1	1337.2	3.3	74.9	17.1
渝北区	Yubei District	296.3	130.8	1003.2	9.7	357.4	20.8
巴南区	Ba' nan District	525.5	264.5	1336.2	4.9	107.6	46.4
长寿区	Changshou District	528.5	272.0	538.1	17.3	354.2	48.4
江津区	Jiangjin District	565.0	318.7	769.5	14.3	232.0	21.9
合川区	Hechuan District	688.5	331.6	720.4	23.0	120.2	40.4
永川区	Yongchuan District	630.0	448.4	827.6	29.0	207.0	54.5
南川区	Nanchuan District	628.7	392.0	871.0	47.5	157.6	23.6
綦江区	Qijiang District	288.8	52.4	889.9	10.7	46.0	14.0
大足区	Dazu District	533.4	313.3	472.3	57.9	77.2	28.5
璧山区	Bishan District	373.6	248.0	1605.0	10.6	319.3	40.9
铜梁区	Tongliang District	535.2	343.8	1098.2	21.8	68.0	51.6
潼南区	Tongnan District	417.2	235.6	2385.0	59.4	98.1	40.4
荣昌区	Rongchang District	583.1	377.7	1003.3	53.6	69.1	24.9
开州区	Kaizhou District	396.7	134.7	312.6	21.6	306.2	18.5
梁平区	Liangping District	411.1	254.1	578.6	19.5	115.1	19.7
武隆区	Wulong District	483.0	112.4	1399.9	26.3	72.9	8.2
城口县	Chengkou County	380.6	19.3	233.2	15.0	9.8	2.5
丰都县	Fengdu County	493.7	198.0	560.3	33.0	90.6	12.6
垫江县	Dianjiang County	537.7	314.3	596.8	27.7	104.0	25.0
忠 县	Zhongxian County	612.9	372.4	348.4	43.2	429.1	16.6
云阳县	Yunyang County	413.4	134.7	485.3	19.6	215.3	11.8
奉节县	Fengjie County	440.1	79.9	324.5	29.8	355.4	5.2
巫山县	Wushan County	394.4	35.8	460.9	36.2	155.7	1.7
巫溪县	Wuxi County	442.7	31.7	460.7	25.7	25.7	2.4
石柱县	Shizhu County	538.4	203.0	850.1	25.8	38.1	8.3
秀山县	Xiushan County	681.7	305.5	697.1	84.1	175.6	9.8
酉阳县	Youyang County	466.4	149.6	388.2	37.4	27.8	2.3
彭水县	Pengshui County	541.7	112.3	542.8	42.3	15.1	0.8

注：本表数据按乡村人口计算。

Note:Data in this table are calculated by rural population.

5-35 各区县主要农作物产品产量（2016 年）
Output of Major Agricultural and Subsidiary Products by Region of Chongqing（2016）

续表 5（continued 5） 单位：公斤/人（kg/person）

地 区	Region	粮食 Grain	稻谷 Rice	蔬菜 Vegetables	油料 Oil-bearing Crops	水果 Fruits	水产品 Aquatic Products
重庆市	**Chongqing**	**484.4**	**219.1**	**817.5**	**27.7**	**168.1**	**22.3**
万州区	Wanzhou District	412.9	184.9	880.0	15.8	334.5	20.2
黔江区	Qianjiang District	479.3	122.7	440.8	33.8	104.8	4.0
涪陵区	Fuling District	538.8	267.4	2644.8	6.7	169.3	25.1
渝中区	Yuzhong District						
大渡口区	Dadukou District	54.3	0.7	780.7	0.8	24.0	12.5
江北区	Jiangbei District	147.6	59.2	318.5	0.7	96.1	18.4
沙坪坝区	Shapingba District	82.7	39.8	280.5	2.1	39.8	35.7
九龙坡区	Jiulongpo District	65.0	21.4	355.5	7.3	78.0	18.1
南岸区	Nan' an District	8.9	1.3	26.0	0.0	13.1	7.5
北碚区	Beibei District	177.6	76.7	886.8	5.0	98.7	19.5
渝北区	Yubei District	298.2	128.7	782.4	5.8	147.1	21.3
巴南区	Ba' nan District	502.8	248.3	947.3	2.5	108.5	48.7
长寿区	Changshou District	529.9	273.2	535.5	18.9	266.1	51.5
江津区	Jiangjin District	574.3	319.1	820.2	15.7	165.9	23.2
合川区	Hechuan District	698.3	333.9	762.7	25.5	133.3	42.1
永川区	Yongchuan District	631.8	447.0	864.7	29.7	138.7	55.8
南川区	Nanchuan District	656.8	396.1	905.3	37.7	111.8	24.4
綦江区	Qijiang District	459.8	201.6	768.2	11.8	69.2	14.2
大足区	Dazu District	545.7	317.1	506.7	54.2	55.0	28.3
璧山区	Bishan District	381.5	245.7	1575.7	15.4	257.5	42.6
铜梁区	Tongliang District	555.8	346.7	1072.7	22.0	93.7	54.0
潼南区	Tongnan District	464.7	261.7	2623.3	67.9	161.9	45.7
荣昌区	Rongchang District	617.9	377.7	1071.7	47.6	37.4	24.3
开州区	Kaizhou District	405.7	139.6	330.5	24.6	277.1	19.1
梁平区	Liangping District	412.1	256.2	617.0	18.4	120.0	20.9
武隆区	Wulong District	494.0	114.8	1496.5	25.6	151.5	8.5
城口县	Chengkou County	391.0	18.9	235.5	14.4	19.4	2.3
丰都县	Fengdu County	496.7	201.5	598.3	30.4	110.1	12.8
垫江县	Dianjiang County	551.4	319.9	910.2	26.5	119.4	25.9
忠 县	Zhongxian County	549.4	294.8	378.6	51.6	504.5	17.6
云阳县	Yunyang County	413.9	136.0	461.9	31.2	318.3	11.9
奉节县	Fengjie County	441.9	79.8	395.2	30.5	343.7	5.2
巫山县	Wushan County	394.8	33.9	479.2	31.8	169.5	1.7
巫溪县	Wuxi County	477.3	31.5	498.5	24.8	61.4	2.5
石柱县	Shizhu County	542.2	205.1	1031.8	17.1	39.3	9.3
秀山县	Xiushan County	692.6	307.4	798.8	81.0	111.0	10.3
酉阳县	Youyang County	467.4	148.9	469.9	41.1	48.3	2.3
彭水县	Pengshui County	552.3	112.4	603.7	50.2	28.8	0.8

注：本表数据按乡村人口计算。

Note:Data in this table are calculated by rural population.

5–35 各区县主要农作物产品产量（2017 年）
Output of Major Agricultural and Subsidiary Products by Region of Chongqing（2017）

续表 6（continued 6）　　　　单位：公斤/人（kg/person）

地 区	Region	粮食 Grain	稻谷 Rice	蔬菜 Vegetables	油料 Oil–bearing Crops	水果 Fruits	水产品 Aquatic Products
重庆市	**Chongqing**	**497.4**	**224.3**	**857.9**	**28.7**	**185.8**	**23.7**
万州区	Wanzhou District	421.2	188.3	918.1	16.3	348.1	21.5
黔江区	Qianjiang District	480.8	123.1	466.3	33.5	117.0	4.3
涪陵区	Fuling District	543.1	268.2	2704.9	6.8	178.3	24.8
渝中区	Yuzhong District						
大渡口区	Dadukou District	43.7	0.6	778.6	0.1	24.1	12.5
江北区	Jiangbei District	146.1	53.4	312.7	0.9	93.9	17.8
沙坪坝区	Shapingba District	83.4	40.3	274.8	1.9	37.8	36.5
九龙坡区	Jiulongpo District	64.0	20.8	361.0	7.3	66.0	19.2
南岸区	Nan’an District	7.0	0.3	26.6	0.0	13.9	7.9
北碚区	Beibei District	177.3	72.0	818.7	4.8	93.4	18.9
渝北区	Yubei District	310.3	134.6	818.6	7.0	156.0	23.0
巴南区	Ba’nan District	492.3	240.2	984.2	2.6	108.3	49.9
长寿区	Changshou District	555.8	286.5	534.9	19.5	291.0	57.6
江津区	Jiangjin District	585.6	324.2	864.1	16.5	189.1	24.0
合川区	Hechuan District	702.2	335.5	803.5	26.0	134.3	45.8
永川区	Yongchuan District	632.7	451.2	892.9	31.0	155.8	57.8
南川区	Nanchuan District	686.3	414.0	984.3	38.6	119.8	24.8
綦江区	Qijiang District	471.1	205.3	771.1	16.0	65.9	14.5
大足区	Dazu District	553.2	320.8	532.0	56.1	62.0	31.1
璧山区	Bishan District	621.9	397.2	1931.4	18.4	342.1	52.3
铜梁区	Tongliang District	565.8	350.6	1119.5	23.4	94.6	56.1
潼南区	Tongnan District	503.7	283.2	2680.1	68.3	224.7	47.7
荣昌区	Rongchang District	615.6	376.3	1102.8	47.9	52.1	24.5
开州区	Kaizhou District	423.5	146.3	366.7	26.1	327.8	21.5
梁平区	Liangping District	418.8	259.9	649.7	18.9	146.1	23.3
武隆区	Wulong District	494.7	113.9	1579.1	26.7	162.8	9.4
城口县	Chengkou County	410.8	19.9	262.2	16.5	27.6	2.4
丰都县	Fengdu County	509.3	206.8	647.1	30.5	107.5	13.9
垫江县	Dianjiang County	556.8	320.0	971.3	26.9	135.3	27.5
忠 县	Zhongxian County	578.0	310.1	408.3	53.1	522.4	19.1
云阳县	Yunyang County	418.6	136.7	489.5	32.7	320.1	12.3
奉节县	Fengjie County	474.2	85.8	431.6	32.1	380.3	5.5
巫山县	Wushan County	385.5	32.1	479.3	32.1	216.0	1.7
巫溪县	Wuxi County	486.9	31.7	530.1	25.2	85.2	2.6
石柱县	Shizhu County	584.9	221.6	1086.5	17.2	38.4	9.8
秀山县	Xiushan County	639.1	283.8	756.3	72.5	151.2	9.0
酉阳县	Youyang County	468.7	148.9	499.4	41.4	64.8	2.4
彭水县	Pengshui County	568.8	115.4	645.1	52.1	36.8	0.8

注：本表数据按乡村人口计算。

Note:Data in this table are calculated by rural population.

5-35 各区县主要农作物产品产量（2018年）
Output of Major Agricultural and Subsidiary Products by Region of Chongqing（2018）

续表7（continued 7）　　　　单位：公斤/人（kg/person）

地 区	Region	粮食 Grain	稻谷 Rice	蔬菜 Vegetables	油料 Oil-bearing Crops	水果 Fruits	水产品 Aquatic Products
重庆市	**Chongqing**	**500.1**	**225.6**	**895.5**	**29.5**	**199.8**	**24.5**
万州区	Wanzhou District	421.9	189.1	950.2	16.5	371.0	19.9
黔江区	Qianjiang District	485.6	123.7	495.7	34.7	126.5	5.1
涪陵区	Fuling District	546.0	268.1	2815.0	7.3	193.2	23.7
渝中区	Yuzhong District						
大渡口区	Dadukou District	43.1	0.5	810.9	0.0	25.1	13.7
江北区	Jiangbei District	146.4	62.6	312.3	0.7	82.7	16.6
沙坪坝区	Shapingba District	84.3	41.1	286.2	1.4	44.0	38.0
九龙坡区	Jiulongpo District	66.0	22.4	372.6	7.5	69.9	20.1
南岸区	Nan' an District	6.6	0.3	24.4	0.0	13.2	7.2
北碚区	Beibei District	195.7	80.2	875.5	4.2	107.0	21.3
渝北区	Yubei District	320.5	139.0	845.6	7.3	166.8	24.0
巴南区	Ba' nan District	477.4	235.9	996.5	2.5	111.3	49.6
长寿区	Changshou District	564.3	292.8	566.2	19.9	315.5	63.9
江津区	Jiangjin District	589.6	327.1	901.5	16.6	200.6	25.1
合川区	Hechuan District	689.2	331.2	832.1	26.3	140.2	47.6
永川区	Yongchuan District	637.3	454.7	934.0	31.8	167.8	58.1
南川区	Nanchuan District	699.6	422.0	1050.2	39.2	133.2	26.2
綦江区	Qijiang District	478.6	208.5	793.9	17.5	71.3	15.4
大足区	Dazu District	553.4	321.5	557.2	57.4	68.8	31.4
璧山区	Bishan District	463.1	295.0	2046.5	17.9	373.2	48.3
铜梁区	Tongliang District	574.2	352.9	1151.7	24.1	103.7	58.0
潼南区	Tongnan District	507.8	285.3	2712.0	67.7	260.7	50.5
荣昌区	Rongchang District	612.0	373.5	1135.9	49.0	55.0	25.1
开州区	Kaizhou District	421.8	145.4	386.9	27.1	345.2	22.5
梁平区	Liangping District	419.9	260.5	680.9	19.2	155.4	24.2
武隆区	Wulong District	497.8	114.9	1644.6	28.2	177.9	10.5
城口县	Chengkou County	411.6	13.7	272.3	18.2	28.8	2.4
丰都县	Fengdu County	516.2	212.8	699.7	31.3	118.5	14.6
垫江县	Dianjiang County	547.1	315.2	1013.3	27.4	145.6	29.7
忠 县	Zhongxian County	572.1	310.2	434.4	53.8	556.1	20.7
云阳县	Yunyang County	421.7	137.6	516.5	33.9	332.6	12.7
奉节县	Fengjie County	481.1	86.5	464.8	32.9	419.1	6.0
巫山县	Wushan County	387.5	32.1	493.5	33.5	233.1	1.8
巫溪县	Wuxi County	541.4	33.5	611.9	29.2	100.5	3.3
石柱县	Shizhu County	573.0	212.2	1127.1	16.6	41.2	10.3
秀山县	Xiushan County	641.7	285.3	798.7	75.3	161.4	9.7
酉阳县	Youyang County	471.2	149.0	527.6	41.7	69.0	2.5
彭水县	Pengshui County	563.9	113.3	692.7	54.6	40.4	0.9

注：本表数据按乡村人口计算。

Note:Data in this table are calculated by rural population.

5–36 各区县主要畜禽产品产量（2017 年）
Output of Major Livestock and poultry Products by Region of Chongqing（2017）

单位：吨（ton）

地 区	Region	猪肉 Pork	禽肉 Meat of Poultry	禽蛋产量 Poultry Eggs
重庆市	**Chongqing**	**1299700**	**322027**	**403141**
万州区	Wanzhou District	56381	9955	9395
黔江区	Qianjiang District	48171	2979	1981
涪陵区	Fuling District	49516	13343	11958
渝中区	Yuzhong District			
大渡口区	Dadukou District	5	11	132
江北区	Jiangbei District	304	58	179
沙坪坝区	Shapingba District	231	153	196
九龙坡区	Jiulongpo District	914	304	761
南岸区	Nan’an District	204	116	284
北碚区	Beibei District	1948	884	2186
渝北区	Yubei District	7338	4326	6581
巴南区	Ba’nan District	12799	4005	11820
长寿区	Changshou District	43806	17719	45323
江津区	Jiangjin District	59719	17103	22956
合川区	Hechuan District	75445	18811	22596
永川区	Yongchuan District	51736	24116	13731
南川区	Nanchuan District	45714	8650	8230
綦江区	Qijiang District	47423	8047	14638
大足区	Dazu District	44131	11251	10967
璧山区	Bishan District	16537	38029	6180
铜梁区	Tongliang District	33598	22996	46938
潼南区	Tongnan District	53265	8744	13100
荣昌区	Rongchang District	53530	10151	9231
开州区	Kaizhou District	74868	9280	12352
梁平区	Liangping District	45406	13945	9536
武隆区	Wulong District	34439	2090	2637
城口县	Chengkou County	8042	4108	4471
丰都县	Fengdu County	35349	12004	20399
垫江县	Dianjiang County	48538	9559	16829
忠　县	Zhongxian County	45892	7025	21258
云阳县	Yunyang County	59213	6715	20414
奉节县	Fengjie County	45227	4721	9258
巫山县	Wushan County	35883	3847	4815
巫溪县	Wuxi County	39950	4735	3072
石柱县	Shizhu County	16934	2939	3122
秀山县	Xiushan County	22447	9480	4453
酉阳县	Youyang County	46122	6029	3828
彭水县	Pengshui County	38675	3799	7334

5-36 各区县主要畜禽产品产量（2018年）
Output of Major Livestock and poultry Products by Region of Chongqing（2018）

续表1（continued 1）　　单位：吨（ton）

地　区	Region	猪肉 Pork	禽肉 Meat of Poultry	禽蛋产量 Poultry Eggs
重庆市	**Chongqing**	**1321599**	**323401**	**414600**
万州区	Wanzhou District	57642	10098	9662
黔江区	Qianjiang District	48870	2912	2264
涪陵区	Fuling District	51184	13572	12494
渝中区	Yuzhong District			
大渡口区	Dadukou District	5	9	115
江北区	Jiangbei District	299	57	175
沙坪坝区	Shapingba District	238	146	223
九龙坡区	Jiulongpo District	912	295	780
南岸区	Nan' an District	194	91	300
北碚区	Beibei District	1865	845	2193
渝北区	Yubei District	7133	4225	6320
巴南区	Ba' nan District	12719	3915	10905
长寿区	Changshou District	42471	16416	47623
江津区	Jiangjin District	61168	17241	23511
合川区	Hechuan District	77621	18870	23916
永川区	Yongchuan District	52558	24445	14308
南川区	Nanchuan District	46517	8703	8398
綦江区	Qijiang District	47924	8129	14756
大足区	Dazu District	44765	11452	11471
璧山区	Bishan District	16802	38486	6122
铜梁区	Tongliang District	32593	22402	47673
潼南区	Tongnan District	53225	8870	13506
荣昌区	Rongchang District	54393	10323	9618
开州区	Kaizhou District	76283	9475	12616
梁平区	Liangping District	45529	14047	10016
武隆区	Wulong District	35380	2114	2746
城口县	Chengkou County	8246	4188	4620
丰都县	Fengdu County	36206	11976	20891
垫江县	Dianjiang County	50059	9647	17232
忠　县	Zhongxian County	47064	7096	21928
云阳县	Yunyang County	60802	6806	20916
奉节县	Fengjie County	46385	4837	9670
巫山县	Wushan County	36601	3917	5015
巫溪县	Wuxi County	40812	4853	3265
石柱县	Shizhu County	17361	2973	3170
秀山县	Xiushan County	23082	9864	4602
酉阳县	Youyang County	46956	6167	3951
彭水县	Pengshui County	39735	3939	7629

5-37 各区县主要畜禽产品人均产量（2017 年）
Per Capita Output of Major Livestock and poultry Products by Region of Chongqing（2017）

单位：公斤/人（kg/person）

地 区	Region	猪肉 Pork	禽肉 Meat of Poultry	禽蛋产量 Poultry Eggs
重庆市	**Chongqing**	**59.9**	**14.8**	**18.6**
万州区	Wanzhou District	48.2	8.5	8.0
黔江区	Qianjiang District	102.8	6.4	4.2
涪陵区	Fuling District	61.4	16.6	14.8
渝中区	Yuzhong District			
大渡口区	Dadukou District	0.2	0.5	6.2
江北区	Jiangbei District	17.5	3.3	10.3
沙坪坝区	Shapingba District	1.8	1.2	1.5
九龙坡区	Jiulongpo District	4.7	1.5	3.9
南岸区	Nan' an District	0.7	0.4	1.0
北碚区	Beibei District	7.5	3.4	8.5
渝北区	Yubei District	20.6	12.2	18.5
巴南区	Ba' nan District	28.8	9.0	26.6
长寿区	Changshou District	72.6	29.4	75.1
江津区	Jiangjin District	55.6	15.9	21.4
合川区	Hechuan District	75.0	18.7	22.5
永川区	Yongchuan District	68.8	32.0	18.2
南川区	Nanchuan District	102.2	19.3	18.4
綦江区	Qijiang District	55.1	9.3	17.0
大足区	Dazu District	58.8	15.0	14.6
璧山区	Bishan District	45.0	103.6	16.8
铜梁区	Tongliang District	55.1	37.7	76.9
潼南区	Tongnan District	73.1	12.0	18.0
荣昌区	Rongchang District	111.8	21.2	19.3
开州区	Kaizhou District	54.9	6.8	9.1
梁平区	Liangping District	54.8	16.8	11.5
武隆区	Wulong District	92.0	5.6	7.0
城口县	Chengkou County	37.7	19.3	21.0
丰都县	Fengdu County	55.1	18.7	31.8
垫江县	Dianjiang County	65.9	13.0	22.9
忠 县	Zhongxian County	64.6	9.9	29.9
云阳县	Yunyang County	62.0	7.0	21.4
奉节县	Fengjie County	53.1	5.5	10.9
巫山县	Wushan County	67.1	7.2	9.0
巫溪县	Wuxi County	85.9	10.2	6.6
石柱县	Shizhu County	44.0	7.6	8.1
秀山县	Xiushan County	48.2	20.4	9.6
酉阳县	Youyang County	59.2	7.7	4.9
彭水县	Pengshui County	68.3	6.7	13.0

注：本表数据按乡村人口计算。

Note:Data in this table are calculated by rural population.

5-37 各区县主要畜禽产品人均产量（2018年）
Per Capita Output of Major Livestock and poultry Products by Region of Chongqing（2018）

续表 1（continued 1） 单位：公斤/人（kg/person）

地 区	Region	猪肉 Pork	禽肉 Meat of Poultry	禽蛋产量 Poultry Eggs
重庆市	**Chongqing**	**61.2**	**15.0**	**19.2**
万州区	Wanzhou District	49.5	8.7	8.3
黔江区	Qianjiang District	104.1	6.2	4.8
涪陵区	Fuling District	63.5	16.8	15.5
渝中区	Yuzhong District			
大渡口区	Dadukou District	0.2	0.4	5.7
江北区	Jiangbei District	17.3	3.3	10.1
沙坪坝区	Shapingba District	1.9	1.2	1.8
九龙坡区	Jiulongpo District	4.8	1.5	4.1
南岸区	Nan' an District	0.6	0.3	1.0
北碚区	Beibei District	8.1	3.7	9.5
渝北区	Yubei District	20.7	12.2	18.3
巴南区	Ba' nan District	28.0	8.6	24.0
长寿区	Changshou District	71.3	27.6	79.9
江津区	Jiangjin District	57.2	16.1	22.0
合川区	Hechuan District	76.1	18.5	23.5
永川区	Yongchuan District	70.3	32.7	19.1
南川区	Nanchuan District	105.9	19.8	19.1
綦江区	Qijiang District	56.2	9.5	17.3
大足区	Dazu District	59.8	15.3	15.3
璧山区	Bishan District	46.9	107.5	17.1
铜梁区	Tongliang District	53.8	37.0	78.7
潼南区	Tongnan District	73.0	12.2	18.5
荣昌区	Rongchang District	112.0	21.3	19.8
开州区	Kaizhou District	56.2	7.0	9.3
梁平区	Liangping District	55.0	17.0	12.1
武隆区	Wulong District	94.6	5.7	7.3
城口县	Chengkou County	38.9	19.8	21.8
丰都县	Fengdu County	57.6	19.1	33.2
垫江县	Dianjiang County	67.5	13.0	23.2
忠 县	Zhongxian County	66.3	10.0	30.9
云阳县	Yunyang County	63.9	7.2	22.0
奉节县	Fengjie County	54.8	5.7	11.4
巫山县	Wushan County	68.4	7.3	9.4
巫溪县	Wuxi County	96.5	11.5	7.7
石柱县	Shizhu County	44.9	7.7	8.2
秀山县	Xiushan County	49.7	21.3	9.9
酉阳县	Youyang County	60.3	7.9	5.1
彭水县	Pengshui County	71.2	7.1	13.7

注：本表数据按乡村人口计算。

Note:Data in this table are calculated by rural population.

主要指标解释

农林牧渔业总产值 指以货币表现的农、林、牧、渔业全部产品和对农林牧渔业生产活动进行的各种支持性服务活动的价值总量，它反映一定时期内农林牧渔业生产总规模和总成果。1957 年以前的农林牧渔业总产值中包括了厩肥和农民自给性手工业（如农民自制衣服、鞋、袜，自己从事粮食初步加工等）。1958 年及以后，林业中增加了村及村以下竹木采伐产值；牧业中取消了厩肥产值；副业中取消了农民自给性手工业产值，增加了村及村以下办的工业产值； 渔业中增加了海洋捕捞水产品产值。1980 年及以后，在副业中增加了农民家庭兼营工业商品部分的产值。从 1984 年起村及村以下工业产值划归工业。从 1993 年起取消副业，将野生动物的捕猎划入牧业、野生植物采集和农民家庭兼营商品性工业划归农业。从 2003 年起，执行新的国民经济行业分类标准，农林牧渔业总产值中包括了农林牧渔服务业产值。林业中增加了森林采运业产值。农业中取消了家庭兼营商品性工业产值，将野生林产品的采集划归林业。第一次农业普查以后，由于畜牧业产品年报数据与普查数据之间存在一定的差距，国家统计局农调总队对畜牧业年报数据与普查数据进行衔接，相应的畜牧业产值进行调整。第二次农业普查后，国家统计局对种植业、畜牧业、林业、渔业及其辅助行业数据进行了衔接与调整。第三次农业普查后，国家统计局再次对 2007–2017 年数据进行了衔接与修订。

农林牧渔业总产值的计算方法通常是按农、林、牧、渔业产品及其副产品的产量分别乘以各自单位产品价格求得；少数生产周期较长，当年没有产品或产品产量不易统计的，则采用间接方法匡算其产值；然后将四业产品产值相加并加上农林牧渔辅助行业产值即为农林牧渔业总产值。

粮食产量 指全社会的产量。包括国有经济经营的、集体统一经营的和农民家庭经营的粮食产量，还包括工矿企业办的农场和其他生产单位的产量。粮食除包括稻谷、小麦、玉米、高粱、谷子及其他杂粮外，还包括薯类和豆类。其产量计算方法，豆类按去豆荚后的干豆计算；薯类（包括甘薯和马铃薯，不包括芋头和木薯）1963 年以前按每 4 公斤鲜薯折 1 公斤粮食计算，从 1964 年开始及以后改为按 5 公斤鲜薯折 1 公斤粮食计算。城市郊区作为蔬菜的薯类（如：马铃薯等）按鲜品计算，并且不作粮食统计。其他粮食一律按脱粒后的原粮计算。1989 年以前全国粮食产量数据主要靠全面报表取得，1989 年开始使用抽样调查数据。

油料产量 指全部油料作物的生产量。包括花生、油菜籽、芝麻、向日葵籽，胡麻籽（亚麻籽）和其他油料。不包括大豆，也不包括木本油料和野生油料。花生以带壳干花生计算。

水产品产量 指人工养殖的水产品和天然生长的水产品的捕捞量。包括海水的鱼类、虾蟹类、贝类和藻类以及内陆水域的鱼类、虾蟹类和贝类，不包括淡水生植物。水产品产量是通过各级水产和统计部门逐级上报取得数据。1995 年及以前，贝类中牡蛎按鲜肉计算；蚶、蛤、蛙按 5 斤鲜品折 1 斤计算。1996 年以后则统一按鲜品计算。

猪、牛、羊肉产量 指当年出栏并已屠宰后除去头蹄下水后带骨肉（即胴体重）的重量。

期初（末）畜禽存栏头（只）数 指报告期初（末）农村各种合作经济组织和国营农场、农民个人、机关、团体、学校、工矿企业，部队等单位以及城镇居民饲养的大牲畜、猪、羊、家禽等畜禽的存栏头（只）数。

农作物播种面积 指实际播种或移植有农作物的面积，凡是实际种植有农作物的面积，不论种植在耕地上还是种植在非耕地上，均包括在农作物播种面积中。在播种季节基本结束后，因遭灾而重新改种和补种的农作物面积，也包括在内。它是反映我国耕地面积利用情况的一个重要指标。目前，农作物播种面积主要包括粮食、棉花、油料、糖料、麻类、烟叶、蔬菜和瓜类、药材和其它农作物九大类。

有效灌溉面积 指具有一定的水源，地块比较平整，灌溉工程或设备已经配套，在一般年景下当年能够进行正常灌溉的耕地面积。在一般情况下，有效灌溉面积应等于灌溉工程或设备已经配备，能够进行正常灌溉的水田和水浇地面积之和。它是反映我国耕地抗旱能力的一个重要指标。

农用化肥施用量 指本年内实际用于农业生产的化肥数量，包括氮肥、磷肥，钾肥和复合肥。化肥施用量要求按折纯量计算数量。折纯法化肥施用量是把氮肥、磷肥和钾肥分别按含氮、含五氧化二磷、含氧化钾的百分之一百成份折算后的数量。复合肥按其所含主要成分折算。公式为：

折纯量=实物量×某种化肥有效成份含量的百分比

农业机械总动力 指主要用于农、林、牧、渔业的各种动力机械的动力总和。包括耕作机械、排灌机械、收获机械、农用运输机械、植物保护机械、牧业机械、林业机械、渔业机械和其他农业机械［内燃机按引擎马力折成瓦（特）计算，电动机按功率折成瓦（特）计算］。不包括专门用于乡、镇、村、组办工业、基本建设、非农业运输、科学试验和教学等非农业生产方面用的动力机械与作业机械。

乡村从业人员 指乡村人口中劳动年龄在16周岁以上实际参加生产经营活动并取得实物或货币收入的人员，包括劳动年龄内经常参加劳动的人员，也包括超过劳动年龄但经常参加劳动的人员，但不包括户口在家的在外学生、现役军人和丧失劳动能力的人，也不包括待业人员和家务劳动者。从业人员按从事主业时间最长（时间相同按收入）分为农业从业人员、工业从业人员、建筑业从业人员、交通运输业、仓储及邮电通信业从业人员、批零贸易及餐饮业从业人员、其他非农行业从业人员。

乡村人口 指乡村地区常住居民户数中的常住人口数，即经常在家或在家居住6个月以上，而且经济和生活与本户连成一体的人口。外出从业人员在外居住时间虽然在6个月以上，但收入主要带回家中，经济与本户连为一体，仍视为家庭常住人口；在家居住，生活和本户连成一体的国家职工、退休人员也为家庭常住人口。但是现役军人、中专及以上（走读生除外）的在校学生、以及常年在外（不包括探亲、看病等）且已有稳定的职业与居住场所的外出从业人员，不应当作家庭常住人口。

六

农民工

Migrant Workers

6-1 全市农民工数量（2013-2018 年）
The Number of Migrant Workers（2013-2018）

	计量单位	2013 年	2014 年	2015 年	2016 年	2017 年	2018 年
一、全市农民工数量	**万人**	**748.8**	**746.0**	**729.1**	**736.7**	**744.8**	**766.0**
按农民工类型分							
1、举家外出的农村劳动力	万人	245.7	256.0	284.7	288.7	289.2	279.3
2、外出（乡外）务工或自营农民工	万人	357.5	345.9	299.4	280.7	280.5	274.6
3、乡内务工或自营农民工	万人	145.6	144.1	145.0	167.3	175.1	212.1
二、全市乡村劳动力数量	**万人**	**1328.8**	**1313.0**	**1309.2**	**1302.5**	**1281.7**	**1258.4**
农民工数量占比	%	56.4	56.8	55.7	56.6	58.1	60.9

说明：1、农民工是指户籍为本地农业户口，且在本年度从事非农务工或非农自营活动 6 个月及以上的农村劳动力。2、本表农民工数量是国家统计局反馈的推算数。3、抽样方法及样本量。对于举家外出的农户，采用整群抽样方法，全市抽取了 160 个调查小区，涉及 2.9 万个农户；对于没有举家外出的农户，采用与规模大小成比例的概率抽样方法，全市抽取了 1560 个农户。4、除本表外，本《年鉴》发布的有关农民工数据，农民工口径均未包括举家外出的农村劳动力。

6-2 农民工基本情况（2011-2018 年）
Basic Conditions of Migrant Workers（2011-2018）

单位：%

	2011 年	2012 年	2013 年	2014 年	2015 年	2016 年	2017 年	2018 年
调查的农民工数量	**100.00**	**100.00**	**100.00**	**100.00**	**100.00**	**100.00**	**100.00**	**100.00**
一、按性别分								
男性	65.44	66.03	64.80	65.48	65.46	66.16	65.80	64.32
女性	34.56	33.97	35.20	34.52	34.54	33.84	34.20	35.68
二、按年龄分								
16-19 岁	2.22	1.28	3.44	2.47	1.89	1.58	0.77	1.39
20-24 岁	9.70	7.54	11.63	11.36	11.37	11.07	10.44	8.19
25-29 岁	10.47	9.57	14.95	16.25	15.28	13.93	13.15	11.88
30-34 岁	12.31	13.46	10.49	10.26	10.57	11.83	11.20	12.98
35-40 岁	30.31	29.59	19.65	16.08	14.00	11.18	11.79	11.93
41-50 岁	24.13	27.37	28.33	28.98	32.95	33.55	33.73	33.76
51-60 岁	8.25	7.99	8.98	10.98	11.06	13.35	14.45	15.95
61-65 岁	2.12	2.27	1.93	2.36	2.02	2.05	2.36	2.44
66 岁及以上	0.48	0.94	0.60	1.26	0.86	1.46	2.12	1.48
三、按文化程度分								
未上过学	0.72	1.13	1.0	1.0	1.1	1.1	0.94	0.81
小学	15.25	14.50	15.5	16.5	14.1	12.5	12.56	16.95
初中	65.25	65.63	65.8	63.3	62.5	61.2	60.67	55.51
高中	15.73	15.19	13.9	14.8	16.4	18.4	18.16	17.20
大学专科	3.04	3.55	2.8	3.0	4.5	5.2	5.66	6.80
大学本科			0.9	1.4	1.3	1.7	2.00	2.68
研究生			0.1	0.0	0.1	0.0	0.00	0.05
四、接受技能培训情况								
接受过农业技术培训人数的占比	14.29	15.09	8.50	8.95	10.33	12.59	21.40	17.82
接受过非农技术培训人数的占比	27.46	29.78	33.27	23.60	26.47	27.22	33.31	32.71

6–3 农民工参加医疗保险和养老保险情况（2011–2018 年）
The Conditions of Participate in Medical Insurance and Pension Insurance of Migrant Workers（2011–2018）

计量单位：%

	2011 年	2012 年	2013 年	2014 年	2015 年	2016 年	2017 年	2018 年
调查的农民工数量	100.00	100.00	100.00	100.00	100.00	100.00	100.00	100.00
一、参加医疗保险的人数的占比								
1.新型农村合作医疗	95.08	94.58	92.59	93.25	91.87	91.28	88.03	81.85
2.城镇职工基本医疗保险	2.85	3.45	3.07	2.80	3.55	3.34	4.13	7.42
3.（城镇）居民基本医疗保险	0.00	0.00	2.95	3.46	3.73	4.74	7.37	10.11
4.公费医疗	0.00	0.00	0.06	0.05	0.00	0.00	0.00	0.05
5.商业医疗保险	0.34	0.44	0.12	0.05	0.24	0.29	0.41	0.72
6.其他医疗保险	0.24	0.30	0.36	0.38	0.61	0.35	0.24	0.29
7.没有参加任何医疗保险	1.64	1.48	1.08	0.38	0.31	0.12	0.06	0.05
二、参加养老保险的人数的占比								
1.新型农村社会养老保险	54.63	54.68	67.15	67.18	68.03	70.02	67.33	52.30
2.城镇职工基本养老保险	4.83	6.51	5.12	4.88	5.81	5.27	7.37	12.26
3.（城镇）居民社会养老保险	0.00	0.00	6.27	6.81	4.52	4.57	3.71	5.51
4.商业养老保险	2.46	2.42	0.96	0.88	1.28	1.00	1.06	1.20
5.其他养老保险	3.67	3.11	1.51	1.87	2.75	1.58	2.30	2.01
6.没有参加任何养老保险	34.51	33.33	19.35	18.77	17.97	17.62	18.46	27.11

6-4 农民工从业区域、从事行业和职业（2011-2018 年）
The Working Area ,Industry and Occupation of Migrant Workers（2011-2018）

计量单位：%

	2011 年	2012 年	2013 年	2014 年	2015 年	2016 年	2017 年	2018 年
调查的农民工数量	100.00	100.00	100.00	100.00	100.00	100.00	100.00	100.00
一、本年度主要从业区域的构成情况								
1.乡内	33.11	34.66	31.10	32.05	35.09	39.93	40.98	44.73
2.乡外县内	11.29	11.54	10.73	12.84	11.37	9.84	9.67	13.79
3.县外省内	13.75	12.23	19.41	19.87	18.77	19.56	19.28	13.60
4.省外国内	41.70	41.57	38.76	35.18	34.72	30.68	30.07	27.78
5.国外及港澳台地区	0.14	0.00	0.00	0.05	0.06	0.00	0.00	0.10
二、本年度从事主要行业的构成情况								
1.第一产业	0.48	0.20	0.24	0.22	0.00	0.23	0.18	0.29
（1）农、林、牧、渔业	0.48	0.20	0.24	0.22	0.00	0.23	0.18	0.29
2.第二产业	65.83	64.99	61.42	63.23	58.13	52.58	51.59	49.23
（2）采矿业	3.91	3.99	2.53	2.31	2.20	1.58	1.30	1.10
（3）制造业	33.59	31.16	25.74	25.80	25.79	23.48	21.76	18.39
（4）电力、热力、燃气及水的生产和供应业	1.11	1.04	2.23	2.03	1.28	1.23	1.36	1.44
（5）建筑业	27.22	28.80	30.92	33.10	28.85	26.29	27.18	28.30
3.第三产业	33.69	34.81	38.34	36.55	41.87	47.19	48.23	50.48
（6）批发和零售业	5.26	5.33	10.19	9.39	11.25	10.42	11.44	10.88
（7）交通运输、仓储和邮政业	0.97	1.58	5.06	4.94	6.17	6.44	6.66	5.60
（8）住宿和餐饮业	7.43	7.50	7.96	8.01	7.03	7.49	7.25	8.33
（9）信息传输、软件和信息技术服务业	6.18	6.80	2.05	1.48	1.28	1.76	1.53	1.48
（10）金融业	0.19	0.25	0.24	0.27	0.49	0.23	0.18	0.38
（11）房地产业	0.43	0.25	0.42	0.16	0.43	0.18	0.29	0.57
（12）租赁和商务服务业	0.72	0.79	1.39	1.15	0.79	1.76	0.83	1.48
（13）科学研究和技术服务	0.14	0.20	0.60	0.44	0.49	0.23	0.24	0.29
（14）水利、环境和公共设施管理业	0.05	0.05	0.18	0.27	0.18	0.47	0.18	0.62
（15）居民服务、修理和其他服务业	7.77	6.31	7.66	6.31	8.07	11.36	11.38	10.88
（16）教育	0.29	0.74	0.36	0.77	0.79	1.46	1.18	1.72
（17）卫生、社会工作	1.50	1.73	0.78	1.37	2.02	1.81	2.30	2.54
（18）文化、体育和娱乐业	0.53	1.04	0.48	0.55	0.86	1.05	1.18	0.68
（19）公共管理、社会保障和社会组织	2.22	2.27	0.96	1.43	2.02	2.52	3.60	5.03
（20）国际组织	0.00	0.00	0.00	0.00	0.00	0.00	0.00	0.00
三、本年度从事主要职业的构成情况								
1.企业负责人			0.54	0.93	0.49	1.05	0.59	0.62
2.专业技术人员			15.97	13.56	18.22	17.86	17.87	11.25
3.办事人员和有关人员			5.36	5.93	5.93	5.62	9.55	12.07
4.商业、服务业人员			20.92	16.85	18.77	17.27	18.63	20.55
5.农、林、牧、渔、水利业生产人员			0.96	1.37	0.61	1.70	0.94	1.44
6.生产、运输设备操作人员及有关人员			28.09	27.77	22.80	22.78	19.04	21.12
7.军人			0.06	0.11	0.12	0.18	0.00	0.10
8.不便分类的其他从业人员			28.09	33.48	33.07	33.55	33.37	32.85

说明：本表 2011 年和 2012 年无职业结构划分

6-5 农民工的从业类型、从业时间和收入（2011-2018 年）
Industry type,Time and Income of Migrant Workers（2011-2018）

单位：个

	计量单位	2011 年	2012 年	2013 年	2014 年	2015 年	2016 年	2017 年	2018 年
调查的农民工数量		100.00	100.00	100.00	100.00	100.00	100.00	100.00	100.00
一、本年度本地务农									
1.农民工中从事过本地务农的人数占比	%	20.80	20.61	19.59	18.11	14.67	13.52	13.44	10.14
2.其人均本地务农时间	月	2.37	2.26	2.34	2.24	2.47	2,54	2.11	2.43
二、本年度本地非农自营									
1.农民工中从事过本地非农自营的人数占比	%	9.03	8.97	11.93	11.86	12.16	14.29	13.56	11.78
2.其人均非农自营时间	月	9.62	9.79	9.09	8.90	9.59	9.37	9.83	9.71
3.其人均非农自营收入	元	23676.91	29006.11	24138.77	27689.45	34260.43	35099.07	37705.22	40551.91
三、本年度本地非农务工									
1.农民工中从事过本地非农务工的人数占比	%	24.13	25.74	20.98	22.89	25.37	27.63	28.36	29.42
2.其人均非农务工时间	月	9.27	9.48	8.53	8.60	9.18	9.60	9.48	9.39
3.其人均非农务工收入	元	17207.80	19158.51	22961.87	26372.60	28627.98	33662.90	34530.55	36741.78
四、本年度外出务工									
1.农民工中从事过外出务工的人数占比	%			67.15	65.92	62.78	58.61	58.25	46.19
2.其人均外出务工时间	月			10.10	10.11	10.14	10.09	10.15	11.79
3.其人均外出务工收入	元			32154.92	36016.33	36832.92	38252.87	40676.64	41506.47
4.其人均寄带回金额	%			15231.94	17038.31	18929.95	21096.61	22683.81	22479.71
5.其人均生活消费总支出	元			9123.63	9282.73	10440.99	11115.43	10823.95	11632.38
五、本年度外出自营									
1.农民工中从事过外出自营的人数占比	%			1.99	2.41	2.14	1.87	1.59	2.47
2.其人均外出自营时间	月			10.77	10.09	10.21	9.84	9.15	10.67
3.其人均外出自营收入	元			48000.00	62090.91	42342.86	50750.00	57074.07	76903.39
4.其人均寄带回金额	%			14090.91	32618.18	21400.00	27093.75	33888.89	21138.98
5.其人均生活消费总支出	元			14333.33	15790.91	12714.29	13543.75	13956.78	14728.81
附记：本年度外出务工和自营									
1.农民工中从事过外出务工和自营的人数占比	%	66.8	65.3	69.1	68.3	64.9	60.5	59.85	48.66
2.其人均外出务工和自营时间	月	10.25	9.96	10.12	10.11	10.14	10.08	10.12	11.73
3.其人均外出务工和自营收入	元	24453.33	25892.79	32610.79	36937.84	37014.51	38640.00	41112.83	43305.28
4.其人均寄带回金额	%	11409.07	11925.37	15199.11	17588.92	19011.35	21282.39	22981.88	22411.57
5.其人均生活消费总支出	元	7121.23	7894.48	9273.51	9512.74	10515.91	11190.65	10907.29	11789.73

说明：2011-2012 年外出没有区分务工和自营，统一为外出从业

6–6 外出农民工从业地区（2011–2018 年）
Working Area of Migrant Workers（2011–2018）

计量单位：%

	2011 年	2012 年	2013 年	2014 年	2015 年	2016 年	2017 年	2018 年
调查的外出农民工数量	100.00	100.00	100.00	100.00	100.00	100.00	100.00	100.00
一、外出从业区域								
(一) 本省	37.40	36.40	43.70	47.98	46.42	48.93	49.00	49.61
1、乡外县内	16.82	17.60	15.50	18.77	17.42	16.08	16.24	24.89
2、县外省内	20.58	18.81	28.20	29.21	29.00	32.85	32.77	24.72
(二) 省外	62.60	63.60	56.30	52.02	53.58	51.07	51.00	50.39
1、东部地区	50.61	48.64	47.11	42.31	43.03	38.50	38.94	35.82
北京	0.43	0.38	1.58	0.89	1.04	0.88	1.20	0.61
天津	0.36	0.23	0.26	0.16	0.09	0.00	0.00	0.17
河北	0.14	0.38	0.00	0.24	0.47	0.49	0.40	0.95
辽宁	0.14	0.08	0.79	0.16	0.38	0.19	0.10	0.43
上海	2.02	1.59	1.75	1.21	1.69	2.24	1.89	2.08
江苏	0.87	0.68	2.10	1.38	0.85	1.56	1.69	2.08
浙江	7.36	8.16	10.51	10.28	7.44	6.53	7.17	5.46
福建	9.24	8.76	8.93	6.23	10.83	6.73	7.87	7.55
山东	0.43	0.83	0.18	0.16	0.00	0.58	0.10	0.17
广东	29.53	27.49	20.84	21.12	20.15	19.20	18.43	15.80
海南	0.07	0.08	0.18	0.49	0.09	0.29	0.10	0.52
2、中部地区	3.39	3.25	1.75	2.10	2.26	2.14	2.19	3.90
山西	0.87	0.60	0.00	0.65	0.47	0.10	0.10	0.69
吉林	0.00	0.00	0.09	0.00	0.09	0.19	0.10	0.01
黑龙江	0.00	0.23	0.18	0.00	0.19	0.10	0.00	0.26
安徽	0.72	0.30	0.18	0.08	0.19	0.00	0.00	0.26
江西	0.22	0.15	0.00	0.16	0.47	0.19	0.10	0.52
河南	0.07	0.08	0.35	0.24	0.09	0.29	0.30	0.69
湖北	1.44	1.81	0.70	0.89	0.66	1.36	1.29	1.30
湖南	0.07	0.08	0.26	0.08	0.09	0.19	0.40	0.17
3、西部地区	8.38	11.71	7.44	7.52	8.19	9.94	9.76	10.50
内蒙古	0.22	0.23	0.44	0.24	0.19	0.10	0.10	0.17
广西	0.07	1.66	0.00	0.08	0.09	0.39	0.40	0.17
重庆	37.40	36.40	43.70	47.98	46.42	48.93	49.00	49.61
四川	2.89	3.93	2.54	2.51	3.30	4.00	3.19	2.69
贵州	1.16	0.45	0.70	0.65	0.38	1.27	2.09	3.38
云南	2.31	2.27	2.19	2.75	2.35	1.85	1.39	1.13
西藏	0.00	0.00	0.18	0.24	0.38	0.78	0.80	0.35
陕西	0.22	0.23	0.35	0.00	0.00	0.68	0.20	0.87
甘肃	0.14	0.23	0.00	0.00	0.19	0.00	0.30	0.52
青海	0.14	0.08	0.18	0.40	0.00	0.19	0.20	0.00
宁夏	0.22	0.08	0.00	0.00	0.09	0.00	0.10	0.09
新疆	1.01	2.57	0.88	0.65	1.22	0.68	1.00	1.13
4、其他地区	0.22	0.00	0.00	0.08	0.09	0.00	0.00	0.17
港澳台	0.22	0.00	0.00	0.00	0.00	0.00	0.00	0.00
国外	0.00	0.00	0.00	0.08	0.09	0.00	0.00	0.17
二、外出从业地区类型								
1.直辖市	22.96	20.09	28.02	23.38	24.86	27.10	30.98	24.44
2.省会城市	21.59	19.41	21.89	22.41	23.16	17.84	17.93	20.80
3.地级市	22.17	23.56	21.28	21.68	22.50	19.98	19.32	17.42
4.县市城区	23.75	25.23	23.38	21.93	20.72	23.39	23.31	28.60
5.建制镇	7.87	9.97	4.38	8.33	7.53	10.04	7.87	7.10
6.村委会	0.87	0.30	0.26	0.24	0.38	0.19	0.60	1.38
7.其他地区	0.79	1.44	0.79	2.02	0.85	1.46	0.00	0.26

6-7 外出农民工外出方式、工作变更及居住情况（2011-2018 年）

Conditions of Way Out,Job Change and House Situation Of Migrant Workers（2011-2018）

	计量单位	2011 年	2012 年	2013 年	2014 年	2015 年	2016 年	2017 年	2018 年
调查的外出农民工数量	%	100.00	100.00	100.00	100.00	100.00	100.00	100.00	100.00
一、外出方式构成									
1.政府（单位）组织	%	2.17	1.59	0.61	1.05	1.04	0.78	0.70	0.69
2.中介组织介绍	%	1.30	1.59	1.40	1.38	1.51	1.66	1.10	0.60
3.亲朋好友介绍	%	49.89	49.40	47.99	48.22	42.66	42.20	47.81	36.31
4.自发	%	43.54	44.03	47.90	45.23	50.66	51.95	46.91	56.85
5.其他	%	3.10	3.40	2.10	4.13	4.14	3.41	3.49	5.55
二、务工期间更换工作情况									
更换工作人数占外出农民工的比重	%			21.72	11.73	10.36	10.04	12.45	14.21
其人均更换工作的次数	次			1.50	1.73	1.58	1.89	1.76	1.58
三、外出从业住所类型构成									
1.单位宿舍	%	27.51	24.02	24.08	20.47	22.79	21.54	26.10	24.96
2.工地工棚	%	14.95	16.39	17.95	21.12	15.82	14.04	15.34	19.06
3.生产经营场所	%	3.47	4.53	6.04	5.26	4.24	6.04	3.98	3.55
4.与人合租住房	%	23.32	28.93	20.67	20.06	26.37	23.20	19.82	12.83
5.独立租赁住房	%	18.70	16.54	22.77	22.01	21.09	23.00	22.21	22.44
6.务工地自购房	%	1.08	1.28	1.75	1.54	1.79	1.95	2.29	5.03
7.乡外从业但回家居住（老家）	%	6.43	5.82	4.38	6.07	5.37	5.56	6.67	9.10
8.其他	%	4.55	2.49	2.36	3.48	2.54	4.68	3.59	3.03

说明：2011 年和 2012 年无务工期间更换工作情况相关数据

6-8 外出农民工从事行业与职业（2011-2018 年）
Industry and Occupation of Migrant Workers（2011-2018）

计量单位：%

	2011 年	2012 年	2013 年	2014 年	2015 年	2016 年	2017 年	2018 年
调查的外出农民工数量	100.00	100.00	100.00	100.00	100.00	100.00	100.00	100.00
一、本年度从事主要行业的构成情况								
1.第一产业	0.72	0.30	0.35	0.32	0.00	0.39	0.30	0.61
（1）农、林、牧、渔业	0.72	0.30	0.35	0.32	0.00	0.39	0.30	0.61
2.第二产业	71.12	71.60	69.35	70.87	68.36	63.26	62.65	62.65
（2）采矿业	2.45	2.04	1.58	2.18	1.41	1.46	0.70	0.87
（3）制造业	38.63	36.48	32.05	31.72	32.58	29.34	28.39	25.39
（4）电力、热力、燃气及水的生产和供应业	1.30	1.13	2.36	1.62	1.41	1.27	0.90	1.56
（5）建筑业	28.74	31.95	33.36	35.36	32.96	31.19	32.67	34.83
3.第三产业	28.16	28.10	30.30	28.80	31.64	36.35	37.05	36.74
（6）批发和零售业	3.90	4.38	5.78	5.34	6.31	5.46	6.27	5.20
（7）交通运输、仓储和邮政业	1.30	2.04	3.59	3.72	4.52	5.26	4.98	3.38
（8）住宿和餐饮业	3.39	3.70	7.18	8.58	7.34	7.02	7.47	8.58
（9）信息传输、软件和信息技术服务业	7.65	7.40	2.54	1.70	1.41	2.24	2.39	1.65
（10）金融业	0.14	0.30	0.35	0.24	0.56	0.29	0.20	0.69
（11）房地产业	0.58	0.38	0.61	0.24	0.47	0.29	0.50	0.69
（12）租赁和商务服务业	0.72	0.98	1.40	1.21	0.75	2.14	1.20	1.56
（13）科学研究和技术服务	0.22	0.30	0.61	0.40	0.47	0.29	0.40	0.26
（14）水利、环境和公共设施管理业	0.07	0.08	0.18	0.40	0.19	0.10	0.10	0.43
（15）居民服务、修理和其他服务业	7.87	5.66	7.01	5.26	6.40	9.94	8.86	9.88
（16）教育	0.07	0.30	0.00	0.40	0.47	0.68	0.80	1.56
（17）卫生、社会工作	0.87	0.68	0.44	0.57	1.22	0.97	1.20	1.47
（18）文化、体育和娱乐业	0.65	1.13	0.35	0.24	1.04	0.97	1.10	0.87
（19）公共管理、社会保障和社会组织	0.72	0.76	0.26	0.49	0.47	0.68	1.59	0.52
（20）国际组织	0.00	0.00	0.00	0.00	0.00	0.00	0.00	0.00
二、本年度从事主要职业的构成情况								
1.企业负责人			0.00	0.65	0.28	0.49	0.20	0.26
2.专业技术人员			17.95	14.00	20.43	21.25	20.32	10.48
3.办事人员和有关人员			5.78	5.34	5.84	4.39	8.57	9.10
4.商业、服务业人员			17.34	14.64	14.41	15.40	15.74	16.46
5.农、林、牧、渔、水利业生产人员			0.96	1.05	0.38	0.97	0.30	1.39
6.生产、运输设备操作人员及有关人员			30.39	30.34	25.05	23.68	19.82	25.56
7.军人			0.00	0.16	0.00	0.00	0.00	0.09
8.不便分类的其他从业人员			27.58	33.82	33.62	33.82	35.06	36.66

说明：本表 2011 年和 2012 年无职业结构划分

6-9 外出农民工从业时间与收入（2011-2018 年）
Employment Time and Income of Migrant Workers（2011-2018）

	计量单位	2011 年	2012 年	2013 年	2014 年	2015 年	2016 年	2017 年	2018 年
调查的外出农民工数量	%	100.00	100.00	100.00	100.00	100.00	100.00	100.00	100.00
一、按从事当前工作的时间长度分									
1 年以下	%	22.89	4.38	17.34	15.94	8.85	12.67	10.46	20.11
1-2 年	%	21.66	26.51	12.78	13.35	16.85	15.50	15.04	18.28
2-5 年	%	31.48	42.82	39.58	35.76	32.96	40.35	38.35	29.98
5 年及以上	%	23.97	26.28	30.30	34.95	41.34	31.48	36.16	31.63
二、按每月平均工作的天数分									
15 天以下	%		□	1.05	1.38	0.75	1.66	0.70	2.25
15-22 天	%		□	21.72	24.43	24.58	20.47	16.53	25.48
22-26 天	%		□	46.76	45.23	52.07	54.00	56.27	55.46
26 天以上	%		□	30.47	28.96	22.60	23.88	26.49	16.81
三、按每天平均工作的小时数分									
不到 6 小时	%	0.29	0.23	0.09	0.16	0.28	0.19	0.10	0.35
6-8 小时	%	0.65	0.91	1.49	1.29	1.41	2.73	1.00	1.65
8-10 小时	%	67.51	69.03	67.08	66.02	73.92	69.98	74.20	69.06
其中：8 小时	%	56.39	56.72	45.97	45.79	57.72	50.97	57.87	57.37
10-12 小时	%	27.22	26.13	28.55	30.34	22.79	24.85	23.41	25.13
12 小时及以上	%	4.33	3.70	2.80	2.18	1.60	2.24	1.29	3.81
四、按每月平均收入分									
800 元以下	%			0.09	0.00	0.00	0.00	0.00	0.00
800-1000 元	%			0.35	0.00	0.00	0.00	0.10	0.09
1000-1500 元	%			3.85	0.32	0.56	0.39	0.00	0.52
1500-2000 元	%			8.49	3.64	3.30	3.02	2.09	2.43
2000-3000 元	%			39.32	27.35	22.69	19.49	12.35	13.86
3000-5000 元	%			42.64	59.55	58.19	58.67	66.63	60.74
5000 元及以上	%			5.25	9.14	15.25	18.42	18.82	22.36
附记：									
人均从事当前工作的时间长度	年	3.69	4.38	4.71	4.91	5.06	4.94	5.25	5.00
人均每月工作的天数	日	24.81	24.72	24.85	24.65	24.43	24.56	25.00	24.22
人均每天工作的时间长度	小时	8.84	8.79	8.88	8.88	8.65	8.75	8.68	8.75
人均月收入	元	2296.83	2508.96	2898.30	3331.51	3575.62	3761.93	3964.57	4006.25

6-10 外出农民工的社会保障与福利情况（2011-2018 年）
Conditions of Social Security and Welfare of Migrant Workers（2011-2018）

	计量单位	2011 年	2012 年	2013 年	2014 年	2015 年	2016 年	2017 年	2018 年
调查的外出农民工数量	%	100.00	100.00	100.00	100.00	100.00	100.00	100.00	100.00
一、按从业的劳动关系分									
1、无固定期限劳动合同工	%	16.75	16.92	15.06	13.83	15.63	14.52	11.85	9.36
2、一年及以上劳动合同工	%	23.61	15.86	19.61	17.15	17.33	19.30	18.03	22.70
3、一年以下劳动合同工	%	5.13	3.93	3.42	2.75	2.82	3.22	2.49	3.03
4、没有劳动合同	%	49.60	57.55	56.65	58.33	57.72	56.24	60.76	52.69
5、自营	%	3.18	3.02	3.06	4.69	5.18	5.46	4.58	5.55
6、其他	%	1.73	2.72	2.19	3.24	1.32	1.27	2.29	6.67
二、缴纳五险一金的人数占比									
1、缴纳养老保险	%	14.44	10.80	13.05	12.54	16.48	13.16	13.55	17.66
2、缴纳工伤保险	%	25.92	18.13	30.12	26.29	25.52	22.81	21.81	30.73
3、缴纳医疗保险	%	22.67	12.69	16.55	15.78	16.85	12.87	11.85	19.02
4、缴纳失业保险	%	7.65	6.34	8.23	7.44	11.68	9.65	8.57	13.66
5、缴纳生育保险	%	4.98	4.46	4.73	5.10	9.04	6.73	6.77	12.49
6、缴纳住房公积金	%	4.48	3.63	3.24	2.75	4.14	3.51	2.99	6.44
三、按单位或雇主提供伙食情况分									
1、每天提供三顿	%	23.54	14.50	13.49	13.53	16.52	17.35	16.75	23.92
2、每天提供两顿	%	11.54	9.62	13.22	11.78	12.29	11.81	11.78	11.42
3、每天提供一顿	%	14.58	19.07	15.06	15.20	15.01	16.72	16.36	16.24
4、不提供，但补贴部分伙食费	%	9.19	9.13	7.76	7.82	9.97	6.37	5.45	8.56
5、不提供，也没有补贴	%	41.15	47.68	50.46	51.67	46.22	47.75	49.66	39.86
四、按单位或雇主提供住宿情况分									
1、提供住宿	%	45.71	45.59	45.84	43.67	40.08	40.75	47.71	53.84
2、不提供住宿，但住房有补贴	%	14.65	11.94	13.96	15.03	15.71	12.64	6.62	5.51
3、不提供住宿，也没有住房补贴	%	39.64	42.47	40.20	41.30	44.21	46.60	45.67	40.65
五、单位或雇主拖欠工资情况									
1、被拖欠工资人数	%	0.23	0.08	0.28	0.00	0.60	0.58	0.19	0.26
2、其人均被拖欠工资的金额	元			3333		17500	8300	40000	7000

主要指标解释

农民工 农民工是指户口性质为本乡农业户籍，在本年度内，在本乡或本乡外从事非农活动（非农自营和务工）6个月及以上的农村劳动力。举家外出的农村劳动力和在乡外从事农业务工的农村劳动力也视为农民工。